Handbuch Basketball

Lothar Bösing, Christian Bauer, Hubert Remmert & Andreas Lau

Handbuch Basketball
Technik – Taktik – Training – Methodik

Meyer & Meyer Verlag

Handbuch Basketball

Bibliografische Information der Deutschen Nationalbibliothek
Die Deutsche Nationalbibliothek verzeichnet diese Publikation in der
Deutschen Nationalbibliografie; detaillierte bibliografische Daten sind im Internet
über http://dnb.d-nb.de abrufbar.

© 2012 by Meyer & Meyer Verlag, Aachen
3. überarbeitete Auflage 2019
Auckland, Beirut, Budapest, Cairo, Cape Town, Dubai, Hägendorf,
Indianapolis, Maidenhead, Singapore, Sydney, Teheran, Wien

 Member of the World Sport Publishers' Association (WSPA)

Gesamtherstellung Print Consult GmbH, München
ISBN 978-3-8403-7625-2

E-Mail: verlag@m-m-sports.com
www.dersportverlag.de

Inhalt

1 Einführung

Dieses Handbuch wurde erarbeitet, um Trainern[1], Schiedsrichtern, Lehrern und allen am Basketball Interessierten eine Übersicht zu vermitteln, was dieses fantastische Ballspiel ausmacht.

Es steht damit in der Nachfolge des *Basketball Handbuchs*, das die Herausgeber Hagedorn, Niedlich und Schmidt bereits 1972 erstmals veröffentlichten. Das Werk hat zahlreiche Überarbeitungen erfahren bis zur letzten Auflage im Jahr 1996. In der Zwischenzeit hat sich Basketball in vielen Bereichen weiterentwickelt, ist noch komplexer und auch vielfältiger geworden. Dieses Handbuch trägt dem Rechnung: Es fasst die wesentlichen Grundlagen des Basketballspiels zusammen. So erhält der Leser einen Überblick über die historischen Grundlagen des Basketballspiels. Aus der Zusammenfassung der Anforderungen, die ein Spieler für dieses Spiel benötigt, werden Trainingsinhalte abgeleitet und methodische Hinweise gegeben. Besondere Aufmerksamkeit wird dem sportpsychologischen Bereich eingeräumt, da diesem bis hin zum Spitzensport immer mehr Bedeutung zukommt.

Es werden die grundlegenden technischen und taktischen Voraussetzungen vorgestellt, die ein Spieler benötigt. Technisch wie taktisch bezieht das Spiel seinen Reiz aus der Grundidee, dass sich Angriff und Verteidigung gegenseitig bedingen. Um diese Komplexität in der Taktik handhabbar zu machen, werden die Situationen 1 gegen 1, 2 gegen 2 und 3 gegen 3 aus der Sicht der Angreifer wie auch aus der Sicht der Verteidiger dargestellt. Der Erfolg einer Mannschaft lässt sich nicht zuletzt darauf zurückführen, ob in Angriff und Verteidigung besser gearbeitet wurde als im gegnerischen Team.

Ein weiteres zentrales Thema ist die Trainings- und Wettkampfsteuerung. Der Analyse von Training und Wettkampf, insbesondere durch Videoarbeit und Scouting, kommt im modernen Basketball eine immer wichtigere Funktion zu.

Über Grundkenntnisse im sportmedizinischen Bereich zu verfügen, ist unverzichtbar, um in Notfällen schnell und richtig reagieren zu können. Daneben wächst die Bedeutung der Beratungsfunktion in Ernährungsfragen und im Leistungsbereich bei der Bekämpfung des Dopings. Jeder Trainer erhält im DBB seine neue Lizenz bzw. die Verlängerung seiner Lizenz nur noch, wenn er den Ehrenkodex unterschreibt. Mit seiner Unterschrift verpflichtet er sich zur Bekämpfung des Dopings.

---

1   Zur besseren Lesbarkeit wird in der Regel nur die männliche Form verwendet. Selbstverständlich sind damit immer auch weibliche Personen eingeschlossen.

Informationen über die wichtigen Sportorganisationen im Zusammenhang mit Basketball gehört zum Grundwissen jedes Interessierten.

Für die Entwicklung unserer Sportart kommt dem Schulsport zentrale Bedeutung zu. Daher entwickelt der DBB auf diesem Feld zahlreiche Aktivitäten und Projekte, von der kostenfreien Nutzung einer Datenbank mit Übungen und Stundenbildern bis zur Broschüre zur Unterstützung von Kooperationen zwischen Vereinen und Schulen im Rahmen der Ganztagsschule.

Bei den 1. Olympischen Jugendspielen ist es gelungen, das Spiel 3 gegen 3 als weitere Wettkampfform neben dem Spiel 5 gegen 5 zu präsentieren. Der Erfolg dieses Wettbewerbs führt zu einer Neubelebung des Streetballs auf allen Ebenen – vom lokalen, informellen Spiel bis zum internationalen Topturnier mit Regelkontrolle durch Schiedsrichter und Kampfgericht. Diese Spielform wird in den nächsten Jahren mit Sicherheit an Bedeutung gewinnen.

Mit Beach-Basketball oder Mixed-Basketball werden weitere spezielle Angebotsformen vorgestellt.

Ein besonderer Raum wird dem Rollstuhl-Basketball eingeräumt, einer sehr attraktiven Behindertensportart, die auch bei den Paralympics verankert ist.

Informationen zur Talentsuche und -förderung sowie zur Leistungssportkonzeption vermitteln einen Überblick über die Rahmenbedingungen für die leistungsorientierte Arbeit im DBB.

Der Bildungsarbeit kommt sowohl für die Gewinnung von Mitarbeitern als auch für die Mitgliederentwicklung ein besonderer Stellenwert zu. Hier werden die Grundlagen für eine qualitativ hochwertige Aus- und Fortbildung für alle am Basketball interessierten Personengruppen angeboten.

Die Zusammenfassung der wesentlichen Regeln und ein Glossar runden dieses Handbuch ab.

Die Herausgeber haben versucht, die Vielfalt der Beiträge inhaltlich wie stilistisch etwas zu vereinheitlichen. Auch die Struktur des Handbuches wurde verändert, damit die Komplexität des Spiels und der mit dem Spiel notwendig verbundenen Themenbereiche handhabbar werden.

Ein Dank gilt allen beteiligten Autoren, die nicht nur im theoretischen Bereich hohe Kompetenz aufweisen, sondern ohne Ausnahme auch in der Praxis erfolgreich tätig sind. Ohne das Engagement dieser Fachleute wäre es nicht möglich gewesen, dieses Handbuch zu schreiben.

2 Grundlagen des Basketballspiels

2.1 Sportspiel Basketball – von den Anfängen bis heute

2.1.1 Ursprünge

Im Leben anderer Völker und Kulturen gab es bereits vor vielen Jahrhunderten Spiele, die dem modernen Basketball vergleichbare Inhalte aufwiesen, insbesondere die Idee, einen Ball durch einen erhöhten Ring zu werfen. Historiker haben solche basketball-ähnlichen Spiele sowohl in Amerika als auch in Europa nachgewiesen. So spielten die Normannen bereits vor etwa 1.000 Jahren „soule picarde". Das war ein Spiel, bei dem die Mannschaften einen Ball durch den vom Gegner verteidigten Reifen warfen. Auch bei den Mayas, Inkas und Azteken gab es zwischen dem neunten und 15. Jahrhundert Spiele, bei denen zwei Mannschaften im Wettkampf versuchten, einen schweren Kautschukball durch einen in 6 m Höhe senkrecht an einer Seitenwand des Spielfeldes befestigten Steinring zu befördern.

2.1.2 Erfindung durch Naismith 1891/92

Die Grundprinzipien für das Basketballspiel in der heutigen Form wurden 1891/92 von James Naismith, einem Sportlehrer am Springfield College des YMCA[2] in Massachusetts, entwickelt. Ausgangspunkt war ein Lehrauftrag in einer schwierigen Klasse, die durch das bekannte Sportprogramm nicht zu motivieren war. Er versuchte zunächst, die Klasse durch Regeländerungen der damals bekannten Spiele zu gewinnen. Nach zahlreichen erfolglosen Anläufen analysierte er diese Spiele dann genauer und erarbeitete die nachfolgenden Grundprinzipien, die das neue Spiel erfüllen sollte.

Grundprinzipien des Basketballspiels von Naismith:
- There must be a ball; it should be large, light and handled with the hands.
- There shall be no running with ball.
- No man on either team shall be restricted from getting the ball at any time that it is in play.
- Both teams are to occupy the same area, yet there is to be no personal contact.
- The goal shall be horizontal and elevated.

(Naismith, S. 62)

---

2   Young Men's Christian Association.

Diese Prinzipien lassen sich auch heute noch in den gültigen Regeln wiederfinden. Dies darf aber nicht darüber hinwegtäuschen, dass es in der kurzen Geschichte des Spiels eine große Anzahl an Regeländerungen gab.

Am 2. Januar 1892 gab Naismith die ersten offiziellen Spielregeln heraus, die noch heute die Grundlage des offiziellen Regelwerks des Weltdachverbandes FIBA[3] bilden.

Das erste Basketballspiel fand in der Turnhalle des Springfield-Colleges statt. Der Hausmeister befestigte zwei Pfirsichkörbe an den Geländern der Balkone, musste dann aber den Ball immer wieder aus dem Korb holen. Daher wurde in der Folgezeit der Boden der Körbe entfernt. Um zu verhindern, dass Zuschauer von der Galerie aus den Flug des Balls beeinflussen, befestigte man schließlich hinter dem Korb ein Brett. Das Spiel wurde dadurch schneller, da Bälle, die das Ziel verfehlten, ins Spielfeld zurückprallten und sich somit deutlich weniger Spielunterbrechungen ergaben.

Die Regeln wurden bis heute immer wieder verändert, um das Spiel attraktiver zu gestalten. Einerseits können dadurch neue Entwicklungen im Basketballspiel beeinflusst werden – z. B. Aktivierung des Mittelfeldspiels durch die Einführung des Verbots, den Ball in die Verteidigungshälfte zurückzuspielen –, andererseits bringen diese Regeländerungen aber für den Zuschauer ständige Umstellungsschwierigkeiten mit sich. Dennoch gewann das Spiel in kurzer Zeit zahlreiche Anhänger.

2.1.3   Weltweite Verbreitung

Was war nun der Grund dafür, dass Basketball in den USA schon kurz nach der Jahrhundertwende so populär wurde? Eine Beantwortung dieser Frage ist möglich, wenn man die „Sportszene" in den USA Ende des 19. Jahrhunderts betrachtet. Die Regeln des Basketballspiels standen im krassen Gegensatz zu denen des sehr körperbetonten American Footballs, der damals die am weitesten verbreitete und prestigeträchtigste Sportart in den USA war. Beim Football gab es in jedem Jahr zahlreiche Verletzte, ja sogar einige Tote. Dagegen galt im Basketball Fairness als das oberste Prinzip. Ferner bot Basketball als Hallensportart eine günstige Gelegenheit, die wettkampfarme Zeit der Wintermonate zu überbrücken. Es stellte so auch eine Winterbeschäftigung für die Footballspieler dar, bei dem sich die für das College so wertvollen Spieler kaum verletzen konnten.

Als man erkannte, dass dieses Spiel in besonderem Maße Schnelligkeit, Gewandtheit und Ausdauer erforderte und darüber hinaus auch amerikanisch-christliche Werte wie Leistungsfähigkeit, Teamfähigkeit oder Durchsetzungsfähigkeit vermitteln half,

---

3   Fédération Internationale de Basketball. Der Zusatz „Amateur" wurde 1986 gestrichen.

wurde es vonseiten der Schulbehörden und der sporttreibenden Kreise der USA überall gefördert. Die Verfechter des Footballspiels lehnten Basketball allerdings als „sissy game" (Schwesternspiel), „lady like sport" (Damensport) und „old man game" (Altherrenspiel) ab. Doch dies konnte die weitere Zunahme der Popularität des Spiels nicht verhindern.

Eine wesentliche Rolle bei der Verbreitung des Basketballspiels sowohl in den USA als auch in der übrigen Welt kam der YMCA zu. Diese weltweit verbreitete Organisation führte über ihre Sportlehrer Basketball in zahlreichen Ländern ein, z. B. in China, Indien, Frankreich, Japan und Persien. Das bereits genannte Prinzip der Fairness entsprach in hohem Maße auch der christlichen Weltanschauung der in diesem Verband organisierten Mitglieder.

Für die Verbreitung des Basketballspiels in Europa waren außer der YMCA noch weitere Faktoren von großer Bedeutung: So wurde während des Ersten Weltkriegs das Spiel durch amerikanische Truppen in Westeuropa bekannt gemacht. In Osteuropa machten vor allem Studenten, die bis zum Ersten Weltkrieg in Amerika studiert hatten, Basketball populär.

Im Jahr 1924 fand in Paris anlässlich der Olympischen Spiele ein Vorführspiel statt. Am 21. Juni 1932 wurde in Genf die FIBA gegründet. Sie vereinigte zunächst acht nationale Verbände. Diese Zahl vergrößerte sich in den folgenden Jahren sprunghaft. 1934 waren bereits 17 Nationen Mitglied. Einen weiteren Meilenstein in der Entwicklung des Basketballspiels bildete die Aufnahme dieser Sportart in das Programm der Olympischen Spiele 1936 in Berlin. An diesem Turnier nahmen 21 Nationen teil, darunter erstmals auch Deutschland.

In den 1990er Jahren sorgte die Teilnahme der Nationalmannschaft der USA bei den Olympischen Spielen in Barcelona (1992) für eine deutliche Steigerung der Popularität der Sportart Basketball in Europa. Die attraktive und spektakuläre Spielweise des „Dream Teams" sorgte für umfangreiche Präsenz in den Medien und löste nicht zuletzt die Streetballwelle in Europa aus.

Während das Basketballspiel in den südlichen Ländern Frankreich, Italien und Spanien schon nach kurzer Zeit populär war, dauerte es in den nördlichen Ländern einschließlich Deutschland wesentlich länger, bis eine größere Anhängerschaft vorhanden war. Worin war diese unterschiedliche Entwicklung begründet? Betrachten wir, um diese Frage zu beantworten, die Entwicklung des Basketballspiels in Deutschland.

2.1.4 Entwicklung in Deutschland

Basketball wurde in Deutschland 1896 von August Hermann, dem Turninspektor von Braunschweig, eingeführt. Er wurde von seinem Sohn Ernst, damals Sportdirektor an einem Gymnasium in Boston (USA), auf das Spiel aufmerksam gemacht. Da zur damaligen Zeit englische Begriffe in Deutschland verpönt waren, nannte er das Spiel „Korbball". Hermann war Vorstandsmitglied des „Zentralausschusses zur Förderung der Volks- und Jugendspiele". In dieser Eigenschaft versuchte er, das Korbballspiel als Bewegungsspiel für Mädchen bekannt zu machen.

Dieses Vorhaben war beim damaligen Stand des Mädchenturnens von Anfang an zum Scheitern verurteilt. Bluse, Rockhose, Beinkleider und Gummibänder waren bei diesem Laufspiel hinderlich. Darüber hinaus waren in kaum einer Turnhalle die für dieses Spiel erforderlichen Geräte vorhanden. Hermann veränderte nach und nach die Regeln, z. B. wurde das Spielfeld in Felder unterteilt, die von den Spielerinnen nicht verlassen werden durften. Diese Spielform hatte von der Organisation her Ähnlichkeit mit dem Volleyballspiel und ist noch heute als „Korfball" bekannt, das insbesondere in den Niederlanden verbreitet ist.

Interessant ist, dass die Sportart Volleyball entwickelt wurde, da sich Basketball an einigen Standorten anfangs zu einer ziemlich rohen Angelegenheit entwickelt hatte. Die Entwicklungen waren nicht überall gleich und es gab eine Unzahl regional unterschiedlicher und parallel existierender Regelwerke, z. B. Basketball im Käfig zur Vermeidung bösartiger Interaktionen zwischen Spielern und Zuschauern.

Im Jahr 1921 wurden Richtlinien für den Turnunterricht der Mädchen verfasst, in denen Spiele einen großen Raum einnahmen. Korbball wurde als besonders geeignet zur Schulung der Gewandtheit und Geschicklichkeit empfohlen. Es wurde jedoch nur an einigen Mädchenschulen sowie von Turnern und Wassersportlern als Aufwärmtraining gespielt. Das Korbballspiel erlangte somit in Deutschland keine besondere Bedeutung. Die Gründe dafür lagen zum einen in der Tatsache, dass das Korbballspiel keinem Sportverband angeschlossen war, zum anderen war mit dem Handballspiel bereits ein Spiel mit der Hand bekannt, das von der damaligen Turnbewegung gefördert wurde. Dies trug dazu bei, dass sich das Basketballspiel in Deutschland nur sehr langsam entwickelte.

Die ersten Anfänge des Basketballspiels in seiner international gespielten Form finden sich in Deutschland erst Ende der 1920er Jahre. Ausländische Studenten und deutsche Sportlehrer, die auf Reisen durch die USA Basketballspiele gesehen hatten, waren die ersten Förderer. Studenten waren es auch, die 1933 den Antrag stellten, in einen deutschen Sportverband aufgenommen zu werden. 1934 wurde Basketball dem Fachverband Handball angegliedert. Entscheidender Anstoß für die weitere Entwicklung war die Anerkennung der FIBA durch das Internationale Olympische Komitee (IOC) im

Besiegelt

Jahre 1935 und die Aufnahme dieser Sportart in das Programm der Olympischen Spiele 1936 in Berlin. Die Zahl der Wettkampfmannschaften stieg von vier im Jahr 1935 auf 153 im Jahr 1937. Basketball wurde in die Richtlinien für Leibeserziehung in den Schulen aufgenommen. Der Zweite Weltkrieg stoppte dann die Entwicklung dieser Sportart.

Nach dem Krieg waren die Amerikaner als Besatzungsmacht die maßgeblichen Förderer des Basketballsports. Sie ließen in den damaligen Westzonen die Gründung einer „Gesellschaft zur Förderung des Basketballspiels" zu. Diese Gesellschaft war der Vorläufer des 1949 gegründeten Deutschen Basketball Bundes (DBB). Obwohl Basketball bereits 1948 in den Kanon der Schulsportarten aufgenommen wurde, entwickelte sich eine intensive Jugendarbeit erst Ende der 60er Jahre. 1971 wurde die erste Jugendmeisterschaft, 1972 die erste deutsche Meisterschaft für Schüler ausgetragen. In das Programm des Bundeswettbewerbs „JUGEND TRAINIERT FÜR OLYMPIA" wurde Basketball 1974 aufgenommen.

Zwei Gründe sind unter anderem für diese langsame Entwicklung ausschlaggebend. Zum einen wurde das Regelwerk mit zunehmender Genauigkeit immer unübersichtlicher, damit schwerer zu verstehen und in der Folge für Nachwuchsspieler schwerer nachzuvollziehen. Bis heute haftet dem Basketballspiel das Image des „Akademikerspiels" an. Das hing auch damit zusammen, dass die leistungssportliche Entwicklung in erster Linie in Universitätsstädten stattfand. Zum anderen ist Basketball in den Grund- und Hauptschulen noch nicht so verbreitet, wie dies an den meisten weiterführenden Schulen der Fall ist. Um die Jugendarbeit zu intensivieren, führte man 1970 das Mini-Basketballspiel für 8-12-Jährige ein. Dem lagen u. a. die folgenden Überlegungen zugrunde:

*   Kinder dieses Alters sind häufig nicht in der Lage, den großen, schweren Ball kontrolliert auf den Korb zu werfen, daher bleiben die für die Entwicklung ihrer Motivation wichtigen Erfolgserlebnisse aus.
*   Kinder kommen früher mit Basketball in Kontakt, spielen länger und können in der Folge „bessere" Spieler werden.
*   Talentierte Basketballspieler können früher entdeckt und entsprechend gefördert werden.

Aus diesen Gründen wurden Spielregeln, die die äußeren Bedingungen des Basketballspiels betreffen, kindgemäß verändert: Z. B. wird mit kleineren Bällen gespielt und die Spielzeit ist so geregelt, dass jeder Spieler mindestens 10 min spielen muss. Mit der Aktion „Mini-Basketball" wurden zwei Ziele zumindest teilweise erreicht: Der Anteil der Grund- und Hauptschüler unter den jugendlichen Basketballspielern ist angestiegen und es wurden mehr Kinder dieser Altersgruppe mit dem Basketballspiel vertraut gemacht. Durch die Olympischen Spiele 1992 erlebte Basketball auch in Deutschland einen Aufschwung. Dieser wurde noch verstärkt durch den Gewinn der Europameisterschaft durch die Herrennationalmannschaft 1993 in München. Weitere Erfolge wie der Gewinn des Korac-Europapokals durch Alba Berlin 1995 oder der Sieg des BTV 1848

Wuppertal bei der Europameisterschaft der Landesmeister der Damen 1996 prägten das Bild. Einen weiteren Höhepunkt bildete der Gewinn der Bronzemedaille durch die deutsche Herrennationalmannschaft bei der Weltmeisterschaft 2002 in Indianapolis.

Alle diese Erfolge spiegelten sich auch in der Jugendarbeit wider, z. B. in hohen Teilnehmerzahlen am Wettbewerb „JUGEND TRAINIERT FÜR OLYMPIA". Die Entwicklung verlief jedoch keineswegs linear immer nach oben. Der Aufschwung Mitte der 1990er Jahre verlor schon bald seine Dynamik. Zurückgehende Mitgliederzahlen und eine geringere Teilnahme an den Schulwettbewerben waren Tatsachen, die jedoch nicht nur im Basketball festgestellt wurden.

Die erste Dekade des 21. Jahrhunderts stand im Zeichen des Superstars Dirk Nowitzki. Er trug maßgeblich dazu bei, dass sich die deutsche Herrennationalmannschaft nach 1936 und 1972 wieder für die Olympischen Spiele in China 2008 qualifizieren konnte.

2.2 Anforderungsstruktur des Basketballspiels

Das Basketballspiel unterscheidet sich bezüglich der Anforderungen, die es an seine Spieler stellt, deutlich von anderen Sportspielen:

- Jeder Spieler ist Angreifer und Verteidiger gleichermaßen.
- Der Korb muss von oben getroffen werden und erfordert daher beim Wurf eher Präzision als Kraft.
- Das Spiel verlangt die Kooperation der gesamten Mannschaft in Angriff und Verteidigung.
- Der vergleichsweise enge Raum erzwingt durch ständige Situationsveränderungen ein hohes Spieltempo.
- Regelwidrige (den Gegner beeinträchtigende) Körperkontakte werden als Foulspiel geahndet und schwächen durch entsprechende Sanktionen die eigene Mannschaft.
- Die Fortbewegung eines Spielers mit Ball (in den „Ur-Regeln" noch nicht erlaubt) erfordert ein ständiges Freigeben (Dribbeln) des Balls.

2.2.1 Basketballspezifisches Anforderungsprofil

Basketball stellt hohe Ansprüche an das erforderliche Wissen um Bedingungen, Regeln und spieltaktische Zusammenhänge, die technomotorisch-physiologischen Grundlagen und die sozialpsychologischen Dispositionen. Es ist eines der schnellsten Sportspiele überhaupt und verlangt von seinen Spielern, fortwährend Entscheidungen unter hohem Druck[4] zu treffen und in erfolgsorientierte Spielhandlungen umzusetzen. Dabei unter-

---

4 Neumaier (1999) unterscheidet fünf „koordinative Anforderungskategorien": Präzisions-, Zeit-, Komplexitäts-, Situations- und Belastungsdruck. Basketballspezifisch ist hier noch der Organisationsdruck, z. B. für den Aufbauspieler, zu nennen. Die Druckbedingungen prägen neben den Wahrnehmungs- und Gleichgewichtsleistungen die zur Lösung einer Bewegungsaufgabe zu bewältigenden Anforderungen.

scheiden sich die zu lösenden Spielaufgaben grundsätzlich nach den jeweiligen Rollen der Akteure auf dem Spielfeld.

Angreifer müssen den Ball sichern, den Raum zum gegnerischen Korb überwinden und gezielt auf den Korb werfen. Verteidiger versuchen, dies zu ver- oder behindern und ihrerseits in Ballbesitz zu gelangen. Immer wichtiger wird dabei, aufgrund von Regelanpassungen (z. B. 8- und 24-Sekunden-Regel) und gestiegenen athletischen Fähigkeiten der Spieler, das schnelle Umschalten zwischen Angriff und Verteidigung, die *Transition*.

Unter technomotorischen Gesichtspunkten heißt „Handeln" für die Angreifer, den Ball zu dribbeln, zu passen oder zu werfen. Dabei und bei den vielfältigen Aktionen ohne Ball (Cuts, Blocks, Rebounds etc.) müssen sie in variierendem Tempo laufen und springen. Die Verteidiger stören diese Aktionen durch intensive Bein- und Armarbeit. Kennzeichnend sind dabei ständige Richtungs- und Tempowechsel mit einer Fülle kurzzeitiger Beschleunigungs- und Abbremsleistungen in sämtlichen Bewegungsrichtungen.

Fakten zum Spiel

Zur Quantifizierung der so umrissenen Spielhandlungen werden Spiele mithilfe sportwissenschaftlicher Methoden detailliert analysiert. Dabei ergibt sich bisher folgendes Bild[5]:

- Die effektive Spielzeit von 4 x 10 min streckt sich durch vielfältige Unterbrechungen und Pausen auf eine Gesamtspielzeit von etwa 80-90 min.
- 89 % aller Angriffe werden innerhalb der ersten 20 s abgeschlossen (0-10 s: 35 %, 11-15 s: 29 %, 16-20 s: 25 %). Die Erfolgsquote liegt bei 48-50 %. Späte Abschlüsse zwischen der 21. und 24. Sekunde sind nur zu 32 % erfolgreich.
- Spieler legen im Mittel 4.600-5.400 m, in der Spitze bis zu 6000 m Wegstrecke zurück, davon etwa 620 m in tiefer Verteidigungshaltung (defensive slide).
- Die Gesamtlaufbelastung beträgt bis zu 150 m/min. Die höchsten Sprintanteile (15-18 m/min) bewältigen dabei die Flügelspieler auf den Positionen 2, 3 und auch 4 („kleiner" Center). Aufbauspieler dribbeln am häufigsten (22 m/min), Center am wenigsten (0,1 m/min).
- 24 % der Gesamtlaufstrecke werden im Gehen und langsamen Laufen zurückgelegt, 62 % im mittelintensiven Laufen und 14 % im Sprint.
- Die Gesamtsprintstrecke verteilt sich auf 100 Kurzsprints von im Mittel 1,7 s und maximal 5 s Dauer.
- Pro Spiel wurden durchschnittlich 1.050 Sprint-, Sprung-, Lauf-, Geh- und Stehaktionen (mit und ohne Ball) für Spieler ermittelt. Ein Wechsel zwischen den Bewegungsformen findet dabei im Schnitt alle 2 s statt. Spielerinnen erreichen etwa zwei Drittel der Aktionsdichte der Männer und wechseln ihre Bewegungsformen alle 2,8 s.

---

5   Ben Abdelkrim et al., 2006; Ferrauti & Remmert, 2003; Matthew & Delextrat, 2009; McInnes et al., 1995; Papadopoulos et al., 2006; Schmidt & von Benckendorf, 2003; Schmidt & Braun, 2004; Schnittker, Baumeister, Paier, Wilhelm & Weiß, 2009; Stojanovic et al., 2018.

- Neben einer Vielzahl gering intensiver Sprungaktionen werden etwa 45 Maximalsprünge pro Spieler bei Würfen, Rebounds und Verteidigungsaktionen absolviert (Center: 49, Aufbau- und Flügelspieler: 41).

- Das durchschnittliche Belastungs-Pausen-Verhältnis bewegt sich zwischen 2:1 und 1:2. Die meisten Belastungen dauern 2-3,5 s, Spielunterbrechungen (ohne Viertel- und Halbzeitpausen) zum Teil deutlich länger (1,5-150 s).

- Ballgebundene Spielaktionen verteilen sich auf durchschnittlich 32 Dribblings, 80 Pässe, 120 Ballannahmen und 15 Würfe pro Spiel und Spieler.

Ergänzend dazu liegen spieltaktische Analysen vor, die weitere interessante Daten zum Anforderungsprofil des Basketballspielers beisteuern (Remmert, 2002; Remmert & Chau, 2018; Schmidt & Braun, 2004):

- Eine Mannschaft führt bis zu 95 Angriffe pro Spiel durch.

- Über 80 % aller Angriffe sind als Positionsangriff organisiert, 16 % als Schnellangriff. Letztere sind mit Trefferquoten bis zu 72 % erheblich erfolgreicher als die Positionsangriffe (unter 50 %).

- 75,8 % aller Angriffe werden durch Wurfversuche bzw. Freiwürfe beendet, in zusätzlichen 10,2 % bleibt die angreifende Mannschaft in Ballbesitz. 49,9 % aller abgeschlossenen Angriffe werden ohne Punktgewinn beendet, was zu einer rechnerischen Punktequote von 1,04 pro Angriff führt.

- Auf internationalem Topniveau dominiert die Mann-Mann-Verteidigung mit Anteilen von 65-90 %. Pressverteidigungen werden zu 2-5 % gespielt, Ball-Raum- und kombinierte Verteidigungen bis zu 8 %.

- Bei den Angriffsabschlüssen dominieren Aktionen aus dem Facing (49,0 %) und Posting-up (21,6 %) sowie direkte Blocks (10,5 %). In der BBL werden aktuell (2016/17) über 50 % aller Abschlussaktionen durch aktive direkte Blocks initiiert, indirekte Blocks haben an Bedeutung verloren.

Einflüsse unterschiedlicher situativer Anforderungen

Zusätzliche Belastungen der Spieler ergeben sich aus wechselnden situativen Anforderungen. Die konkreten äußeren Umstände, unter denen Wettspiele durchgeführt werden (Freundschafts- oder Punktspiel, Heim- oder Auswärtspartie, Saison- oder Play-off-Begegnung, Bedeutung des Spiels für Auf- oder Abstieg etc.), tragen erheblich zur subjektiven Verarbeitung der äußeren Anforderungen und damit zur inneren Beanspruchung der Spieler bei. Besonders bedeutsam ist in diesem Zusammenhang der konkrete Spielstand innerhalb einer Begegnung. „Enge" Spiele belasten die Spieler sowohl in physischer als auch in psychischer Hinsicht erheblich mehr als früh entschiedene Partien oder gar Spiele, deren Ausgang bereits im Vorfeld feststeht („ungleiche" Gegner)[6].

---

6   Zur Bewältigung der psychologischen Anforderungen des Basketballspiels siehe Kap. 5: „Sportpsychologische Grundlagen".

2.2.2 Anforderungen und Beanspruchung

Die dargestellten Anforderungen an leistungsorientierte Basketballspieler lassen die Ableitung der notwendigen bzw. wünschenswerten Ausprägungen wichtiger Fähigkeits- und Fertigkeitsbereiche zu. Für die Trainingssteuerung und die langfristige Vorbereitung von Nachwuchssportlern ist jedoch auch von Interesse, wie die äußeren Trainings- und Wettkampfbelastungen individuell verarbeitet werden (innere Beanspruchung). Erst die Kenntnis dieser Belastungswirkungen erlaubt die Ansteuerung von Trainingszielen über entsprechende Trainingsmethoden. Hinweise liefern Ermittlungen des Energieverbrauchs, der Belastungsherzfrequenz, der Laktatkonzentration und der Anreicherung weiterer Stoffwechselparameter im Blut. Die jeweiligen Belastungswirkungen hängen dabei unmittelbar von der Konstitution und vom Trainingszustand der Athleten ab.

Die kardiale und energetische Beanspruchung ist bei Frauen und Männern auf hohem Spielniveau gleich. Unterschiede finden sich regional (im australischen Basketball werden die höchsten Beanspruchungswerte ermittelt) und bezüglich der Spielpositionen (Stojanovic et al., 2018), siehe auch 2.2.3.

Energieverbrauch und Flüssigkeitsverlust

Basketballspieler verbrauchen viel Energie. Für einen 95 kg schweren Athleten werden 14 kcal/min im Wettspiel und 13,1 kcal/min im Training angegeben (McArdle et al., 1996). Der Energieverbrauch von Volleyball- (4,8 kcal/min) und Fußballspielern (13 kcal/min) liegt darunter, der von Eishockeyspielern mit 15,1 kcal/min darüber. Diese Daten beruhen zwar nur auf indirekten Ableitungen[7], es ist jedoch eine Rangfolge in der Energiestoffwechselaktivität der unterschiedlichen Sportspiele zu erkennen. Je höher die Anteile intensiver Belastungsphasen mit anaerob-laktazider Stoffwechsellage sind, desto mehr Energie wird insgesamt umgesetzt. Basketball befindet sich damit im Bereich sportlicher Spitzenleistung, was auch von Ainsworth (2008) gestützt wird, die den Energieverbrauch im (Trainings-)Spiel mit 8,0 MET[8] angibt.

Mit dem Energieverbrauch einher geht ein Gewichtsverlust von bis zu 0,29 g/kg/min Spielzeit, was bei einem 90 kg schweren Athleten mit 40 min Einsatzzeit bereits über 2 kg ausmacht. Diese immensen Gewichtsreduktionen sind hauptsächlich auf Flüssigkeitsverluste zurückzuführen und steigen unter ungünstigen Bedingungen (hohe Temperaturen und Luftfeuchtigkeit) sogar bis zu 3 kg an (Hagedorn et al., 1996).

---

7   Atemgasanalysen liefern verlässliche Daten über den Energieverbrauch. Die freiwerdende Wärmemenge als eigentlicher Indikator wird indirekt über den gemessenen Sauerstoffverbrauch berechnet. Portable Ergospirometriesysteme (Atemmaske plus Analysemodul) erlauben zwar heute den laborunabhängigen Einsatz, eine Diagnostik im Wettspiel ist jedoch verständlicherweise nicht möglich.

8   MET (Metabolisches Äquivalent): Das Verhältnis der metabolischen Rate von Aktivität zu Ruhe. 1 MET ist definiert als Energieverbrauch von 1 kcal/kg/h und ist mit Inaktivität (ruhiges Sitzen) gleichzusetzen. Der Sauerstoffverbrauch bei 1 MET beträgt 3,5 ml/kg/min.

Die Dehydration wirkt sich insbesondere durch die hochintensive Beanspruchung der Muskulatur deutlich negativ auf die akute Spielleistungsfähigkeit aus. Sprungleistungen verringern sich im Laufe eines Spiels um über 10 %, sodass der laufenden und akuten Regeneration durch einen angemessenen Flüssigkeitsausgleich Rechnung getragen werden muss (Díaz-Castro et al., 2017).

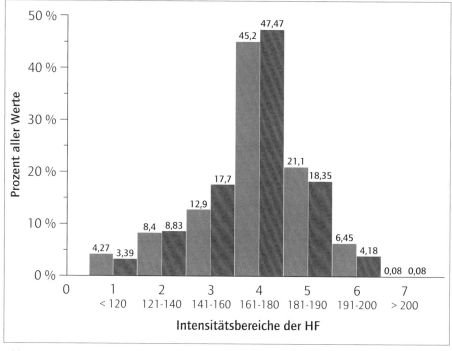

Abb. 2.1: Prozentuale Anteile der Herzfrequenz in sieben Intensitätsbereichen während zweier Trainingsspiele 15-jähriger Basketballspieler (mod. nach Zimmermann et al., 2006, S. 294)

Herzfrequenz

Die kardiovaskuläre Beanspruchung im Basketball wird für Spitzenspieler mit Maximalwerten zwischen 170 und 193 Schl./min angegeben. Dazu variiert die mittlere Herzfrequenzbelastung über die gesamte Spieldauer zwischen 160 und 185 Schl./min, was einer prozentualen Ausschöpfung der maximalen Herzfrequenz von bis zu 95 % entspricht. Aufbauspieler erreichen deutlich höhere Herzfrequenzen als Flügelspieler, die wiederum höhere als Centerspieler[9].

---

9   Ben Abdelkrim et al., 2009; Cormery et al., 2008; Hulka, Cuberek & Belka, 2013; Matthew & Delextrat, 2009; Metcalfe et al., 1999; Montgomery et al., 2010; Refoyo et al., 2008; Rodríguez-Alonso et al., 2003; Sallet et al., 2005; Stojanovic et al., 2018; Zimmermann et al., 2006.

Eigenen Studien zufolge liegen bis zu 50 % der Herzfrequenzen im Intensitätsbereich von 161-180 Schl./min, etwa 25 % sogar noch darüber (Abb. 2.1). Im Training ermittelte Durchschnittsherzfrequenzen von 158 Schl./min bei im Vergleich zur Spielbelastung deutlich niedrigeren Extremwerten (max. 176 Schl./min) unterstreichen die Bedeutung der psychischen Beanspruchung im Wettkampf, die den durch die physiologische Muskelarbeit induzierten Arbeitspuls deutlich in die Höhe treibt.

Laktatkonzentration

Analysen der Blutlaktatkonzentration erlauben Aussagen über die energetische Beanspruchung von Basketballspielern. Als Stoffwechselzwischenprodukt der anaeroben Glykolyse reichert sich *Laktat* in der Arbeitsmuskulatur an und sorgt mit zunehmender Konzentration für eine Übersäuerung und damit Reduzierung oder gar Einstellung der Arbeitsintensität. Bei intensiver dynamischer Muskelarbeit erreicht die Laktatbildung nach 40-45 s ihren Maximalwert, als noch tolerierbar gelten im Mittel 16-20 mmol/l Blut. Mit zeitlicher Verzögerung von wenigen Minuten wird Laktat in das Blut ausgeschwemmt und ist dadurch messbar. Die anaerobe Glykolyse wird vorrangig bei hochintensiver Muskelarbeit ab etwa 6 s Dauer zur Energiebereitstellung genutzt. Bei kürzerer Belastungsdauer kann die laufende Wiederherstellung des „Muskelbrennstoffs" ATP[10] über ausreichende Sauerstoffaufnahme (aerobe Energiebereitstellung) und den Kurzzeitphosphatspeicher (anaerobe alaktazide Energiebereitstellung) sichergestellt werden.

Jeder Athlet besitzt einen individuellen Grenzwert, bei dem sich Laktatproduktion und -abbau gerade noch im Gleichgewicht befinden und die Hauptenergiebereitstellung unter Sauerstoffverbrauch (aerob) stattfindet. Dieses *maximale Laktat-Steady-State (maxLass)* kennzeichnet die *individuelle anaerobe Schwelle* (IAS) eines Spielers. Zur Vergleichbarkeit von Analyseergebnissen werden allerdings in der Regel die Intensitätswerte an der 4-mmol-Schwelle ermittelt (anaerobe Schwelle, AS), an der das maxLass im Durchschnitt zu finden ist. Spieler mit gut ausgeprägter Grundlagenausdauer erreichen diese Schwelle erst bei höherer Arbeitsintensität als weniger gut trainierte Spieler. Als Sollwerte für Basketballspieler werden Laufgeschwindigkeiten an der 4-mmol-Schwelle von mehr als 4,0 m/s angegeben (Jost et al., 1996).
Neuere Analysen französischer Spitzenspieler belegen diese Forderung mit diagnostizierten Mittelwerten von 4,3-4,6 m/s (Sallet et al., 2005). Spieler mit einem höheren maxLass als 4 mmol/l sind zudem in der Lage, einen höheren Laktatspiegel über eine längere Arbeitsdauer zu tolerieren.

Bis Mitte der 1990er Jahre wurde bei Basketballspielern eine vorrangig aerobe und anaerob-alaktazide energetische Beanspruchung mit moderaten Laktatkonzentrationen im aerob-anaeroben Übergangsbereich angenommen. Neuere Analysen bestäti-

---

10 ATP, Abkürzung für *Adenosintriphosphat*, wird im Muskel zur Kontraktion benötigt und laufend über die unterschiedlichen Energiebereitstellungsmechanismen regeneriert.

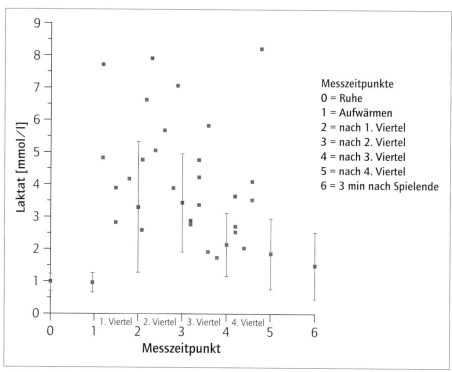

Abb. 2.2: Durchschnittliche Laktatkonzentrationen in Spielunterbrechungen und Einzelwerte nach Auswechslungen im Trainingsspiel 15-jähriger Basketballspieler (mod. nach Zimmermann et al., 2006, S. 295)

gen jedoch die zunehmende Intensivierung und Athletisierung des Spielgeschehens zugunsten der anaerob-laktaziden Energiebereitstellung. Heute müssen durchschnittlich 5-6 mmol/l über die gesamte Spieldauer toleriert werden, wobei kurzzeitige Spitzenbelastungen von bis zU 13,2 mmol/l bei Männern und 11,8 mmol/l bei Frauen ermittelt wurden[11]. Bereits bei 15 Jahre alten Auswahlspielern liegen über 40 % der unmittelbar nach Auswechslungen erhobenen Messwerte deutlich oberhalb der 4-mmol-Schwelle. Charakteristisch für Spieler ist dabei ein nennenswerter Abfall der durchschnittlichen Laktatkonzentrationen in der zweiten Halbzeit bis zum Ende des Spiels (Zimmermann et al., 2006).

Weitere Stoffkonzentrationen[12]

Ein weiterer Indikator für die anaerob-laktazide Energiebereitstellung ist *Alanin*, das die durch die muskuläre Übersäuerung verursachte Hemmung der Enzymtätigkeit abmil-

---

11 Ben Abdelkrim et al., 2006; Matthew & Delextrat, 2009; Metcalfe et al., 1999; Rodríguez-Alonso et al., 2003; Stojanovic et al. 2018.

12 Ben Abdelkrim et al., 2009; Dorsch et al., 1995.

dert. Auch der bei Spielern generell messbare Anstieg der Blutglukose dient zum Nachweis der anaeroben Energiebereitstellung. Wie beim Laktat reduziert sich allerdings der Glukosespiegel bis zum Spielende wieder, was auf eine Entleerung der Glykogendepots durch die intensive anaerobe ATP-Resynthese schließen lässt. Anzuraten sind demnach eine ausreichende kohlenhydratreiche Ernährung im Vorfeld von Trainings- und Spielbelastungen sowie die regelmäßige Zufuhr kleinerer Mengen leicht verwertbarer Kohlenhydrate während der Belastung (z. B. Banane oder Kohlenhydratriegel begleitend zur Flüssigkeitszufuhr in Auszeiten).

Dass beim Basketballspiel auch die *aerobe Lipolyse* (Fettverbrennung) nennenswert an der ATP-Resynthese beteiligt ist, zeigen deutliche Anstiege von freien Fettsäuren (FFA) und Glyzerin (Triglyzeride) im Blut. Während eines Spiels wird die aerobe Energiebereitstellung vorwiegend in Phasen geringer Beanspruchung bzw. in den Spielunterbrechungen und Pausen genutzt. Zum Teil höhere FFA- und Glyzerinwerte im Training deuten darauf hin, dass die Trainingsbeanspruchung in der Regel weniger hoch ist als im intensiveren Wettspiel, wo der anaerobe Stoffwechsel eine bedeutendere Rolle spielt.

Die Annahme der höheren Spielintensität im Vergleich zur eher moderaten Trainingsbelastung wird zusätzlich durch deutlich höhere Ammoniak-, Harnsäure- und Harnstoffkonzentrationen gestützt, die ebenfalls Indikatoren der anaeroben Energiebereitstellung sind. Die Ammoniakkonzentration zeigt dabei einen ähnlichen Verlauf wie das Blutlaktat und fällt zum Ende eines Spiels wieder ab.

Interessant sind die unterschiedlichen Entwicklungen der Stoffkonzentrationen von FFA, Triglyzeriden und Plasmaglukose auf unterschiedlichen Spielerpositionen (Ben Abdelkrim et al., 2009). Während die Halbzeitwerte noch vergleichbar sind, weisen Aufbauspieler am Ende des Spiels deutlich höhere Glukose- und niedrigere Fettsäurenspiegel im Blut auf als die anderen Spielerpositionen – was für eine erhöhte anaerobe Beanspruchung der Aufbauspieler im Wettkampf spricht.

2.2.3 Anforderungen an Spielerpositionen

Im Basketballspiel übernehmen die verschiedenen Spieler einer Mannschaft unterschiedliche Spielpositionen und erfüllen damit bestimmte taktische Funktionen, die sich durch die zur Verfügung stehenden Spielfeldräume und das Regelwerk ergeben. Grundsätzlich lassen sich so die mit dem Gesicht zum Korb (Facing) agierenden Außenspieler von den sich korbnah mit dem Rücken zum Korb (Posting-up) anbietenden Innen- oder Centerspielern unterscheiden. Aus taktischen und trainingsmethodischen Gründen werden weitere Differenzierungen vorgenommen:

* für breitensportliche Anforderungen: Aufbauspieler (Position 1), Flügelspieler (2 und 3), Centerspieler (4 und 5);

- Spezialisierungen im Leistungssport: Point Guard (1), Shooting Guard (2), Small Forward (3), Power Forward (4), Center (5).

Aufbauspieler

Der Aufbauspieler (Position 1, Point Guard, Playmaker) übernimmt die zentrale Rolle des Spielgestalters und benötigt in hohem Maße Spielübersicht, Spielverständnis und Spielgestaltungsfähigkeit, um seine Mannschaft gemäß den taktischen Vorgaben und situativen Spielanforderungen zu führen und Abschlussmöglichkeiten für sich und seine Mitspieler zu schaffen. Um diese Anforderungen zu bewältigen, muss er über eine perfekte Ballbehandlung und hervorragende Dribbelfähigkeiten verfügen, hohe Trefferquoten beim Distanzwurf aufweisen und überdurchschnittliche Passgeberqualitäten besitzen.

Konditionell stechen ausgeprägte Schnelligkeits- und Schnellkraftfähigkeiten hervor, wobei die häufig langen Einsatzzeiten auch einen hervorragenden Ausdauertrainingszustand erfordern. Die maximale Sauerstoffaufnahme (VO_2max; s. Kap. 3.1.1) ist demzufolge höher ausgeprägt als bei anderen Spielern. Aufbauspieler erreichen die höchsten Herzfrequenzen und mobilisieren die höchsten Prozentsätze ihrer maximal erreichbaren Herzfrequenz, sie müssen auch die höchsten Laktatwerte tolerieren (siehe Kap. 2.2.2).

Flügelspieler

Die beiden Flügelspieler stellen die spieltaktische Verbindung zwischen Spielaufbau und den enger am Korb operierenden Centerspielern her. Sie sind wesentlich für das Spieltempo und die damit verbundenen Möglichkeiten von Schnellangriff und Schnellangriffsverteidigung verantwortlich und legen die meisten längeren Wege mit hohen Intensitäten zurück (s. Kap. 2.2.1).

Der Shooting Guard (Position 2, Off-guard) ist in der Regel der beste Distanzwerfer seines Teams. Ihn zeichnet die mentale Disposition zum „Punktenwollen" aus (Selbstvertrauen, Konzentrationsfähigkeit in Wurfaktionen). Er muss aber auch in der Lage sein, den Aufbauspieler zu entlasten oder dessen Rolle zu übernehmen. Der Small Forward (Position 3, Swing-forward) agiert variabel aus der Distanz oder in Korbnähe, je nach taktischer Notwendigkeit oder besonderen Stärken und Schwächen seines direkten Gegenspielers. Er muss demzufolge das komplette individualtaktische Repertoire des Facings und Posting-ups beherrschen (Ausnutzen sogenannter „Mismatches"). Der athletische Schwerpunkt liegt stärker auf den Bereichen Maximal- und Schnellkraft, was ihn auch zu einem wichtigen Rebounder seines Teams macht.

Centerspieler

Die Centerspieler besetzen im Angriff die besonders korbgefährlichen Räume in unmittelbarer Zonennähe. Sie bieten sich mit dem Rücken zum Korb an und müssen in diesen Posting-up-Situationen über ein spezifisches technisch-taktisches Fertigkeits- und Fähigkeitsinventar verfügen. Besondere mentale Anforderungen ergeben sich aus der Notwendigkeit, sich im unmittelbar korbnahen Bereich auch physisch durchzusetzen.

Centerspieler zeichnet ihre athletische Robustheit aus (Schwerpunkt Maximalkraft), die ihnen auch eine zentrale Rolle bei der Reboundarbeit zuschreibt.

Der Power Forward (Position 4, Strong-forward) agiert variabler. Er beherrscht neben dem Posting-up auch Offensivaktionen aus der Mitteldistanz mit dem Gesicht zum Korb, was eine hohe Wurfsicherheit erfordert. Häufig wird er als High-post auf Höhe der gegnerischen Freiwurflinie eingesetzt, wo er als zentraler Ballverteiler auch gute Passgeberqualitäten beweisen muss. Der Center (Position 5) agiert hauptsächlich am Zonenrand mit dem Rücken zum Korb (Brettcenter, Low-post) und ist dabei auch Anspielstation für durchbrechende Außenspieler, die ihm bei Verteidigungshilfen per „Assist" einfache Nahdistanzwürfe ermöglichen. Im modernen Spiel werden die Centerspieler vielfach für Blocksituationen auf Höhe der Drei-Punkte-Linie („Horns"-Offensivsysteme) genutzt und müssen die sich ergebenden taktischen Vorteile (Roll, Pop-out) auch durch Distanzwürfe bis hin zum Drei-Punkte-Wurf ausnutzen.

Spielerpositionen und Konstitution

Kriterien für die Besetzung der Spielerpositionen innerhalb einer Mannschaft können neben technisch-taktischen und konditionellen Fähigkeiten und Fertigkeiten Körpergröße und -gewicht der einzelnen Spieler sein. Aufbauspieler sind nicht selten die kleinsten und Center die längsten und massigsten Spieler ihrer Teams. Allerdings sind absolute Richtwerte bezüglich der Körperlänge vor allem hinsichtlich der perspektivischen Entwicklung von Talenten kaum hilfreich.

Im Nachwuchstraining besteht oftmals die Gefahr, dass große (akzelerierte) Kinder und Jugendliche bereits frühzeitig auf die Centerrolle festgelegt werden. Ihnen können unter dem Eindruck kurzfristiger Erfolge eminent wichtige Inhalte der Basketball-Grundschule (z. B. Ballhandling und 1 gegen 1 mit dem Gesicht zum Korb) vorenthalten bleiben, wenn sie zu früh weitgehend centerspezifisches Training erhalten.

Deutsche Nationalspieler wie (ehemals) Dirk Nowitzki und (aktuell) Isaiah Hartenstein zeigen mit einer Körperlänge von jeweils 2,13 m deutlich, wie schnell, beweglich und ballsicher auch überdurchschnittlich große Spieler sind, wenn sie eine fundierte und umfassende Grundausbildung genossen haben.

Der Trend im modernen Leistungsbasketball geht denn auch verstärkt zum großen, universell einsetzbaren Spieler, der zumindest kurzzeitig mehrere der oben beschriebenen

Spielerpositionen ausfüllen kann. Dies gilt insbesondere für die „großen" Positionen 4 und 5, deren unterschiedliches individualtaktisches Anforderungsprofil (s. o.) variabel einsetzbare Spielertypen zu begehrten „Mismatch-Spielern" bzw. „Swing Men" macht (siehe Kap. 7.1). Schon aus diesem Grund verbietet sich eine zu frühe Positionsspezialisierung.

2.2.4 Psychosoziale Anforderungen

Um die Anforderungen eines Basketballspiels bewältigen zu können, bedarf es neben den physischen auch psychischer Fähigkeiten und Fertigkeiten sowie sozialer Kompetenzen. Sie bestimmen maßgeblich die Qualität der Spielhandlungen und das Verhalten der Spieler im Training und Wettspiel.

Die ball- und zielorientierten Spielhandlungen sind vor allem als situativ zu lösende Entscheidungshandlungen zu begreifen, deren Effektivität von der Schnelligkeit und Richtigkeit der Informationsaufnahme (Reizempfindung, Wahrnehmung), Informationsverarbeitung (Erkennen, Entscheidung) und Informationsspeicherung (Wissen, Erfahrung, Gedächtnis) des Spielers abhängig ist. Man fasst diese erkenntnisleitenden und an das Bewusstsein gekoppelten psychischen Fähigkeiten unter dem Begriff *Kognitionen* zusammen.

Hierzu gehört auch die *Antizipation*. Sie ist die Fähigkeit des Spielers, eigene und gegnerische Handlungsabsichten sowie die Bewegung des Balls vorausschauend beurteilen zu können. Die frühzeitige und richtige Antizipation kann Vorteile im Entscheidungshandeln mit sich bringen und korrespondiert mit dem, was man unter Spielerfahrung und „Spielsituationen lesen können" versteht.

Auf der Basis seiner Situationswahrnehmung und -antizipation muss der Spieler fortwährend Entscheidungen darüber treffen, welche Spielhandlung ihm zweckmäßig erscheint. Die Richtigkeit und Schnelligkeit seiner Entscheidungen beeinflusst die Wirksamkeit seines Spielhandelns (Handlungsschnelligkeit, vgl. Kap. 3.1.3).

Zur kognitiven Leistungsfähigkeit gehört ferner die Bewältigung verschiedener und wechselnder Aufmerksamkeitsanforderungen. Die Aufmerksamkeit beeinflusst die Gerichtetheit und den Umfang von Informationsaufnahme- und -verarbeitungsprozessen. So ist es in bestimmten Spielsituationen von Vorteil, seine Aufmerksamkeit auf wenige oder bedeutsame Objekte zu konzentrieren, z. B. unmittelbar vor dem Korbwurf oder nur handlungsrelevante, bedeutsame Informationen zu selektieren, z. B. Fußstellung des Verteidigers im 1 gegen 1 und andere Reize, wie z. B. die Zuschauerzurufe, unbeachtet zu lassen (enge, konzentrative Aufmerksamkeit). In anderen Spielsituationen ist es eher vorteilhaft, möglichst viele relevante Informationen aufnehmen und verarbeiten zu können, z. B. als Abwehrspieler in der Hilfeposition (weite, verteilte Aufmerksamkeit).

In der Praxis wird Spielern, deren kognitive Leistungsfähigkeit überdurchschnittlich ist, Spielintelligenz und Spielwitz zugeschrieben.

Um Training und Wettspiel erfolgreich und fortwährend bewältigen zu können, sind weitere psychische Voraussetzungen erforderlich. So bedarf es einer bewussten Einstellung, Zielorientierung und ständigen Aktivierung des eigenen Handelns und Verhaltens (Motivation). Ferner muss ein Spieler in der Lage sein, gegen Widerstände, Ablenkung, Leistungsrückschritte, Verletzungen u. v. m. ankämpfen zu können. Hartnäckigkeit, Kampfkraft, Durchsetzungsvermögen und Beharrlichkeit beschreiben Willenseigenschaften und -prozesse (Volition), die den Spielern zunehmend abverlangt werden, wenn sie sich gegen ihre Konkurrenten durchsetzen wollen.

Das Basketballspiel ist mit intensiven Gefühlen (Emotionen) verbunden, da Erfolg oder Misserfolg unvorhersehbar sind. Das emotionale Erleben der Spieler kann sehr unterschiedlich sein, da es immer ein Ergebnis subjektiver Bewertungen und Einschätzungen innerer (aktuelles Wohlbefinden, Schmerz, Tagesform) oder äußerer Anforderungen (Gegnerstärke, Spielstand, Schiedsrichterentscheidung) sowie eigener Handlungsresultate (Fehlpass, Freiwurftreffer) ist.

In Kap. 5 werden sportpsychologische Grundlagen und Erklärungsmodelle für die vorgestellten psychischen Komponenten präsentiert und praktische Möglichkeiten der Trainierbarkeit psychischer Fähigkeiten und Fertigkeiten aufgezeigt *(Mentales Training)*. Ferner wird erläutert, wie diese im Training und Wettspiel zur Leistungsoptimierung beitragen können.

Das Basketballspiel stellt hohe Anforderungen an das Team. Gegenseitiges Verstehen, die Bereitschaft zur Akzeptanz und Integration anderer Spieler, die Fähigkeit, miteinander zu kommunizieren, zuzuhören, sich ein- und ggf. auch unterzuordnen, Führung zu akzeptieren und Anweisungen zu folgen, aber auch Verantwortung für das Team zu übernehmen, gehören zum breiten Spektrum sozialer Kompetenzen, die einen Teamspieler auszeichnen und die Voraussetzungen sind, um ein leistungsstarkes und krisensicheres Team aufzubauen. Maßnahmen, die der Teamförderung und -führung dienen, werden unter den Stichwörtern *Mannschaftspsychologie* und *Coaching* vorgestellt.

3   Trainingsbereiche im Basketball

Die Basketball-Wettkampfleistung setzt sich aus den Leistungsfaktoren *Taktik*, *Koordination* und *Technik*, *Kondition*, *Konstitution*, *psychische Dispositionen* und *soziale Kompetenzen* zusammen (Abb. 3.1). Angesichts dieser Vielfalt besteht die Kunst von Trainern darin, eine auf die optimale Spielleistungsfähigkeit von Einzelspielern und Mannschaft gerichtete Formentwicklung zu gewährleisten[13]. Dabei müssen individuelle

SPIELLEISTUNGSFÄHIGKEIT
(im Wettkampf)

TAKTISCHE HANDLUNGSFÄHIGKEIT
taktische Fähigkeiten
taktische Fertigkeiten
taktische Kenntnisse

KOORDINATION & TECHNIK
spezifische Techniken
spezifische koordinative Fähigkeiten
allgemeine koordinative Fähigkeiten

Beweglichkeit
Normbeweglichkeit / Entspannungsfähigkeit

KONDITION (ATHLETIK)

Schnellkraftausdauer

Ausdauer	Kraft	Schnelligkeit
aerob / anaerob	*Maximal- / Schnellkraft*	*azykl. Handlungsschn.*

KONSTITUTION   PSYCHE   SOZIALKOMPETENZ

Abb. 3.1: Hierarchisches Leistungsprofil des Basketballspielers

---

13   Je nach Trainingszielen und -inhalten sind in Mannschaftssportarten unterschiedliche Strategien vom Individu-
al-, Kleingruppen- und Mannschaftstraining zu verfolgen, um eine optimale Gesamtleistung herauszubilden.

Besonderheiten ebenso berücksichtigt werden wie unterschiedliche Zielperspektiven[14], die die Rahmenbedingungen für das Basketballtraining maßgeblich bestimmen.

Als generelle Leitlinie des Basketballtrainings gilt, die einzelnen Leistungsfaktoren im Bereich des jeweiligen Optimums und nicht etwa maximal zu entwickeln. Auf hohem Leistungsniveau sind die Möglichkeiten, Defizite durch besondere Stärken zu kompensieren, geringer geworden. Der Trend geht eindeutig zum großen, universell einsetzbaren Spieler, der mehrere Spielpositionen ausfüllen kann (siehe Kap. 2.2.3 und 7.1). Gleichwohl fällt eine eindeutige Gewichtung der einzelnen Trainingsbereiche schwer, da bei einer komplexen Leistungsstruktur wie der des Basketballspielers Kompensationseffekte (z. B. Ausgleich mangelnder Athletik durch Spielerfahrung) in gewissen Grenzen immer zu beobachten sein werden. Hier ist das Urteil des Trainers gefordert, „mögliche" von „lohnenden" Trainingszielen zu unterscheiden[15].

Das Basketballspiel besteht aus einer Abfolge technisch-koordinativer Spielhandlungen, die zur Lösung spezifischer Spielaufgaben eingesetzt werden. Dribblings, Würfe, Steals, Blocks usw. sind jedoch eng an das physische Fähigkeitspotenzial eines Spielers gebunden: Ist er ausdauernd, kräftig, geschmeidig und schnell genug, seine Handlungsabsichten durchzusetzen? Zum Basketballspielen benötigt man also hinreichende konditionelle Grundlagen, die in Ausdauer-, Kraft-, Schnelligkeits- und Beweglichkeitsfähigkeiten differenziert werden. Sie sind „Mittel zum Zweck" und werden erst in den koordinativ-technischen Spielhandlungen wirksam. Deren Effektivität wiederum wird durch die taktischen Fähigkeiten zum situativen Entscheidungshandeln bestimmt. Bereits Niedlich (1985, S. 381) spricht vom „Primat der Taktik vor der Technik", wobei jedoch die Abhängigkeiten der unterschiedlichen Ebenen der Spielleistungsfähigkeit voneinander offenkundig werden. Die jeweils untere (voraussetzende) Ebene schränkt bei unzureichender Entwicklung den Ausprägungsgrad der höherrangigen Ebene ein (Abb. 3.1).

3.1 Konditionstraining

Das Training der konditionellen Fähigkeiten hat grundlegenden Charakter für die Entwicklung der komplexen Leistungsfähigkeit des Basketballspielers. „Unabhängig von den positionsspezifischen Anforderungsprofilen muss der Spieler über ein über-

---

14 Kurz-, mittel- und langfristige Ziele sind sowohl veränderlich (z. B. Abhängigkeiten vom Saisonverlauf) als auch grundsätzlich andersartig, wenn man die unterschiedlichen Altersstufen berücksichtigt. So muss beispielsweise ein langfristig-perspektivisches Konditionstraining im Nachwuchsbereich anders ausgerichtet sein als eine relativ kurzfristige Saisonvorbereitung im Seniorenbereich.

15 Wenn minimale Fähigkeitsverbesserungen nur durch zeitlich sehr umfangreiche Trainingsmaßnahmen zu erreichen sind, ist dies vor dem Hintergrund der Trainingsökonomie zu hinterfragen. „Lohnend" ist ein Trainingsziel ungeachtet der dazu aufzubringenden Trainingszeit jedoch immer dann, wenn limitierende Größen der Spielleistungsfähigkeit verändert werden sollen, insbesondere im perspektivisch-langfristigen Nachwuchstraining.

durchschnittliches athletisches Leistungsniveau verfügen. Dem muss durch ein entsprechendes gesondertes athletisches Training Rechnung getragen werden" (Blümel et al., 2007, S. 49). Dies muss auch im höheren Trainingsalter[16] stets berücksichtigt werden, da ein erworbenes konditionelles Leistungsniveau als Folge der organismischen Anpassung bei Inaktivität nicht lange gehalten werden kann[17].

Der Begriff *Kondition* bedeutet im Wortsinn „Bedingung" oder „Voraussetzung". Im engeren Sinne beschreibt Kondition dabei die energetisch abgesicherten Leistungsvoraussetzungen, also die durch die Leistungsfähigkeit des Herz-Kreislauf-Systems, die Muskelmasse und die Verfügbarkeit der energieliefernden Substrate (Phosphate, Glukose, Fette, Aminosäuren) limitierten Ausdauer- und Kraftfähigkeiten. Hinsichtlich der Kraft wird bereits der wesentliche Beitrag des informatorisch-neuronalen Systems deutlich: Ohne die nervale Ansteuerung der Muskulatur kann der Muskel als „Effektor" nicht arbeiten, ohne die Optimierung des Nerv-Muskel-Zusammenspiels[18] werden keine spezifischen Kraftqualitäten (Maximal-, Schnell-, Reaktivkraft) ausgeprägt. Aus trainingsmethodischen Gründen[19] werden jedoch neben der *Ausdauer* und der *Kraft* auch die *Schnelligkeit* und die *Beweglichkeit* unter dem Begriff der *Kondition* zusammengefasst.

In den Sportspielen etabliert sich zunehmend der Begriff „Athletiktraining" für das konditionelle Training. Die Begriffsdeutung beschränkt sich in der Praxis häufig auf den synonymen Gebrauch, ist jedoch in der Sportwissenschaft umstritten, da „Athletik" als umfassenderes Konstrukt gegenüber der „Kondition"auch die technisch-koordinativen Leistungsvoraussetzungen zu einem ganzheitlichen, integrativen Training zusammenfasst (Nieber & Heiduk, 2016; Lindner, 2017).

Individualisierung des Konditionstrainings

In den Sportspielen setzt sich immer mehr die Erkenntnis durch, dass das konditionelle Training aufgrund der Vielfalt der Spielpositionen und Spielertypen (Konstitution, Fähigkeitsprofil etc.) individualisiert gestaltet werden muss. Im höheren Leistungsbereich ist es mittlerweile selbstverständlich, dass es nicht „das" Ausdauer- oder Kraftprogramm gibt, welches die komplette Mannschaft in gleicher Art und Weise durchführt.

16　Das *Trainingsalter* bezeichnet im Leistungssport den bis zum Beginn des sportartspezifischen Trainings zurückliegenden Zeitraum, klammert also in der Regel vorherige, grundlegende sportliche Erfahrungen aus.

17　Der Organismus reagiert auf Umwelt- und spezielle Belastungsreize durch positive Entwicklungen seiner Funktionskapazitäten (Herz-Kreislauf-System, Muskulatur etc.). Genauso werden diese jedoch auch bei fehlenden Reizsetzungen wieder zurückgefahren (erkennbar z. B. bei Muskelschwund nach Ruhigstellung durch Gipsverband).

18　Neuronale Erregbarkeit in Form von Rekrutierung, Frequenzierung und Synchronisation der Muskelfasern (Zatsiorsky & Kraemer, 2008).

19　Im Trainingsvollzug wird nach den Hauptwirkungsrichtungen der Interventionen in Ausdauer-, Kraft-, Schnelligkeits- und Beweglichkeitstraining mit ihrem jeweils spezifischen Methodenspektrum unterschieden.

Sowohl Trainingsinhalte als auch Belastungskomponenten müssen individuell auf die Bedürfnisse eines jeden Spielers zugeschnitten sein, was angesichts so unterschiedlicher Spielertypen/-positionen wie Aufbau und Center offensichtlich wird.

Voraussetzung für ein individualisiertes Training ist die Diagnose des jeweiligen Leistungszustands, wozu in den nachfolgenden Kapiteln zum konditionellen Training entsprechende Möglichkeiten aufgezeigt werden. Diese lassen sich auch mit akzeptablem Aufwand (sportmotorische Tests) auf geringerem Leistungsniveau realisieren und in geeignete Trainingsempfehlungen übersetzen. So ist beispielsweise schon viel erreicht, wenn zum Training der grundlegenden Ausdauer je nach Zustand und Anforderungen kleinere Laufgruppen mit spezifischen Trainingsvorgaben gebildet werden, anstatt mit der ganzen Mannschaft durch den Wald zu laufen.

3.1.1 Ausdauer und Ausdauertraining

Die *Ausdauer* wird als Fähigkeit definiert, einer äußeren Belastung in physischer wie psychischer Hinsicht möglichst lange zu widerstehen und in Phasen verringerter Beanspruchung möglichst rasch regenerieren zu können. Ausdauer beinhaltet demnach die Komponenten *Ermüdungswiderstandsfähigkeit* (physisch), *Ermüdungstoleranz* (psychisch) und *Wiederherstellungs-* bzw. *Regenerationsfähigkeit*.

Eine Ermüdung wird durch Verarmung der Energiereserven, Hemmung der Enzymaktivität, Wasser- und Elektrolytverschiebungen, Anhäufung von Stoffwechselzwischenprodukten (z. B. Laktat), Hormonverarmung, zentralnervöse Hemmprozesse und/oder Veränderungen zellulärer Regulationsmechanismen bewirkt und äußert sich in abnehmenden athletischen Leistungen, koordinativ-technischen Störungen und eingeschränkter taktischer Entscheidungsfindung. Die Ermüdungsgrenzen hinauszuschieben, ist demnach für Basketballspieler von grundlegendem Interesse. Dazu müssen im Training unterschiedliche Ausdauerkomponenten herausgebildet und in die spezifische Spielausdauer integriert werden, die von Neumann (1990, S. 165) mit dem Begriff der „azyklischen Langzeitausdauer mit Intervallcharakter" umschrieben wird. Damit verweist er auf den Mischcharakter der im Basketballspiel verlangten Ausdauerfähigkeiten, die aus dem typischen Wechsel hochintensiver, schnellkraftdominierter Belastungsphasen mit kurzen Unterbrechungen resultieren (s. Kap. 2.2.1).

Strukturierung der Ausdauer

Eine Binnendifferenzierung der Ausdauer erfolgt nach unterschiedlichen Kriterien, von denen aber nicht alle trainingsmethodisch relevant sind. Bedeutsam sind folgende Aspekte:

Umfang der beanspruchten Muskulatur: Bei Einsatz von mehr als einem Sechstel der Gesamtmuskelmasse spricht man von „allgemeiner Ausdauer", darunter von „lokaler Muskelausdauer". Ausschließlich lokale Ausdauerbeanspruchungen setzen keine Entwicklungsreize für das Herz-Kreislauf-System und kommen bei sportlicher (Spiel-) Tätigkeit selten vor.

Arbeitsweise der Muskulatur: Man unterscheidet zwischen dynamischer (Bewegungen mit abwechselnder Spannung und Entspannung) und statischer (Dauerspannung) Ausdauer.

Energiebereitstellung: Je nach Arbeitsintensität und -dauer unterscheidet man die aerobe (mit Sauerstoff), anaerob-alaktazide und anaerob-laktazide (beide ohne Sauerstoff) Energiebereitstellung. Der Energiestoffwechsel greift zur Resynthese des eigentlichen „Muskeltreibstoffs" Adenosintriphosphat (ATP) auf unterschiedliche Energieträger und Stoffwechselmechanismen zurück, um die aktuellen Beanspruchungen zu bewältigen.

Zeitdauer der Beanspruchung: Für die Charakterisierung der Wettkampfanforderungen ist die Unterteilung in Kurz- (35 s bis 2 min), Mittel- (2-10 min) und Langzeitausdauer (ab 10 min bis mehrere Stunden) üblich, wobei dies aber nur bei kontinuierlicher Belastungsdauer und gleichzeitig höchstmöglicher Intensität auch sinnvoll ist. Für die intervallartigen Beanspruchungen des Basketballspiels ist eine derartige Orientierung (theoretisch die „Langzeitausdauer II": 35-90 min) irreführend, da man aufgrund der Gesamtspielzeit hier auf eine ausschließlich aerobe Belastung schließen würde.

Spezifik der Ausdauerbeanspruchung: Man unterscheidet die unspezifische Grundlagenausdauer (GLA) von der wettkampfspezifischen Ausdauer (WSA). Die GLA kennzeichnet für Spieler die allgemeine aerobe Basis, die WSA die konkrete Belastungs- und Beanspruchungsstruktur des Wettkampfs. Der bedeutende Anteil der azyklischen Bewegungen im Basketball (Antritte, Stopps, Sprünge etc.) verdeutlicht, dass eine rein läuferische Ausbildung der speziellen Ausdauerfähigkeiten unzureichend ist (Gamble, 2010). Die basketballspezifische Ausdauerbeanspruchung ist komplex und integriert als „Schnellkraftausdauer" (Abb. 3.1) auch die Kraft- und Schnelligkeitsfähigkeiten.

Energiebereitstellung

Die Arbeitsmuskulatur benötigt zur Kontraktion und Entspannung den Energieträger ATP, der nur in geringer Konzentration im Muskel vorhanden ist und für 3-4 Maximalkontraktionen ausreicht. ATP muss also bei fast jeder Muskelarbeit laufend resynthetisiert werden. Ist das Sauerstoffangebot ausreichend, werden dazu die umfangreich vorhandenen freien Fettsäuren (FFS) und bei etwas zunehmender Intensität das in Muskulatur und Leber gespeicherte Glykogen[20] herangezogen. Man spricht von der *aeroben*

---

20   Glykogen ist die Speicherform des Einfachzuckers Glukose und besteht aus Glukose-Molekülketten. Im Prozess der Glykogenolyse wird Glykogen zu Glukose gespalten und damit für die Energiebereitstellung verfügbar gemacht.

Energiebereitstellung. Die anfallenden Stoffwechselendprodukte Wasser und Kohlendioxid werden vollständig ausgeschieden und belasten den Betriebsstoffwechsel nicht. Die aerobe Energiebereitstellung dominiert bei niedrig intensiven Aktivitäten, die dafür aufgrund der großen Fettsäuren- und Glykogenspeicher sehr lange andauern können (Marathonlauf, Radrennen, Triathlon etc.). Die aerobe Glykolyse (Glukoseverbrennung) kann dabei ungefähr über einen Zeitraum von 60 min beansprucht werden, die Lipolyse (Fettverbrennung) funktioniert praktisch unbegrenzt.

Eiweiße bzw. deren Bausteine, die Aminosäuren, spielen hauptsächlich im Baustoffwechsel des Organismus eine Rolle. Nennenswerte Beteiligung an der Energiebereitstellung (bis 15 %) erreichen sie nur bei ultralangen Ausdauerbelastungen ab etwa 2 h oder bei Erschöpfung der intramuskulären Glykogenspeicher. Im Basketballspiel spielt diese Form der Energiebereitstellung keine Rolle, da die Belastungsphasen immer wieder durch Regenerationspausen unterbrochen werden.

Intensive Belastungen überfordern die relativ langsame oxidative Verbrennung, der Organismus benötigt dann mehr Energie in kürzerer Zeit. Anfangs erfolgt die ATP-Resynthese durch die anaerob-alaktazide und schon nach wenigen Sekunden Belastungsdauer[21] durch die anaerob-laktazide Energiebereitstellung. Bei ausschließlich anaerob-alaktazider Arbeit reicht das im Muskel eingelagerte Kreatinphosphat zur ATP-Resynthese aus. Wird die Arbeit in dieser Phase abgebrochen, dauert es je nach Trainingszustand 45-90 s bis zur kompletten (aeroben) Wiederauffüllung der Phosphatspeicher. Bleibt die Arbeitsintensität hoch, springt die anaerobe Verstoffwechselung des Glykogens (anaerobe Glykolyse) an. Letztere führt zur Bildung von Laktat (Salz der Milchsäure), das zur Absenkung des intramuskulären pH-Werts und somit zur Übersäuerung der Arbeitsmuskulatur führt. Beispiele für anaerob-alaktazide Tätigkeiten sind kurze Antritte und Sprünge. Der Vorteil der anaeroben Energiebereitstellung ist die Schnelligkeit, mit der große Energiemengen innerhalb kürzester Zeit abgerufen werden können. Dauert die anaerobe Belastung jedoch länger als 5 s an, ist der Preis dafür die erhebliche Beeinträchtigung der Arbeitsmuskulatur durch die Übersäuerung, die derart intensive Tätigkeiten auf eine recht kurze Zeit bis maximal 2 min begrenzt[22].

Die Übergänge zwischen den verschiedenen Energiebereitstellungswegen sind fließend, je nach Intensität und Belastungsdauer wird der ATP-Nachschub über die notwendigen Stoffwechselvorgänge geregelt. Absolut betrachtet, verteilen sich die Energiereserven im Organismus wie folgt (Beispiel eines 75 kg schweren Mannes mit 42 kg Muskelmasse; vgl. Steinhöfer, 2008): ATP 4 kJ, CrP 15 kJ, Glykogen 4.600 kJ, Fette 300.000 kJ.

---

21 Bereits intervallartig durchgeführte Kurzsprintserien (z. B. 8 x 20 m) führen zu nennenswerten Laktatanhäufungen im Blut.

22 Als „Spitzenreiter" der Laktatproduktion gelten 400-m-Läufer, bei denen 20 und mehr mmol/l Blut nachgewiesen werden können. In Ruhe liegt die Laktatkonzentration bei etwa 0,5-1 mmol/l. Der Übergang zur dominant anaeroben Energiebereitstellung wird in etwa durch die 4-mmol-Schwelle gekennzeichnet.

Ausdaueranforderungen im Basketball

Das Basketballspiel beansprucht unterschiedliche Komponenten der Ausdauer. Die Bedeutung der allgemeinen aeroben Grundlagenausdauer erschließt sich durch den beachtlichen Anteil von kurzen Erholungs- und wenig intensiven Belastungsphasen im Spiel (vgl. Kap. 2.2.1) sowie durch die Komponente der Erholungsfähigkeit nach intensiven Belastungen. Spieler mit gut entwickelter Grundlagenausdauer können diese häufigen Belastungsspitzen über den Gesamtzeitraum des Spiels besser tolerieren. Damit erfüllt die allgemeine GLA auch eine wichtige Funktion zur Sicherung umfangreicher Trainings- und Spielbelastungen (längerfristige Belastungsverträglichkeit).

Innerhalb der intensiven Belastungsphasen (Sprints, Sprünge, Verteidigungsarbeit etc.) wird die anaerobe Energiebereitstellung beansprucht. Sowohl die anaerob-alaktazide als auch die anaerob-laktazide Komponente spielen hierbei eine wichtige Rolle (siehe Kap. 2.2.2). Das Basketballspiel ist in den letzten Jahren bedeutend athletischer und intensiver geworden, sodass mittlere Laktatspiegel von 8-10 mmol/l über längere Spielphasen toleriert werden müssen. Beim Training der spielspezifischen anaeroben Ausdauer müssen deshalb alaktazide und laktazide Beanspruchungen berücksichtigt werden.

Im langfristigen Trainingsprozess von Top-Spielern verschieben sich die Inhalte des Ausdauertrainings (s. u.). Im frühen Nachwuchsbereich steht die Schaffung einer für das Basketballspiel hinreichenden GLA im Vordergrund, mit zunehmendem Trainingsalter dominiert dann das Training der WSA. Niedrig intensives Dauertraining kommt im Hochleistungstraining nur zu regenerativen Zwecken und in speziellen Trainingsphasen zur Kompensation von ausgeprägten Defiziten zum Einsatz. Im (ambitionierten) Breitensport, wo i. d. R. ein schlechterer Allgemeintrainingszustand vorherrscht, wird der Aufbau der notwendigen GLA und Transfer zur WSA alljährlich in komprimierter Form während der Saisonvorbereitung versucht (siehe Kap. „Trainingsmethoden und -programme" und Tab. 3.2).

Komplex- und Komponententraining

Basketballspieler erreichen im technisch-taktisch orientierten Mannschaftstraining nur selten die physiologischen Beanspruchungen des Wettspiels (s. Kap. 2.2.2), das gängige Training setzt demnach kaum die notwendigen Entwicklungsreize. Das gilt insbesondere für die beliebten komplexen Trainingsinhalte, die konditionelle Aspekte mit technischen und/oder taktischen Aufgaben verknüpfen (z. B. Schnellangriffskontinuum). Gründe sind eine meist mangelhafte Durchführungsintensität und die Steuerungsproblematik, z. B. die schwierige Kontrolle konkreter Belastungs-Pausen-Rhythmen[23].

---

23 Das Belastungs-Pausen-Verhältnis etwa im Schnellangriffskontinuum 3-2+1 ist mit 9, 10 oder 12 Spielern grundsätzlich verschieden. Jeder zusätzliche Spieler sorgt für zusätzliche bzw. längere individuelle Belastungspausen.

Als Konsequenz daraus sollte deshalb die Kondition vornehmlich über das Komponententraining entwickelt werden. Für die Kraft ist dies heute weitaus akzeptierter als für die Ausdauer, was nicht zuletzt mit Beliebtheit und Akzeptanz vonseiten der Spieler zusammenhängt. Umso wichtiger ist es im Nachwuchsbereich, die Einsicht in die Notwendigkeit ergänzender Trainingsmaßnahmen für die langfristige Leistungsentwicklung und Belastungsverträglichkeit zu vermitteln.

Entscheidend für den Transfer allgemeiner (Grundlagen-)Ausdauerfähigkeiten hin zu den spezifischen Ausdauerqualitäten ist dabei die Integration der im Wettkampf verlangten Belastungswechsel und Bewegungsformen in das spezifische Ausdauertraining. Die Vielfalt der Antritte, Sprünge, Stopps, Richtungswechsel und Defense-slides mit ihrer zeitlichen Belastungsstruktur (Belastungs-Pausen-Verhältnis) muss berücksichtigt werden (Gamble, 2010).

Trainingsmethoden und -programme

Zur Optimierung der Ausdauerfähigkeiten kommen unterschiedliche Trainingsmethoden[24] zur Anwendung, die jeweils spezifische Anpassungsvorgänge im Organismus auslösen (Tab. 3.1). Für Basketballspieler ist die zeitliche Abfolge der Trainingsinhalte im Ausdauertraining bedeutsam. Eine ausreichende allgemeine aerobe Grundlagenausdauer bildet in jedem Fall die Basis für das Training der spezifischen anaeroben Ausdauerfähigkeiten. Fehlen die aeroben Leistungsgrundlagen, ist die Erholungsfähigkeit für intensive anaerobe Belastungen nicht gegeben und ein derartiges Training ineffektiv. Insbesondere bei Nachwuchsspielern jüngeren Alters ist es aufgrund der noch nicht voll entwickelten Fähigkeiten zum Laktatabbau sogar schädlich.

Verantwortungsvoll handelnde Trainer müssen dabei mitunter auch gegen den Zeitgeist arbeiten: Zum Ausdauertraining wurde in jüngster Zeit in vielen sport- und populärwissenschaftlichen Veröffentlichungen das sogenannte *High Intensity (Interval) Training* (HIT) als modernere und effektivere Methode zur Entwicklung der (spiel-)spezifischen Ausdauer gegen das etablierte (langweilige) Dauertraining positioniert, was Seiler und Tønnessen (2009, S. 32) sogar als „current interval craze" beschreiben. Nur selten wird darauf verwiesen, dass viele der plakativ-positiven Bewertungen des HIT einem noch erheblichen Forschungsdefizit gegenüberstehen (Wahl et al., 2010). Inhaltlich stellt das HIT zudem nichts anderes dar als die seit vielen Jahrzehnten in unterschiedlichen Spielarten bekannten Intervall-Trainingsmethoden (Tab. 3.1). Deren Anwendung erfordert zu recht die vorherige Entwicklung einer stabilen aeroben Ausdauerbasis über die im Rahmen der „HIT-Einführung" kritisierten Dauermethoden (Seiler & Tønnessen, 2009). Es geht also nicht um ein

---

24 Eine Trainingsmethode charakterisiert die konkrete Ausgestaltung einer Trainingsübung. Sie bestimmt das „Wie" über die Vorgabe der Belastungskomponenten Intensität, Umfang, Belastungs-Pausen-Verhältnis etc. (Schnabel et al., 1994).

Tab. 3.1: Trainingsmethoden zur Entwicklung der im Basketball relevanten Ausdauerfähigkeiten

Trainingsmethode	Belastungscharakteristik	Trainingswirkung
extensive Dauermethode	• Dauerbelastung (40-45 min) • bis 2 mmol/l Laktat • SAR 4/4 bis 3/4	• aerobe GLA • Regeneration • Kapillarneubildung • Fettstoffwechselverbesserung
intensive Dauermethode	• Dauerbelastung (35-40 min) • bis 4 mmol/l Laktat • SAR 3/3 bis 2/3	• spezifische aerobe Ausdauer • Erweiterung der VO_2max • Verbesserung des aeroben Glykogenstoffwechsels
Wechselmethode	• Dauerbelastung (35-40 min) • planmäßiger Intensitätswechsel • Grundtempo wie intensive Dauermethode	• wie intensive Dauermethode • zusätzliche anaerobe Leistungsverbesserung • Umstellungsfähigkeit der Energiebereitstellungswege • Erholungsfähigkeit bei laufender Belastung • psychische Dauerbelastungstoleranz
Fahrtspiel	• Dauerbelastung (35-40 min) • unplanmäßiger Intensitätswechsel • Grundtempo wie intensive Dauermethode	
extensive Intervallmethode	• systematischer Belastungs-Pausen-Wechsel (40-60 min) • 3-6 mmol/l Laktat • 6-12 Einzelbelastungen pro Serie; 4-8 Serien • 60-180 s Belastung; 45-90 s Pause; Serienpause 3 min	• spezifische aerobe und auch anaerobe Ausdauer • Umstellungsfähigkeit der Energiebereitstellungswege • Erweiterung der VO_2max • Laktatkompensation
intensive Intervallmethode	• systematischer Belastungs-Pausen-Wechsel (30-40 min) • 4-10 mmol/l Laktat • 4-8 Einzelbelastungen pro Serie; 3-5 Serien • 15-120 s Belastung; 60-180 s Pause; Serienpause 5 min	• spezifische anaerobe und auch aerobe Ausdauer • Umstellungsfähigkeit der Energiebereitstellungswege • Laktattoleranz • Vergrößerung der anaerob-laktaziden Kapazität • Aktivierung der anaeroben Glykolyse
Kurzzeit-Wiederholungs-methode*	• systematischer Belastungs-Pausen-Wechsel (bis 20 min) • ermüdungsfrei • 4-6 Einzelbelastungen pro Serie; 3-5 Serien • bis 5 s Belastung; 15 s Pause; Serienpause 60-90 s	• spezifische anaerob-alaktazide Ausdauer (Schnellkraftausdauer) • Verbesserung des Energieflusses • Aktivierung und Regeneration der Phosphatspeicher • neuronale Aktivierung

* Begriffserläuterung siehe Fließtext

Tab. 3.2: Exemplarischer Aufbau des Ausdauertrainings in der Saisonvorbereitung (ohne alaktazide Schnelligkeits- und Schnellkraftbelastungen)

Woche	Inhalte	Methode	Anzahl x Dauer, Reizdauer
1	Dauerlauf	extensive Dauermethode	3 x 40 min
2	Dauerlauf	extensive Dauermethode	2 x 45 min
		intensive Dauermethode	1 x 35 min
3	Dauerlauf	extensive Dauermethode	1 x 45 min
		intensive Dauermethode	2 x 40 min
4	Dauerlauf	intensive Dauermethode	2 x 40 min
	variabler Dauerlauf	Fahrtspiel	1 x 40 min
5	Dauerlauf	intensive Dauermethode	1 x 40 min
	variabler Dauerlauf	Fahrtspiel	2 x 40 min
6-7	Dauerlauf	intensive Dauermethode	1 x 35 min
	variabler Dauerlauf	Fahrtspiel	2 x 40 min
	Intervalltraining	extensive Intervallmethode	1 x 40 min, Reizdauer 120-180 s
8	Dauerlauf	intensive Dauermethode	1 x 35 min
	variabler Dauerlauf	Fahrtspiel	1 x 40 min
	Intervalltraining	extensive Intervallmethode	2 x 50 min, Reizdauer 90-120 s
9	Dauerlauf	intensive Dauermethode	1 x 35 min
	variabler Dauerlauf	Fahrtspiel	1 x 40 min
	Intervalltraining	extensive Intervallmethode	1 x 60 min, Reizdauer 60-90 s
		intensive Intervallmethode	1 x 30 min, Reizdauer 15-30 s
10	Dauerlauf	intensive Dauermethode	1 x 35 min
	variabler Dauerlauf	Fahrtspiel	1 x 40 min
	Intervalltraining	intensive Intervallmethode	2 x 30 min, Reizdauer 15-45 s
11-12	Dauerlauf	extensive Dauermethode	1 x 45 min
	Intervalltraining	intensive Intervallmethode	2 x 35 min, Reizdauer 15-60 s
			1 x 40 min, Reizdauer 90 s
in der Saison	Dauerlauf	je nach Spielbelastung extensive oder intensive Dauermethode	1 x 35-45 min
	Intervalltraining	intensive Intervallmethode	1 x 30-40 min, Reizdauer 15-60 s

„Entweder-Oder" von Dauer- und Intervalltraining, sondern um eine physiologisch sinnvolle Reihung der Trainingsinhalte. Intervall- (und HIT-) Training ist unbedingt notwendig, um die WSA des Basketballspielers auszuprägen.

Die aerobe Ausdauerfähigkeit wird durch Dauerbelastungen niedriger Intensität entwickelt. Zum Einsatz kommen die kontinuierlichen und die variablen Dauermethoden sowie die extensive Intervallmethode, die bei noch relativ niedriger Arbeitsintensität im Bereich des aerob-anaeroben Übergangs bereits den basketballtypischen Belastungs-Pausen-Wechsel beinhaltet und die Umstellungsfähigkeit zwischen den Energiebereitstellungswegen trainiert.

Bei der kontinuierlichen extensiven Dauermethode wird eine gleichbleibend niedrige Laufintensität über eine verhältnismäßig lange Zeitdauer gehalten. Basketballspieler nutzen sie zur Regeneration nach harten Trainingsbelastungen oder Spieltagen, zur Stabilisierung des erreichten aeroben Ausdauerniveaus und zum Einstieg in ausdauerorientierte Trainingszyklen, z. B. am Beginn der Vorbereitungsperiode (Tab. 3.2). Die Dauer der Belastung orientiert sich an der Nettospielzeit von 35-45 min, die Intensität ist niedrig bei rein aerober Energiebereitstellung von etwa 1,5-2 mmol/l Laktat. Energetisch wird hauptsächlich die Fettverbrennung angesprochen.
Wurde ein Feldstufentest zur Leistungsdiagnostik durchgeführt, lässt sich die entsprechende Trainingsherzfrequenz ableiten und mittels Pulsuhr kontrollieren. Fehlt diese Möglichkeit, kann man sich am Schritt-Atem-Rhythmus (SAR) orientieren. Ein SAR von 4 (Schritte einatmen) zu 4 (ausatmen) oder 3/4 ist mit einer niedrig-intensiven aeroben Ausdauerbeanspruchung gleichzusetzen.

Zur Erweiterung des aeroben Ausdauerniveaus sind intensivere Läufe von etwa 30-40 min Dauer geeignet, die auch den Glykogenstoffwechsel ansprechen und etwa 3-4 mmol/l Blutlaktat induzieren (kontinuierliche intensive Dauermethode). Bei einem SAR von 3/3 bis 2/3 wird dieses Ziel in der Regel erreicht, wenngleich hier die Herzfrequenzkontrolle, abgeleitet aus einer Laktatdiagnostik, empfohlen werden muss (viele Spieler belasten sich zu hoch und verfehlen damit das Trainingsziel).

Während der Saison kann so verfahren werden, dass die am Spieltag hauptsächlich belasteten Spieler am Folgetag einen Regenerationslauf und die Ergänzungsspieler den intensiveren Entwicklungslauf durchführen.

Zum Einstieg in die Saisonvorbereitung empfehlen sich drei Dauerläufe von 35-45 min pro Woche, anfangs extensiv und danach zunehmend intensiv (Tab. 3.2). Die Empfehlungen gelten für Männer, Frauen und leistungsorientierte Jugendliche gleichermaßen. Für Kinder jüngeren Alters gelten die im nachfolgenden Kapitel „Ausdauerentwicklung mit Kindern" (s. S. 46) beschriebenen Besonderheiten.

Ab der vierten Woche des akzentuierten Ausdauertrainings beginnt die Transformation in Richtung der spielspezifischen Anforderungen (WSA). Die Spieltätigkeit erfordert häufige Wechsel der jeweils dominierenden Energiebereitstellungswege und damit die diesbezügliche Umstellungsfähigkeit. Dazu werden zunächst die variablen Dauermethoden genutzt, die die kontinuierliche aerobe Dauerbelastung mit anaeroben Belastungsspitzen versehen. Dies kann systematisch geplant als Wechselmethode (eine Runde Dauerlauf, 200 m schneller etc.) oder willkürlich im sogenannten *Fahrtspiel* (Ausnutzung eines hügeligen Geländes oder Zusatzaufgaben beim gemeinsamen Laufen: Wer ist zuerst beim nächsten Baum?) geschehen. In Woche vier ersetzt der variable einen der kontinuierlichen Dauerläufe, ab Woche fünf dominiert der Anteil der variablen Dauerläufe. Es muss beachtet werden, dass die Dauerbelastung aerob bleibt und die Belastungsspitzen nie so lange gesetzt werden, dass die Erholung bis zum Dauerleistungsniveau unmöglich wird (Schritt-Atem-Rhythmus oder Herzfrequenzkontrolle!). Der Umfang gleicht dem der intensiven Dauermethode.

Spätestens in Woche sechs der Saisonvorbereitung werden die Dauerläufe um Trainingseinheiten mit der extensiven Intervallmethode ergänzt. 1 x, später 2 x pro Woche wird nun eine Einheit mit systematischem Belastungs-Pausen-Wechsel eingeplant. Die Gesamtbelastung simuliert den Energiebreitstellungsmix an und über der anaeroben Schwelle von 4 mmol/l Blutlaktat. Die Einzelbelastungen betragen 1-3 min, die Pausenintervalle sind so gewählt, dass die Herzfrequenz auf jeweils 120-130 Schl./min abfallen kann. Da die Belastungsintensität noch nicht besonders hoch ist, fallen die Pausen zeitlich recht kurz aus (45-90 s). Die sogenannte *lohnende Pause* (Abb. 3.2) sorgt im Verlauf der Belastungsreize für eine kontinuierliche Ermüdungsaufstockung. Eine völlige Ermüdung ist durch die Organisation in Serien (Tab. 3.1) zu vermeiden. Die Gesamtdauer einer solchen Ausdauertrainingseinheit liegt für Basketballspieler zwischen 40 und 60 min.

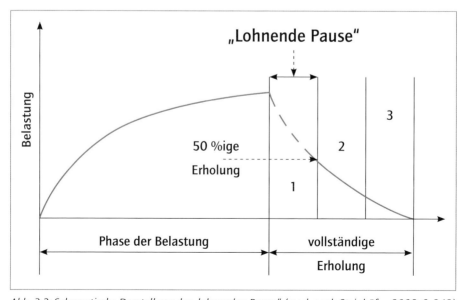

Abb. 3.2: Schematische Darstellung der „lohnenden Pause" (mod. nach Steinhöfer, 2008, S. 243)

Beim allmählichen Übergang vom allgemeinen in das spezifische Ausdauertraining muss das bisher dominierende Lauftraining um die basketballtypischen Belastungsformen ergänzt werden. Um die Motivation der Trainierenden für das Ausdauertraining aufrechtzuerhalten, können diese Einheiten auch mit bekannten Trainingsstandards verknüpft werden (Wurfdrills, Verteidigungsdrills, Schnellangriffskontinuum etc.), wenn die Steuerung der Belastungs-Pausen-Charakteristik in etwa gewährleistet ist.

Auf der Basis eines gut entwickelten aeroben Ausdauerniveaus wird die spielspezifische anaerob-laktazide Ausdauer nach der intensiven Intervallmethode ausgebildet. Die Dauer sollte hierbei 30-40 min pro Trainingseinheit nicht überschreiten. Die Trainingshäufigkeit beträgt in der intensivsten Phase der Saisonvorbereitung bis zu 3 x pro Woche. Während der Saison soll ein Intervalltraining noch 1 x pro Woche stattfinden. Die intensive Intervallmethode setzt sehr hohe Trainingsreize mit dem Ziel der stetigen Laktatanhäufung und somit der Ausbildung einer Laktattoleranz. Je besser das aerobe Ausdauerniveau, desto eher ist der Trainierende in der Lage, lohnende Pausen zur Sofortregeneration zu nutzen. Die Belastungen dauern jetzt in etwa 15-120 s, die Pausen sind aufgrund der hohen Intensitäten mit bis zu 3 min deutlich länger als bei der extensiven Intervallmethode.

Inhaltlich muss hier das Spektrum der basketballtypischen Bewegungsformen genutzt werden, da diese die spezifischen Beanspruchungsreaktionen des Wettspiels eher provozieren als ein rein läuferisches Training (Gamble, 2010 und Taylor, 2004).

Eine gute Organisationsmöglichkeit des intensiven Intervalltrainings stellt das sogenannte *Circuit-Training* dar, in dem partnerweise mehrere Stationen unter Zeitvorgaben absolviert werden. Inhalte sind neben basketballspezifischen Bewegungsformen (Defense-slides, Richtungswechselläufe, Slalomdribblings, verschiedene Sprungformen etc.) auch kraft- und schnellkraftausdauerorientierte Übungsformen mit eigenem Körper- und Zusatzgewicht (z. B. Sitzen an der Wand, Medizinball-Passen gegen die Wand, Reboundsprünge mit Medizinball).

Das Training der anaerob-alaktaziden Ausdauer wird nach der *Kurzzeit-Wiederholungsmethode*[25] gestaltet (Tab. 3.1). Ihr Kennzeichen ist die gegenüber der lohnenden Pause vollständige Erholung zwischen den Einzelbelastungen, sodass ein weitgehend ermüdungsfreies Training in gewissen Zeitgrenzen möglich ist. Natürlich lässt sich eine geringe Ermüdungsaufstockung auch beim Training nach dem Wiederholungsprinzip nicht ganz vermeiden. Bei merklichen Ermüdungsanzeichen (z. B. offensichtlicher In-

---

25 Dieser Begriff wird hier zur eindeutigen Bezeichnung der spezifischen Trainingsmethode zur Entwicklung der alaktaziden Kurzzeitausdauer eingeführt. Inhaltlich besteht eine große Nähe zum Training der Schnellkraft und Schnellkraftausdauer. Während dort azyklische Bewegungen in Serien trainiert werden (z. B. Sprünge, Stöße), geht es bei der alaktaziden Kurzzeitausdauer um Antritte und Kurzsprints. Daher findet man hierzu auch vereinzelt den Begriff *Sprintkraftmethode*.

tensitätsabfall) sollte ein solches Training abgebrochen werden. Durch extrem kurze Belastungsreize (bis maximal 5 s), die ebenfalls in Serien organisiert werden, werden die Schnelligkeits- und Beschleunigungsfähigkeiten (Antritte, kurze Richtungswechsel, Sprünge etc.) angesprochen. Das Training der alaktaziden Ausdauerkomponente dient somit der Entwicklung der basketballspezifischen Schnellkraft (s. Kap. 3.1.2 und 3.1.3 zum Kraft- und Schnelligkeitstraining). 10-20-minütige Schnelligkeits- und Schnellkraftprogramme können bis zu 3 x wöchentlich in das Training integriert werden. Auch während der ausdauerakzentuierten Saisonvorbereitung sind 1-2 Trainingsinterventionen pro Woche zur Wahrung der Reaktivität der Muskulatur empfehlenswert.

Ausdauerentwicklung mit Kindern

Beim Ausdauertraining mit Kindern sind aufgrund der körperlichen Reifung einige Besonderheiten zu berücksichtigen. Zwar sind bereits Kinder sowohl belastbar als auch hochgradig trainierbar, die Leistungsentwicklung muss jedoch noch stärker als bei Erwachsenen langfristig und in einer inhaltlich stimmigen Abfolge vonstattengehen. Oberstes Prinzip ist, die aerobe Basisausdauer zeitlich vor intensiven komplexen Ausdauerkomponenten zu entwickeln. Zwar weiß man, dass bereits Kinder laktazid grundsätzlich hoch belastbar sind (Martin et al., 1999), ihnen fehlt jedoch vor dem puberalen hormonellen Umbau des Organismus die zur längerfristigen Laktattoleranz notwendige Fähigkeit, angefallenes Laktat rasch zu eliminieren[26]. Für die Trainingspraxis bedeutet dies, dass Kinder jüngeren Alters selbst 20 min nach Ende einer anaerob-laktaziden Belastung noch zweistellige Laktatspiegel aufweisen und, anders als Erwachsene, keine wiederholte, gleichgerichtete Belastung eingehen können. Trainingsschwerpunkte sind demnach aerobe Ausdauer- und anaerob-alaktazide Schnelligkeits- bzw. Schnellkraftbelastungen.

Beobachtet man das natürliche Bewegungsverhalten von Kindern (im Spiel), fällt deren „Stop-and-Go"-Mentalität mit vielen Geschwindigkeitswechseln und Pausen auf. Dadurch vermeiden sie eine Überbeanspruchung ihres Herz-Kreislauf-Systems. Dieser natürliche „Schutzmechanismus" ist kein Mangel und sollte auch nicht so interpretiert werden (Steinhöfer, 2008), zumal Kinder andererseits in der Lage sind, intervallartige Dauerleistungen über lange Zeit zu erbringen. Im Training kann man sich diesen gesunden kindlichen Bewegungsdrang zunutze machen, indem man vielfältige Spielformen zur Ausdauerschulung anbietet. Kleine Spiele, Staffelwettkämpfe und die Vielfalt der Sportspiele sind hervorragend geeignet, die notwendigen Entwicklungsreize zu setzen. Ein gleitender Übergang in das perspektivisch zur aeroben Kapazitätserweiterung notwendige Dauertraining kann über Minuten- und Pyramidenläufe, Dreiecksläufe, Schnitzeljagden und andersartige Fortbewegungsarten wie Schwimmen, Inlineskaten und Radfahren gestaltet werden. Hier entwickeln Kinder rasch ein Gefühl für eine ökonomisch-gleichmäßige Dauerleistung.

---

26 Beim Erwachsenen beträgt die „Halbwertzeit" der Laktatelimination, also die Zeit bis zum Abbau auf die Hälfte des Ausgangswerts, etwa 15 min (Heck, 1990).

10-jährige Kinder sollten in der Lage sein, einen 10-15-minütigen Dauerlauf zu absolvieren. Bis zum Übergang in das Erwachsenenalter wird dieser Umfang behutsam bis zur Basketball-Nettospielzeit von 40 min gesteigert. Anaerob-laktazide Trainingsformen nach den Prinzipien des Intervalltrainings sind frühestens gegen Ende der ersten puberalen Phase (Pubeszenz: Mädchen 11.-14. Lebensjahr, Jungen 12.-15.) sinnvoll, können dann aber bis zur Adoleszenz (U18) auf das Erwachsenenniveau ausgeweitet werden.

Indikatoren und Diagnostik der Ausdauerleistung

Zur Bestimmung der Belastungsintensität im Ausdauertraining eignen sich neben der naiven Methode des Schritt-Atem-Rhythmus (SAR) die physiologischen Parameter Herzfrequenz, Blutlaktatkonzentration und Sauerstoffaufnahme (s. Kap. 2.2.2). In der Trainingspraxis ist die Intensitätsfestlegung und -kontrolle anhand der Herzfrequenz aufgrund der mittlerweile weit verbreiteten und bezahlbaren Technik (Pulsmesser nach EKG-Prinzip mit Sende-Brustgurt und Armbanduhr als Empfänger) weit verbreitet, jedoch nicht unproblematisch. Da das individuelle Herzfrequenzverhalten unter Belastung sehr unterschiedlich sein kann, sind die meisten, pauschal vorgegebenen (Tab. 3.3) oder aus Formeln berechneten Trainingsempfehlungen[27] für viele Athleten zu ungenau und damit selten brauchbar.

Tab. 3.3: Trainingsbereiche zur Ausdauerentwicklung (mod. n. Zintl & Eisenhut, 2004)

Anforderungsbereich	Belastungskriterien			
	% der VO_{2max}	HF_{min}	% der HF_{max}	Blutlaktat
Grundbereich (Regenerationbereich)	55-65 %	120-150	55-65 %	< 2 mmol/l
Entwicklungsbereich I (aerober Bereich)	60-75 %	150-170	65-75 %	2-4 mmol/l
Entwicklungsbereich II (aerob-anaerober Mischbereich)	> 75 %	160-180	75-90 %	4-7 mmol/l
Grenzbereich	> 95 %	180-200	90-100 %	> 7 mmol/l

Für weniger ambitionierte Spieler ist eine Groborientierung an den Zielherzfrequenzen aus Tab. 3.3 möglich, für leistungsorientierte Perspektiven sollte jedoch die Ableitung der Trainingsherzfrequenzen aus einer Laktatdiagnostik erfolgen. Abb. 3.3 zeigt exemplarisch eine im Rahmen eines Feldstufentests[28] ermittelte Herzfrequenz- und Lak-

---

27 Z. B. Ermittlung der 80 %-Trainingsintensität: HF_{80} = (200 − Lebensalter)/min.
    Z. B. Ermittlung der 70 %-Trainingsintensität: HF_{70} = (180 − Lebensalter)/min.

28 Unter Feldbedingungen (Sportplatz oder Sporthalle) wird ein Rundkurs nach Geschwindigkeitsvorgabe (elektronischer Pacer) absolviert. Am Ende der ca. fünfminütigen Stufen wird die Herzfrequenz protokolliert und ein Tropfen Blut aus dem Ohrläppchen zur Bestimmung der Laktatkonzentration entnommen. Von Stufe zu Stufe erfolgt eine Steigerung der Laufgeschwindigkeit, meist um 0,4 oder 0,5 m/s. Zur Bestimmung der Trainingsgrößen im submaximalen Bereich ist keine Ausbelastung notwendig.

tatleistungskurve mit den dazugehörigen Trainingsbereichen. Die Blutlaktatkonzentration gibt Auskunft über die Kinetik des Energiestoffwechsels und erlaubt somit eine hinreichend verlässliche Zuordnung der Trainingsbereiche zur entsprechenden Herzfrequenz. Eine Zuordnung zu den einzelnen Trainingsbereichen und damit die Festlegung der Trainingsherzfrequenz ist auch bei Kenntnis der individuellen maximalen Herzfrequenz möglich. Diese lässt sich auch über folgende Formeln abschätzen:

- HF_{max} Männer: (220 − Lebensalter)/min
- HF_{max} Frauen: (226 − Lebensalter)/min

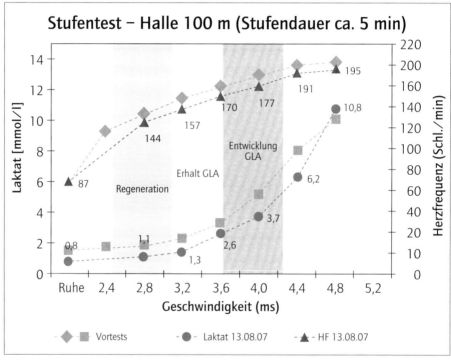

Abb. 3.3: Exemplarische Herzfrequenz-Laktat-Diagnostik mit Trainingsbereichen

Da die Laktatdiagnostik verhältnismäßig zeitaufwendig und teuer ist, findet sie selbst im Spitzenbasketball nicht immer statt. Um wenigstens eine Statusdiagnostik der aeroben Kapazitäten zu erhalten (Reicht das aerobe Ausdauerniveau aus oder nicht?), ist die Bestimmung der maximalen Sauerstoffaufnahme (VO_2max) über den sogenannten „20-m-Shuttle-Run" bzw. „Multistage Fitness Test (MFT)"[29] geeignet. Der MFT kann in etwa 25 min mit einer kompletten Trainingsgruppe in jeder Halle durchgeführt wer-

---

29 Die Spieler laufen tempogesteuert (Signalvorgabe über die MFT-CD; The National Coaching Foundation, 2008) zwischen zwei 20 m auseinanderliegenden Linien hin und her. Jede Minute wird die Laufgeschwindigkeit um 0,5 km/h erhöht, bis das Tempo nicht mehr gehalten werden kann (Ausbelastung). Aus der erreichten Anzahl der Geschwindigkeitsstufen und Einzelbahnen wird die relative VO_2max abgeleitet.

den. Verlässliche Daten über die VO_2max liefert der MFT allerdings nur, wenn sich die Spieler bis an ihre Ausbelastungsgrenze verausgaben. Als Zielgröße der aeroben Ausdauerfähigkeit gilt für Basketballspieler eine VO_2max von mindestens 60 ml/kg/min (etwa MFT-Level 13) und für Spielerinnen von mindestens 50 ml/kg/min (etwa MFT-Level 11) (s. Kap. 2.2.2). Die Ableitung der notwendigen Trainingsintensität ist hier jedoch nicht möglich, da nur die maximale VO_2 erfasst wird.

Nützlicher zur konkreten Planung und Steuerung von Intervalltrainingsinhalten ist die Ableitung der Abbruchgeschwindigkeit bei 100 % der individuellen VO_2max durch den ebenfalls sehr ökonomisch durchführbaren 30-15 Intermittend Fitness Test (kurz: 30-15). Gegenüber dem MFT werden bei kontinuierlicher Geschwindigkeitssteigerung Pausen eingebaut, sodass die Gesamtlaufbelastung eher der WSA des Basketballspielers entspricht. Legt man die erreichte Geschwindigkeitsstufe und die gewünschte Einzelbelastungsphase eines Intervalltrainings zugrunde, z. B. 24 Sekunden, lassen sich anschließend konkrete Vorgaben für das Intervall- oder HIT-Training definieren (Buchheit, 2010; Ulbricht et al., 2012; Lindner, 2017). Als qualitativ ausreichend gelten beim DBB das Erreichen von 17,5 km/h in der U16, von 19,5 km/h in der U18 und von 21,0 km/h in der U20 (Lindner, 2017).

Für die Bestimmung der komplexen aerob-anaeroben Leistungsfähigkeit eignet sich der 2-min-Wendelauf nach Steinhöfer (1983). Der Spieler läuft zwischen den Grundlinien des Basketballfeldes hin und her und muss vor jeder Wende einen kleinen Kasten überspringen. Jede halbe zurückgelegte Strecke wird mit einem Punkt gewertet. Gute Werte sind für Männer ab 41, für Frauen ab 37 Punkte. Weniger als 34 bzw. 30 Punkte gelten als sehr schlecht (Steinhöfer, 2008, S. 261).

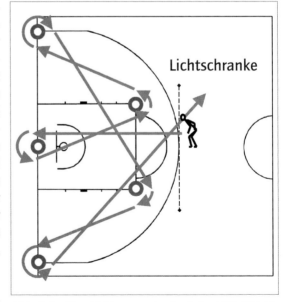

Abb. 3.4: 45-m-Richtungswechsellauf des DBB-Athletiktests (mod. nach Menz et al., 2008)

Der Deutsche Basketball Bund hat in den letzten Jahren mit seinen Auswahlteams einen erheblich kürzer dauernden, basketballspezifischen anaeroben Ausdauertest durchgeführt, der durch die Bewegungscharakteristik und die benötigte Zeit einer typischen anaerob-laktaziden Spielbelastung nahekommt (Abb. 3.4). Die Gesamtlaufstrecke beträgt bei fünf Richtungswechseln 45 m. Normwerte zur Einordnung individueller Leistungen existieren noch nicht, es können aber bisherige Ergebnisse als Referenzwerte herangezogen werden. Demnach sind die schnellsten Zeiten im U-18-Bereich ohne Ball 12,70 s (männl.) bzw. 13,20 s (weibl.), mit Ball 13,14 s (männl.) bzw. 13,80 s (weibl.) (Menz et al., 2008).

3.1.2 Kraft und Krafttraining

Kraft befähigt dazu, äußere Widerstände oder Lasten zu überwinden, ihnen nachzugeben oder sie zu halten. Ausschlaggebend dafür ist die Leistungsfähigkeit des Nerv-Muskel-Systems, das oberhalb von etwa 30 % des individuellen Kraftmaximums als leistungslimitierende Größe wirkt. Unter etwa 30 % ist die Leistungsfähigkeit vorrangig von der Ausdauer abhängig.

Für Basketballspieler erschließt sich die Bedeutung der Kraft bereits bei der Betrachtung des Spielgeschehens. Der hoch aufgehängte Korb, die engen Spielfeldabmessungen und die direkte Auseinandersetzung mit dem Gegner sind Gründe für eine hohe Anzahl von Sprüngen, Antritten, Richtungswechseln, Stopps, Positionskämpfen etc. (s. Kap. 2.2.1), die ohne ausgeprägte Kraftfähigkeiten nicht zu realisieren wären. Bei jeder dieser Aktionen muss mindestens das eigene Körpergewicht beschleunigt oder abgebremst werden, im Zweikampf kommt noch der äußere Widerstand durch die Gegenspieler hinzu. Ein Training der Kraft unterstützt die basketballspezifische Leistungsfähigkeit in Form besserer Beschleunigungsleistungen und ist darüber hinaus eine effektive Verletzungsprophylaxe für den aktiven und passiven Bewegungsapparat (Weineck & Haas, 1999; Zatsiorsky & Kraemer, 2008).

Strukturierung der Kraft

Kraftleistungen äußern sich durch unterschiedliche Arbeitsweisen. Es gibt zunächst die *überwindende, konzentrische Kontraktion*[30] mit sichtbarer Verkürzung der beteiligten Muskulatur. Der kontrahierte Muskel kann einem äußeren Widerstand auch nachgeben und dabei länger werden, was als *negative* oder *exzentrische Kontraktion* bezeichnet wird. Die Kombination von überwindender und nachgebender Kontraktion wird bei vielen dynamischen Bewegungen im Sport verlangt, z. B. beim Bankdrücken oder beim Absprung nach vorheriger Landung (Rebound). Wird eine Last dagegen nur gehalten oder übt man Kraft gegen einen unüberwindlichen Widerstand aus, verändert sich die sichtbare Länge der Muskulatur nicht. Man spricht von *statischer* oder *isometrischer Muskelkontraktion*. Diese ist in Reinform im Sport selten (z. B. Kreuzhang des Turners), kommt aber in komplexen Bewegungsformen für bestimmte Muskelpartien auch im Sportspiel vor (z. B. tiefe Verteidigungshaltung des Basketballspielers: die Oberschenkelmuskulatur leistet vornehmlich Haltearbeit).

---

30 *Kontraktion:* Zusammenziehen des Muskels durch Aktivierung der Proteine Myosin und Aktin im Querbrückenzyklus (siehe Abschnitt „Faktoren der Kraftleistung" in diesem Kapitel, S. 54).

Tab. 3.4: Dimensionen und Einflussgrößen der Kraft

Maximalkraft		
Muskelmasse Muskelfaserspektrum neuronale Aktivierungs- und Synchronisierungsfähigkeit		
Schnellkraft	**Reaktivkraft**	**Kraftausdauer**
Maximalkraft Explosivkraft Startkraft Muskelleistung	Maximalkraft Explosivkraft Startkraft reaktive Spannungsfähigkeit	Maximalkraft anaerob-laktazide Energiebereitstellung

Von großer Bedeutung für die Trainingspraxis ist die Differenzierung der konditionellen Fähigkeit *Kraft* in ihre Dimensionen *Maximalkraft, Schnellkraft, Reaktivkraft* und *Kraftausdauer* (Tab. 3.4), die jeweils durch spezifische Methoden ausgebildet werden (siehe Abschnitt „Trainingsziele und -methoden" in diesem Kapitel, S. 58).

Die *Maximalkraft* ist die höchstmögliche Kraft, die willentlich realisiert werden kann. Sie ist die Basisfähigkeit zur differenzierten Entwicklung sämtlicher Kraftdimensionen. Untrainierte können nur einen geringen Teil ihrer eigentlich verfügbaren Kraft aktivieren und haben demnach ein hohes, sogenanntes *Kraftdefizit*, während austrainierte

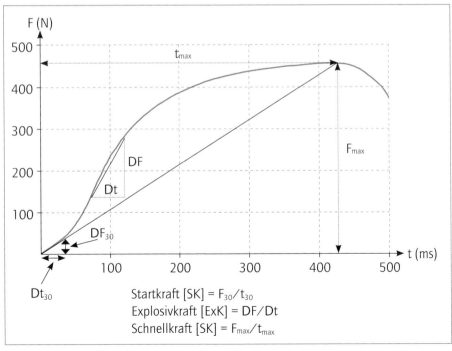

Abb. 3.5: Kennwerte des Kraftverlaufs anhand einer isometrischen Kraft-Zeit-Kurve (mod. nach Steinhöfer, 2008, S. 83)

Kraftsportler bis zu 95 % ihrer Absolutkraft willentlich realisieren können[31]. Die Maximalkraft hängt von der Muskelmasse, dem Spektrum langsamer und schneller Muskelfasern und von der Fähigkeit zur Aktivierung (intramuskuläre Koordination) und Synchronisierung (intermuskuläre Koordination) der beteiligten Muskulatur ab.

Schnellkraft ist die Fähigkeit zur optimal schnellen Kraftentfaltung. Im Sport sind unterschiedliche Schnellkraftleistungen zu sehen, entweder mit hoher Anfangs- bzw. *Startkraft*[32] (z. B. Sprintstart aus dem Block) oder mit hoher Endbeschleunigung (z. B. Speerwurf), die mehr von der *Explosivkraft*[33] abhängig ist (Abb. 3.5). Beiden ist gemeinsam, dass zur Kraftentfaltung nur ein bestimmtes Zeitfenster zur Verfügung steht, in dem der optimale Kraftstoß erteilt werden muss. Sind die äußeren Widerstände gering (z. B. der Ball), ist der Einfluss der Maximalkraft begrenzt: Die Bewegung ist bereits beendet, bevor sämtliche Muskelfasern aktiviert werden können. Ist der Widerstand hoch (z. B. der eigene Körper beim Sprung), verlängert sich die Zeit der Kraftentfaltung und der Maximalkrafteinfluss wird größer (Abb. 3.6).

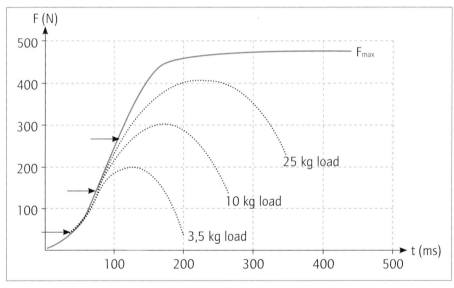

Abb. 3.6: Kraft-Zeit-Kurven bei unterschiedlichen Lasten (mod. nach Güllich & Schmidtbleicher, 2000, S. 21)

---

31 Die *Absolutkraft* kann durch Elektrostimulation oder näherungsweise bei exzentrischer Kontraktion gegen Überlasten bestimmt werden. Der Unterschied zur geringeren willentlichen Maximalkraft wird als *Kraftdefizit* bezeichnet.

32 Mit *Startkraft* wird die initiale Kraftentwicklung in den ersten 30-50 ms (je nach Autor) einer Kontraktion bezeichnet (Abb. 3.6). Diese Zeitspanne ist bei Weitem zu kurz, als dass das gesamte Kraftpotenzial realisiert werden könnte (die langsam zuckenden Muskelfasern benötigen bis zU 180 ms zur Kontraktion).

33 Mit *Explosivkraft* wird der höchste Anstieg der Kraft-Zeit-Kurve ($\Delta K / \Delta t$) bezeichnet (Abb. 3.5).

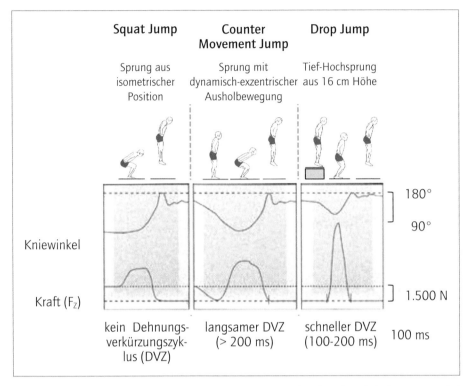

Abb. 3.7: Kraft-Zeit-Verläufe bei unterschiedlichen Sprüngen (mod. nach Steinhöfer, 2008, S. 85)

Für das Krafttraining kann man daraus ableiten, dass z. B. die Sprungkraft erheblich von einem Maximalkrafttraining profitiert, die Passkraft aber eher vom spezifischen Schnellkrafttraining gegen niedrige und mittlere Lasten. Kraftentfaltung und Bewegungsgeschwindigkeit verhalten sich umgekehrt proportional zueinander.

Die *Reaktivkraft* äußert sich im sogennannten *Dehnungs-Verkürzungs-Zyklus* (DVZ), der aus einer schnellen Umkehrbewegung mit Brems- und Beschleunigungsleistung (exzentrische und konzentrische Kontraktion) besteht. Während der Bremsphase wird der voraktivierte Muskel gedehnt und speichert diese Energie für die nachfolgende konzentrische Kontraktion. Die Reaktivkraft ist neben dem Maximal- und Schnellkraftpotenzial hauptsächlich von der *reaktiven Spannungsfähigkeit*[34] abhängig. Deren Einfluss ist beim kurzen DVZ (< 200 ms) größer als beim langen DVZ (> 200 ms), der durch die längere Zeitspanne höhere Maximalkraftanteile während der konzentrischen Muskelkontraktion zulässt (Güllich & Schmidtbleicher, 2000). Beispiele für kurze DVZ im Basketball sind intensive, kleinräumige Fußarbeit (z. B. Verteidigungsschritte) und betont reaktive Absprünge (z. B. Reaktivsprungwurf), lange DVZ kommen beim Absprung mit

---

34 Der *reaktiven Spannungsfähigkeit* liegen neben neuronalen Reflexmechanismen elastische Eigenschaften der passiven (Bindegewebe, Sehnen) und aktiven (Querbrücken der kontraktilen Proteine der Muskelfaser) Strukturen des Muskels zugrunde *(Stiffness)*. Die gespeicherte Energie addiert sich zum konzentrischen Kraftstoß.

vorherigem Absenken des Körperschwerpunkts („Tiefergehen") vor, wie beim Explosiv-sprungwurf (Schauer, 2002). Bei allen kurzen DVZ ist die passive Belastung für den Muskel-Sehnen-Komplex enorm, da die auftretenden exzentrischen (Brems-)Kräfte die konzentrischen Kraftleistungen bis zu 100 % übersteigen können (Abb. 3.7).

Die *Kraftausdauer* äußert sich statisch und dynamisch. Für den Basketballspieler ist vordringlich die dynamische Kraftausdauer in ihrer spezifischen Form der Schnellkraft-ausdauer relevant (Abb. 3.1), die die wiederholte Ausführung schnellkräftiger Aktionen (Antritte, Sprünge) über den Gesamtzeitraum des Spiels sicherstellen muss. Aber auch die statische Form der Kraftausdauer kommt bei der tiefen Verteidigungsarbeit oder bei Positionskämpfen (Rebound, Low-post) zum Tragen.

Faktoren der Kraftleistung

Kraftleistungen beruhen hauptsächlich auf dem Zusammenwirken der Muskelmasse, dem Muskelfaserspektrum, der neuronalen Aktivierungs- und Synchronisierungsfähig-keit, der reaktiven Spannungsfähigkeit und der Energiebereitstellung (Tab. 3.4). Wei-tere bedeutende Faktoren, die indirekten Einfluss auf Kraftleistungen haben, sind die psychischen Komponenten Motivation, Willenskraft und Schmerztoleranz.

Die Muskelmasse besitzt großen Einfluss auf die messbare Kraftleistung: je größer der Querschnitt der aktiven Muskulatur, desto höher die theoretisch entwickelbare Kraft. Um sein Kraftpotenzial substanziell zu erhöhen, muss man im Training also die Mus-kelmasse erhöhen.

Ein Muskel besteht aus parallel angeordneten Muskelzellen oder -fasern. In deren Sarko-plasma liegen in Längsrichtung die Myofibrillen, die sequenziell in zylindrischen Sarkomeren organisiert sind. Hier gleiten bei muskulärer Aktivität die kontraktilen Proteine Myosin und Aktin durch wiederholtes „Andocken" und ruderartiges Kippen der Myosinköpfe ineinan-der[35] (Abb. 3.8). Diese während der kurzfristig entstehenden Bindungsstellen (Querbrücken) freiwerdende mechanische Energie resultiert aus der Aufspaltung der an den Myosinköpfen anlagernden ATP-Moleküle. Bei der Muskelkontraktion addieren sich die mikroskopisch klei-nen Verkürzungen jedes Sarkomers über die gesamte Faserlänge zur sichtbaren Verkürzung, sodass auch die Muskellänge neben der Dicke das Kraftpotenzial bestimmt.

Während die Muskellänge nicht zu beeinflussen ist, lösen adäquate Reize die Masse-zunahme eines Muskels aus (Hypertrophietraining). Umstritten ist nach wie vor, in wel-chem Umfang es neben der muskulären *Hypertrophie*[36] auch zur *Hyperplasie*[37] kommt. Für den Trainingseffekt ist aber eher entscheidend, dass bei beiden Mechanismen die

---

35   Gleitfilamenttheorie nach Huxley (1957, nach Hohmann et al., 2007).

36   Dickenwachstum der Muskelfaser.

37   Vermehrung von Muskelfasern.

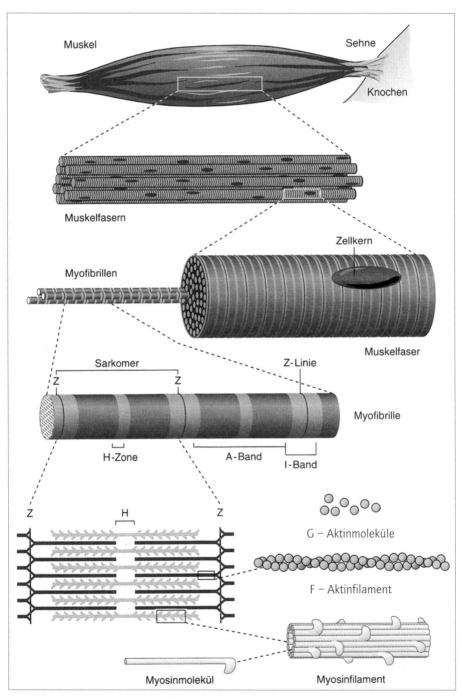

Abb. 3.8: Aufbau des Skelettmuskels (Olivier et al., 2008, S. 40)

Tab. 3.5: Muskelfaserspektrum des Menschen (nach Tidow & Wiemann, 1994 und Steinacker et al., 2002)

	ST-Fasern	Intermediärfasern	FT-Fasern
Erregungsschwelle	niedrig	mittel	hoch
Leitungsgeschwindigkeit der Nervenfaser	30-40 m/s	40-90 m/s	70-120 m/s
Entladungsfrequenz	bis 30 Impulse/s	bis 90 Impulse/s	bis 150 Impulse/s
Faserquerschnitt	2.000-4.000 µm²	4.000-6.000 µm²	2.000-10.000 µm²
Leitungsgeschwindigkeit der Muskelfaser	ca. 2,5 m/s	3-5 m/s	ca. 5,5 m/s
Ermüdbarkeit	niedrig	niedrig	hoch
Kontraktionszeit	ca. 150 ms	80-140 ms	ca. 60 ms
Innervationsverhältnis (Axon/Muskelfaser)	1/10 bis 1/500	1/100 bis 1/700	bis 1/1.000
Kraft/motorische Einheit	2-13 g	5-50 g	30-130 g
Energiebereitstellung	aerob	aerob/anaerob	anaerob

Zahl der im Muskel parallel liegenden kontraktilen Proteine zunimmt und damit über eine höhere Anzahl von Querbrücken absolut mehr Kraft entwickelt werden kann.

Eine qualitative Größe der Kraftfähigkeiten ist die Muskelfaserzusammensetzung. Das menschliche Faserspektrum besteht aus den ermüdungsresistenten, aber langsam kontrahierenden und vergleichsweise schwachen Slow-Twitch-Fasern (ST), den schnellen, starken, aber leicht ermüdbaren Fast-Twitch-Fasern (FT) und den dazwischenliegenden Intermediärtypen (Tab. 3.5). ST-Fasern werden bereits bei geringer Kraftanforderung aktiviert, können aufgrund ihrer langen Kontraktionszeit bei explosivkräftigen Bewegungen aber erst spät ihren Beitrag zur Gesamtkraftentwicklung leisten, wenn die schnellen Muskelfasern längst „feuern". Diese wiederum werden erst bei höheren Reizschwellen innerviert.

Das spezifische individuelle Verteilungsmuster der Muskelfasern ist genetisch vorgegeben, kann aber durch Training graduell beeinflusst werden. Grundsätzlich löst jede muskuläre Aktivität eine Verschiebung in Richtung langsam aus („Linksverschiebung"), während Trainingspausen und Entlastungsphasen die Ausprägung von schnellen Fasertypen begünstigen. Entscheidend für die Wirkungsrichtung von Trainingsbelastungen ist also die Belastungs-Erholungs-Gestaltung. Beim Ausdauertraining kommt es vermehrt zur Verschiebung des intermediären Faserspektrums in Richtung der langsamen ST-Fasern, Krafttrainingsreize begünstigen eine Verlangsamung der FT-Fasern. Ein exzessives Ausdauer- oder Krafttraining geht somit auf Kosten der sogenannten *Kontraktilität*. Die (Rück-)Umwandlung innerhalb des FT-Faserspektrums wird durch ein hochexplosives, ermüdungsfreies Schnellkrafttraining unterstützt (Kontraktilitätstraining). Spieler müssen sich aufgrund des gewöhnlichen Gesamtumfangs konditionellen Trainings jedoch keine Sorgen machen, dass sie durch separates Kraft- oder Ausdauertraining langsamer würden.

Entscheidend für die individuelle Kraftentwicklung ist darüber hinaus die neuronale Aktivierungs- und Synchronisierungsfähigkeit. In sogenannten *motorischen Einheiten* werden durch ein Motoneuron bis zu 1.000 Muskelfasern nach dem Alles-oder-nichts-Prinzip angesteuert (Tab. 3.5). Bedeutend für die Aktivierung der Muskelkraft sind Rekrutierung[38] und Frequenzierung[39], während die komplexe Kraftentwicklung mehrerer Muskel(gruppe)n von der Synchronisierungsfähigkeit abhängt. Man spricht in diesem Zusammenhang auch von der *intramuskulären* und *intermuskulären Koordination*.

Bedeutsam sind darüber hinaus emotionale und volitive Komponenten, die die Kraftleistung indirekt beeinflussen. Eine maximale willentliche Kraftentfaltung gelingt nur bei äußerster Motivation und Konzentration, eine erschöpfende muskuläre Ausbelastung nur bei entsprechender Willensstärke und auch Schmerztoleranz. Nur dann sind Trainingsmethoden oder Tests effektiv oder aussagekräftig. Ein Maximalkrafttest in unruhiger Atmosphäre, ein intramuskuläres Koordinationstraining bei lautstarker Hintergrundmusik oder ein angebliches Hypertrophietraining ohne muskuläre Erschöpfung aufgrund zu niedrig gewählter Intensitäten ist Vergeudung wertvoller Trainingszeit.

Kraftanforderungen im Basketball

Beim Krafttraining des Basketballspielers steht neben der Entwicklung der spezifischen Sprint-, Sprung- und Wurfkraft die allgemeine Optimierung der Maximalkraft im Bereich der rumpf- und gelenkstabilisierenden Muskulatur im Vordergrund. Unter dem Aspekt einer langfristigen Ausbildung ist die Sicherung der Belastungsverträglichkeit durch ein Krafttraining unverzichtbar. Basketballspieler benötigen eine gut ausgeprägte Maximalkraft im Bereich des Rumpfs und der Extremitäten, insbesondere zur Stabilisierung der Bein-Streck-Schlinge (Fuß-, Knie- und Hüftgelenke) und des Schultergürtels. Auch die Kraft der Fingerbeuger und -strecker, deren Entwicklung eine effektive Prophylaxe gegen die im Basketballspiel häufigen Kapselverletzungen darstellt, muss berücksichtigt werden.

38　Je mehr motorische Einheiten gleichzeitig aktiv sind, desto größer ist die resultierende Kraftentwicklung des Muskels.

39　Bei maximaler Rekrutierung sind weitere Kraftsteigerungen durch eine höhere Entladungsfrequenz der Motoneurone möglich.

Zur unmittelbaren Verbesserung der Spielleistungsfähigkeit ist ein Schnellkrafttraining erforderlich. Antritte und Sprünge, schnelle und ansatzlose Pässe erfordern entsprechende Trainingsreize. Schnellkraftausdauer wird zur Aufrechterhaltung des Schnellkraftniveaus über die gesamte Spielzeit benötigt. Die zahlreichen Richtungswechsel und schnellen vertikalen und horizontalen Sprünge beanspruchen zudem die Reaktivkraft. Sie ist im Basketballtraining separat in spielspezifischen Bewegungsmustern anzusteuern.

Trainingsziele und -methoden

Im basketballspezifischen Krafttraining werden entsprechend den Anforderungen verschiedene Ziele verfolgt. Notwendig erscheint die Differenzierung in ein präventiv wirkendes und in ein spielleistungsverbesserndes Krafttraining (Tab. 3.6). Der langfristige Leistungsaufbau beginnt mit dem präventiven Rumpfstabilisationstraining und gipfelt in der spezifischen Schnell- und Reaktivkraftschulung. Dazwischen liegt die Entwicklung einer stabilen Maximalkraftbasis von Rumpf und Extremitäten. Im Laufe der Karriere kann keine der angesprochenen Trainingsphasen als abgeschlossen betrachtet werden. Körperstabilisierende Übungen und der Erhalt bzw. die Steigerung des Maximalkraftniveaus behalten auch bei Könnern ihren hohen Stellenwert.

Im allgemein vorbereitenden und präventiv orientierten Krafttraining erfolgt die langsame Gewöhnung an wiederholte Kraftreize durch niedrige Zusatzlasten im dynamischen und durch Halteübungen im statischen Kraftausdauertraining. Die Stabilisierung der Rumpfkraft über statische Trainingsübungen, wie z. B. Unterarmliegestütz, sollte im Fortgeschrittenenstadium mit langsamen Zusatzbewegungen und instabilen Untergründen kombiniert werden (z. B. beim Unterarmliegestütz wechselseitiges Anheben der gestreckten Beine und Wackelbretter als Unterstützungsfläche). Das dynamische Kraftausdauertraining umfasst unter dem Aspekt der Kraftgewöhnung Trainingsübungen für Rumpf und Extremitäten mit anfangs geringen, später mittleren Zusatzlasten. Fortgeschrittene ergänzen das Rumpftraining durch dynamische Kraftausdauerbelastungen im mittelintensiven Bereich (z. B. Crunches oder Back Extension ohne und mit Zusatzlasten). Für Spieler ist es besonders wichtig, regelmäßig alternierende Übungsformen (rechte und linke Seite im Wechsel, z. B. bei Stabilisierungsübungen mit Kurzhanteln oder Seilzügen) einzusetzen (Froese, 2003).

Die substanzielle Erweiterung der Kraftbasis erfolgt im Maximalkrafttraining über die Hypertrophiemethode. Reize für das Muskelwachstum werden bei einer optimalen Kombination von Spannungsdauer (Wiederholungszahl) und stimulierendem Spannungsreiz (Zusatzlast) gesetzt[40], was in etwa bei 10-12 Wiederholungen und 70-75 %iger Zusatzlast der Fall ist. Im Training selbst soll jeder Satz zu einer lokalen muskulären Erschöpfung führen. Bei angezielten 12 Wiederholungen kann also keine 13. mehr

---

40 In verschiedenen Theorien zur Erklärung der Hypertrophie (ATP-Mangel-, Reiz-Spannungs-, Energietheorie etc.) werden mechanische, metabolische, neuronale und hormonale Faktoren diskutiert (Flück & Hoppeler, 2003; Zatsiorsky & Kraemer, 2008).

Tab. 3.6: Übersicht über Trainingswirkungsrichtungen, -ziele und -methoden

Trainings-wirkungsrichtung	Trainings-ziel	Kraft-dimension	Trainings-methode	Charakteristik (Belastungsnormative)
Belastungs-verträglichkeit	Rumpf-stabili-sierung, Kraft-gewöhnung	dynamische Kraft-ausdauer	dynamische Kraft-ausdauer-methode	I: niedrig bis mittel (35-65 %) U: 20-40 W x 6-10 S P: 30 s-3 min je nach Last A: langsam bis zügig
		statische Kraft-ausdauer	statische Kraft-ausdauer-methode	I: ohne Zusatzlast U: 1 W (30-120 s) x 6-10 S P: 1-2 min A: statisch
Belastungs-verträglichkeit/ Spielleistungs-fähigkeit	Muskel-hypertrophie	Maximal-kraft	Hyper-trophie-methode	I: submaximal (65-85 %) U: 8-12 W x 3-5 S P: bis 5 min (vollständig) A: zügig
Spielleistungs-fähigkeit	neuronale Aktivierung	Maximal-kraft	Methode maximaler Kraft-einsätze	I: maximal (90-100 %) U: 1-4 W x 5-6 S P: bis 5 min (vollständig) A: maximal/explosiv
Spielleistungs-fähigkeit	Kontrak-tilität der Muskel-fasern	Schnellkraft (Start- und Explosiv-kraft)	Schnellkraft-methode I	I: gering (35-50 %) U: 8-12 W x 3-5 S P: > 3 min A: maximal/explosiv
			Schnellkraft-methode II	I: mittel (50-70 %) U: 6-8 W x 3-5 S P: > 3 min A: maximal/explosiv
			zeit-kontrollierte Schnellkraft-methode	I: mittel (40-60 %) U: 6-8 W x 3-5 S P: 3-5 min, jeweils 10 s zwischen Einzelversuchen A: maximal/explosiv
			sportart-spezifische Schnellkraft-methode	I: ohne Zusatzlast U: 8-12 W x 3-6 Übungen P: 2-3 min A: maximal/explosiv **Übungen:** Sprünge, Stöße, Antritte, …
Spielleistungs-fähigkeit	spezifische Spielan-forderungen	Schnell-kraft-ausdauer	sportart-spezifische Schnellkraft-ausdauer-methode	I: ohne Zusatzlast U: 20-40 W x 6-10 S P: 60-90 s A: zügig bis maximal/explosiv
Spielleistungs-fähigkeit	reaktive Kraft-entwicklung	Reaktiv-kraft	spiel-spezifische Reaktiv-kraft-methode	I: ohne Zusatzlast U: 6-12 W x 2 S x 2-3 Übungen P: 2-3 min A: maximal/reaktiv (kurzer DVZ) **Übungen:** Hüpf- & Sprungserien, Richtungswechsel, …

I = Intensität in % der Maximalkraft oder Tempo der Kraftentfaltung
U = Umfang als Wiederholungen pro Satz (W) x Anzahl der Sätze (S) [x Anzahl der Übungen]
P = Satzpause
A = Ausführungsgeschwindigkeit/Krafteinsatz

ohne Hilfe durchgeführt werden. Konsequenterweise muss jeder folgende Satz (selbst bei fünfminütigen Satzpausen) entweder mit geringerer Wiederholungszahl oder mit niedrigerer Last durchgeführt werden. Um die notwendige Spannungsdauer zu erhalten, ist hier grundsätzlich der Reduzierung der Last der Vorzug zu geben.

Für fortgeschrittene Athleten kann die Aufteilung eines Satzes in mehrere Teile (z. B. 3 x 4 Wiederholungen) mit kurzen Zwischenpausen (60-90 s) sinnvoll sein. Diese Form des Hypertrophietrainings ermöglicht die Bewältigung höherer Lasten und ist dann wirksam, wenn bereits ein hohes Kraftpotenzial erreicht wurde und weitere Trainingsfortschritte an einen für Spieler nicht mehr sinnvollen Zeitaufwand geknüpft wären (Gamble, 2010).

Das erweiterte Kraftpotenzial muss in einer nachfolgenden Trainingsphase (neuronale Aktivierung) mittels der Methode der maximalen Krafteinsätze aktiviert werden. Maximale Zusatzlasten erzwingen die weitgehend vollständige Rekrutierung und höchste Frequenzierung der vorhandenen motorischen Einheiten. Die energetische Ermüdung ist hier zwar gering, die extreme Mobilisierung der Arbeitsmuskulatur erfordert jedoch auch hier lange Pausen von bis zu 5 min und mehr.

Auf die neuronalen Faktoren der Kraftleistungsfähigkeit zielen auch die Schnellkraftmethoden ab. Dabei werden zwei Strategien unterschieden, die sich kombiniert gut in das langfristige Krafttraining integrieren lassen: das Training mit geringen bis mittleren Zusatzlasten nach den Schnellkraftmethoden I und II und das Training ohne Zusatzlasten mit anforderungsspezifischen Bewegungsmustern (Antritte, Sprünge, Stöße etc.). In jedem Fall ist auf eine maximal-explosive Bewegungsgeschwindigkeit zu achten. Bei Anzeichen von Verlangsamung soll der Satz abgebrochen werden. Eine besondere Variante stellt das zeitkontrollierte Schnellkrafttraining dar, das mit intraseriellen Pausen jegliche Ermüdung verhindern und somit einen maximalen Trainingsreiz in Richtung Kontraktilität setzen will.

Die basketballspezifische Reaktivkraft wird hauptsächlich mit spezifischen Trainingsübungen ohne Zusatzlasten geschult (sogenannte *leichte Plyometrie*). Methodisch ist das Vorgehen der spielspezifischen Schnellkraftmethode gleichzusetzen, inhaltlich liegt der Fokus auf schnellen, prellenden Bewegungen und kleinräumigen Richtungswechseln. Sinnvoll ist auch der Einsatz niedriger Hindernisse (verstellbare Hürden, Bricks etc.), über die kurze ein- und beidbeinige Sprungserien ausgeführt werden. Bei höherer Qualifikation können auch kleine Turnkästen zur Anwendung kommen *(mittlere Plyometrie)*. Die Belastungsreize sind bei allen Varianten wenig umfangreich, die Bewegungsqualität (kurze Bodenkontaktzeiten) steht im Vordergrund. Ein klassisches Reaktivkrafttraining mit erheblichen Fallhöhen beim Niederhochsprung *(intensive Plyometrie)* ist für Basketballspieler wenig interessant, da solche Anforderungen im Spiel nicht vorkommen. Zudem sind die Voraussetzungen dafür (hohes Maximal- und Schnellkraftpotenzial, Rumpfstabilität) allenfalls im Spitzenbereich gegeben.

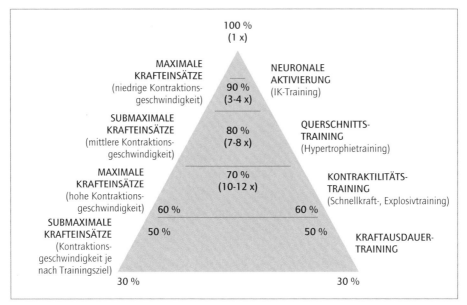

Abb. 3.9: Krafttrainingsmethoden, Krafteinsätze und Trainingsziele (mod. nach Steinhöfer, 2008, S. 97)

Unter dem Gesichtspunkt der methodischen Grundprinzipien sind die Krafttrainingsmethoden dem Wiederholungsprinzip zuzurechnen. Es wird zwischen jedem Trainingssatz eine vollständige Erholung angestrebt. Das Intervallprinzip mit lohnenden Pausen kommt nur dann zur Anwendung, wenn die anaerobe Energiebereitstellung bei Kraftanforderungen verbessert werden soll (Kraftausdauer- und Schnellkraftausdauermethode).

Trainingsübungen und -programme

Für die differenzierte Kraftentwicklung leistungsorientierter Basketballspieler ist ein maximal- und schnellkraftorientiertes Trainingsprogramm notwendig. Es besteht aus unterschiedlich akzentuierten Trainingsblöcken, um die verschiedenen Faktoren der Kraftleistung anzusteuern. Tab. 3.7 weist die grundlegenden Parameter der jeweiligen Programme aus. Zur Erzielung substanzieller Trainingsfortschritte muss ein Hypertrophietraining mindestens über vier Wochen (bei drei Einheiten pro Woche) und ein intramuskuläres Koordinationstraining über mindestens drei Wochen (2-3 TE/Woche) durchgeführt werden. Auf der anderen Seite führt eine zu lange Beibehaltung identischer Trainingsblöcke aufgrund der auftretenden Deckeneffekte[41] zur Stagnation. Allgemein gilt, dass mit steigendem Qualifikationsniveau die Trainingsfortschritte kleiner werden.

---

41 Im Hypertrophietraining können erfahrungsgemäß nach etwa 50 Trainingseinheiten (TE) kaum noch Leistungssteigerungen erwartet werden. Die maximalkraftorientierte intramuskuläre Koordination stagniert nach spätestens 30 TE, die intermuskuläre Koordination (spezifische Schnellkraft) nach 10 TE (Radlinger et al., 1998).

Zwischen den beiden Maximalkrafttrainingsphasen (Hypertrophie, neuronale Aktivierung) soll eine kurze Zwischenphase des Übergangs geschaltet werden, die der Annäherung an die Bewältigung maximaler Lasten im IK-Training dient. 4-8 Wiederholungen bei 80-95 %iger Intensität sollten hier über einen Zeitraum von 4-6 Trainingseinheiten zur Anwendung kommen.

Im Krafttraining von Anfängern und Spielern mittlerer Leistungsebenen sollte beachtet werden, dass zur Steigerung der Trainingsbelastung zunächst der Umfang (Wiederholungszahl, Satzanzahl) und dann erst die Intensität (Last) erhöht wird. Fortgeschrittene passen dagegen ihre Trainingslast der optimalen Wiederholungszahl an, können so beispielsweise im Hypertrophiezyklus die Intensität von Trainingseinheit zu Trainingseinheit erhöhen. Im neuronalen Aktivierungs- und Schnellkrafttraining muss die Intensität dem jeweiligen Maximalkraftniveau angepasst werden, eine Umfangserhöhung würde eine zu große, unerwünschte energetische Ermüdung verursachen.

Tab. 3.7: Abfolge der Trainingsmethoden und Zeitspannen des basketballspezifischen Krafttrainings

Etappe	Trainingsziel	Trainingsmethode	Wochen	TE/Woche
1	Zunahme der Muskelmasse	Hypertrophiemethode	5-8	3-4
1-2	*Gewöhnung an höchste Lasten*	*4-8 Wiederholungen bei 80-95 % Intensität*	*2*	*2-3*
2	neuronale Aktivierung	Methode der maximalen Krafteinsätze	3-4	2-3
3	allgemeine Schnellkraftverbesserung	Schnellkraftmethode I & II	2-3	2-3
4	spezifische Schnellkraftverbesserung	sportartspezifische Schnellkraftmethode	2-3	2-3

Krafttrainingsübungen zur Entwicklung der spielleistungsrelevanten Maximal- und Schnellkraft werden idealerweise mit freien Gewichten durchgeführt (Hanteltraining). Gegenüber dem gerätegestützten Training ist die koordinative Beanspruchung ein entscheidender Vorteil (Stone et al., 2000). Die Hauptübungen beanspruchen dabei große Muskelgruppen und Bewegungsketten, ergänzende Übungen zielen auf die im Basketballtraining oft vernachlässigten Muskelgruppen (Ergänzungs- und Ausgleichstraining). Krafttrainingsgeräte bieten dagegen den Vorteil geringerer Verletzungsgefährdung, da sie technisch vergleichsweise anspruchslos sind. Anfängern und freizeitorientierten Spielern ist deshalb das ergänzende Krafttraining an Geräten und Seilzügen zu empfehlen.

Im langfristigen Trainingsaufbau leistungsorientierter Spieler sollte zunächst das Hauptaugenmerk auf die Vermittlung der korrekten Techniken beim Freihanteltraining gelegt werden, z. B. die Technikschulung von Kniebeugen mit einem Besenstiel. Im weiteren Karriereverlauf können diese Trainingsübungen dann ihr volles Potenzial entfalten.

Zu beachten ist weiter, dass sich die Belastungsverträglichkeit gegenüber hochintensiven Maximalübungen erst nach Jahren kontinuierlichen, allgemein-vorbereitenden Krafttrainings einstellt. Zatsiorsky und Kraemer (2008) empfehlen, spezifische maximal- und schnellkraftorientierte Übungen mit der Langhantel erst nach dreijähriger Trainingserfahrung durchzuführen.

Ein langfristig durchgeführtes Krafttraining muss abwechslungsreich gestaltet werden, damit die Reaktivität des Organismus auf Kraftreize erhalten bleibt und die Motivati-

Tab. 3.8: Trainingsziele und empfohlene Trainingsübungen

Trainingsziel	Hauptübungen	Ergänzende Übungen
Rumpf-stabilisierung	• Crunches (Rumpfbeugen) OZ, HS • Rumpfseitheben OZ, HS • Beckenheben in Rückenlage (Hüft- und Kniegelenk 90° abgewinkelt) OZ • Arm- und Beinabheben in Bauchlage OZ, KH • Rückenstrecken dynamisch OZ, HS • Kreuzheben LH	• Rumpfdrehen in Rückenlage OZ • Unterarmstütz vor- und rücklings (statisch) OZ • Seitstütz auf Unterarm (statisch) OZ • Seitstütz auf Handfläche (statisch) OZ • Crunches an Schrägbank OZ, HS • Rückenstrecken statisch mit Armseitheben (KH)
allgemeine Kräftigung und Masse-zunahme	• Kniebeuge tief LH • Kniebeuge halb (90° Kniewinkel) LH • Kniebeuge halb einbeinig LH • Beinpresse KG • Wadenheben einbeinig KH, HS • Bankdrücken LH • Bankziehen LH (Ruderzug KG, SZ) • Nackendrücken (alternierend) KH • Klimmzug OZ (Latzug SZ, KG) • Schrägbankdrücken 45° LH, KH	• Kniebeugung isoliert KG • Beinadduktion KG • Beinabduktion KG • Überzüge SZ-Stange • Armheben seitlich (alternierend) KH • Armheben frontal (alternierend) KH • Trizepsdrücken SZ • Außenrotation Schulter KH, SZ • Innenrotation Schulter KH, SZ • Auf- und Abrotation Schulter KH
neuronale Aktivierung	• Kniebeuge tief und halb (90° Kniewinkel) LH • Wadenheben KH • Bankdrücken LH • Bankziehen LH	
Schnellkraft	• Umsetzen aus hoher und tiefer Position LH • Ausfallschritte vorn und seitlich (Lunges) OZ, KH • Kastenaufsteiger (kleiner Kasten) OZ, KH • Kastenaufsprünge (kleiner und hoher Kasten) OZ • Medizinballstöße • Medizinballwürfe vor- und rückwärts • Antritte, Sprünge vor-, rück-, seitwärts	
spezifische Schnellkraft, Reaktivkraft	• prellende Hüpf- und Sprungserien (Linien, Bricks, Hürden, kleine Kästen) • Sprungläufe vorwärts und lateral • Hot steps (Wechselsprünge) • Seilchensprünge ein- und beidbeinig • Niederhochsprünge (kleiner Kasten)	

LH: Langhantel; KH: Kurzhantel; KG: Krafttrainingsgerät; SZ: Seilzug;
HS: mit Hantelscheibe; OZ: ohne Zusatzlast

on der Sportler aufrechterhalten wird. Neben dem systematischen Methodenwechsel (Tab. 3.7) sind Variationsmöglichkeiten im Krafttraining der Wechsel der Haupttrainingsübungen, die Veränderung der Reihenfolge von Trainingsübungen und der Einbau kontrastierender Trainingseinheiten.

Zur langfristigen Verletzungsprophylaxe sollten Krafttrainingsprogramme möglichst ausgewogen aus Druck- und Zugübungen bestehen, um v. a. die Gelenksysteme des Oberkörpers (Schulter!) zu schützen und zu entlasten. Da die meisten Kraftanforderungen im Basketball vom Körper weg gerichtet sind, nehmen Druckübungen (Bankdrücken, Nackendrücken etc.) naturgemäß einen prominenten Teil des spezifischen Krafttrainings ein. Zum Ausgleich sollten Zugübungen (Bank- und Ruderzug, Latissimus- und Klimmzug etc.) in geringem Umfang in die Standardprogramme integriert sowie in entlastenden Trainingszyklen auch hauptsächlich genutzt werden. Besonders geeignete Trainingsmittel sind Seilzüge, Therabänder und Kurzhanteln.

Besonders bei leistungsorientiert trainierenden Athleten ist es wichtig, alle 5-6 Trainingseinheiten mit kontrastierenden Reizen zu arbeiten. Dies kann innerhalb eines Hypertrophiezyklusses zum Beispiel eine Einheit zur Schnellkraftentwicklung oder zur intramuskulären Koordination (IK-Training) sein.

Abwechslung im Trainingsalltag ergibt sich auch durch die Organisation in sogenannte Split-Programme, bei denen die angesprochene Hauptmuskulatur im Wechsel trainiert wird. Da die trainierten Muskeln nach erschöpfenden Belastungen 2-3 Tage Pause benötigen, bei neuronalem Aktivierungstraining sogar bis zu vier Tage, bietet sich ein solches Vorgehen geradezu an. Auch wird so vermieden, bei umfangreichen Programmen die einzelnen Trainingseinheiten zu ausgedehnt zu gestalten. 90 min sollten für eine Krafttrainingseinheit nicht überschritten werden.

Steht die Krafterhaltung im Mittelpunkt (z. B. während der Wettkampfsaison), empfiehlt sich die Integration unterschiedlich akzentuierter Einheiten in die Trainingswoche. Das Hauptaugenmerk liegt dann auf schnellkraftgerichteten Übungen, die von einer Trainingseinheit mit submaximalen Belastungen unterhalb der Erschöpfungsschwelle ergänzt werden.

Im submaximalen Erhaltungstraining kann das Pyramidenprinzip[42] genutzt werden, wo die einzelnen Trainingssätze einer Übung mit auf- und absteigenden Wiederholungszahlen und entsprechend angepassten Intensitäten aneinandergereiht werden. Da hierbei weder die Hypertrophiewirkung noch das Aktivierungspotenzial optimal angesprochen werden, ist für entwickelnde Trainingszyklen der Einsatz des Mehrsatzprinzips zu empfehlen. Die langen Pausen zwischen den Einzelsätzen können für Trainingsübungen anderer Körperpartien genutzt werden, sodass z. B. Bankdrücken und Kniebeugen im Wechsel durchgeführt werden.

---

42 Beispiel für fünf Trainingssätze einer „stumpfen" Pyramide anhand fiktiver Lasten: 12 x 50 kg + 10 x 55 kg + 8 x 60 kg + 6 x 65 kg + 4 x 70 kg.

Die Zusammenstellung mehrerer Übungen zu einem Durchgang wird beim Kraftausdauertraining als Circuit- oder Kreistraining genutzt. Hier wird nach dem Intervallprinzip eine Aufstockung der energetischen Ermüdung erreicht.

Prinzipien des Krafttrainings

Unabhängig von konkreten Trainingsübungen und -methoden gelten für die meisten Bereiche des Krafttrainings folgende Prinzipien:

- Es soll langfristig und kontinuierlich trainiert werden, sowohl im langjährigen Kraftaufbau als auch im Training während einer Wettkampfsaison.
- Die Entwicklung einer stabilen Kraftbasis erfolgt vor der Ausbildung der Extremitätenkraft. Die Rumpfkraft ist vorrangig zu entwickeln.
- Innerhalb einer Trainingseinheit sind die Haupt- vor den Hilfsübungen zu absolvieren. Große und komplexe Muskeln und Muskelgruppen werden zeitlich vor den kleinen Muskelgruppen belastet.
- Der Organismus muss vor dem Krafttraining durch allgemeine Herz-Kreislauf-Arbeit und anschließende spezifische Aufwärmsätze optimal aktiviert werden.
- Zusatzlasten werden erst dann eingeführt, wenn die Technik beherrscht wird. Die Bewegungsausführung umfasst die volle Gelenkamplitude.
- Zusatzlasten werden vor dem Umkehrpunkt der Bewegung in die überwindende Phase ausschließlich muskulär abgebremst (kein „Fallenlassen", z. B. auf den Brustkorb beim Bankdrücken).
- Im Allgemeinen wird der Umfang (Wiederholungszahl, Satzzahl) vor der Intensität (Last, Geschwindigkeit) gesteigert.
- Maximale Konzentration ist oberstes Gebot.
- Krafttrainingsprogramme, die der Entwicklung spezifischer Kraftfähigkeiten dienen, sollen zyklisch gewechselt werden, um Deckeneffekte zu vermeiden.
- Jedes Krafttraining soll systematisch mit den wichtigsten Belastungsnormativen (siehe Tab. 3.6) protokolliert werden.
- Frauen trainieren grundsätzlich nach den gleichen Grundsätzen, Programmen, Inhalten und Methoden wie Männer. Besondere Berücksichtigung finden gestörte Menstruationszyklen und Schwangerschaft. Die Übungsauswahl soll als Schwerpunkte mehrgelenkige, das Knochensystem stimulierende Reize beinhalten (Osteoporosevorbeugung, Zatsiorsky & Kraemer, 2008).

Kraftentwicklung bei Kindern und Jugendlichen

Die Zeiten, in denen ein Krafttraining mit Kindern und Jugendlichen per se als gefährlich und ungeeignet abgelehnt wurde, sind eindeutig vorbei. Der hohe Wert von ergänzendem Krafttraining ist heute anerkannt und liegt neben den unmittelbar leistungssteigernden Effekten vornehmlich in seiner verletzungsprophylaktischen Wirkung

(Zatsiorsky & Kraemer, 2008). Die Spielanforderungen (s. Kap. 2.2) beanspruchen den passiven und aktiven Bewegungsapparat dermaßen, dass eine Steigerung der Belastungsverträglichkeit über begleitende Trainingsprogramme unbedingt wünschenswert ist. Dies gilt für das Ausdauer- und Krafttraining gleichermaßen und ist umso dringlicher, je höher die Leistungsanforderungen und damit die Trainingsumfänge von Kindern und Jugendlichen sind.

Ein verantwortungsvolles Krafttraining mit Kindern berücksichtigt neben den bereits dargestellten Prinzipien folgende Punkte:

- Pressatmung[43] vermeiden! Bei der überwindenden Hebephase soll ausgeatmet und während der nachgebenden Absenkphase eingeatmet werden.
- Maximalbelastungen und muskuläre Ausbelastung vermeiden!
- Überbelastungen vermeiden! Eine Krafttrainingseinheit dauert maximal 60 min, die Trainingshäufigkeit soll 3 x pro Woche nicht überschreiten.

Die am häufigsten gestellte Frage ist die nach dem sinnvollsten Einstiegsalter, die je nach Sportart und -disziplin beantwortet werden muss. Für Basketballspieler ist dies in etwa mit 11-12 Jahren anzusetzen, um parallel zu den dann steigenden Trainingsbelastungen auch die Belastungsverträglichkeit zu entwickeln. Als Schwerpunkte eines präventiven Ergänzungstrainings sind die Rumpfkraftentwicklung und die Technikvermittlung der späteren Haupttrainingsübungen zu nennen. Im Alter von 13-14 Jahren liegt der Fokus auf der allgemeinen Steigerung der Kraftbasis durch umfangsorientiertes Training. Mit 15 Jahren beginnt der Übergang in das sportartspezifische Krafttraining. Ein intensitätsorientiertes Maximalkrafttraining soll erst ab dem 16. Lebensjahr aufgenommen werden. Grundvoraussetzung ist in jedem Fall ein etwa dreijähriges Vorbereitungstraining, was bei Spät- und Quereinsteigern beachtet werden muss. Nicht das Lebensalter, sondern das Trainingsalter ist hier entscheidend.

Diagnostik der Kraftleistungsfähigkeiten

Krafttests dienen der Überprüfung und Kontrolle der aktuellen Leistungsfähigkeit und helfen so bei der Steuerung des längerfristigen Trainings. Das Spektrum umfasst Labordiagnostiken (z. B. isometrische und isokinetische Maximalkrafttests), die Bestimmung der maximal möglichen Last bei der Durchführung bestimmter Trainingsübungen (One Repetition Maximum, 1RM), die Bestimmung des relativen Wiederholungsmaximums, Muskelfunktions- und Kraftausdauertests sowie Schnellkraft- und sportmotorische Tests.

Labordiagnostiken erlauben eine genaue und zuverlässige Erfassung des Kraftpotenzials, sind jedoch teuer und in Bezug auf die tatsächlichen Trainingsübungen und

---

43 Die bei der Pressatmung verschlossene Stimmritze ruft einen erhöhten Lungendruck und damit eine verstärkte reflektorische Muskelaktivität hervor, womit höhere Maximalkraftwerte realisiert werden. Dies geht jedoch mit erhöhtem Blutdruck einher und kann zu reduzierter Gehirndurchblutung, Benommenheit und Ohnmacht führen.

Spielanforderungen wenig aussagekräftig. Zur Bewertung so gewonnener Daten wären Normwerte für konkrete Zielgruppen und Leistungsniveaus nützlich, die jedoch allenfalls als vereinzelte Referenzwerte im Spitzensport vorliegen (Gärtner & Zapf, 1998; Lindner, 2017; Menz et al., 2008).

Die Maximalkraftbestimmung über die Ermittlung der höchstmöglichen Trainingslast (1RM) erlaubt die rechnerische Ableitung von Intensitätsparametern, wie in Tab. 3.6 ausgewiesen. Für viele Zielgruppen sind Maximalbelastungen jedoch nicht wünschenswert oder möglich (Nachwuchsathleten, Freizeitsportler, Senioren), sodass man hier auf die Bestimmung des relativen Wiederholungsmaximums (Kriterium: saubere Technik!) zurückgreift. Durch Ausprobieren und langsames Herantasten ermittelt man das Gewicht, das 10 x oder 12 x bewältigt werden kann. So gelingt gleichzeitig eine zuverlässigere Trainingslastbestimmung als durch Berechnung aus dem 1RM.

Kraftausdauertests bedienen sich einer ähnlichen Vorgehensweise. Es wird ermittelt, wie viele Wiederholungen einer bestimmten Trainingsübung maximal möglich sind (z. B. Rückenstrecken, Crunches). Muskelfunktionstests überprüfen die grundlegende Funktionalität bestimmter Muskelgruppen über die Haltedauer bei bestimmten isometrischen Übungen (Steinhöfer, 2008).

Tab. 3.9: Jump & Reach-Test: Ergebnisse jugendlicher Kaderspieler (in cm)

		U-16		U-15		U-14		U-13	
männlich	n	145		271		58		83	
		Best	Mittel	Best	Mittel	Best	Mittel	Best	Mittel
	Sprunghöhe	73	48	65	44	59	41	50	35
weiblich	n	126		165		79		30	
		Best	Mittel	Best	Mittel	Best	Mittel	Best	Mittel
	Sprunghöhe	55	38	50	36	47	35	44	32

Die Erfassung der spielspezifischen Kraft (Schnell- und Reaktivkraft) erfolgt mittels sportmotorischer Tests, wie den Jump & Reach-Test (Tab. 3.9), den Standweitsprung, den Medizinballstoß etc. Etwas differenzierter erfolgen Schnellkraftmessungen mithilfe einer Kontaktmatte, die neben der Sprunghöhe auch die Bodenkontaktzeiten (wichtig z. B. beim Drop Jump) ermittelt. Standardmessungen für basketballrelevante Sprünge sind der Squat Jump, der Counter Movement Jump und der Drop Jump[44] (Gärtner & Zapf, 1998; Lindner, 2017). In den DBB-Auswahlteams sollten Spieler der U16 min-

---

44 *Squat Jump:* vertikaler Absprung aus statischer 90°-Kniewinkelposition bei an der Hüfte fixierten Händen. *Counter Movement Jump:* Absprung nach Auftaktbewegung (Tiefergehen). *Drop Jump:* Niederhochsprung von einer Turnbank oder einem kleinen Kasten.

destens 35,2 cm, Spieler der U18 mindestens 38,5 cm und Spieler der U20 mindestens 41,5 cm Sprunghöhe im Counter Movement Jump, der von den drei genannten Sprungformen die größte Spielnähe aufweist, erreichen (Lindner, 2017).

3.1.3 Schnelligkeit und Schnelligkeitstraining

Die „Schnelligkeit ist in der sportlichen Praxis durch eine Vielzahl von Erscheinungsformen und einen hohen Grad von Spezifik gekennzeichnet" (Thienes, 1998, S. 9). Sie hängt sowohl von konditionellen (physiologischen und morphologischen) als auch von koordinativen (neuronalen) Einflussfaktoren ab und vereint quantitative und qualitative Bewegungsvoraussetzungen zu einem Fähigkeitsbereich, der von Sportart zu Sportart unterschiedlich ausgeprägt ist. Die Schnelligkeit ist im Sportspiel aufgrund der direkten Auseinandersetzung mit dem Gegenspieler besonders bedeutsam.

Eine einfache Frage verhilft zu einem praxisrelevanten Verständnis des Schnelligkeitsbegriffs: Ist ein Marathonläufer „schnell"? Ein Antwortversuch berücksichtigt zunächst das Wesen vieler sportlicher Disziplinen. Es geht meist darum, in einer zur Verfügung stehenden Zeit möglichst hohe Geschwindigkeiten[45] zu erzielen (z. B. schneller Armzug zum Abwurf eines Wurfgeräts) oder eine am Ende festgestellte Zeit durch eine möglichst hohe Geschwindigkeit zu minimieren (z. B. leichtathletischer Kurzsprint). Letzteres wäre aber grundsätzlich auch die sportliche Herausforderung des Marathonläufers, sodass der Schnelligkeitsbegriff mit dem Aspekt der Geschwindigkeitsmaximierung noch nicht eindeutig umrissen ist.

Im engeren Verständnis sind Schnelligkeitsleistungen Ausdruck maximaler Bewegungsgeschwindigkeiten durch höchste Arbeitsintensitäten. Dauerleistungen sind dagegen bei weit geringerer Arbeitsintensität und ökonomischerer Stoffwechsellage unter Verbrennung von Sauerstoff möglich (aerobe ATP-Resynthese). Die relative Schnelligkeitsleistung des Marathonläufers wird somit hauptsächlich von der energetischen (Aus-) Dauerleistungsfähigkeit dominiert. Werden annähernd maximale Intensitäten länger als wenige Sekunden aufrechterhalten, sorgt die anaerob-laktazide Energiebereitstellung zwar für ausreichenden ATP-Nachschub, dies jedoch auf Kosten der Anhäufung von Laktat. Arbeitsabbruch oder eine massive Drosselung der Arbeitsintensität nach spätestens 45-60 s sind die Folge. Man spricht hier trainingsmethodisch von Schnelligkeitsausdauerdisziplinen (z. B. 400-m-Lauf in der Leichtathletik).

Schnelle Bewegungen erfolgen darüber hinaus häufig auf ein Signal hin. Es ist neben der Schnelligkeit der Bewegung also noch die Schnelligkeit der Reaktion bedeutsam. Die Reaktionsschnelligkeit äußert sich bei einfachen Reaktionen (Reiz-Reaktions-Schema wie Sprintstart) oder komplexen Auswahlreaktionen (Handlungsentscheidung: der beobachtbaren Reaktion geht eine Entscheidung zwischen Handlungsalternativen voraus).

---

45 Die Geschwindigkeit (v) wird physikalisch definiert als zurückgelegte Strecke (s) in der Zeit (t). Ihre Maßeinheit ist Meter pro Sekunde (m/s).

Unter Berücksichtigung der bisher genannten Aspekte wird die Schnelligkeit als koordinativ-konditionell bestimmte Leistungsvoraussetzung definiert, in kürzestmöglicher Zeit zu reagieren und/oder Bewegungen mit dem Geschwindigkeitsmaximum durchzuführen.

Strukturierung der Schnelligkeit

Während die begriffliche Definition Einflüsse der energetischen Ausdauerfähigkeit auf maximale Schnelligkeitsleistungen ausschließt, gestaltet sich dies für die Kraft schwieriger. Sämtliche Beschleunigungsvorgänge[46], die einer hohen Bewegungsgeschwindigkeit vorausgehen müssen, erfordern Kraft. Je höher dabei der zu überwindende Widerstand (die Last), desto größer ist dabei der Einfluss der Maximalkraft. Deutlich wird dies am Beispiel des Sprinters, der zur Beschleunigung seiner Körpermasse eine erhebliche Kraft aufbringen muss. Auch der „erste schnelle Schritt" des Basketballspielers im 1 gegen 1 ist eine solche „Schnell-Kraft-Leistung".

Grundsätzlich können so „komplexe" Schnelligkeitsleistungen (Schnellkraft und Schnelligkeitsausdauer) von reinen bzw. „elementaren" Schnelligkeitsleistungen unterschieden werden. Die elementare Schnelligkeit als koordinative Leistungsvoraussetzung wird durch sogenannte *neuronale Zeitprogramme*[47] beschrieben, die unter ermüdungs- und widerstandsfreien Bedingungen realisiert werden können.

Da Schnelligkeitsleistungen im Sport jedoch immer unter mehr oder minderem Ausdauer- und Krafteinfluss zustande kommen, wird in der Sportwissenschaft lebhaft diskutiert, ob sich diese elementaren neuronalen Voraussetzungen überhaupt in einer messbaren Form auf die resultierende komplexe Schnelligkeitsleistung auswirken (Hohmann et al., 2007; Lühnenschloß et al., 2005; Steinhöfer, 2008). Eine separate Ansteuerung dieser Fähigkeiten im Schnelligkeitstraining ist daher umstritten und unter ökonomischen Gesichtspunkten nur bei extrem schnelligkeitsdominierten Disziplinen vertretbar.

Wichtiger für das Training der Schnelligkeit ist die Differenzierung in *azyklische* (einmalige), *zyklische* (wiederholte) und *kombinierte* Schnelligkeitsleistungen. Die meisten Bewegungen in den Sportspielen setzen sich aus variierenden azyklischen und zyklischen Anteilen zusammen: Antritte, Kurzsprints, vertikale und horizontale Sprünge mit Anschluss- oder nach Auftaktbewegungen. Sie sind also den kombinierten Bewegungen zuzuordnen und als spezifische Techniken und Technikkombinationen zentrale Trainingsinhalte.

---

46 Beschleunigung (a): Veränderung der Geschwindigkeit (v) in der Zeit (t). Maßeinheit: m/s^2. Es gibt positive (Absprung, Antritt) und negative Beschleunigungen (Landung, Abbremsen).

47 Die maximal mögliche Bewegungsgeschwindigkeit soll nach Bauersfeld und Voss (1992) durch grundlegende neuronale Steuerungsprogramme für bestimmte Bewegungsklassen festgelegt sein, die den Muskeleinsatz regeln. Es werden azyklische (Einzelbewegungen wie Sprünge) von zyklischen (wiederholte Bewegungen wie Tapping) Zeitprogrammen unterschieden.

HANDLUNGSSCHNELLIGKEIT

komplexe Bewegungsschnelligkeit			komplexe Reaktionsschnelligkeit
azyklisch	zyklisch	kombiniert	Handlungsentscheidung
• Ausdauer • Kraft • Technik/Koordination			• Informationsaufnahme • Informationsverarbeitung • Antizipation

? ?

Elementare Schnelligkeit

einfache Bewegungsschnelligkeit		einfache Reaktionsschnelligkeit
azyklisches Zeitprogramm	zyklisches Zeitprogramm	Reiz-Reaktions-Schema

Abb. 3.10: Strukturierungsmodell der Schnelligkeitsfähigkeiten

Die bereits vorgenommene Unterteilung der Reaktionsschnelligkeit nach Einfach- und Auswahlreaktionen führt schließlich zum für Sportspieler zentralen Schnelligkeitsbegriff der *Handlungsschnelligkeit* (Abb. 3.10). Taktische Situationen und Konstellationen müssen erfasst, bewertet und bei eigenen Bewegungshandlungen berücksichtigt werden. Den meisten (Re-)Aktionen im Sportspiel geht ein solcher Abwägungsprozess voraus. Die Schnelligkeit dieser Auswahlreaktionen entscheidet neben der eigentlichen Ausführungsgeschwindigkeit der spezifischen Technik über Erfolg oder Misserfolg der durchgeführten Spielhandlung. Durch den im Spiel herrschenden Zeitdruck spielt dabei die trainings- und erfahrungsabhängige Antizipationsfähigkeit eine bedeutende Rolle bei der Entscheidungsfindung. Ohne die gedankliche Vorwegnahme von (gegnerischen) Handlungszielen und (gegnerischen und eigenen) Bewegungsprogrammen wären viele Auswahlreaktionen, die bis zu 1 s dauern können, im Spiel nicht möglich. Aus Schlüsselsignalen lassen sich jedoch gegnerische Handlungen vorwegnehmen und für die Durchsetzung eigener Handlungsabsichten nutzen. „Die Handlungsschnelligkeit ist ein komplexes qualitatives Merkmal für die Geschwindigkeit, Genauigkeit und Komplexität sportlicher Handlungsabläufe" (Lühnenschloß et al., 2005) und umfasst sämtliche, an die Spieler gestellten Schnelligkeitsanforderungen:

- die Geschwindigkeit der Informationsaufnahme und -verarbeitung,
- die Geschwindigkeit der Handlungsentscheidung,
- die Geschwindigkeit und Genauigkeit der Bewegung.

Faktoren von Schnelligkeitsleistungen

Analog zur komplexen Struktur der Schnelligkeit werden Schnelligkeitsleistungen durch vielfältige konstitutionelle, konditionelle, koordinativ-technische und kognitive Bedingungen und Fähigkeiten geprägt. Die konstitutionellen Voraussetzungen (Körpergröße und -masse, Hebelverhältnisse) beeinflussen gerade die kleinräumigen Beschleunigungsleistungen des Basketballspielers erheblich. Bis auf die Körpermasse sind sie im Erwachsenenalter nicht veränderbar.

Eine besondere Rolle spielen Körpergröße und Extremitätenlängen während der körperlichen Reifung im Kindes- und Jugendalter. Unterschiedliche Phasen vermehrten Breiten- oder Längenwachstums sorgen für eine stetige Veränderung der Hebelverhältnisse und beeinflussen die koordinativen Möglichkeiten der Athleten in hohem Maße. Während das späte Schulkindalter (etwa 10 Jahre bis zum Beginn der Pubertät) durch die Harmonisierung der Körperproportionen als „bestes Lernalter" (Weineck, 2000) gilt, sorgt der puberale Wachstumsschub für erhebliche Probleme bei der Bewegungskoordination (Abb. 3.11).

Der von Lühnenschloß et al. (2005) postulierte „unauflösliche Zusammenhang zwischen sportlicher Handlung und Schnelligkeitsleistung" benennt einerseits den Beherrschungsgrad der spezifischen Technik, andererseits die Qualität von Wahrnehmung, Antizipation und Entscheidungsfindung als wichtige Schnelligkeitsvoraussetzungen. Höchstmögliche Bewegungsgeschwindigkeiten sind nur bei perfekter technischer Ausführung (Qualität der intermuskulären Koordination auf der Basis von Bewegungsautomatismen) realisierbar, während die Ausführungsgeschwindigkeit komplexer Spielhandlungen eng an die taktische Handlungsfähigkeit gekoppelt ist (Abb. 3.10).

Maximale Beschleunigungsleistungen sind bereits bei geringen und mittleren Widerständen von der Ausstattung mit schnell kontrahierenden Muskelfasern (Tab. 3.5), der intramuskulären Kraftbildungsgeschwindigkeit (Rekrutierung und Frequenzierung) und der genetisch festgelegten Reizleitungsgeschwindigkeit der Nervenfasern abhängig. Weitere schnelligkeitsbeeinflussende neuromuskuläre Komponenten sind die Muskeltemperatur, die Muskel-Sehnen-Elastizität und die rechtzeitige Vorinnervation der Arbeitsmuskulatur vor Kontraktionsbeginn. Der zentralnervöse Wechsel von Erregung und Hemmung spielt insbesondere bei zyklischen Schnelligkeitsleistungen eine Rolle.

Schnelligkeitsleistungen basieren hauptsächlich auf der alaktaziden Energiebereitstellung. Hier besitzt die Kapazität der Kreatinphosphatspeicher für die ATP-Resynthese und die Resynthesegeschwindigkeit vorrangige Bedeutung. Schnelligkeitsausdauerleistungen sind darüber hinaus von der Qualität der glykolytischen Energiegewinnung abhängig.

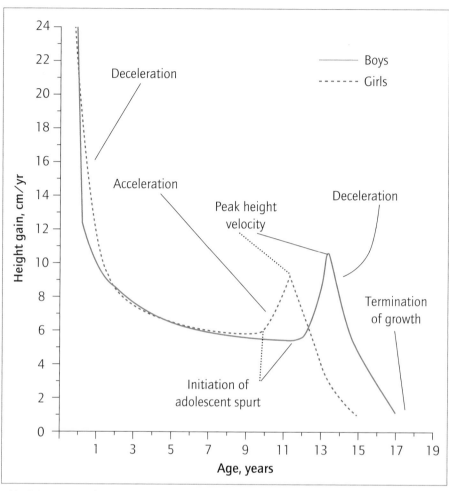

Abb. 3.11: Kurven der Längenwachstumsgeschwindigkeiten von Mädchen und Jungen (Malina et al., 2004, S. 61)

Nicht vergessen werden darf die Bedeutung psychischer Komponenten für schnellstmögliche Bewegungen. Hier sind vor allem Motivation, Konzentration und Willenskraft zu nennen.

Zusammenfassend können folgende Voraussetzungen für Schnelligkeitsleistungen im Sportspiel benannt werden:

- eine hohe psychische Bereitschaft,
- ein hoher technisch-koordinativer Beherrschungsgrad,
- variabel verfügbare Bewegungsprogramme für die Handlungsauswahl,
- eine hohe Kraftbildungsgeschwindigkeit der Muskulatur,
- eine maximale Mobilisierung des Energiestoffwechsels.

Schnelligkeitsanforderungen im Basketball

Schnelle Handlungen äußern sich im Basketballspiel in erster Linie in azyklischen Bewegungen wie Sprüngen, Richtungswechseln, kurzen Beschleunigungen und komplexeren Bewegungskombinationen, wobei immer der Widerstand der eigenen Körpermasse überwunden werden muss. In vielen Situationen ist dabei der „erste schnelle Schritt" der Schlüssel zum Erfolg. Ob Befreiungscut, Backdoorcut oder Penetration mit dem Ball, immer ist der schnellere Bewegungsbeginn ausschlaggebend für den entscheidenden Handlungsvorsprung vor dem Gegenspieler. Diese Antrittsschnelligkeit ist eng an die Schnell- und Explosivkraftfähigkeiten geknüpft, weshalb sie auch (leicht missverständlich) als *Sprintkraft* bezeichnet wird.

Die maximale zyklische Bewegungsschnelligkeit, die im leichtathletischen Sprint z. B. erst nach der Beschleunigungsphase von bis zu 60 m voll zur Geltung kommt, ist dagegen für den Basketballspieler weniger bedeutsam. Die kleine Feldgröße setzt klassischen Sprintanforderungen enge Grenzen, die mittlere Sprintdauer beträgt im Spiel gerade einmal 1,7 s (s. Kap. 2.2.1). Häufiger kommt es zu Anforderungen an die Schnelligkeitsausdauer, wenn kurze Sprints, Sprünge und Richtungswechsel (auch in Kombination mit Verteidigungsschritten) aufgrund schnell wechselnder Spielsituationen in rascher Folge absolviert werden müssen. Damit wird jedoch nicht die klassische zyklische Sprintausdauer (Durchhaltevermögen bei längeren Sprintläufen) angesprochen, sondern eine Mischanforderung aus Kombinationen kurzer zyklischer und azyklischer Bewegungsanteile über eine durchaus längere Gesamtdauer im laktaziden Energiebereitstellungsbereich.

Daneben dominiert die Fähigkeit, die kurz dauernden, azyklischen Bewegungsanforderungen im weitgehend alaktaziden Bereich über die Gesamtspielzeit hinweg mit hoher Intensität ausführen zu können. Diese komplexe Fähigkeit wird als *Schnellkraftausdauer* beschrieben und verdeutlicht die Abhängigkeit der basketballspezifischen Schnelligkeit von den konditionellen Faktoren Kraft und Ausdauer (s. auch Abb. 3.1).
Die motorische Schnelligkeit geht in der komplexen Handlungsschnelligkeit auf, die hochgradig von informatorischen und somit taktisch bedeutsamen Parametern abhängig ist: Wahrnehmung, Situations- und Erfahrungsantizipation, Entscheidungsfähigkeit.

Trainierbarkeit und Trainingszeiträume

Da der Leistungszustand der Schnelligkeitsfähigkeiten sowohl vom Niveau der energetischen Prozesse als auch vom Ausprägungsgrad der neuronalen Leistungsvoraussetzungen geprägt wird, ergeben sich im Altersverlauf unterschiedliche Schwerpunktsetzungen des Trainings. Günstige Phasen[48] für koordinative Leistungsfortschritte, die einfache Reaktionsfähigkeit und die Schnellkraft gegen geringe Widerstände liegen in jungen Jahren.

---

48 Ob es neben den trainingsgünstigen, „sensiblen" auch „kritische" Entwicklungsphasen gibt, die gleichbedeutend mit eng gesteckten Zeitfenstern für die Ausprägung bestimmter Leistungsvoraussetzungen sind, wird bezüglich der Schnelligkeitsfähigkeiten mittlerweile verneint. So konnten bisher keine wissenschaftlich fundierten Belege für die sogenannte „Frühzeitigkeitshypothese" (Joch & Ückert, 1999, S. 102) gefunden werden.

Tab. 3.10: Modell günstiger Phasen der Trainierbarkeit (mod. n. Steinhöfer, 2008, S. 330)

Fähigkeiten	Kindheit		Jugend	
	6/7-9/10	10/12-12/13	12/13-14/15	14/15-16/18
Fertigkeits-/Techniklernen	●●●	●●●●		●●●
Reaktionsfähigkeit (Einfachreaktionen)	●●●●	●●		
Gleichgewichtsfähigkeit	●●●●	●●●●		
Orientierungsfähigkeit	●●●		●●●	●●●●
Differenzierungsfähigkeit	●●●●	●●●●		
Wahrnehmung, Antizipation, Entscheidung	●●	●●●	●●●●	●●●●
Bewegungsfrequenz (zykl. Schnelligkeit)	●●●●	●●●●		
Maximalkraft*	●	●●	●●●	●●●●
Schnellkraft gegen geringe Widerstände	●●●	●●●●		
Schnellkraft gegen hohe Widerstände		●	●●●	●●●●
aerobe Ausdauer	●●●	●●●	●●●	●●●
anaerobe Ausdauer		●●	●●●	●●●●

* Unter Maximalkrafttraining wird hier ausdrücklich nicht ausschließlich die Kraftentwicklung gegen höchste Lasten verstanden, sondern ganz allgemein die Erweiterung der Kraftbasis (siehe Definition in Kap. 3.1.2).

Das frühe Schulkindalter wird auch als „goldenes Lernalter" bezeichnet, während die Zeit der puberalen Wachstumsbeschleunigung durch die Verschiebung der Körperproportionen eher von Leistungsstagnation und -rückgang gekennzeichnet ist (Abb. 3.11 und Tab. 3.10). Diese entwicklungsbedingten Störungen des Lernfortschritts sollten jedoch keinesfalls zum Anlass genommen werden, koordinative Lernreize in dieser Zeitspanne zu vernachlässigen. Gerade jetzt müssen entsprechende Trainingsinhalte angeboten werden, um bereits erlernte Bewegungsmuster zu festigen und weitere Lernfortschritte zu gewährleisten.

Mit Beginn der Pubertät sorgen die hormonellen Umstellungen im Organismus für eine verstärkte Trainierbarkeit der komplexen kraft- und ausdauerabhängigen Schnelligkeitsfähigkeiten, die in zunehmendem Maße die motorischen Schnelligkeitsleistungen bestimmen. Auch sind die Prozesse der Informationsaufnahme und -verarbeitung hochgradig trainierbar, sodass sich die Handlungsschnelligkeit von Spielern gezielt optimieren lässt.

Eine umfassende Schulung von Koordination, Reaktion und motorischer Schnelligkeit sollte bereits im Vorschulalter einsetzen und im frühen Schulkindalter intensiviert werden. In dieser Entwicklungsphase der Ausreifung des Nervensystems ist der Organismus besonders empfänglich für die Bewegungskoordination beeinflussende Lernreize. Insbesondere die für die Laufkoordination wichtige Bewegungsfrequenz wird hier ausgeprägt. Mit Beginn der Pubertät werden die elementaren Schnelligkeitsleistungen immer mehr von den Kraft- und anaeroben Ausdauerfähigkeiten bestimmt. Deren Trainierbarkeit nimmt kontinuierlich bis zum Erwachsenenalter zu, wobei sich die Leistungskurven von Mädchen und Jungen mit der puberalen Sexualhormonausschüttung deutlich auseinanderentwickeln (Abb. 3.12).

Die Entwicklung der Handlungsschnelligkeit in dieser Phase erfordert, dass die erlernten Bewegungsfertigkeiten (Techniken) an die durch das erhöhte konditionelle Niveau realisierbaren höheren Ausführungsgeschwindigkeiten oder eine erhöhte Ermüdungs-

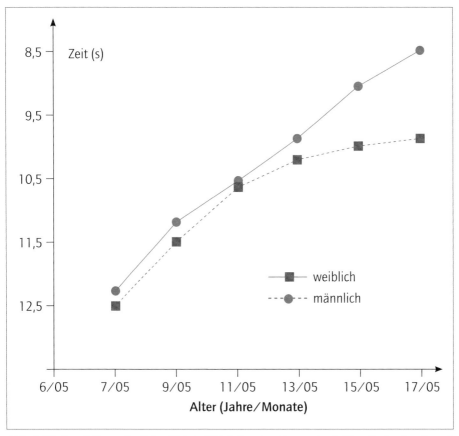

Abb. 3.12: Entwicklung der Schnelligkeitsfähigkeiten im Altersverlauf: 60-m-Sprint (mod. nach Schnabel et al., 1994, S. 215)

resistenz angepasst werden können. „Damit verändert sich das Schnelligkeitstraining des Nachwuchssportlers im Laufe des langjährigen Trainingsprozesses immer mehr von einer sportartunspezifischen Grundausbildung zu einem ‚techniknahen' speziellen Konditionstraining" (Martin et al., 1993, S. 316).

Als inhaltliche Abfolge eines langfristigen Trainings der Handlungsschnelligkeit für Spieler empfiehlt sich folgender Aufbau, wobei eine scharfe Abgrenzung der Inhaltsbausteine voneinander nur tendenziell möglich ist:

- vielfältige Schulung der koordinativen Leistungsvoraussetzungen (allgemeine Koordination, Reaktion, Bewegungsfrequenz);

- Erlernen der sportartspezifischen Techniken unter Begleitung einer allgemeinen Konditionierung zur Sicherung der Belastungsverträglichkeit (Brown et al., 2000; Steinhöfer, 2008);

- Anpassung der erlernten Techniken an (kraftbedingt) höhere Ausführungsgeschwindigkeiten;

- Ausbildung der komplexen Schnelligkeitsfähigkeiten (Schnellkraft, Schnelligkeitsausdauer);

- technik- und taktikorientierte Ausbildung der komplexen Bewegungsschnelligkeit in situativen Zusammenhängen.

Neben der langfristigen Ausbildung der Handlungsschnelligkeit ist auch die systematische, kontinuierliche Schulung der komplexen motorischen Bewegungsschnelligkeit für die langfristige Leistungsentwicklung und den Erhalt eines erreichten Leistungsniveaus notwendig. Das Ausbleiben maximaler motorischer Schnelligkeitsreize beantwortet der Organismus mit relativ raschen Negativanpassungen der Muskelfaserrekrutierung und des Energiestoffwechsels, also der konditionellen Voraussetzungen für hohe Schnelligkeitsleistungen. Mögliche Trainingsinhalte zur Schulung der komplexen Bewegungsschnelligkeit sind frequenzorientierte Übungen der Laufschule und des Sprint-ABCs, positive und negative Beschleunigungen auf kurzen Distanzen, kombinierte Sprint-Sprung-Übungen, schnellstmögliche, technikorientierte Fußarbeit etc.

Trainingsgrundsätze, -methoden und -inhalte

Das Training von Bewegungen mit maximalem Ausführungstempo erfordert die Beachtung wichtiger Grundsätze. Eine zentrale Forderung ist die Vermeidung jeglicher energetischer und neuronaler (zentralnervöser) Ermüdung. Nur ermüdungsfreie Bedingungen garantieren eine maximal schnelle Ausführungsgeschwindigkeit. Sichergestellt wird dies durch kurze Belastungszeiten im Rahmen des anaerob-alaktaziden Energiestoffwechsels (s. Kap. 3.1.1) und lange Pausen im Rahmen der Wiederholungsmethode. Treten Geschwindigkeitsverluste auf, muss das Schnelligkeitstraining abgebrochen werden. Weitere Grundsätze des Schnelligkeitstrainings sind (Steinhöfer, 2008, S. 189):

- Die schnell auszuführende Bewegungstechnik oder -kombination muss erlernt und beherrscht sein. Mangelnder Bewegungsfluss verhindert eine schnelle Bewegungsausführung.

- Schnelligkeitsübungen müssen mit maximal möglichen Geschwindigkeiten durchgeführt werden. Zusatzaufgaben technischer und taktischer Art lenken von dieser Zielstellung ab.

- Die Konzentration der Trainierenden ist auf die maximal mögliche Ausführungsgeschwindigkeit zu lenken. Werden Teilelemente der Zielbewegung noch nicht stabil beherrscht, sind sie bewusstseinspflichtig und werden entsprechend langsam verarbeitet.

- Ein maximales motorisches Schnelligkeitstraining darf nur 2-3 x pro Woche durchgeführt werden, da die zentralnervöse Regeneration nach maximal schnellen Belastungen bis zu drei Tage in Anspruch nimmt.

Das Training der komplexen Handlungsschnelligkeit von Spielern erfordert die Integration der schnellstmöglichen Bewegungen in taktische Entscheidungszusammenhänge. Dies widerspricht einerseits der oben geäußerten Forderung der Trennung vom Training motorischer Schnelligkeit von Zusatzaufgaben, andererseits macht genau diese Kopplung die Handlungsschnelligkeit aus. Daraus ergeben sich zwei Entwicklungs- und Trainingsstrategien für die Herausbildung der Handlungsschnelligkeit:

1. Angebot eines vielfältigen Reaktions- und Entscheidungstrainings in spielerischen, ungebundenen Organisationsformen zur inzidenziellen („beiläufigen") Taktikschulung (freies „Spielenlernen"),

2. Einbettung stabil und schnell beherrschter Bewegungsfertigkeiten[49] und Techniken in taktische Entscheidungssituationen zur Kopplung des Taktiktrainings mit Schnelligkeitsanforderungen (systematisches Spielsituationstraining).

Das Training der komplexen Handlungsschnelligkeit ist damit auch immer ein Technikanwendungs- und Taktiktraining (s. Kap. 3.2 und 3.3).

Die motorische Bewegungsschnelligkeit wird mit Trainingsreizen nach dem Wiederholungsprinzip angesprochen. Maximale Bewegungsintensitäten und Geschwindigkeiten

---

49   Die Herausbildung der „schnellen Technik" (Lühnenschloß et al., 2005, S. 95) ist eine zentrale Aufgabe des sportspielspezifischen Techniktrainings (s. Kap. 3.2).

erfordern ermüdungsfreie Bedingungen. Dies wird durch eine kurze Dauer der Einzelbelastung im Bereich der alaktaziden Energiebereitstellung (bis maximal 8 s, s. Kap. 3.1.1) und durch vollständige Wiederholungspausen, die die Resynthese der energiereichen Phosphate sicherstellen (bis 3 min), erreicht.

Inhalte eines derart durchgeführten Beschleunigungstrainings, das bei technischer Beherrschung auch mit Ball ausgeführt werden kann, sind:

* Antritte über kurze Distanzen (3-10 m),
* Kurzsprints bis 30 m, aus dem Stand oder anderen Positionen (liegend, sitzend etc.),
* Slalomsprints,
* Richtungswechselsprints bis maximal 8 s Gesamtdauer,
* Kombinationen aus Sprints, Richtungswechseln und basketballspezifischer Fußarbeit (z. B. Verteidigungsschritte),
* Bewegungskombinationen Sprint/Sprung/Dribbling/Wurf.

Sämtliche Beispiele lassen sich im Sinne der „Reaktionsmethode" (Steinhöfer, 2008, S. 190) mit einfachen Reaktionen auf akustische, taktile und optische Signale verknüpfen. Vor allem im Kindesalter schafft dieses allgemeine Reaktionstraining wichtige Grundlagen für das taktisch ausgerichtete Wahrnehmungs-, Antizipations- und Entscheidungstraining komplexer Reaktionen. Der Schwerpunkt sollte für Basketballspieler dabei auf Reaktionen auf optische Signale liegen. Inhaltlich wird das allgemeine Reaktionstraining bei Kindern um spielerische Inhalte (Fangspiele, Nummernwettläufe, Schwarz-Weiß, Partnerverfolgungen etc.; Weineck, 2000) ergänzt.

Tab. 3.11: Belastungsnormative der Wiederholungsmethode im Schnelligkeitstraining

Intensität	Maximal
Last (Gewicht)	eigenes Körpergewicht
Bewegungsgeschwindigkeit	maximal schnell
Dauer des Einzelreizes	bis maximal 8 s
Umfang	3-5 Serien mit jeweils 4-5 Einzelbelastungen
Pause (Qualität)	vollständig
Dauer der Wiederholungspausen	90-180 s
Dauer der Serienpause	4-5 min

Neben der kraftabhängigen Beschleunigung muss bereits früh im langfristigen Leistungsaufbau der qualitative Bewegungsfluss (Wechsel von Anspannung und Entspannung der Muskulatur) geschult werden, der sich äußerlich in einer ökonomischen Kombination von Bewegungsfrequenz und -amplitude ausdrückt. Das spezifische Training der Lauf- und Sprungkoordination unterstützt in diesem Sinne die Fähigkeit zur schnellen Fortbewegung. Inhalte sind Übungen des Lauf- und Sprint-ABCs (s. Kap. 3.2). Die Belastungsnormative der schnelligkeitsorientierten Wiederholungsmethode (Tab. 3.11) sind zu beachten.

Das Beschleunigungstraining ist aufgrund der hohen Kraftanforderungen (Überwindung der eigenen Körpermasse, s. Kap. 3.1.2) bereits ein Schnellkrafttraining. Zur Erweiterung des athletischen Niveaus können die Ausführungsbedingungen erschwert werden (Bergauf- und Treppensprints, Sprints mit Gewichtswesten). Solche Trainingsmaßnahmen setzen allerdings eine solide Maximalkraftbasis voraus und sollten daher im Kindertraining nicht zur Anwendung kommen. Hier reicht der Widerstand des sich kontinuierlich steigernden eigenen Körpergewichts bereits aus.

Dehnt man die Dauer der einzelnen Belastungen aus und/oder verkürzt man die Wiederholungspausen, nähert man sich methodisch den Intervallmethoden an und setzt Trainingsreize zur Entwicklung der komplexen Schnellkraftausdauerfähigkeit. Diese stellt im modernen Spiel einen bedeutenden Leistungsfaktor dar und wird im Komponententraining (s. Kap. 3.1.1) gezielt entwickelt. Aufgrund der zunehmenden Belastungsdauer und -dichte nimmt die Bewegungsintensität (Geschwindigkeit) zwangsläufig ab. Ziel ist es, über eine sukzessive Erweiterung der Anforderungen bis hin zu spieltypischen Aktivitätsmustern (s. Kap. 2.2) eine hinreichende Ermüdungswiderstandsfähigkeit auszuprägen. Dazu werden auch komplexe basketballspezifische Drills und Spielformen (Wurfdrills mit Zusatzbelastung, Schnellangriffskontinuum etc.) eingesetzt, die allerdings hinsichtlich ihrer konkreten Belastungs-Pausen-Dynamik nicht immer leicht zu steuern sind bzw. durch die Variation der Spielerzahl in ihrer Trainingswirkung stark veränderlich sind.

Diagnostik der Schnelligkeitsfähigkeiten

Die für Basketballspieler besonders wichtigen Beschleunigungsleistungen auf Distanzen bis höchstens 30 m lassen sich verlässlich nur mithilfe elektronischer Zeitmessungen (Lichtschrankensysteme) ermitteln. Tab. 3.12 zeigt die Veränderung der durchschnittlichen 5- und 20-m-Sprintleistungen im Altersverlauf am Beispiel von Kaderspielern, die als Normorientierung im Nachwuchsbereich dienen können. Anhand dieser Daten wird deutlich, dass die mittleren (entwicklungs- und trainingsbedingten) Verbesserungen relativ klein sind und Bestleistungen sich im Altersverlauf nicht immer linear entwickeln, sodass Messwerte bei Handstoppung wahrscheinlich von der dabei nicht zu vermeidenden Ungenauigkeit überlagert würden[50].

---

50 Die Fehlerwahrscheinlichkeit bei Handstoppung liegt aufgrund der Wahrnehmungs- und Reaktionsleistung des Zeitnehmers bei ± 0,1-0,2 s, was die Ermittlung von Veränderungen im Hundertstelbereich unmöglich macht.

Tab. 3.12: 5-m- und 20-m-Sprintzeiten jugendlicher Kaderspieler im Jahr 2008 (in s)

		U-16		U-15		U-14		U-13	
männlich	n	146		272		58		84	
		Best	Mittel	Best	Mittel	Best	Mittel	Best	Mittel
	5 m	0,90	1,10	0,94	1,12	1,00	1,15	0,97	1,17
	20 m	2,90	3,20	2,90	3,34	3,11	3,47	3,11	3,62
weiblich	n	127		166		80		30	
		Best	Mittel	Best	Mittel	Best	Mittel	Best	Mittel
	5 m	1,02	1,16	0,97	1,16	0,97	1,15	1,07	1,19
	20 m	3,14	3,47	3,20	3,50	3,29	3,52	3,35	3,70

In der Regel steht in der Trainingspraxis keine Lichtschranke zur Verfügung, um Linearsprints (in eine Richtung) verlässlich zu erfassen. Wählt man jedoch als Testleistung Richtungswechselsprints wie den 20-m-Agility-Drill nach Foran (1994, Tab. 3.13), kann man zumindest die Problematik der Distanz zwischen Start- und Ziellinie ausschalten und eine verlässlichere Handstoppung ermöglichen. Richtungswechselsprints bilden die komplexe positive und negative Beschleunigungsleistung von Basketballspielern ab und sollten regelmäßig im Training kontrolliert werden. Auch Testformen mit basketballtypischen Bewegungsmustern seit- und rückwärts (Abb. 3.13) sind durchführbar.

Tab. 3.13: 20-m-Agility-Drill mit Bewertungsvorschlägen (Foran, 1994)

Frauen	Männer	Bewertung (Punkte)
< 4,5 s	< 4,0 s	10
4,5-4,8 s	4,0-4,3 s	9
4,8-5,1 s	4,3-4,6 s	8
5,1-5,4 s	4,6-4,9 s	7
5,4-5,7 s	4,9-5,2 s	6
5,7-6,0 s	5,2-5,5 s	5
> 6,0 s	> 5,5 s	4

Eine Überfrachtung von originären Schnelligkeitstests mit Zusatzaufgaben und Bewegungsvariationen ist jedoch aufgrund der steigenden Vielfalt von koordinativ-technischen Einflussfaktoren auf das Ergebnis zu vermeiden. Die für das Wettspiel geforderte

Handlungsschnelligkeit entzieht sich ohnehin der sportpraktisch realisierbaren Messbarkeit und erfordert das qualitative Expertenurteil.

Purpose

To improve change of direction and body position, transitions between skills, and cutting ability.

Procedure

- Place five cones in an A shape such that cone 1 and cone 5 are 10 yards or meters apart on the starting line. Cones 2 and 3 are 5 yards or meters in front of 1 and 5 and 5 yards or meters apart. Cone 4 is 5 yards or meters in front of and between 2 and 3.
- Sprint from cone 1 to cone 2.
- Shuffle from cone 2 to cone 3.
- Shuffle back from cone 3 to cone 2.
- Sprint from cone 2 to cone 4.
- Backpedal from cone 4 to cone 5.

Variation

Perform an additional skill, such as dribbling, while performing the drill.

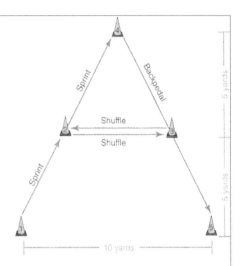

Abb. 3.13: „A-Movement" (Brown & Ferrigno, 2015, S. 129)

3.1.4 Beweglichkeit und Beweglichkeitstraining

Die Beweglichkeit wird im Allgemeinen als Fähigkeit definiert, willkürliche Bewegungen mit großen Schwingungsweiten in den beteiligten Gelenksystemen auszuführen. Welche Reichweiten dabei möglich sind, hängt zum einen von den knöchernen Strukturen der Gelenke ab (Gelenkigkeit), zum anderen von den Eigenschaften der Muskeln, Sehnen und Bänder (Flexibilität).

Formen der Beweglichkeit

In der sportwissenschaftlichen Literatur wird in *allgemeine* und *spezielle*, *aktive* und *passive* sowie *statische* und *dynamische Beweglichkeit* unterschieden. In jüngster Zeit wurde zudem das Konzept der *Eigen-* und *Fremddehnung* vorgestellt: Sofern sich ein Sportler selbst dehnt, spricht man danach von Eigendehnung – gleichgültig, ob er aktiv mithilfe seiner Muskulatur dehnt oder „passive" Hilfsmittel wie Wände, Griffstangen oder Geräte benutzt. Hilft ein Partner bei den Dehnungen, liegt eine Fremddehnung vor.

Die *allgemeine* Beweglichkeit kennzeichnet die „normale" Alltagsbeweglichkeit eines Menschen. Spezifische sportliche Anforderungen verlangen darüber hinaus spezielle Beweglichkeitsfähigkeiten in definierten Gelenksystemen, etwa die Spreizfähigkeit in den Hüftgelenken beim Hürdensprinter. Mit *aktiver* Beweglichkeit werden die Gelenkpositionen bezeichnet, die durch Einsatz der eigenen, antagonistisch kontrahierenden Muskulatur[51] eingenommen werden können. Die *passive* Beweglichkeit geht darüber hinaus. Sie wird durch den Einsatz äußerer Kräfte (Partner, Geräte) ermöglicht.

Zur Beschreibung der Bewegungsabläufe hat sich auch das Begriffspaar statisch und dynamisch etabliert. Als *statisch* werden Gelenkpositionen bezeichnet, die über einen längeren Zeitraum beibehalten werden. Bei der *dynamischen* Beweglichkeit wird die Endposition der jeweiligen Bewegung dagegen nur kurzzeitig, dafür jedoch rhythmisch mehrfach hintereinander (intermittierend) eingenommen.

Einschränkende Faktoren von Beweglichkeitsleistungen

Gelenkigkeit und Flexibilität als Teilkomponenten der Beweglichkeit sind von verschiedenen Faktoren abhängig. Die sogenannte *anatomische Beweglichkeitsgrenze* eines Gelenks wird zunächst von seiner Struktur bestimmt. So hat ein Kugelgelenk wie das Schultergelenk potenziell größere Freiheitsgrade als ein Scharniergelenk, das wie das Ellbogengelenk auf eine einfache Beuge- und Streckbewegung beschränkt ist. Im menschlichen Skelett finden sich viele unterschiedliche Gelenktypen mit jeweils ganz spezifischen Funktionen. So besitzt z. B. das Kniegelenk, das als Kondylengelenk bezeichnet wird, im Prinzip die Bewegungsmöglichkeiten eines Scharniergelenks (s. o.), lässt aber in bestimmten Beugewinkeln auch Rotations- und Gleitbewegungen zu.

Beim Schultergelenk wird z. B. deutlich, dass zum Schutz und zur Stabilisierung eine starke Führung durch Muskeln, Sehnen und Bänder notwendig ist. Diese bestimmen die physiologische Beweglichkeitsgrenze des Gelenks. Bewegungshemmungen durch Knochen, Muskeln, Sehnen und Bänder (Abb. 3.14) spielen eine unterschiedlich starke Rolle, sie wirken jedoch stets zusammen. So wird die Beweglichkeitsgrenze des Ellbogengelenks vorrangig durch

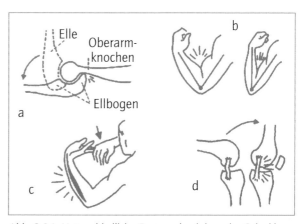

Abb. 3.14: Unterschiedliche Formen dominierender Gelenkhemmungen: a = Knochen-, b = Massen-, c = Muskel-, d = Bänderhemmung (Klee & Wiemann, 2005, S. 23; nach Wiemann, 1993)

---

51 *Antagonist:* Gegenspieler des Zielmuskels (z. B. Bizeps und Trizeps des Oberarms).

die knöcherne Hemmung bestimmt (Abb. 3.14a), einer Überstreckung mit Auseinandergleiten der Gelenkflächen wird jedoch durch Bänder vorgebeugt. Im Kniegelenk wirken dagegen vorrangig Hemmmechanismen der Bänder (Abb. 3.14d). Muskuläre Hemmungen werden durch die passive Ruhespannung eines Muskels hervorgerufen. Sie liegen in der Regel dort vor, wo ein Muskel mehr als ein Gelenk überspannt, wie die Beugemuskeln von Fingern und Handgelenk (Abb. 3.14c) oder die hintere Oberschenkelmuskulatur. Einschränkungen durch die reine Muskelmasse sind ebenfalls möglich (Abb. 3.14b) und werden beispielsweise bei Bodybuildern offensichtlich.

Aus diesen strukturell-physiologischen Gegebenheiten lässt sich eine wichtige Konsequenz für das praktische Training im Basketball ableiten (Wiemann, 1993): Nur dort, wo Gelenke bzw. Gelenksysteme in ihrer Reichweite durch die muskuläre Ruhespannung eingeschränkt werden (Muskelhemmung), ist eine Verbesserung der Beweglichkeit durch Maßnahmen der Muskeldehnung möglich und sinnvoll.

Sowohl das Alter wie auch das Geschlecht wirken sich aufgrund der physiologischen Eigenschaften von Muskel- und Bindegewebe auf die Beweglichkeit aus. Im Altersgang verfestigt sich das Gewebe mit der Konsequenz einer stetigen Verringerung der Beweglichkeit. Frauen weisen im Vergleich zu Männern eine geringere Gewebedichte auf und sind damit grundsätzlich beweglicher. Wichtiger ist jedoch, dass regelmäßige alltagsmotorische und sportliche Beanspruchungen diese entwicklungsbedingten Effekte überlagern und dementsprechend leistungsbestimmend sind. Bei Inaktivität vermindert sich die Beweglichkeit rasant, während sie sich durch Aktivitäten mit Beanspruchung entsprechender Gelenkreichweiten verbessert. „Die Trainierbarkeit der Beweglichkeit ist unabhängig von Alter und Geschlecht" (Olivier et al., 2008, S. 251).

Wichtige Einflussgrößen der Beweglichkeit sind darüber hinaus die Tageszeit, die herrschende Außentemperatur, der Aufwärmzustand und die Ermüdung. Nach längeren inaktiven Schlaf- oder Ruhephasen ist die Beweglichkeit eingeschränkt, ebenso bei starker äußerer Kälte und/oder unzureichender Körperkerntemperatur. Die Dehnfähigkeit von Muskulatur und Bindegewebe wird auch durch starke muskuläre Erschöpfung negativ beeinflusst.

Beweglichkeitsanforderungen im Basketball

Basketballspieler benötigen keine überdurchschnittliche Beweglichkeit, wie sie z. B. im Handball im Bereich der Schulter- (Ausholbewegung zum Schlagwurf) und Hüftgelenke (Torwart: Spagat) notwendig ist. Insofern entspricht die „spezifische" Beweglichkeit des Basketballers weitgehend einem „normalen", als durchschnittlich zu bezeichnenden Niveau. Unzureichende Gelenkreichweiten dürfen jedoch die effiziente Ausführung technisch-taktischer Handlungen nicht einschränken oder behindern. Eine in diesem Sinn „optimal" geschulte Beweglichkeit unterstützt nachhaltig die qualitative Seite der basketballspezifischen Techniken, den Bewegungsfluss. Hier spielt vor allem eine rasche Entspannungsfähigkeit der hauptsächlich beanspruchten Muskulatur eine Rolle, die durch regelmäßiges Dehnen positiv beeinflusst wird.

Die über das „normale Maß" hinausgehenden Anforderungen an eine basketballspezifische Beweglichkeit lassen sich mit den Gelenksystemen Rumpf/Hüfte, Knie-/Sprunggelenke und Hand-/Fingergelenke benennen. Eine hinreichend dehnfähige Muskulatur von Beinen und Rumpf sichert harmonische Dreh-, Lauf- und Sprungbewegungen, die z. B. im Rahmen der basketballtypischen tiefen Verteidigungshaltung (Ausfall- und Nachstellschritte) verlangt werden. Auf der anderen Seite werden durch die basketballspezifischen Techniken mit und am Ball (Fangen & Passen, Dribbeln, Werfen, Verteidigungshandlungen gegen den Ballbesitzer) gerade die Hand- und Fingergelenke extrem beansprucht, sodass die verletzungsprophylaktische Wirkung eines langfristigen Dehntrainings zum Tragen kommt.

Muskelphysiologische Grundlagen

Um kurz- und längerfristige Wirkungen eines Beweglichkeitstrainings zu verstehen, muss man sich mit den Grundlagen der Muskelphysiologie vertraut machen. Der gesunde und nicht angespannte Muskel setzt einer Dehnung seine sogenannte *Ruhespannung* entgegen, die mit dem Grad der Dehnung exponentiell ansteigt (Abb. 3.15).

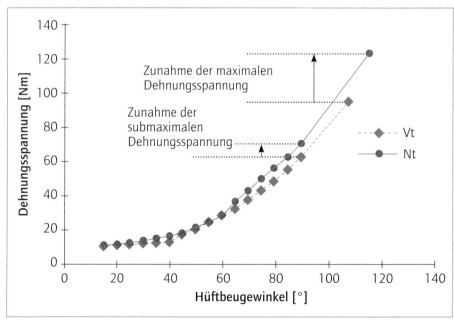

Abb. 3.15: Veränderung der Ruhespannung durch ein 10-wöchiges Dehntraining: Vt = vor der Trainingsphase, Nt = nach der Trainingsphase (Klee, 2003, S. 174)

In vollkommen entspannter Position ist dagegen keine Spannung (als elektrisch messbare Aktivierung) vorhanden, weshalb es in diesem Sinne auch keinen „Muskeltonus" gibt, den man durch ein wie auch immer gestaltetes Dehntraining senken könnte. Bei akuten oder chronischen Defekten jedoch sorgt die Muskulatur durch erhöhte elektrische Aktivität (u. a. bedingt durch reflektorische Verschaltungen) für eine Schonhaltung des betroffenen Gelenks, weshalb dann von einem erhöhten Tonus gesprochen werden kann. Hier müssen therapeutische Maßnahmen greifen, ein Dehnen wirkt unter Umständen sogar schmerzverstärkend.

Als kurzfristige Reaktion auf eine akute Muskeldehnung verringert sich die passive Ruhespannung leicht, wodurch sich der Muskel entspannter anfühlt. Wird dagegen langfristig und regelmäßig gedehnt, erhöht sich die Ruhespannung, während gleichzeitig die Toleranz gegenüber Muskeldehnungen zunimmt und größere Bewegungsreichweiten zulässt. Diese Anpassungsreaktion beruht auf folgendem Mechanismus:

Innerhalb eines Sarkomers (s. Kap. 3.1.2, Abb. 3.8) sind die kontraktilen Myosinfilamente durch das sogenannte *Titin* mit den Z-Scheiben, die die einzelnen Sarkomere voneinander trennen, verbunden (Abb. 3.16). Die Titinmoleküle sorgen dafür, dass sich ein Muskel nach einer Dehnung wieder zur Ausgangslänge zusammenzieht. Da jedes Myosinmolekül von sechs Titinmolekülen umlagert wird, steigen diese passiven „Rückstellkräfte" bei strukturellen Anpassungen des Muskels auf Beanspruchungen verhältnismäßig stärker an. Ein hypertrophierter Muskel (s. Kap. 3.1.2) setzt einer Dehnung somit größere passive Ruhespannungen entgegen, verliert aber bei entsprechender Beanspruchung nicht seine Beweglichkeit. Da Dehnreize ähnlich wie Kontraktionen ein (moderates) Dickenwachstum der Muskulatur verursachen, ist die Zunahme der Ruhespannung durch langfristiges Dehntraining erklärbar.

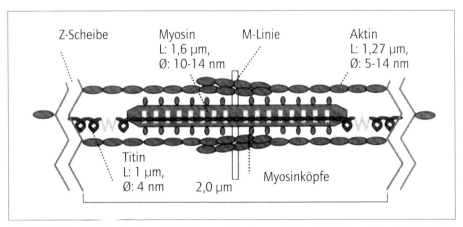

Abb. 3.16: Die fibrilläre Struktur des Sarkomers in schematischer Darstellung (Klee, 2003, S. 9)

Eine verbesserte Beweglichkeit als Reaktion auf entsprechende Dehnmaßnahmen beruht nicht – wie lange angenommen – auf einer Längenanpassung der Muskulatur. Durch entsprechendes Training verändert sich allein die Schmerzwahrnehmung gegenüber Muskeldehnungen. So fühlt man sich unmittelbar nach dem Dehnen „geschmeidiger" und erreicht extremere Gelenkpositionen. Durch regelmäßiges Training passen sich die Schmerzrezeptoren bis zu einer individuell erreichbaren Grenze entsprechend an.

Dennoch passt sich auch die Muskellänge bestimmten Belastungen an, wenn diese über eine konstant lange Zeit wirken. Eine tägliche halbe Stunde Dehnen reicht dazu jedoch bei Weitem nicht aus. Bei zwanghaften Ruhigstellungen oder alltagsmotorisch einseitigen Belastungen (Gipsverband, Arbeit im Sitzen) passt sich die „funktionelle Länge" der betroffenen Muskeln allmählich an. So nimmt z. B. die Länge der Wadenmuskulatur ab, wenn ein Fuß in nicht ausreichender Beugestellung eingegipst wird. Diese Veränderungen sind bei Haltungsumstellung umkehrbar, wobei jedoch der Einfluss unterstützender Dehnprogramme nicht überschätzt werden sollte (s. o.).

Neben der aktiven Muskulatur beeinflussen die passiven Strukturen des Bindegewebes die Beweglichkeit: Sehnen, Bänder, Gelenkkapseln und Muskelfaszien. Sehnen, Bänder und Gelenkkapseln werden durch Beanspruchung stärker und zugfester, benötigen dazu allerdings längere Zeit als die relativ schnell adaptierende Muskulatur. Extreme Dehnungen über die natürlichen Beweglichkeitsgrenzen hinaus (z. B. beim Turnen und in der Gymnastik) verursachen eine Lockerung dieser Strukturen zugunsten einer erhöhten Gelenkmobilität und einer reduzierten Gelenkstabilität, was in Spielsportarten unbedingt vermieden werden muss. Faszien spielen als sogenanntes parallelelastisches Bindegewebe bei der intramuskulären Kräfteverteilung eine wichtige Rolle. Kräftige Faszien üben u. U. einen hohen inneren Druck auf die Muskeln aus, die sie umgeben, was sich in einem erhöhten Dehnungswiderstand bemerkbar macht. Mit den mittlerweile weit verbreiteten Faszienrollen wird versucht, positiv auf diese Strukturen einzuwirken und den Muskel geschmeidiger zu machen. Jenseits erprobter physiotherapeutischer Techniken ist die Wirksamkeit eines solchen „naiven" Vorgehens allerdings unbewiesen.

Reflexe sind für den aktiven Bewegungsapparat zur Aufrechterhaltung des Gleichgewichts und zur An- und Entspannungsregulation wichtig, da sie das Zusammenspiel von Agonisten und Antagonisten autonom regeln. Dazu liegen in Muskeln, Sehnen, Gelenkkapseln und in der Haut eine Vielzahl von Rezeptoren zur Messung von Spannungs- und Längenänderungen, z. B. die Mudskelspindeln und Golgi-Rezeptoren (Freiwald, 2009). Sie wirken u. a. als Überlastungsschutz vor verletzungsträchtigen Muskelspannungen, indem sie die Funktion eines kontrahierten Muskels hemmen oder einen entspannten Muskel aktivieren (monosynaptischer Reflex). Nach Freiwald (2006) spielen die Reflexmechanismen beim sportlichen Dehnen jedoch keine Rolle, auch das diesbezüglich über lange Jahre kritisch beurteilte dynamische Dehnen („Reiß- und Zerrgymnastik") gilt mittlerweile als rehabilitiert. Ein dynamisches Dehnen löst keine Reflexe aus, genauso wenig kann die Reflexaktivität durch statische Dehnungen („Stretching") unterdrückt werden.

Vermutete und nachweisbare Trainingswirkungen

Viele der seit den 1980er Jahren angenommenen positiven Wirkungen der Stretchingmethode (passiv-gehaltenes Dehnen), die sich auch in den Sportspielen als Methode der Wahl eingebürgert hat, sind mit der Aufklärung der Funktionen des Titinmoleküls im Sarkomer (Abb. 3.16) widerlegt worden (Klee & Wiemann, 2005; Wiemann, 2000).

Dehnen und damit auch Stretching sind als Maßnahmen zur direkten Verletzungsprophylaxe (z. B. im Rahmen des Aufwärmens) ungeeignet, da die dabei auftretenden hohen Muskelspannungen häufig die der eigentlichen sportlichen Anforderungen übersteigen und muskuläre Verletzungen eher noch begünstigen. Dies ist insbesondere dann der Fall, wenn es bereits irgendwo „zwickt". Langfristig betrachtet, passt sich jedoch das Bindegewebe an Dehnreize an, es wird zugkräftiger und somit belastungsresistenter, wodurch Muskelverletzungen vorgebeugt wird. Dazu sollte das Beweglichkeitstraining jedoch als eigenständiger Trainingsinhalt begriffen werden und nicht – wie vielfach immer noch praktiziert – als „ritueller" Bestandteil des Aufwärmens.

Dehnen dient auch nicht der Vermeidung bzw. Therapierung sogenannter *muskulärer Dysbalancen*. Muskeln verkürzen sich nicht durch Kontraktionen (z. B. beim Krafttraining) und lassen sich durch kurzzeitige Dehnungen auch nicht verlängern. Wiemann und Klee (2000) sowie Klee und Wiemann (2005) argumentieren, dass die Ursache einer muskulären Dysbalance ein Kräfteungleichgewicht der gelenkumspannenden Muskulatur ist und deshalb ein Dehnprogramm unwirksam sein muss. Ist einer der beteiligten Muskeln zu schwach und die Gelenksymmetrie dadurch beeinträchtigt, muss stattdessen der schwache Muskel gekräftigt werden.

Das Stretching besitzt aus heutiger Sicht gravierende Nachteile, da es unmittelbar anschließende Schnellkraftleistungen wie Sprünge oder Sprints merklich beeinträchtigt (Shrier, 2004, Abb. 3.17). Die im Mittel etwa 5 %igen Einbußen halten bis zu 60 min lang an, können aber durch sogenannte „tonisierende" Übungen (Faigle, 2000) wieder reduziert werden. Inwieweit dadurch jedoch das vorherige Schnellkraftpotenzial in welcher Zeit wiederhergestellt werden kann, ist nach wie vor umstritten. Interessanterweise führt das aktiv-dynamische Dehnen nicht zu derartigen Leistungseinbußen.

Auch die Entstehung von Muskelkater kann durch Stretching oder andere Dehnmethoden nicht verhindert werden (Freiwald, 2000). Es konnte sogar gezeigt werden, dass intensives Dehnen allein Muskelkatersymptome auslösen kann (Wiemann & Klee, 2000).

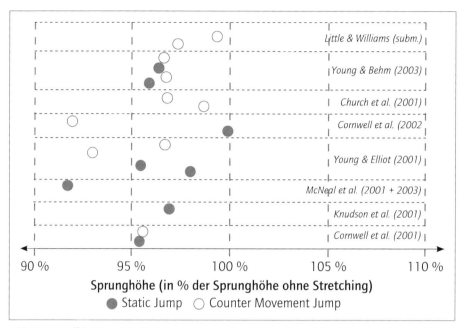

Abb. 3.17: Effekte von Stretchingprogrammen auf Schnellkraftleistungen (mod. nach Shrier, 2004, S. 269)

Selbst während des Cool downs sollte nicht sofort statisch gedehnt werden, da unter einer Dauerdehnung die Durchblutung der Muskulatur erheblich reduziert wird und so z. B. Laktat nicht optimal abgebaut werden kann. Nach ermüdender Muskelarbeit, wie sie in der Regel beim Basketball durch die intensiven Lauf- und Sprungbelastungen auftritt, sollten erst Auslaufen und allgemeine Lockerungen stattfinden. Erst danach ist ein leichtes, submaximales Dehnen (statisch oder dynamisch) angebracht.

Trainingsgrundsätze, -methoden und -inhalte

Die Inhalte eines basketballspezifischen Beweglichkeitstrainings ergeben sich aus den in Kap. 3.1.4 skizzierten Anforderungen an die besonders beanspruchten Gelenksysteme. Freiwald (2006), Klee und Wiemann (2005) und Faigle (2000) bieten umfassende Übungssammlungen zu basketballgerechten Mobilisierungs-, Dehnungs- und Kräftigungsübungen mit methodischen Empfehlungen und muskelphysiologischen Begründungen, deren Darstellung in diesem Band den Rahmen sprengen würde.

Allgemeingültige Belastungsnormative zu den unterschiedlichen Dehnmethoden fehlen in der Literatur, sodass z. B. Intensitätsabstufungen eher anhand qualitativer Kriterien („weich", „submaximal", „intensiv", „maximal") vorgenommen werden. Empfohlene Wiederholungszahlen beim dynamischen Dehnen, die Haltedauer beim statischen Dehnen

oder die Trainingshäufigkeiten variieren ebenfalls stark. Die in Tab. 3.14 zusammenge-
fassten Empfehlungen gelten erfahrungsgemäß als wirksam für die angegebenen Trainingsziele. Grundsätzlich gilt, dass zur Erweiterung der Bewegungsreichweite länger und
umfangreicher gedehnt wird als zur kurzfristigen Vorbereitung auf Belastungen.

Eine Maximierung der Beweglichkeit ist für Basketballspieler nicht anzustreben, da die
Stabilität der wichtigsten Gelenksysteme zur Sicherung der passiven Belastungsverträglichkeit Vorrang hat. Dies kann am Beispiel der Schultergelenke verdeutlicht werden,
die bei vielen Aktionen durch unkontrollierbare Gegnereinwirkungen extrem beansprucht werden (Reboundzweikämpfe, Hallebälle etc.) und durch eine gut ausgeprägte
Muskulatur entsprechend geschützt sein müssen. Eine außergewöhnliche Beweglichkeit ist hier auch gar nicht erforderlich, da der Ball nicht wie etwa beim Handballspiel
durch raumgreifende Ausholbewegungen beschleunigt werden muss. Ein ganzheitli-
ches Beweglichkeitstraining besteht somit neben Dehnungen aus spezifischem Mobili-
sierungs-, Kraft- und Koordinationstraining.

Gerade die konstitutionellen Voraussetzungen vieler akzelerierter Nachwuchsspieler
sollten zu einem vorsichtigen Umgang mit dem Thema Dehnen anregen. Oft ist bei
diagnostizierten sogenannten *Muskelverkürzungen* eine gezielte Kräftigung des Gegenspielers sinnvoller als ein generelles Dehnprogramm.

Was für das konditionelle Training schon lange gilt, sollte auch für das Beweglichkeitstraining gefordert werden: eine gezielte Durchführung im Rahmen eigenständi-

Tab. 3.14: Ziele und allgemeine Belastungsnormative des Dehntrainings

Dehnung	Ziele	Belastungsnormative
statisch	Verbesserung der Beweglichkeit	intensiv, bis 45 s (i. d. R. 10-20 s), 4 Serien, 3 x/Woche
	Vorbereitung auf Belastungen, die maximale Bewegungsreichweiten erfordern	submaximal bis intensiv, 10-20 s, 3 Serien
dynamisch	Verbesserung der Beweglichkeit	intensiv, 10-20 Wiederholungen, 4 Serien, 3 x/Woche
	Vorbereitung auf Belastungen, die submaximale Bewegungsreichweiten oder hohe Muskelspannung erfordern	submaximal, 10 Wiederholungen, 2 Serien

ger Einheiten, in denen die individuell notwendigen Schwerpunkte durch Dehnen, Mobilisieren, Kräftigen und spezifische koordinative Übungsanteile gesetzt werden können. Beweglichkeitsschulung sollte nicht länger als „Anhängsel" von Auf- oder Abwärmen gelten.

Das Methodenspektrum des eigentlichen Dehnungstrainings ist vielfältig und je nach konkreter Zielsetzung variabel zu handhaben. Klee und Wiemann (2005) fassen die in der sportlichen Praxis wichtigsten Methoden zusammen:

- das dynamische Dehnen (rhythmisch-federndes Dehnen),
- das statische Dehnen („Stretching", gehaltenes Dehnen),
- das Antagonisten-Kontraktions-Stretching („AC", bei der gehaltenen Dehnung wird der Gegenspieler aktiv angespannt),
- das Kontraktions-Relaxations-Stretching („CR", der Muskel wird angespannt, dann kurz entspannt und anschließend gedehnt),
- die Kombination aus CR- und AC-Stretching (erst wird der Muskel angespannt, dann bei Kontraktion des Gegenspielers gedehnt).

Dynamisches und statisches Dehnen gelten als „klassische" Dehnmethoden und sind insbesondere in der Sportspieltrainingspraxis die gebräuchlichsten. Die komplizierteren Dehnmethoden werden auch als *PNF-Methoden* bezeichnet (propriozeptive neuromuskuläre Fazilitation) und erfordern hinsichtlich Körpergefühl und Muskelsinn größere Vorerfahrungen.

Strittig ist bis heute, welche Methode zur Optimierung der muskulären Dehnfähigkeit am besten geeignet ist. Die PNF-Methoden gelten diesbezüglich als besonders effektiv. Die Effektivitätsunterschiede zwischen sämtlichen Methoden sind jedoch derart gering, dass alle als in etwa gleich geeignet für ein Beweglichkeitstraining gelten können.

Für Basketballspieler ist daher eher interessant, ob mit bestimmten Dehnmethoden nicht auch Nachteile verbunden sind. Vor dem Hintergrund der negativen Effekte des gehaltenen Dehnens (Stretching) auf Schnellkraftleistungen sollte deshalb vor allem im Rahmen des Aufwärmens das aktiv-dynamische Dehnen bevorzugt werden. Dies fördert zudem die Durchblutung der Muskulatur und damit deren Aktivierungs- und Entspannungsfähigkeit. Auf extreme Dehnpositionen, die weit über die in der Zielsportart auftretenden Bewegungsreichweiten hinausgehen, sollte generell während des Aufwärmens verzichtet werden (Freiwald, 2000).

Trotz dieser negativen Aspekte sollte das Stretching nicht aus dem Sportspieltraining verbannt werden. Die Methode des gehaltenen Dehnens ist in besonderem Maße dazu geeignet, die muskuläre Wahrnehmung zu schulen und daher für Sportanfänger, Kinder und Jugendliche zu empfehlen. Bewegungsamplituden und Dehngrenzen können gerade über das Stretching gut erfahren werden, da es ein vorsichtiges Herantasten an die Beweglichkeitsgrenzen gestattet. Zudem wirkt ein ruhiges und konzentriertes

Stretching psychisch entspannend, da es vermutlich die zentralnervöse Aktivierungsfähigkeit herunterregelt (Wiemeyer, 2003). In eigenständigen Einheiten zum Beweglichkeitstraining oder zum Ausklang eines anstrengenden Trainingstages angewendet, ist gegen das Stretching nichts einzuwenden.

Diagnostik der Beweglichkeitsfähigkeiten

Tab. 3.15: Muskelfunktionstests für Basketballspieler (nach Kendall et al., 2001; Steinhöfer, 2008; Remmert, 2007)

Muskelgruppe	Testposition	Beschreibung	Unzureichende Beweglichkeit bei
Wade (Zwillings-wadenmuskel)		In Schrittstellung wird das Gewicht auf den vorderen Fuß verlagert, sodass im hinteren Fußgelenk ein Winkel von ca. 50° entsteht.	Ferse hebt in dieser Position vom Boden ab.
Wade (Schollen-muskel)		Mit den Armen in Vorhalte wird die Hockposition eingenommen.	Fersen heben vom Boden ab.
Oberschenkel-rückseite (ischiocrurale Muskulatur)		In Rückenlage wird das gestreckte Bein so weit angehoben, wie es ohne größeren Spannungsschmerz und ohne Beugung beider Beine möglich ist.	Der Winkel zwischen aufgestelltem Bein und Boden ist kleiner als 80°.
Hüftbeuge- und Kniestreck-muskulatur		In Rückenlage auf einem Kasten (Steißbein schließt mit Kastenrand ab) wird ein Bein fest gegen die Bauchwand gezogen (kein Hohlkreuz). Das zu testende Bein hängt locker herab.	**Hüftbeuger:** Oberschenkel des Testbeins oberhalb der Horizontalen. **Kniestrecker:** Unterschenkel schräg nach vorn gestreckt.
Schultergürtel		Im aufrechten Stand berühren sich die Fingerspitzen, wie dargestellt, hinter dem Rücken.	Die Fingerspitzen berühren sich nicht.

Inwieweit die vorhandene Beweglichkeit ausreichend ist, kann durch Muskelfunktions-tests ermittelt werden. Tab. 3.15 fasst wichtige Kontrollübungen für Basketballspieler zusammen und liefert entsprechende Befunde für eine als unzureichend einzustufende Beweglichkeit. Eine Schwierigkeit liegt jedoch in der Beurteilung der ermittelten Bewe-gungsreichweiten, da einerseits nur eine grobe Abschätzung der Bewegungsamplitu-den möglich ist und andererseits auch keine basketballspezifischen Normen existieren. Feinere Diagnosen, insbesondere bei vorhandenen Beschwerdebildern und zur Feststel-lung eventueller Hypermobilitäten, kann nur der Physiotherapeut liefern.

Dies gilt auch für den mittlerweile im Athletiktraining der Sportspiele etablierten Functio-nal Movement Screen (FMS) nach Cook (Cook et al., 2010). Dieser Mobilitätstest ist mit geringem Materialbedarf durchführbar und erhebt den Anspruch, für einzelne Gelenksys-teme eine komplexe funktionelle Bewegungsanalyse vornehmen zu können. Hierzu wird die qualitative Ausführung von sieben definierten Körperpositionen (Tiefkniebeuge, Hür-denschritt, Ausfallschritt, Schultermobilität, Beinanheben, Liegestütz-Rumpfstabilität, Ro-tationsstabilität, siehe Abb. 3.18) einem Bewertungssystem von 0 bis 3 Punkten zugeord-net (0: die Übung verursacht Schmerzen, 1: die Übung kann nicht durchgeführt werden, 2: Ausführung mit Kompensations- und Ausweichbewegungen, 3: perfekte Ausführung).

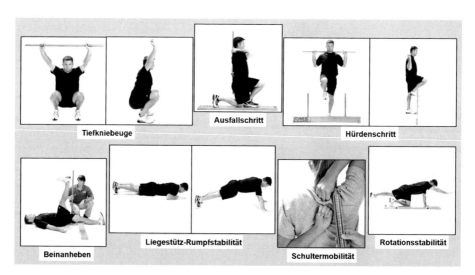

Abb. 3.18: Testübungen des Functional Movement Screen (FMS), dargestellt jeweils in der best-möglichen Ausführungsform mit Punktwertung 3 (mod. nach Cook et al., 2010)

Eine für das Basketballspiel hinreichende Bewegungsqualität wird ab 2 Punkten pro Übung und damit ab einem Gesamtscore von etwa 14 (von maximal 21) angenommen (Lindner, 2017). Eine Stärke des FMS ist dabei, dass jede Übung einzeln betrachtet wird und Defizite in der Bewegungsqualität gezielt aufgedeckt werden. Unbeantwortet bleibt jedoch, inwieweit die diagnostizierten Bewegungen repräsentativ für die Belange der unterschiedlichen Sportspiele sind.

Die FMS-Übungen bilden die Grundlage für die Functional Movement Preparation, die die klassischen Dehnprogramme aus dem Warm-up weitgehend verdrängt haben. Zu „Movement Preps" werden unabhängig von der klassischen Einteilung nach Dehntechniken und -methoden komplexe Bewegungen zusammengefasst, die sportartspezifische Belegungselemente isolieren. Dabei werden gleichzeitig statische (z. B. tiefer Ausfallschritt) und dynamische Elemente (z. B. Oberkörperrotation) des Dehnens mit koordinativen (z. B. Gleichgewicht) und kräftigenden Elementen (z. B. statische Haltekraft) kombiniert.

3.2 Koordinations- und Techniktraining

Unter *Koordination* versteht man allgemein das Zusammenwirken von Zentralnervensystem und Skelettmuskulatur, unter *Technik* eine konkrete und sportartspezifische Bewegungshandlung zur Lösung einer Bewegungsaufgabe. Koordination und Technik sind eng verwandt, Steinhöfer (2008) bezeichnet sie als zwei Seiten einer Medaille hinsichtlich des Erwerbs von allgemeinen und speziellen Bewegungsfertigkeiten.

Das Basketballspiel stellt hohe Ansprüche an die koordinativ-technischen Fähigkeiten und Fertigkeiten eines jeden Spielers. „Offene" Spielsituationen, die direkte Auseinandersetzung mit dem Gegner und taktische Notwendigkeiten erfordern variable Kopplungen grob- und feinmotorischer Handlungen, eine weitgehende Beidhändigkeit und möglichst positionsübergreifende Angriffs- und Verteidigungswirksamkeit. Basketball-Spielhandlungen sind motorische Präzisionsleistungen, die gegenüber variablen „Druckbedingungen" (Neumaier, 2003; Kröger & Roth, 1999; siehe auch Abb. 3.21) durchgesetzt werden müssen. Diese lassen sich für das spezifische Koordinationstraining des Basketballspielers gezielt arrangieren:

- *Präzisionsdruck:* Anforderungen hinsichtlich der Bewegungsgenauigkeit (Verlaufs- und Ergebnisgenauigkeit);
- *Komplexitätsdruck:* Anforderungen hinsichtlich der gleichzeitig ablaufenden (simultanen) und/oder aufeinander folgenden (sukzessiven) Bewegungteile sowie des Umfangs der dabei einzubeziehenden Muskelgruppen (fein-, großmotorisch);
- *Situationsdruck:* Anforderungen hinsichtlich der Variabilität und der Komplexität der Umgebungs- und Situationsbedingungen;

- *Zeitdruck:* Anforderungen hinsichtlich der verfügbaren Bewegungszeit und/oder der zu erreichenden Bewegungsgeschwindigkeit;
- *Belastungsdruck:* Anforderungen hinsichtlich der physisch-konditionellen und der psychischen Belastungsbedingungen;
- *Organisationsdruck:* Anforderungen hinsichtlich des taktisch-strategischen Ordnungsrahmens.

Von besonderer Bedeutung ist vor allem im leistungsorientierten Bereich, dass viele akzelerierte und überdurchschnittlich große Spieler vertreten sind, die im Laufe ihrer Entwicklung und Ausbildung häufig konstitutionell bedingte Probleme mit der Bewegungssteuerung haben (Nieber, 2000). Gleichzeitig entsprechen die meist azyklisch auszuführenden Techniken nicht dem natürlichen Bewegungsrhythmus des Menschen, sodass im Nachwuchstraining hohe koordinative Anforderungen auf ungünstige körperliche Entwicklungsvoraussetzungen treffen (Schauer, 1999).

3.2.1 Koordination und Technik im langfristigen Trainingsaufbau

Will man in einer bestimmten Sportart erfolgreich sein, müssen die jeweils spezifischen koordinativ-technischen Bewegungsmuster hinreichend beherrscht werden. Durch sie kommen die gegebenen und erworbenen konditionellen Fähigkeiten erst zur Geltung. Letztendlich führen sie im Zusammenhang mit der taktischen Ausbildung zur Handlungsfähigkeit im Sport. Der Beherrschungsgrad aktueller und innovativer Techniken gilt im heutigen Hochleistungsbereich als entscheidender Schlüssel zu internationalen Erfolgen.

Das Basketballspiel stellt besondere Anforderungen an die langfristige koordinativ-technische Ausbildung, da die Technik immer in der direkten Auseinandersetzung mit dem Gegenspieler zur Anwendung kommt und so von einer unvorhersehbaren Situations- und Konstellationsvielfalt beeinflusst wird. Auch verändern sich in relativ kurzen Zeiträumen wichtige handlungsrelevante Bedingungen (Regeln, taktische Grundausrichtungen, allgemeines konditionelles Leistungsniveau[52]), die immer wieder neue technische Problemlösungen verlangen. So haben sich im Laufe der Zeit nicht nur die Wurftechniken den spielsituativen Bedingungen angepasst (Sprungwürfe, Hakenwürfe, Powershot etc.), auch das moderne Spiel forciert die Entwicklung von Technikvarianten wie beispielsweise den einhändigen Flip-Pässen aus dem Dribbling.

Sowohl die grundsätzliche Bewegungsvielfalt als auch die während der gesamten Spielerkarriere hohen Anforderungen an das Bewegungslernen verlangen ein langfristig ausgerichtetes, perspektivisches Koordinations- und Trainings im Nachwuchsbasketball. Die Ziele und Inhalte des Trainings werden dabei durch die jeweils aktuelle Rah-

---

52 Beispiele: Einführung und Verlegung der Drei-Punkte-Linie (Regelwerk), allgemeine Trends wie Horns-Offensivsysteme oder Intensivierung des Verteidigungsspiels (Taktik), Zunahme der athletischen Fähigkeiten der Spieler, vor allem der Kraft (Kondition).

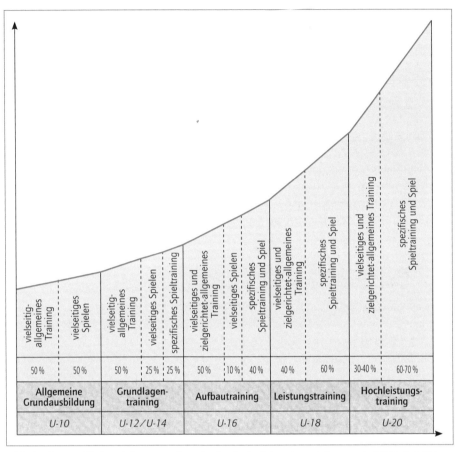

Abb. 3.19: Langfristiger Leistungsaufbau im Basketball (mod. nach Remmert, 2006, S. 121)

mentrainingskonzeption des Deutschen Basketball Bundes vorgegeben (Blümel et al., 2007; Blümel et al, 2016). Zuerst wird eine breit angelegte koordinative Grundausbildung angestrebt, die der motorischen Lernfähigkeit zugutekommt und als Basis für das Training der spezifischen Technik und Taktik notwendig ist.

Leistungsorientierte Nachwuchsspieler absolvieren ein umfangreiches Techniktraining, dessen Inhalte im Laufe der sportlichen Entwicklung zunehmend spezieller bis hin zum positionsspezifischen Training im Anschlussbereich werden. Die notwendigen und im Rahmen von Allgemeiner Grundausbildung und Grundlagentraining dominierenden vielseitig-allgemeinen Inhalte werden aber auch im Leistungs- und Hochleistungstraining nicht gänzlich zurückgedrängt (Abb. 3.19), da sie gewinnbringend zum Ausgleich und zur Regeneration eingesetzt werden[53].

---

53 Auch das koordinativ-technische Training ruft Ermüdungseffekte hervor, die sich im Gegensatz zur konditionellen Beanspruchung eher auf neuronal-mentaler Ebene zeigen. Auch aus diesem Grund ist Vielseitigkeit ein grundsätzlich wichtiges Prinzip im Techniktraining.

Das im Vergleich zu vielen anderen Sportarten relativ späte Einstiegsalter und die anfängliche Schwerpunktsetzung auf eine vielseitige Grundlagenausbildung wirken insgesamt einer zu frühen Spezialisierung mit den bekannten Folgeproblemen (frühe Leistungsstagnation, Drop-out, physische Verschleißerscheinungen) entgegen. Diese Problematik wird jedoch in Zeiten, in denen bereits Vorschulkinder von Sportverbänden rekrutiert werden[54], auch im Basketball diskutiert (Glasauer & Nieber, 1999; Nieber, 2000).

3.2.2 Aufgaben des Koordinationstrainings

Das Koordinationstraining erfüllt im langfristigen Trainingsprozess grundlegende Aufgaben. Man geht davon aus, dass eine frühzeitige und vielseitige Schulung der allgemeinkoordinativen Fähigkeiten die Basis für das spätere Erlernen der sportartspezifischen Fertigkeiten (Techniken) bildet. Vom allgemeinen Koordinationstraining, das fähigkeitsorientiert die übergreifenden Bewegungsqualitäten Reagieren, Orientieren, Umstellen, Differenzieren, Rhythmisieren, Bewegungskopplungen und Gleichgewicht anspricht und noch nicht auf die speziellen Belange einer Sportart ausgerichtet ist, profitiert die motorische Lernfähigkeit (Abb. 3.20). Man erwartet von einem derartigen Grundlagentraining einen hohen Transfereffekt auf die spätere spezifische Leistungsfähigkeit, auch wenn es für diese Annahme bis heute keine wissenschaftlichen Beweise gibt.

Das Training der Koordination besitzt eine weitere, wichtige Dimension. Eine virtuose Technikbeherrschung im Wettkampf ist der Ausdruck effizienter und damit zielgerichteter, koordinierter Bewegungshandlungen. Techniken als sportartspezifische, „geordnete" Bewegungen müssen erlernt, automatisiert und anwendbar gemacht werden, bevor sie in Stresssituationen sicher abrufbar sind und taktische Lösungen ermöglichen. Ein fertigkeits- und damit anforderungsorientiertes Koordinationstraining unterstützt den Prozess der Technikvervollkommnung durch Ergänzung des technischen Bewegungsrepertoires, indem die Informationsaufnahme der Spieler unter den bereits beschriebenen Druckbedingungen (s. Kap. 3.2) akzentuiert angesprochen wird (Abb. 3.21). Die Grenzen zwischen Koordinations- und Techniktraining verwischen hier (Rostock & Zimmermann, 1997).

Die Optimierung der Informationsaufnahme ist im langfristigen Trainingsprozess eine entscheidende Größe. Viele Analysatoren werden im Basketballspiel komplex beansprucht: Augen, Ohren, Tastsinn, Muskelsinn, Gleichgewichtsempfinden. Bei optischen Reizen wechseln zentrale und periphere Wahrnehmungen in schneller Folge oder überlagern sich sogar, wie z. B. innerhalb von 1 gegen 1-Situationen (Fokussierung des Gegenspielers bei gleichzeitiger peripherer Wahrnehmung möglicher Helferverteidiger und Mitspieler).

---

54 Dabei geht es heute nicht mehr nur um Sportarten mit einem niedrigen Höchstleistungsalter wie (Mädchen-) Turnen oder Rhythmische Sportgymnastik. Im Fußball werden bereits für U-7-Spieler (Bambini, Mini-Kicker) Meisterschaftsspiele ausgetragen!

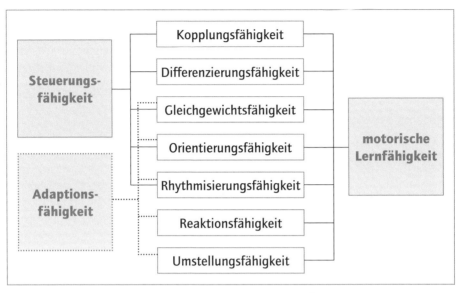

Abb. 3.20: Modell koordinativer Fähigkeiten (mod. nach Joch & Ückert, 1999, S. 170)

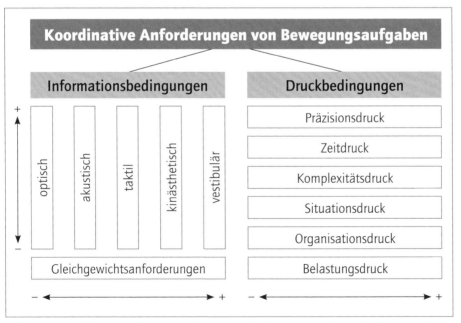

Abb. 3.21: Modell der koordinativen Informationsanforderungen und Druckbedingungen (mod. nach Neumaier, 2003 und Kröger & Roth, 1999)

Von überragender Bedeutung ist die Filterung der wichtigsten handlungsrelevanten Merkmale von Mit- und Gegenspielern, um diese schnell und effektiv im Sinne des Spielerfolgs zu nutzen. Die Wahrnehmung und Verarbeitung dieser sogenannten *Schlüsselreize* (z. B. Erkennen der vorderen Verteidigerschulter im 1 gegen 1) wird mit zunehmender Spielerfahrung zusammen mit immer komplexer ausgeprägtem taktischen Wissen immer sicherer und führt zu besseren antizipatorischen Leistungen im Sinne von Eigen-, Fremd- und Situationsantizipation (Späte & Wilke, 1989).

3.2.3 Methoden des Koordinationstrainings

Ein systematisches Koordinationstraining zielt darauf ab, die Spieler an die Grenzen ihrer Leistungsfähigkeit von Informationsaufnahme und -verarbeitung zu führen. Dadurch wird die Qualität der bereits beherrschten Bewegungssteuerung positiv beeinflusst und das Repertoire auf der Basis des Bekannten erweitert – es sei denn, die gestellten Bewegungsaufgaben sind zu schwierig und überfordern den Spieler. Durch fordernde Lernreize schafft Koordinationstraining eine hohe Qualität der Bewegungssteuerung beim Trainierenden, die die Handlungsfähigkeit in den kompliziert-offenen Situationen des Spiels unterstützt. Im Mittelpunkt stehen dabei die altersgemäße Optimierung der Wahrnehmungs- und Beobachtungsfähigkeiten (Bewegungssehen und Handlungsanalyse durch Eigen- und Fremdbeobachtung) und die Bewusstmachung der im Koordinationstraining erlebten Sinnesempfindungen (Beschreibung von Bewegungsknotenpunkten, Mitsprache von Bewegungsrhythmen, Bewegungsausführungen unter Ausschaltung der optischen und/oder akustischen Analysatoren usw.).

Die im Grundlagentraining wichtigsten Methoden des Koordinationstrainings sind (Glasauer & Nieber, 2000; Nieber & Glasauer, 2000):

*   *Variationsmethode:* Aufgabenstellungen, Spielsituationen, äußere Bedingungen, allgemeine Bewegungsfertigkeiten und Techniken werden zielgerichtet variiert (z. B. unterschiedliche Rhythmen beim Lauf- und Sprint-ABC).
*   *Kontrastmethode:* Durch die Verknüpfung kontrastierender Reize werden Gegensätze bewusst wahrgenommen (z. B. Dribbeln mit nacheinander oder gleichzeitig unterschiedlichen Bällen vom Tennisball bis zum Heavyball).
*   *Freie Spielmethode:* Freies Spielen in unterschiedlichen Spielerkonstellationen und Räumen (1-1 bis 5-5 auf einen oder zwei Körbe).

Für das spezifische, fertigkeitsgerichtete Koordinationstraining im Leistungsbereich sind darüber hinaus von Bedeutung:

- *Druckmethode:* Bewegungshandlungen und Spielaufgaben werden durch Schaffung wechselnder Informationsanforderungen und koordinativer Druckbedingungen (Abb. 3.21) erschwert (Freiwürfe nach konditioneller Vorbelastung, Dribbeln mit zwei unterschiedlichen Bällen und/oder geschlossenen Augen, Passen mit zwei Bällen etc.).
- *Kombinationsmethode:* Verschiedene Einzelbewegungen bzw. -handlungen werden zielgerichtet simultan und/oder sukzessiv kombiniert (z. B. Laufschule mit gleichzeitigem Dribbling, Werfen nach Dribbeldurchbruch).
- *Aufgabenorientierte Spielmethode:* Unter erhöhten koordinativen Anforderungen (Druckbedingungen) wird wettkampfgerecht gespielt (z. B. 3 gegen 3 ohne Dribbling bis zu einer definierten Punktegrenze mit Sanktionen für das Verliererteam).
- *Versuch-Irrtum-Methode:* Es werden Aufgaben an die Spieler gestellt, eigenverantwortlich bisher nicht beherrschte Techniken und Taktiken zu suchen und zu erproben (z. B. Bekämpfen des Doppelns in Blocksituationen).

Während das Techniktraining insbesondere in der Phase des Bewegungslernens unter ermüdungsfreien Bedingungen erfolgen muss und innerhalb einer Trainingseinheit nur wenige Schwerpunkte gesetzt werden sollen (s. Kap. 3.2.5), können ähnliche Vorgaben für das Koordinationstraining nur schwer formuliert werden. Koordinationstraining lebt von einer hohen Variabilität der angebotenen Inhalte und findet auch unter physisch und psychisch hoch belastenden Bedingungen (Belastungsdruck) statt, um Trainingsreize an der Leistungsgrenze der Spieler zu setzen. Koordinationstraining fordert! Langfristig gesehen, sollten im Nachwuchsbereich je nach Trainingsschwerpunkt und -phase 10-30 min jeder Trainingseinheit koordinativ-fordernden Inhalten gewidmet werden, wobei sich natürlich viele Überschneidungen mit dem Technik- und Taktiktraining ergeben können.

3.2.4 Arten des Techniktrainings

Das Techniktraining orientiert sich im Verlauf des Nachwuchstrainings an den unterschiedlichen Phasen des motorischen Bewegungslernens: Neu-Lernen, Grob- und Feinformung, Festigung (Abb. 3.22). Die Sportspiel-Trainingspraxis leitet aus dieser Phasenstruktur unterschiedliche Vermittlungsstrategien ab:

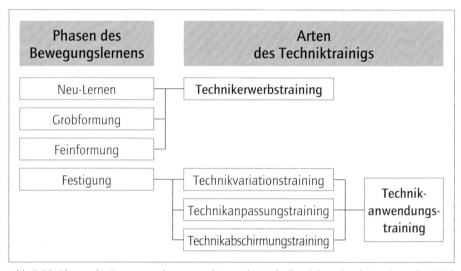

Abb. 3.22: Phasen des Bewegungslernens und Arten des Techniktrainings (nach Martin et al., 1993)

- *Technikerwerbstraining:* Zu Beginn der Vermittlung einer bestimmten Bewegungstechnik steht das Erlernen der Bewegungsstruktur bis hin zur Automatisierung des individuellen Optimums im Vordergrund. Das Technikerwerbstraining umfasst die Lernphasen Neu-Lernen, Grob- und Feinformung (s. o.), die fließend ineinander übergehen.

- *Technikvariationstraining:* Stabil erlernte Techniken müssen gefestigt werden. Technische Varianten werden bis zur situativen Anwendbarkeit geschult, womit Technikvariationstraining zwingend auch taktisches Entscheidungstraining beinhaltet.

- *Technikanpassungstraining:* Techniken müssen nicht nur variabel verfügbar, sondern auch unter unterschiedlichen äußeren Bedingungen einsetzbar sein.

- *Technikabschirmungstraining:* Erlernte Fertigkeiten müssen im Wettkampf durchgesetzt, also gegenüber dem Gegner, Ermüdung und Stress stabilisiert und in diesem Sinne abgeschirmt werden.

Andere Strukturierungsvorschläge fassen die Punkte 2 bis 4, die vor allem den taktischen Aspekt von Techniken berücksichtigen, zum Technikanwendungstraining zusammen. Das Technikanwendungstraining vom koordinativen Fertigkeitstraining (siehe Kap. 3.2.2) zu unterscheiden, ist oft nicht einfach. Grundsätzlich lässt sich festhalten, dass sich ein Technik(anwendungs)training im Rahmen der Wettkampfvorgaben bewegt, ein koordinatives Training darüber hinaus auch mit zusätzlichen Druckvorgaben außerhalb der Spielregeln einher gehen kann (z. B. Dribbling mit mehreren Bällen).

3.2.5 Prinzipien und Methoden des Techniktrainings

Neben der unbestreitbaren Notwendigkeit hoher Wiederholungszahlen zum Technikerwerb ist mittlerweile bekannt, dass bereits in frühen Lernphasen der Grob- und Feinformung die gezielte Variation der Bewegungsausführung, deren Einbettung in taktische Wenn-dann-Entscheidungs-Situationen, der Wechsel von massiertem und verteiltem Lernen sowie die Nutzung aktiver Lernstrategien (z. B. Verbalisierung der Athleten-Innensicht) die Lernfortschritte begünstigen. Besonders dem impliziten[55] Fertigkeitserwerb durch unsystematisches, zufälliges und aufgabenorientiertes Lernen im Spiel (Spielmethode. s. u.) ist hier große Aufmerksamkeit zu schenken.

Die Praxis des Techniktrainings im Basketball folgt dabei einer Reihe methodischer Grundsätze (Bisselik, 1995):

* Die Ausbildung erfolgt beidseitig (Händigkeit, Beinigkeit, Drehseitigkeit).

* Das Technikerwerbstraining findet in weitgehend ermüdungsfreiem, aber optimal aktiviertem Zustand statt.

* Das Technikanwendungstraining bildet die komplexe Wettkampfleistung ab oder überzeichnet diese (komplexe technisch-taktisch-konditionelle Anforderungen).

* Die Aufmerksamkeit des Trainierenden wird auf die Bewegungsausführung gerichtet (Berücksichtigung der Innensicht des Spielers).

* Es werden Beobachtungsaufgaben bezüglich der subjektiven Wahrnehmung der Bewegungsausführung an den Spieler gestellt und abgefragt.

* Eine Bewegungsvorstellung ist beim Technikerwerbstraining hauptsächlich über die optische Information zu vermitteln (Technikleitbild). Verbale Zusatzinformationen beschränken sich auf wichtige Bewegungsknotenpunkte und werden erst mit fortschreitendem Fertigkeitsniveau detaillierter. Anfänger können beim Neu-Lernen nur 1-2 verbale Hinweise verarbeiten!

---

55 *Implizit:* Das Gegenteil von erläutert, erklärt, ausführlich (explizit). *Implizites Lernen* bedeutet also eigenständiges, aufgabenorientiertes und exploratives Lernen.

- Individuelle Abweichungen von Technikleitbildern (Stil) werden bei gegebener Funktionalität zugelassen, wenn der vom Spieler demonstrierte Stil im langfristig angestrebten Leistungsniveau bestehen kann.

- Trainierende werden zu Selbstbefehlen bezüglich wichtiger Bewegungsknotenpunkte ermuntert, damit sie mit Schlagworten automatisierte Teilbewegungen verknüpfen können.

- Die Übungs- bzw. Trainingszeit ist ausreichend lang.

- Es wird dauerhaft und langfristig trainiert.

Die Umsetzung dieser Grundprinzipien erfolgt zum Technikerwerb mithilfe der nachfolgend aufgeführten Methoden. Im Technikanwendungstraining kommen auch die bereits beschriebenen Methoden des Koordinationstrainings (s. Kap. 3.2.3) zum Einsatz. Die Bedeutung der Spielmethode zum Fertigkeitserwerb, v. a. im Grundlagentraining, wurde weiter oben bereits erwähnt.

- **Vereinfachungsmethode:** Die Bewegungsausführung wird durch geeignete Hilfen wie Zusatzgeräte erleichtert (z. B. „Bankdribbeln").

- **Ganzheitsmethode:** Die Zielbewegung wird zur Vermittlung der komplexen Bewegungsstruktur ganzheitlich ausgeführt.

- **Teillernmethode:** Teilbewegungen werden zergliedert ausgeführt und später zur Zielbewegung zusammengesetzt (z. B. Zweierrhythmus und Wurfbewegung beim Korbleger).

- **Wiederholungsmethode (Drillmethode):** Die Bewegungsausführung wird durch hohe Wiederholungszahlen stabilisiert.

- **Variationsmethode:** Systematisch dosierte Variationen der Zielbewegung unterstützen den Fertigkeitserwerb im Rahmen des Bewegungslernens.

3.3 Taktiktraining

3.3.1 Begriffsbestimmung: Taktik und Strategie

Die *Taktik* wird „als Lehre von den Gesetzmäßigkeiten, Möglichkeiten, Mitteln und Formen einer effektiven Umsetzung des Spielgedankens und der Wettspielgestaltung verstanden" (Stöber, Glettner & Lau, 1995). Sie umfasst das Erfahrungswissen von Generationen, indem Informationen über zweckmäßige Entscheidungen und Problemlösungen beim Basketballspielen ausgetauscht, weitergegeben, verallgemeinert und systematisiert wurden. An diesem Erkenntnisprozess waren stets Spieler und Trainer gleichermaßen beteiligt. Dieser Erfahrungsschatz ist inzwischen zur Taktik geworden und existiert, wie auch in diesem Buch, zunächst unabhängig von einer praktischen Umsetzung.

Die Taktik war und ist Veränderungen unterlegen. Sie wird ständig ergänzt, mitunter von Experten „theoretisch" weiterentwickelt. Demgegenüber veralten taktische Mittel, werden durch effektivere Lösungen ersetzt oder erhalten beispielsweise durch Veränderungen der Spielregeln und Entwicklungstrends eine neue Bedeutsamkeit. Taktik in diesem Sinn bezieht sich auf das zweckmäßige Verhalten der Spieler auf dem Spielfeld. Demgegenüber sind Entscheidungen des Trainers und des Teams, die weitestgehend zeitlich unabhängig vom aktuellen Spielgeschehen getroffen werden, eher strategischer Natur. So bestimmt eine Mannschaft langfristig ihr bevorzugtes Angriffs- und Verteidigungskonzept oder definiert ihre Spielauffassung bzw. -philosophie. Einer *Strategie* folgend, kommen beispielsweise in Heimspielen andere taktische Mittel als in Auswärtsspielen zum Tragen. Strategische Entscheidungen beeinflussen also die Wahl der taktischen Mittel während des Wettspiels (z. B. Auszeiten, Spielereinsatz und -wechsel, Taktikalternativen).

3.3.2 Inhalte der Taktik

Die Taktik des Basketballspiels ist umfang- und inhaltsreich. Alle taktischen Möglichkeiten, die Spieler einer Mannschaft erworben haben und im praktischen Spielhandeln umsetzen können, umfassen deren taktisches Repertoire. Dieses stellt also eine an das Leistungsvermögen eines Teams orientierte Auswahl der Taktik dar. Je umfangreicher das taktische Repertoire des Einzelnen (Individualtaktik) und des Kollektivs (Gruppen- und Mannschaftstaktik) ist, umso höher steigen die Chancen, in der Auseinandersetzung mit dem sportlichen Gegner eine vorteilbringende taktische Alternative wählen zu können.

Um die Fülle des taktischen Erfahrungswissens überblicken zu können, bedarf es einer systematischen Ordnung. Zur Systematik der Taktik werden im Wesentlichen drei Ordnungskriterien herangezogen.

1. **Taktik in Abhängigkeit vom Ballbesitz und von typischen Spielphasen:** Nach dem Kriterium des Ballbesitzes wird zwischen der *Angriffstaktik (Offense)* und *Verteidigungstaktik (Defense)* unterschieden. Mit den Begriffen *Positionsangriff (Set Offense)* und *Schnellangriff (Fast Break)* werden zwei Taktikbereiche unterschieden, die sich in grundlegenden Prinzipien der Angriffsgestaltung unterscheiden. Alle taktischen Mittel beim Wechsel vom Angriff in die Verteidigung und umgekehrt werden der *Umkehrphase* zugeordnet *(Transition)*. In der Systematik der Verteidigungstaktik wird grundsätzlich zwischen den zwei Herangehensweisen, *Mann-Mann-Verteidigung* (MMV) und *Ball-Raum-Verteidigung* (BRV), unterschieden.

2. **Taktik in Abhängigkeit von der Zahl beteiligter Spieler:** Der *Mannschaftstaktik* werden Angriffs- und Verteidigungssysteme zugeordnet. Sie bestimmen das jeweilige Prinzip, wie die Spieler einer Mannschaft miteinander als Einheit kooperieren sollen. Ein mannschaftstaktisches System beschreibt u. a. Spielerpositionen, Spielerfunktionen, Aktionsräume sowie vereinbarte bzw. situationsabhängige räumlich-zeitliche Verläufe und Alternativen aller fünf Spieler. Die Mannschaftstaktik stellt das übergeordnete Regulativ dar, d. h. alle weiteren taktischen Maßnahmen müssen sich in das jeweilige System integrieren lassen. Die *Gruppentaktik* beschreibt, in welcher Weise Spielergruppen, in der Regel sind zwei oder drei Spieler beteiligt, ihre Spielhandlungen erfolgreich aufeinander abstimmen. Diese taktischen Formen werden als gruppentaktische Verfahren oder Hilfen bezeichnet, da sie immer dann notwendig werden, wenn 1-1-Situationen vom Angreifer oder Verteidiger nicht mehr allein vorteilbringend gelöst werden können. Die *Individualtaktik* enthält taktische Hinweise, Prinzipien und Handlungsvorschriften, die dem Einzelspieler vorgeben, wie er sich in bestimmten Spielsituationen verhalten soll. Diese individualtaktischen Grundsätze beziehen sich auf die situationsabhängige Anwendung von Angriffs- und Verteidigungstechniken, das Verhalten des Einzelspielers bei der Lösung von 1-1-Situationen, aber auch bei der kollektiven Lösung von Angriffs- und Verteidigungsaufgaben. Tab. 7.1 (s. S. 182) gibt eine allgemeine Übersicht über die Taktik des Basketballspiels. Die konkreten taktischen Systeme, Verfahren und Grundsätze werden in Kap. 7 ausführlich vorgestellt.

3. **Taktik für spezielle Spielsituationen:** Im Basketball können Spielsituationen entstehen, die sich durch eine besondere räumlich-zeitliche Konstellation der Spieler auf dem Feld oder spielregelbedingt ergeben und sehr spezielle taktische Lösungen erfordern. Hierunter fallen taktische Verfahren und Grundsätze zur Lösung von Einwurf- und Freiwurfsituationen. Vereinzelt werden auch sogenannte *Last Second Shot*-Szenarien auf der Basis einer speziellen Taktik ausgespielt.

3.3.3 Formen des Taktiktrainings

Unter dem Begriff *Taktiktraining* werden alle Formen zusammengefasst, die zielgerichtet, planmäßig und langfristig darauf hinwirken, alle für das taktische Verhalten im Wettspiel erforderlichen Fertigkeiten und Fähigkeiten von Spielern zu entwickeln. Das Taktiktraining ist demnach der Teil des sportlichen Trainings, in dem Elemente aus der Taktik ausgewählt und so methodisch aufbereitet werden, dass sie im Ergebnis eines erfolgreichen Lernprozesses zum praktischen Handeln der Spieler werden können. Die erworbenen taktischen Fähigkeiten verbessern somit die Spielfähigkeit.

Taktisches Handeln findet in der motorischen Lösung von Spielsituationen seinen sichtbaren Ausdruck. Intern laufen dazu vor, während und nach der Spielhandlung Prozesse
der Informationsaufnahme, -verarbeitung und -speicherung ab, die das Gelingen und
die Richtigkeit der gewählten Handlungsabsicht und -realisation wesentlich mitbestim-
men. Auf das Wesen solcher kognitiven Entscheidungsprozesse wird in Kap. 5.2 genauer eingegangen.

Der Lernprozess kann dabei sowohl implizit als auch explizit erfolgen. Beim impliziten
Lernen werden Bewegungen vornehmlich ohne bewusste Regelrepräsentation (z. B.
taktische Vorgaben) durchgeführt. Es findet ein beiläufiges und unaufgefordertes Lernen statt, das auf selbstgewonnene Erfahrungen zurückgeht und ohne Einsicht oder
verbalisierbare Erkenntnisse erfolgt. Der Gegenpart zum impliziten ist das explizite Lernen, welches absichtlich, bewusst und zielgerichtet erfolgt. Es basiert auf deklarativem
Wissen und wird in bestimmten Wenn-dann-Regeln abgebildet (Raab, 2001).

Festzuhalten ist, dass Taktiktraining immer auch Entscheidungstraining sein muss. Das
heißt, durch das Taktiktraining sollen Spieler in die Lage versetzt werden, mithilfe der
Taktik sich für diejenige Handlungsalternative zu entscheiden, die unter den gegebenen situativen Bedingungen ihnen und ihrer Mannschaft einen Vorteil verschafft.

Ähnlich wie im Techniktraining (vgl. Kap. 3.2.5) kann das *Taktikerwerbstraining* vom
Taktikanwendungstraining unterschieden werden. Taktiktraining kann in Form des
Mannschaftstrainings durchgeführt werden, d. h., alle Spieler arbeiten am gleichen tak-
tischen Element, z. B. Verteidigung am Ballbesitzer, MMV im Rückfeld. Die Form des
Gruppentrainings ist vor allem dann sinnvoll, wenn an der Positionsspezifik gearbeitet
wird und beispielsweise Centertraining oder die taktische Abstimmung spezieller Spie-
lerkonstellationen, z. B. Zusammenarbeit zwischen Aufbau- und Flügelspieler oder der
Defense-Rebound, im Mittelpunkt des Taktiktrainings steht.

Das *Spielphasentraining* stellt eine weitere Form des Taktiktrainings dar. Hier wer-
den typische Spielphasen vom Gesamtspielverlauf abgekoppelt und isoliert trainiert.
So wird Taktiktraining für den Schnellangriff, Positionsangriff oder für die Ball-Raum-
Verteidigung usw. vom Trainer geplant.

Letztlich lässt sich auch zwischen einer taktischen Grundausbildung und einer mann-
schaftsbezogenen Ausbildung unterscheiden. Die Inhalte der taktischen Grundausbildung werden beispielsweise durch Rahmentrainingskonzeptionen für den Kinder- und
Jugendbasketball vorgegeben. Es soll sichergestellt werden, dass jeder Spieler über ein
grundlegendes taktisches Repertoire und taktische Fähigkeiten verfügt. Auf der Basis
eines gemeinsamen Taktikverständnisses (Taktik als Lehre) wird es möglich, dass ein

Give-and-go unabhängig vom Ort der Vermittlung funktioniert. Eine solche Fokussierung des Taktiktrainings auf das Wesentliche wird zunehmend als eine bedeutsame Voraussetzung für die Arbeit mit Auswahlmannschaften gesehen.

Mit steigendem Leistungsniveau von Spielern und Teams wird es notwendig, im Taktiktraining individualisierte taktische Verhaltensweisen und teamspezifische taktische Maßnahmen herauszubilden, um das taktische Repertoire zu erweitern.

3.3.4 Methodik des Taktiktrainings

Grundsätzlich ist es jedem, der Basketball spielen will, möglich, sich die vorhandenen Handlungsspielräume spielend und intuitiv zu erschließen (implizites Lernen). Einige sportspieldidaktische Konzepte fordern und fördern diese Vorgehensweise. Memmert (2002) empfiehlt beispielsweise im Sinne eines spielerisch-impliziten Lernweges, vor allem in der Anfängerschulung sogenannte *Taktik-Bausteine* erst allgemein und dann zunehmend spielspezifisch zu vermitteln. Zahlreiche Gründe sprechen allerdings dafür, das Finden optimaler Entscheidungen nicht grundsätzlich der Selbstfindung zu überlassen.

Im leistungsorientierten Training sind die taktischen Verhaltensweisen gefragt, die das optimale Ergebnis ermöglichen. Die Wahrscheinlichkeit, diese ohne Hilfe selbst zu entdecken, ist eher gering. Außerdem ist die Zeit für die sportliche Ausbildung begrenzt. Schließlich sei erwähnt, dass naives Ausprobieren Irrwege und Misserfolge begünstigt. Taktiklernen ausschließlich auf diesem Weg wird vermutlich bald zu Resignation und Demotivation bei Anfängern führen.

Da ein hoher Verallgemeinerungsgrad an taktischem Erfahrungswissen für das Basketballspiel vorliegt, bietet sich die deduktive Lernmethode im Taktiktraining als Erfolg versprechende und effiziente Vorgehensweise an. Es wird ein Lernen vom Allgemeinen, Modellhaften zum Speziellen und Eigenen vollzogen. Durch das Lernen am Taktikmodell und durch die Einsicht in taktische Grundsätze erschließen sich Spieler ihre subjektiven (mentalen) Vorstellungen und Bewegungserfahrungen über die Wirkungsweise taktischer Elemente in der Spielpraxis. Taktiklernen beruht demnach sehr stark auf einer Verknüpfung von kognitiv-begrifflichen und motorischen Verarbeitungsebenen (explizites Lernen). Die Taktikausbildung erfolgt langfristig. Der Anteil am Gesamttrainingsumfang nimmt mit steigendem Leistungsniveau zu. Einzelne Ausbildungsstufen werden mit höheren Qualitätsansprüchen mehrfach durchlaufen. Das *Taktikerwerbstraining* soll primär in der Vorbereitungsperiode (vgl. Trainingsplanung) stattfinden. Die folgenden methodischen Ausbildungsschritte haben sich im Taktikerwerbstraining bewährt (Stöber et al., 1995):

- **Analyse und Schaffung der Voraussetzungen:** Bevor ein taktisches Element im Training eingeführt werden kann, muss der Trainer sicherstellen, dass alle Spieler die geistigen Kompetenzen und physischen Voraussetzungen erfüllen, die zur Umsetzung der Taktik notwendig sind. Gegebenenfalls sollten einzelne technische Fertigkeiten, z. B. das Freilaufen zur Vorbereitung auf das Give-and-go, oder konditionelle Fähigkeiten, wie die Antrittsschnelligkeit zur Vorbereitung auf den Fast Break, in vorbereitenden Übungen und Trainingseinheiten akzentuiert trainiert werden.

- **Auswahl und Motivierung:** Die Auswahl eines angemessenen Taktikelements, das dem Leistungsniveau der Mannschaft entspricht, obliegt in aller Regel dem Trainer. Um die Motivation zum Taktiklernen anzuregen, können selbst erfahrene Schwierigkeiten beim Lösen von bestimmten Spielsituationen oder -phasen ebenso herangezogen werden wie das Wecken der Neugier und das Ausrichten des Trainings auf die Bewältigung zukünftiger Erfordernisse. Zwei Beispiele: Mini-Basketballspieler werden sich kaum zum Blocktraining motivieren lassen, wenn sie bisher sehr erfolgreich ihren Gegenspieler im 1-1 schlagen. Andererseits könnten Spieler einer U-16-Mannschaft zum Saisonende hoch motiviert ein Angriffssystem gegen die Ball-Raum-Verteidigung erlernen wollen, weil sie in der U-18 auf Mannschaften treffen könnten, die diese Form der Verteidigung bevorzugen. Das Sicherstellen geistiger Frische der Spieler, klare Zielstellungen und positive Feedbacks für richtige taktische Entscheidungshandlungen motivieren zusätzlich im Verlauf des Taktiktrainings.
- **Kenntnisvermittlung:** Nach Auswahl und Motivation beginnt der Lernprozess mit der Vermittlung von taktischen Kenntnissen. Die Spieler erfahren, welche Alternativen es zur Lösung einer bestimmten Spielsituation gibt und werden mit den sogenannten *Wenn-dann-Regeln* vertraut gemacht, die ihnen als Entscheidungshilfe dienen sollen. In Abhängigkeit von Umfang und Komplexität der zu vermittelnden Taktikkenntnisse ist diese Lernphase mit angemessenem Aufwand zu gestalten. Mitunter genügen wenige Worte, um zweckmäßiges Handeln zu erklären, wenn man beispielsweise erreichen will, dass der Ballbesitzer seinen Ball beim Dribbling mit dem Körper abschirmt. Bei der Vermittlung von komplexen Angriffssystemen sollte man Hilfsmittel, wie Taktiktafel, Bildreihen, Live- oder Videodemonstrationen, verwenden, um den Kenntniserwerb zu optimieren. Es ist außerdem wichtig zu überprüfen, ob die vermittelten Kenntnisse vollständig und richtig von allen Spielern verstanden wurden. Die Kenntnisvermittlung ist ein notwendiger, aber nur ein erster Schritt im Taktiktraining. Manche Trainer und Spieler irren sich folgenschwer, wenn sie meinen, allein damit befriedigende Ergebnisse erreichen zu können.
- **Methodisch-praktische Ausbildung:** Es folgt die praktische Anwendung der zu erlernenden Taktik. Dazu sind im Taktiktraining Situationen zu schaffen, die ein alternatives Entscheiden der Spieler herausfordern. Allerdings werden „Taktikanfänger" nur selten in der Lage sein, sofort in spieladäquaten Situationen zweckmäßige Handlungsziel- und/oder -programmentscheidungen auf der Basis der neuen taktischen Vorgaben zu treffen. Bei kollektiven Taktiken wird ein fehlendes Timing in der Abstimmung kooperativer Handlungen ein Gelingen auf Anhieb erschweren.

Demzufolge wird es in der Ausbildungsphase des praktischen Erwerbs zwingend notwendig, didaktische Mittel auszuwählen und einzusetzen, die den Spielern erleichterte oder vereinfachte Bedingungen in der kognitiven und motorischen Umsetzung der Taktik bieten:

- **Verlangsamung der Spielhandlungen bzw. Handlungsfolgen:** Mit einer Reduzierung des Handlungstempos vermindert man den Zeitdruck für das Finden der richtigen Entscheidung und senkt zunächst die physische Belastung, um die mentale Frische zu erhalten.

- **Reduzierung der Zahl möglicher Alternativen:** Man übt zunächst die möglichen Handlungsalternativen einzeln, bevor zwischen zwei und dann noch weiteren Alternativen zu entscheiden ist.

- **Reduzierung der Zahl beteiligter Spieler:** Individualtaktik und Gruppentaktik können unter Ausschluss der nicht direkt beteiligten Spieler der Mannschaft trainiert werden. Die Aktionsräume sollten allerdings spielnah vorgegeben werden.

- **Graduierung der gegnerischen Einflussnahme:** Die spielnahe Auseinandersetzung mit dem sportlichen Gegner kann zum Zweck der Taktikausbildung vereinfacht werden. Beim Angriffstaktiktraining kann entweder ohne Gegenspieler, beispielsweise zum Automatisieren von Laufwegen bei komplexen Angriffssystemen, oder mit Gegner in verminderter Anzahl (Überzahlspiel) und/oder eingeschränkter Verteidigungsaktivität geübt werden. Aktivitätseinschränkungen sind von passiv, instruiert bis halbaktiv möglich. Solche Handlungseinschränkungen sind auch für Angriffsspieler denkbar, um den Spielern im Verteidigungstaktiktraining Erleichterungen zu verschaffen.

- **Trainingsspiele:** Im Trainingsspiel können spielnahe Bedingungen so gestaltet werden, dass immer wieder die Situationen entstehen, die den Rückgriff auf die zu vermittelnde Taktik notwendig machen bzw. deren sinnvolle Anwendung durch Belohnung verstärkt werden kann.

Auf diesem Ausbildungsniveau ist ein Übergang zum *Taktikanwendungstraining* möglich. Diese Form des Taktiktrainings ist vorrangig in der Wettspielperiode anzuwenden. Die Ergebnisse des Taktiklernens müssen nun immer wieder unter wettspieladäquaten Bedingungen abgerufen werden. Neben Übungs- und Trainingswettspielen sind auch die Pflichtwettspiele zunehmend als Bewährungsfeld für neue taktische Elemente auszuweisen. Beispielsweise spielt eine Mannschaft unabhängig vom aktuellen Spielstand für eine begrenzte Zeit Ganzfeldpresse, um dieses taktische Mittel anzuwenden. Im Training werden akzentuiert sowohl bewährte als auch neue Taktiken anwendungsorientiert vervollkommnet. Im Wesentlichen wird gleichzeitig bzw. gleichgewichtet an der Verbesserung der Angriffs- und Verteidigungsleistungen gearbeitet. Auftretende taktische Mängel können dazu führen, dass in einigen Trainingseinheiten Formen aus dem Taktikerwerbstraining erneut aufgegriffen werden. Das Verhältnis zwischen Individual-, Gruppen- und Mannschaftstaktiktraining wird von den strategischen Entscheidungen sowie von den Stärken und Schwächen der Spieler bestimmt.

Im Taktikanwendungstraining sollten grundsätzlich folgende Trainingsprinzipien gelten:

- Trainiere immer spielnah und fordere vor allem ein hohes Spieltempo und eine aktive Verteidigungsarbeit!

- Lasse Spieler auch Situationslösungen ausprobieren und unterstütze kreative Entscheidungen!

- Verweise auf handlungsrelevante Signale und erinnere an Entscheidungshilfen (Wenn-dann-Regeln)!

- Lege deine Spieler nicht zu früh oder zu sehr auf eine Spielposition fest!

- Fordere eine intensive Kommunikation zwischen den Spielern auf dem Spielfeld!

- Verstärke gewünschtes taktisches Verhalten und sanktioniere taktisches Fehlverhalten!

- Setze alle Spieler gleichberechtigt ein und gib jedem genügend Spielzeit!

- Es gelten alle Spielregeln, die es auch im Wettspiel zu beachten gilt! Lasse einen Schiedsrichter agieren!

4 Grundlagen der Spielvermittlung

Die *Methodik* befasst sich mit den praktischen Verfahren des Lehrens und Lernens, also der Frage, WIE sich der jeweilige Lerngegenstand (das WAS) vermitteln lässt. Sie beschreibt die konkreten Methoden des Lehrens oder Unterrichtens. Mit *Lehrmethode* ist die Art und Weise gemeint, wie der Zusammenhang von Lehren und Lernen organisiert ist. In diesem Handbuch wurde der Begriff der *Methode* bereits im Kontext des Trainings der einzelnen Leistungsfaktoren eingeführt: der „Trainingsmethoden" (s. Kap. 3).

Die Auswahl des WAS beruht auf didaktischen[56] Überlegungen, die den jeweiligen Lerngegenstand oder -inhalt begründen. Bei der Vermittlung des Basketballspiels ist dieser Lerninhalt auf einer allgemeinen Ebene das Spiel selbst. Bezüglich konkreter Zielsetzungen ist jedoch zu hinterfragen, auf welcher Realisierungsebene das Basketballspiel erlernt werden soll: Verwirklichung der Spielidee ohne „Regelkorsett", Mini-Basketball, Streetball, „richtiges" Basketballspiel nach Wettkampfregeln? Da sich das WIE (Methodik) aus dem WAS (Inhalt) ergibt, hat die Zielebene der Basketballvermittlung entscheidende Bedeutung für die Auswahl der konkreten Vermittlungsmethoden.

Hagedorn (in Hagedorn et al., 1996, S. 308-309) hat ein grundlegendes Problem der Spielvermittlung unter der Frage *„Spielen lernen"* oder *„ein Spiel erlernen"?* diskutiert. Das Spielen als eigentlich freie und freiwillige Tätigkeit vollzieht sich unabhängig von Alter, Geschlecht, Nationalität etc. im Kontext des jeweiligen gesellschaftlichen Umfelds. Die Spieler bestimmen das Spielgeschehen und seinen Spannungsverlauf, womit Spielen grundsätzlich eine frei gewählte Alternative zu fremdbestimmten (Arbeits-)Vorgängen darstellt. Die Professionalisierung der institutionalisierten Sportspiele führte jedoch dazu, dass die Mechanismen der fremdbestimmten Arbeitswelt in diese durch ihre Regelwerke eng definierten „Spiel"-Welten im Fußball, Handball, Basketball etc. übertragen wurden. Es entwickelte sich eine Kontroverse um den Wert der modernen Sportspiele für die Spielenden an sich:

* „Spielen lernen" bedeutet eigentlich, sich selbst als Persönlichkeit frei zu entfalten und dabei den Spielrahmen selbsttätig zu gestalten.

* „Ein Spiel erlernen" bedeutet dagegen, vorgefertigte Regeln anzunehmen und sein Verhalten an Normen, Überbietungsstrategien und Erfolg auszurichten.

---

56   Die *Didaktik* (von griechisch: didáskein = „lehren") im engeren Sinn beschäftigt sich mit der Theorie des Unterrichts, im weiteren Sinne mit der Theorie und Praxis des Lehrens und Lernens. Im Mittelpunkt steht der Inhalt des Unterrichts: Womit müssen sich junge Menschen auseinandersetzen, um sich zu bilden und mündig zu werden?

Die modernen Sportspiele sind von dieser „Dialektik des Spiels" (Sutton-Smith, 1978) geprägt. Zwischen beiden Polen vollzieht sich das Basketball-Lernen und Basketball-Spielen heute auf unterschiedlichsten Realisierungsebenen (s. o.). „Basketball spielen lernen" heißt, Problemlösungskompetenzen und damit taktische Handlungsfähigkeiten zu erwerben, um das Spielziel gemäß seiner Spielidee erreichen zu können. Enger gefasst meint dagegen „das Basketballspiel erlernen", sich mit den Wettkampfregularien des Spiels vertraut zu machen und sich diesen im Rahmen der Spielregeln zu unterwerfen. Es liegt an der jeweiligen Zielgruppe und dem jeweils bestimmenden Umfeld, wo das Basketballspiel auf der Bandbreite zwischen selbstbestimmtem, freudvollem Spielen und Spitzensport anzusiedeln ist.

Beide Aspekte des Spielens lassen sich heute kaum noch voneinander trennen, wenn man sich mit der Vermittlungsmethodik des Basketballs beschäftigt. Schon die Kleinsten wollen „wie die Großen" spielen, die sie aus den Medien kennen und denen sie nacheifern. Dabei haben sie bereits ein erstaunliches Gespür dafür, was im Sinne der späteren Wettkampfregeln „richtig" ist und was ggf. so weit von der basketballeigenen Spielidee entfernt ist, dass für sie jeglicher Aufforderungscharakter verloren geht: „Das ist doch kein Basketball!" Folgerichtig müssen sich moderne Vermittlungskonzepte (s. Kap. 4.3) um den zentralen Kern des Basketball-Spielens drehen: Spiele werden spielend erlernt, d. h. das Basketballspiel durch Basketball spielen[57].

Problematisch ist in heutiger Zeit immer mehr, dass die Anfänger in unseren Vereinen und Schulen kaum noch über das verfügen, was wir als „allgemeine Spielfähigkeit" bezeichnen: eine im freien Kinderspiel erworbene allgemeine Fähigkeit, sich spielgerecht sinnvoll zu verhalten, also Spielzusammenhänge wahrzunehmen und Handlungsentscheidungen zu treffen.

Kröger und Roth (1999) konstatierten diesen Mangel der „Straßenspielkultur" und starteten mit ihrem Konzept der mittlerweile bundesweit vertretenen „Heidelberger Ballschule" den Versuch, Kindern im frühen Schulkindalter den Erwerb allgemeiner Spielfähigkeiten zu ermöglichen. Ein spielerisch-situationsorientierter Zugang ermöglicht den Kindern exploratives Spielen-Lernen, ein fähigkeitsorientierter Ansatz schult allgemeine und sportspielübergreifende Aspekte der Ballkoordination und ein fertigkeitsorientierter Baustein vermittelt spielübergreifende Basistechniken, um so auf eine anschließende Spielspezialisierung vorzubereiten (Tab. 4.1). Fraglich bleibt jedoch, ob diese frühen Spielerfahrungen im institutionalisierten Rahmen (1-2 x pro Woche) ausreichen, die früher üblichen langen Nachmittage „draußen" zu kompensieren.

---

57   Vgl. dazu Hagedorn et al., 1996; Schröder & Bauer, 2001; Steinhöfer & Remmert, 2004; Remmert, 2006.

Tab. 4.1: Modell der „Heidelberger Ballschule" (Kröger & Roth, 1999, S. 13)

Zugang	Ziele	Inhalte und Methoden
A: situationsorientiert	Spielen lernen	„Reines" Spielen in sportspielübergreifenden Taktikbausteinen
B: fähigkeitsorientiert	Verbesserung der Ballkoordination	Üben von sportspielübergreifenden, informationell-motorischen Anforderungsbausteinen
C: fertigkeitsorientiert	Verbesserung grundlegender Ballfertigkeiten	Üben von sportspielübergreifenden Technikbausteinen

Eng gekoppelt an die weiter unten beschriebenen Lehrmethoden sind die Vorgehensweisen bei der Gestaltung von Lehr- und Lernprozessen. Beim deduktiven Vorgehen wird der „Lerninput" vom Lehrenden vorgegeben, beispielsweise beim klassischen Modell-Lernen über Vor- und Nachmachen. Viele der komplizierten technisch-taktischen Abläufe des Basketballspiels lassen sich fraglos auf diese Art und Weise zielgerichtet und effektiv vermitteln. Als induktiv wird eine Vorgehensweise bezeichnet, die den Lernenden eine selbstständige Erschließung der Lerninhalte erlaubt. Dies ist im Bereich der Technikschulung weniger üblich (wenngleich wie im Streetball durchaus möglich[58]), gewinnt aber bei der Suche nach spielgerechten taktischen Problemlösungen an Bedeutung. Neben der Frage der Trainer- oder Spielerzentrierung geht es hier auch darum, welche Fertigkeiten und Fähigkeiten effektiver und nachhaltiger durch Üben und Trainieren oder durch Spielen entwickelt werden können. In der Regel berücksichtigt eine gute Vermittlung und ein gutes Training beide Vorgehensweisen in einem der jeweiligen Zielgruppe angemessenen Mischungsverhältnis.

4.1 Methoden der Vermittlung

Der Begriff der *Methode* wird im Kontext der Sportspielvermittlung vielfältig und auf unterschiedlichen Bedeutungsebenen bis hin zu vollständigen Vermittlungskonzepten (s. Kap. 4.3) benutzt. Im engeren Sinne beschreibt eine Methode jedoch die konkrete Organisation des Lehr- und Lernprozesses:

- Die *Übungsmethode* reduziert die Lerninhalte auf Teilelemente des Spiels und löst die zu vermittelnden koordinativen und/oder technischen Elemente aus dem Spielzusammenhang, damit sie isoliert und unter erleichterten Bedingungen wiederholt (geübt) werden können.

---

58 Vgl. das Lösen gestellter Aufgaben im freien „Technik-Spiel" bei Schröder und Bauer (2001).

- Die *methodische Übungsreihe* stellt über eine Steigerung von Schwierigkeitsgrad und Komplexität bis hin zur spielgerechten Dynamik die schrittweise Annäherung an wettkampfrelevante Ausführungsqualitäten sicher.
- Eng verwandt ist die *Drillmethode*. Mit ihr werden beherrschte Techniken durch hohe Wiederholungszahlen in spielgerechter Dynamik „eingeschliffen". Mithilfe von Taktikdrills wird versucht, wünschenswertes taktisches Verhalten zu stabilisieren.
- Innerhalb der Sportwissenschaft mehren sich die Befunde, dass ein variables dem rein wiederholenden Lernen beim Technikerwerb überlegen ist (u. a. Schöllhorn, 2003, zum „differenziellen Lernen"). Mittels der bereits beim Koordinations- und Techniktraining beschriebenen *Variationsmethode* (siehe Kap. 3.2) kann bereits im Verlaufe des Lernprozesses eine bessere Stabilisierung angeeigneter Bewegungen erreicht werden, wenn behutsam Bewegungsumfang, -geschwindigkeit, -rhythmus und Beschleunigung variiert werden[59]. Zu beachten ist, dass im Anfangsstadium des Neulernens noch keine von außen gesteuerte Variation sinnvoll ist, damit das Grundbewegungsmuster durch identische Wiederholungen gefestigt werden kann.
- Die *Spielmethode* bildet den Gegenpol zum Üben. Lerninhalte werden situationsgerecht im Spielkontext vermittelt. Dies bedeutet, Anreize der spielerischen Auseinandersetzung mit Ball und Gegner auf allen Lernebenen umzusetzen. Spielen motiviert und macht Spaß. Dabei kann das komplexe Spiel durchaus modifiziert und reduziert werden, solange die Spielidee erhalten bleibt (Steinhöfer & Remmert, 2004; Remmert, 2006). Die Regelveränderung wird zum methodischen Prinzip[60].
- Analog zur methodischen Übungsreihe sollen *methodische Spielreihen* die notwendigen Lernschritte auf dem Weg zum komplexen Spiel vereinfachen. Aufeinander aufbauende Spielformen wirken der Gefahr der Überforderung durch Konfrontation mit dem Zielspiel entgegen.
- Die *Wettkampfmethode* ist eng mit der Spielmethode verwandt, forciert jedoch im Gegensatz zu dieser insbesondere die Kennzeichen des Wettspiels: Erfolgsorientierung und Belastungsstruktur.
- Bei der Vermittlung nach der *Ganzheitsmethode* wird der Lernende mit der komplexen Struktur des jeweiligen Trainingsziels konfrontiert. Technische Elemente (z. B. Korbleger aus einem Dribbling) oder taktische Verhaltensweisen (Lösen der 1-1-Situation nach Befreiungscut) werden ganzheitlich geübt, schaffen somit aufgrund ihrer Spielnähe Einsichten in die spielfunktionellen Zusammenhänge und wirken motivierend.

---

59 Diesen Überlegungen liegt die sogenannte „Bernstein-Hypothese" zugrunde: Selbst bei unendlichen Wiederholungen einfachster Bewegungen gleicht aufgrund der Komplexität der menschlichen Bewegungssteuerung keine Bewegung der anderen – eine Variabilität ist sozusagen das Wesen menschlicher Bewegung (Bernstein, 1967).

60 Schröder und Bauer (2001) und Remmert (2007) beschreiben vielfältige Modifikationsmöglichkeiten des Basketballspiels bezüglich der Inventar-, Personal-, Raum-, Zeit- und Handlungsregeln sowie der Veränderung der Punktwertung.

- Im Gegensatz dazu zerlegt die *Teillernmethode* komplexe Inhalte in Teilschritte und setzt diese nach isoliertem Üben zusammen (z. B. Korbleger: Dribbling, Zweierkontakt, Absprung, Wurfbewegung). Hierbei ist das progressive Teillernen zu bevorzugen, das auf den jeweils bekannten Lernelementen aufbaut – im Gegensatz zum rein additiven Teillernen.
- Beide Methoden werden bei der *Ganz-Teil-ganz-Methode* kombiniert. Bekannt ist dieses Vorgehen insbesondere aus der Vermittlung von mannschaftstaktischen Abläufen: „Walk-Through" im 5-0, Training der Schlüsselsequenzen im 2-2 und 3-3, Zusammensetzen des Gelernten im 5-5.

4.2   Allgemeine Leitlinien und Prinzipien

Bei der methodischen Umsetzung von Lern- und Trainingsinhalten sollten wichtige Prinzipien beachtet werden, die die Unterrichts- und Trainingspraxis als sogenannte „Erfahrungsregeln" akzeptiert hat. Sie werden als allgemeingültige Richtlinien für methodisch-didaktische Entscheidungen betrachtet und skizzieren eine wünschenswerte Ausrichtung des Vermittlungsprozesses. Jeder Lehrer oder Trainer kennt grundlegende Gestaltungsprinzipien, wie „Vom Bekannten zum Unbekannten[61]" und „Jede Viertelstunde ein Methodenwechsel", die die Lerninhalte für die Lernenden erfassbar und nachvollziehbar – auch durch Abwechslung in der Gestaltung des Vermittlungsprozesses – machen. Bereits auf Comenius[62] gehen die elementarsten Prinzipien zurück: Eine Tätigkeit sollte durch eigenes Tun erlernt werden; Lernen mit Tat und Beispiel ist besser als Lernen mit Vorschrift; Erlerntes muss durch weitere Übung gefestigt werden; beim Lerngegenstand soll verweilt werden, bis dieser gänzlich begriffen ist; es soll durch sinnliche und natürliche Veranschaulichung gelehrt werden. Die moderne Pädagogik beschreibt darüber hinaus eine Reihe differenzierter Handlungsempfehlungen (u. a. Gudjons, 2008 und Kösel, 2002):

- **Prinzip der Motivierung:** Lern- und Leistungsbedürfnisse der Lernenden wecken und berücksichtigen;
- **Prinzip der Veranschaulichung:** Lerninhalte sollen so dargeboten werden, dass sie mithilfe der Sinnesorgane und entsprechend der jeweiligen Auffassungsgabe umfassend erkannt werden können. Vor allem Jüngere und Anfänger sind dabei auf visuelle Veranschaulichung angewiesen;
- **Prinzip der Aktivierung:** Lernende anregen und ihnen die Möglichkeit geben, im tätigen Umgang mit den Dingen Lernerfahrungen zu sammeln. Zielt auf Selbsttätigkeit: Lernen aus eigenem Handeln;

---

61   Eng verwandt sind die Prinzipien „Vom Leichten zum Schweren", „Vom Einfachen zum Komplexen".

62   Johann Amos Comenius, 1592-1670, war Philosoph, Theologe und Pädagoge.

- **Prinzip der Differenzierung:** Auflösung einer leistungsheterogenen Gruppe zugunsten homogenerer Kleingruppen. Extremfall: „Individualisierung" im Individualtraining;
- **Prinzip der Erfolgsbestätigung:** Die Erfolgsbestätigung ist ein zentraler Bestandteil des Lehrens und Lernens. Lernpsychologische Erkenntnisse zeigen auf, dass die Auftretenswahrscheinlichkeit eines Verhaltens ohne Erfolgsbestätigung (Lob, positive Verstärkung etc.) abnimmt;
- **Prinzip der Festigung / Erfolgssicherung:** Erworbenes Wissen und erworbene Fähigkeiten müssen gegen Vergessen und Verfall abgesichert werden. Im Vermittlungsprozess bedeutet dies, Schwerpunkte längerfristig und kontinuierlich zu verfolgen;
- **Prinzip der Adressatenorientierung:** Berücksichtigung der Persönlichkeit der Lernenden in allen Bereichen der Vermittlung: individuelle Wesensmerkmale, Bedürfnisse, Lebenssituationen. Die gegenseitige Anerkennung der personalen Würde ist Kennzeichen des „demokratischen Vermittelns": gemeinsames Besprechen von Planung, Gestaltung und Verhalten.

4.3 Vermittlungskonzepte

Es sind heute viele Sportspiel- und Basketball-Vermittlungskonzeptionen „auf dem Markt", was die Vielfalt unterschiedlichster Adressatengruppen und Zielperspektiven widerspiegelt: Breiten- und Leistungssport im Verein, Schulsport und Schulsport-AGs, organisierter und nicht-organisierter Hochschulsport, Universitätsausbildung, kommerzieller Sport etc. Offensichtlich wird hier, dass es nicht das Konzept zur Vermittlung des Basketballspiels geben kann, sondern dass sich konkrete Vermittlungsbemühungen an den Lernenden und ihren Zielen bzw. Bedürfnissen orientieren müssen. Dies bedeutet in letzter Konsequenz, dass man sich aus der großen Zahl „fertiger" Konzepte und methodischer Anregungen jeweils passende „Bausteine" für die eigene Lehrpraxis heraussucht.

4.3.1 Grundlegende Spielvermittlungskonzepte

Die *Zergliederungsmethode* zerlegt ein Sportspiel in einzelne technisch-taktische Grundelemente, die isoliert voneinander geschult und erst am Ende zum Zielspiel zusammengefügt werden. Besonders jüngere Kinder werden jedoch kaum die Motivation aufbringen, für ein weit in der Ferne liegendes Ziel systematisch und beharrlich zu üben. Dieses Konzept – in seiner Reinform angewendet – widerspricht dem Kern einer modernen Spielvermittlung: dem Spielen.

Die *Konfrontationsmethode* lässt dagegen zwar von Anfang an spielen, aber dies „richtig" in der gesamten Komplexität des Zielspiels. Dies wirft andere Probleme auf, denn eine solche Konfrontation mit dem komplexen Lerngegenstand führt schnell zur Stagnation durch Überforderung. Sie ignoriert das Bedürfnis von Anfängern nach gezieltem Spiel(en)-Lernen. Hagedorn (1996 b, S. 323) bezeichnet diesen Vermittlungsweg als „Lernen durch Frustration".

Die sogenannten *Spielgemäßen Konzepte* (Dietrich, 1975; Dietrich et al., 1976) und auch viele artverwandte Spielreihenkonzepte versuchen, die oben beschriebenen Extrempositionen zusammenzubringen. Spezifische Reihen aus Kleinen Spielen und reduzierten Sportspielen der gleichen Grundidee führen zum Zielspiel, zudem werden innerhalb der spielgemäßen Konzepte in jeder neuen Spielstufe zielgerichtete Lerninterventionen technischer und taktischer Grundelemente integriert[63]. Auch hier bleiben jedoch einige Fragen unbeantwortet, da konkrete Inhalte, die sich eher für spielerisches Erfahren oder angeleitetes Üben eignen, nur vage umrissen werden. Vor allem wird nicht deutlich, wann endlich das Zielspiel gespielt wird. Diese entscheidende Frage stellen heute schon die Kleinsten, sie wollen sofort spielen „wie die Großen" (s. Kap. 4). Viele Spielreihenkonzepte verändern die Grundstruktur der großen Sportspiele zum Teil so erheblich, dass diese kaum noch wiederzuerkennen sind.

Auch *integrative Ansätze* der Sportspielvermittlung sind den Spielreihenkonzepten zuzuordnen. Sie vermitteln jedoch zunächst übergreifende Basisfertigkeiten und -fähigkeiten, die vielen großen Sportspielen gemein sind. Damit soll eine fruchtbare Basis zum Erwerb einer spezifischen Spielfähigkeit in späteren Lern- und Spielphasen gelegt werden. Die bereits erwähnte „Heidelberger Ballschule" (s. Kap. 4.), das sogenannte „Kasseler Modell" (Adolph et al., 2008) und das im angloamerikanischen Raum verbreitete Konzept „Teaching Games for Understanding"/„Tactical Awareness Approach" (Bunker & Thorpe, 1982; Griffin et al., 1997) sind der integrativen Sportspielvermittlung zuzurechnen.

Moderne Sportspiel-Vermittlungskonzepte bedienen sich sämtlicher methodischer Grundkonzeptionen und sind in diesem Sinne *Mischkonzepte*. Sie bewegen sich zwischen den extremen, heute historischen Polen der Zergliederungs- und Konfrontationsmethodik und stellen das Spielen in den Mittelpunkt ihrer Überlegungen.

4.3.2 Beispielhafte Basketball-Vermittlungskonzepte

Das Basketballspiel war aufgrund seiner hohen technisch-taktischen Anforderungen traditionell offen für fertigkeitsorientierte methodische Zugänge (Steinhöfer & Remmert, 2011), was nach wie vor für das Training im Leistungsbereich gilt, wo technische Präzision unbedingte Voraussetzung für effektives Spielhandeln ist (Schauer, 2002). In der Anfängermethodik hat sich jedoch die Erkenntnis durchgesetzt, dass das Spielen Dreh- und Angelpunkt der Vermittlung sein muss. Moderne Vermittlungsmodelle sind demzufolge den Mischkonzeptionen zuzurechnen, die neben dem „reinen" Spielen aber auch die Notwendigkeit ergänzenden Übens und Trainierens betonen. Im Detail lassen sich natürlich große Unterschiede finden, was angesichts der jeweiligen Zielstellungen auch nicht verwundert.

---

63   Für Basketball haben Getrost und Wichmann (1996) die Idee Dietrichs umgesetzt.

Von Hagedorn (1996 b) stammt ein den Spielreihenkonzepten zuzuordnender Vorschlag, der sich an den kindlichen Entwicklungsphasen orientiert und über die Lernstufen „Mannschaftsspiel", „Mini-Sportspiel" und „Sportspiel Basketball" zum Ziel gelangen will. Zunächst werden die Jüngsten über eine allgemeine Orientierungsphase, ein vereinfachtes Grundspiel und einen Spielreihenblock zum basketballähnlichen Wettspiel mit den Schwerpunkten Mannschaftsgefühl, Verbindlichkeit von Spielregeln und Verhaltenskontrolle geführt. Die zweite Lernstufe führt über vier in sich geschlossene Spielreihen zum Wettspiel Mini-Basketball[64]. Die Spielreihen beinhalten Kombinationen von schwerpunktmäßigem Spielverhalten mit den dazu benötigten Techniken, die „situativ und biomechanisch richtig" vermittelt werden sollen. Der abschließende Schritt zum Wettkampfspiel Basketball wird über die Grundschule in den Spielsituationen 1-1 (individuelle Technik und Taktik), 3-3 (Gruppentaktik) und 5-5 (Mannschaftstaktik) realisiert.

Auch Braun et al. (2004) fühlen sich mit ihrem hauptsächlich für den Sportunterricht entworfenen Konzept der „Doppelstunde Basketball" dem spielorientierten Zugang verpflichtet. Ihre konkreten Stundenbeispiele, inhaltlich getrennt nach den Jahrgangsstufen 5/6, 7-9 und 10-12, folgen drei grundlegenden Prinzipien:

1. **Sportspielübergreifende vor sportspielspezifischer Vermittlung:** Im konkreten Basketball-Vermittlungskonzept wird dieses Prinzip durch die Berücksichtigung von Kleinen Spielen und koordinativen Inhalten in den Klassen 5/6 gewahrt.

2. **Spielgemäßes vor übungsgemäßem Vorgehen:** Der spielerische Schwerpunkt ist Ausgangspunkt und Ziel der Ausbildung, daneben „werden auch in angemessenem Umfang zielgerichtet übungsgemäße Elemente eingebaut" (Braun et al., 2004).

3. **Implizites vor explizitem Lernen:** Es wird so häufig wie möglich die Gelegenheit geboten, frei und unangeleitet zu spielen. Technisch-taktisches Handeln soll sich so „beiläufig" verbessern.

Von Steinhöfer (1976; Steinhöfer & Remmert, 2011) stammt ein Modell, das aus zwei sich ergänzenden Vermittlungswegen besteht: die Direkte und die Indirekte Spielmethode. Die *Direkte Spielmethode* ist als Konfrontation mit dem Zielspiel Basketball ganzheitlich konzipiert. Das Spiel-Lernen erfolgt durch die Spieltätigkeit selbst, die sich im Rahmen eines variabel ausgestalteten, adressatenorientierten Regelwerks entfalten kann. Regelanpassungen ermöglichen zunächst eine strukturgerechte Reduktion auf den Kern der Spielidee. Im Laufe der Ausbildung werden sukzessive elementare Regeln ergänzt, bis die Zielperspektiven „Mini-Basketball" oder das Spiel

---

64   Zum Mini-Basketball siehe Kap. 11.1.

nach internationalen Regeln in Abhängigkeit von Zielstellungen und Lernfortschritten erreicht sind. Gegenstück und Ergänzung ist die *Indirekte Spielmethode*, die das gezielte Erarbeiten spielfunktionaler Lösungen ermöglicht. Hier werden, ausgehend und einmündend in das Spiel selbst, Phasen des Erprobens, Lernens, Übens und spielerischen Wettkämpfens gestaltet. Es wird der Erkenntnis Rechnung getragen, dass sich viele technisch-taktische Elemente des modernen Basketballspiels nicht ausschließlich durch Spielen allein entwickeln lassen. Das Spiel bleibt das Zentrum der Vermittlung. Probleme werden dort erfahren, erprobtes „Handwerkszeug" wird wieder eingebracht. Für eine adressaten-, ziel- und sachgerechte Anfängerausbildung werden die Direkte und die Indirekte Spielmethode kombiniert mit jeweils unterschiedlichen Schwerpunktsetzungen angewendet (Abb. 4.1).

Abb. 4.1: Modellvorstellung zur spielgerechten Basketballvermittlung (mod. nach Remmert, 2007, S. 5)

4.3.3 Kernfragen der Basketball-Vermittlung

Was sollte nun ein modernes, an unterschiedlichen Zielgruppen ausgerichtetes Vermittlungskonzept bieten? Was muss es leisten, damit auf unterschiedlichste Art und Weise mit den verschiedensten Anfängergruppen auf vielfältige Zielperspektiven hingearbeitet werden kann? Steinhöfer und Langenkamp (2000) fordern diesbezüglich die Auseinandersetzung mit fünf zentralen Fragestellungen:

1. Wird früh und häufig genug gespielt?

2. Wird Basketball gespielt, d. h., sind von Anfang an die Strukturen des Zielspiels (z. B. die Spielidee, Spielregeln) so weit wie möglich berücksichtigt?

3. Wann, wie und in welchem Ausmaß werden unverzichtbare technische und taktische Elemente mit einbezogen, die Basketball charakterisieren und seinen Reiz ausmachen?

4. Bietet das Konzept für Leistungsfähige und -willige die Voraussetzungen und Anreize, Basketball später auch wettkampfmäßig zu betreiben?

5. Ist das Konzept geeignet, unterschiedlichen Zielsetzungen zu entsprechen, z. B. durch Modifikation und unterschiedliche Schwerpunktsetzung?

Wir sind uns heute einig, dass man Spielen am besten durch Spielen erlernt. Die Komplexität des Wettkampfspiels Basketball erfordert dabei „Umwege" über spezifische Übungs- und Trainingsphasen, die wiederum Anreize zur spielerischen Weiterentwicklung bieten. Die wichtigsten Argumente für eine spielerisch orientierte Anfängerausbildung sind zusammenfassend:

- Kinder haben heute einen großen Nachholbedarf an Spielen und Spielen-Lernen.

- Nur Spielen motiviert zum Spielen-Lernen.

- Nur durch Spielen wird die Fähigkeit zur Wahrnehmung und Lösung von Spielsituationen entwickelt.

- Spielen schafft Einsichten in spezifische Probleme technischer und taktischer Art. Problemlösungen müssen sich im Spiel beweisen.

5 Sportpsychologische Grundlagen

Die *Sportpsychologie* befasst sich mit dem Verhalten und Erleben aller Akteure im Sport. Zum Verhalten gehören alle beobachtbaren Reaktionen von Personen (Außenperspektive), während alle inneren Zustände und subjektiven Bewertungen (Gefühle, Gedanken, Vorstellungen) das Erleben (Innenperspektive) beschreiben.

Als empirische und angewandte Wissenschaft untersucht die Sportpsychologie psychosoziale Bedingungen, Ursachen und Folgen sportbezogenen Handelns und leitet daraus Möglichkeiten zu deren systematischer Beeinflussung (Mentales Training) ab. Grundlage dafür ist ein modernes Menschenbild, das den Menschen als ein interaktionistisches Wesen versteht. Menschliches Verhalten und Handeln ist primär das Ergebnis einer aktiven, bewussten und zielgerichteten Auseinandersetzung mit der Umwelt. Der Mensch bildet eine bio-psycho-soziale Einheit. Das heißt, psychisch reguliertes Handeln schließt die Wirkung biologischer Faktoren (biologisch-natürliche Bedürfnisse, genetische Prädispositionen, Reflexe, unbewusste Triebkräfte) ebenso ein, wie es berücksichtigt, dass menschliches Handeln vor allem im Sport einen sozialen Bezug wie Selbstdarstellung, Teamarbeit, Vorbild, Kooperation, Konfrontation u. v. m. besitzt.

Die Handlung stellt demnach eine spezifische Form des Verhaltens dar und das Handeln bezeichnet den konkreten Vollzug. Handeln kann dabei absichtliches Tun (Bsp.: der Spieler schneidet zum Korb), aber auch Unterlassen sein (der Spieler bleibt auf seiner Position). Spielhandeln wird demnach als ein situativer Prozess verstanden, der durch eine unmittelbare Situation-Handlungs-Kopplung gekennzeichnet ist. Die drei Situationskomponenten Person, Aufgabe und Umwelt müssen jeweils unter dem Aspekt der Erforderlichkeit, Wünschbarkeit (Handlungsvalenz), der eigenen Handlungskompetenz (Spielfähigkeit) sowie der objektiven Handlungsmöglichkeiten (situative Anforderungen, objektiver Handlungsspielraum) bewertet werden (Abb. 5.1).

Das jeweilige Handlungsergebnis kann mit dem angestrebten (antizipierten) Handlungsziel übereinstimmen (Erfolg) oder nicht (Misserfolg) und zieht in der Regel weitere Folgen nach sich (z. B. Trainerkritik, Einsatzzeit, Spielsperre). In jeder Phase des Handelns (Handlungsplanung, -realisation und -interpretation) erhält der Akteur sowohl über internes Feedback, wie Zufriedenheit und Wohlfühlen, sowie äußere Reaktionen aus der Umwelt, wie Zuschauerbeifall, Rückkopplungen zur Wirkung seines Handelns, die zur Optimierung der Regulation künftiger Handlungen wieder herangezogen werden können (Gedächtnis, Spielerfahrung). Hier zeigt sich, dass handlungstheoretische Konzepte Entwicklungs- und Lernprozesse einschließen. Jede Handlung ist demnach von vorangegangenen und vorweggenommenen Handlungen bestimmt (Gabler, Nitsch & Singer, 2004; Nitsch, 2004).

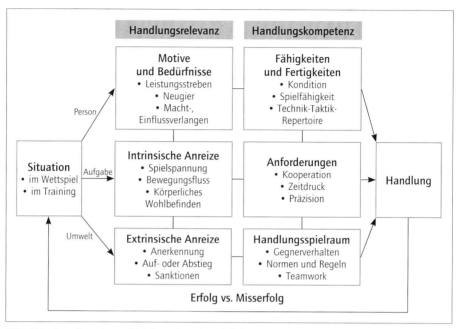

Abb. 5.1: Grundaspekte subjektiver Situationsdefinitionen (mod. nach Nitsch, 2004, S. 16)

Bei der Bestimmung des Anforderungsprofils Basketball (vgl. Kap. 2.2) wurde schon deutlich, dass es vor allem die komplexen Anforderungen an die sportliche Spieltätigkeit sind, die Maßstäbe für die psychische Leistungsfähigkeit der Spieler setzen. Der psychosoziale Leistungsfaktor soll im Folgenden zum besseren Verständnis und zur differenzierten Bestimmung isoliert von den anderen Leistungsfaktoren (Kondition, Taktik, Technik-Koordination und Konstitution) betrachtet und funktional gegliedert werden.

Dabei muss bewusst bleiben, dass die sportliche Leistung in Training und Wettkampf stets ein Produkt der sich wechselseitig bedingenden Leistungsfaktoren ist. Die höchsten Ziele eines Spielers bleiben Utopien, wenn er nicht die dafür notwendigen Fähigkeiten und/oder Kompetenzen besitzt. Umgekehrt nützt einer Mannschaft der beste Spielmacher nichts, wenn er lustlos oder verunsichert im Spiel agiert.

Einerseits wird davon ausgegangen, dass psychische Fähigkeiten sich in der Auseinandersetzung mit den zu lösenden Aufgaben in Spielsituationen entwickeln, da die relevanten psychischen Regulationsprozesse in Anspruch genommen werden. Andererseits ermöglichen die psychischen Fähigkeiten des Spielers, sein Verhalten und Erleben bewusst zu reflektieren und zu bewerten. Durch das Aneignen psychologischer Fertigkeiten im Mentalen Training kann er selbst zur Optimierung seiner psychischen Belastbarkeit beitragen (vgl. Kap. 5.5).

5.1 Motivation und Selbstvertrauen

Warum trainieren die einen regelmäßig, mit vollem Einsatz und Freude, während andere schnell Gründe finden, das Training ausfallen zu lassen oder eher gezwungen und lustlos agieren? Das Spiel auf zwei Körbe mögen die meisten, aber warum wird dann beim Taktiktraining „gemurrt" oder das Konditionstraining „geschwänzt"?

Zur Beantwortung dieser oder ähnlicher Fragen lassen sich grundlegende motivationspsychologische Erkenntnisse heranziehen. Unter *Motivation* versteht man die aktuelle Bereitschaft des Spielers zum Handeln. Sie ist Ergebnis einer aktivierenden Wechselwirkung zwischen seinen individuellen Bedürfnissen und situationsunabhängigen, relativ zeitstabilen Wertevorstellungen, den Motiven, sowie dem situativen Anreizcharakter wahrgenommener oder erwarteter Objekte wie Ball, Gegner oder Ereignisse, z. B. Wurftraining, Spiel gegen den Tabellenführer. Unter Motivation kann man somit die Summe aller in der jeweiligen Person-Situation-Interaktion wirkenden Beweggründe und Handlungsantriebe verstehen. Die Motivation wird dann hoch sein, wenn die personellen Bedürfnisse bzw. Motive und die situativen Anreize zueinander passen. Das heißt, Motivation ist für den Spieler der emotional beeinflusste Antrieb, Bedürfnisse durch das eigene Handeln zu befriedigen (Alfermann & Stoll, 2010).

Um Personen für das Sporttreiben zu gewinnen, scheint es sinnvoll zu sein, solche emotional-affektiven Anreize zu schaffen, die „Lust auf Bewegung", „Neugier wecken" und „körperliche Fitness und Kompetenz erleben" fördern.

Baumann (2007) führt folgende Primärbedürfnisse und Grundwerte auf, die im und durch Sport Befriedigung finden können:

- Freude an der Bewegung und Spiellust,
- Leistung steigern und vergleichen,
- Anschluss finden und Geselligkeit,
- Kompensation von Bewegungsarmut,
- Regeneration und Erholung,
- Gesundheit und Fitness,
- Gewinnen von Selbsterfahrung und Selbstvertrauen,
- soziale Anerkennung.

Allerdings kann es zu gravierenden individuellen Unterschieden in der Anreizbeurteilung kommen. Dieselbe Situation, z. B. ein Defense-Drill, besitzt für den einen Spieler einen positiven und für einen anderen einen negativen Anreizcharakter (interindividuelle

Motivationsunterschiede). Es können ebenso intraindividuelle Motivationsunterschiede auftreten. So kann ein Spieler bereit sein, im Training an seine Leistungsgrenzen zu gehen, aber im Wettspiel wird seine Leistungsbereitschaft vermisst.

Es wird deutlich, dass ein wesentliches Element der Motivation zum und im Sport in der Bedürfnisbefriedigung (Primärbedürfnisse) liegt. Handeln, in diesem Fall das Spielen, wird vorrangig um seiner selbst willen vollzogen, d. h., das Mittel Basketballspielen und der Zweck, die Befriedigung der Spiellust, stimmen thematisch überein. In diesem Fall spricht man von einer *intrinsischen Motivation*. Diese wird im Sport umso mehr gefördert, wenn sportliches Training dem Spieler Möglichkeiten bietet, seine eigenen Fertigkeiten, Fähigkeiten und Kompetenzen mit anderen oder mit Standards und Normen zu vergleichen.

Übungsangebote, die es jedem Einzelnen ermöglichen, sich selbst einzubringen, Schwierigkeitsanforderungen zu wählen und persönliche Leistungsziele sowie Gruppenziele und -regeln zu verfolgen, fördern die intrinsische Motivation. Das Erleben von Übereinstimmung zwischen dem, was das Spiel von mir an Fähigkeiten und Kompetenzen verlangt und dem, wozu ich in der Lage bin zu leisten (Anforderung-Fähigkeits-Passung), erzeugt einen emotionalen Zustand des Wohlbefindens, der Zufriedenheit, einer scheinbar mühelosen und ungestörten Spielfreude. Diese besondere Erlebnisqualität bezeichnet man als *Flow* (Csikszentmihalyi, 2010). Ein Basketballspieler erlebt solche Momente des „Glücks im Tun", wenn Würfe wie von Geisterhand im Korb landen, Fast-breaks wie automatisiert ablaufen, nahezu alles wie von selbst gelingt oder im Spielrausch alle Strapazen versinken. Erlebter Flow verlangt nach Wiederholung! Genau darin liegt seine motivationsfördernde Wirkung.

Methodische Konsequenzen ergeben sich vor allem für die Trainingsgestaltung. Denn, wie schon erwähnt, gilt es, dem Spieler mit einer Vielfalt von Anforderungsniveaus zu ermöglichen, die seinem Könnensstand passende Anforderung auszusuchen. Ebenso helfen längere, nicht ständig unterbrochene Übungs- und Lernphasen, Flow-Bedingungen zu schaffen, z. B. Wurfserien von einer selbst gewählten „Lieblingsposition" oder ein Technikdrill, in dem gekonnte Fertigkeiten im Fluss, aber mit herausfordernder körperlicher Aktivität, verlangt werden.

Ein zweiter bedeutsamer Antrieb ist die *extrinsische Motivation*. Man versteht darunter all jene Handlungsanreize, die sich aus vorweggenommenen bzw. erwarteten Folgen des eigenen Handelns ableiten. Das heißt, das Mittel, z. B. Basketballtraining und -wettspiel, wird nicht primär zum Selbstzweck betrieben, sondern weil der Spieler eine übergeordnete Sinnerfüllung damit verfolgt. Der extrinsisch motivierte Basketballspieler spielt zielgerichtet, um Prestige zu erlangen, Anerkennung zu gewinnen oder Geld zu verdienen, vielleicht auch um Alltagssorgen zu verdrängen, sich gesund und fit zu halten oder um einfach unter Gleichgesinnten und Freunden zu sein. Die Beispiele zeigen, dass es sich dabei um ein durchaus wirksames Antriebskonzept handelt. Eine Person verfügt immer über einen Motivmix mit unterschiedlicher Ausprägung der einzelnen Motive.

Auf das Leistungsmotiv soll hier etwas näher eingegangen werden, um methodische Konsequenzen ableiten zu können. Eine hohe Leistungsmotivation ist eine wesentliche Voraussetzung für eine langfristige und leistungsorientierte Spielerkarriere. Das leistungsmotivationale Handeln kennzeichnet das Bestreben von Spielern, sportliche Aufgaben zu meistern und dabei einen Gütemaßstab zu erreichen oder zu übertreffen, aber auch Ausdauer zu beweisen, Rückschläge zu verkraften und Selbstverantwortung für ihre Leistung zu übernehmen.

Das sportliche Training und das Wettspiel bieten hervorragende Bedingungen, um das Leistungsmotiv anzuregen, denn es ist in aller Regel ergebnisorientiert. Die Handlungsergebnisse sind stets auf einen Gütemaßstab beziehbar, der als Bezugsnorm zur Bewertung unabdingbar ist. Dabei kann die Bezugsnorm sachbezogen sein (Handlungsziel: „Beide Freiwürfe treffen!"), individuell vergleichsbezogen (wieder 70 % Freiwurfquote in dieser Saison), individuell sozialbezogen (bessere Werte als andere Spieler haben) bzw. kollektiv sozialbezogen (andere Teams schlagen) sein.

Gleichzeitig ist es wichtig, abschätzen zu können, wie schwierig eine gestellte Aufgabe im Hinblick auf die eigene Leistungsfähigkeit und das Können der gegebenenfalls beteiligten Partner oder Gegner ist (Erfolgswahrscheinlichkeit). Letztlich ist es ebenso wichtig, dass der Spieler den Güte- und Schwierigkeitsmaßstab für sich als verbindlich anerkennt (Das will/muss ich erreichen!) und die zu erbringende Leistung als selbst verursacht erlebt (Das habe ich geschafft!). Das Leistungshandeln basiert demnach auf verbindlichen Selbstverpflichtungen, bezogen auf Gütemaßstäbe, und auf einer Selbstbewertung nach erfolgtem Handeln.

Leistungsmotivation profitiert davon, dass angestrebte, vereinbarte und erwartete Leistungen erreicht oder verfehlt bzw. Erfolge oder Misserfolge erzielt werden. Gleichzeitig ist zu berücksichtigen, dass zwei generelle Erwartungstendenzen bei Spielern vorherrschen: die *Hoffnung auf Erfolg* (Erfolgszuversicht) oder die *Furcht vor Misserfolg* (Misserfolgsängstlichkeit). Studien haben gezeigt, dass die Leistungsbereitschaft durch eine hohe Erfolgszuversicht und niedrige Misserfolgsängstlichkeit über einen längeren Zeitraum aufrechterhalten wird und das Risiko eines Abbruchs des sportlichen Trainings sinkt (Gabler, 2002). Aus dem Risiko-Wahl-Modell von Atkinson (1974) lässt sich ableiten, dass bei mittelschweren Aufgaben – unabhängig von der jeweiligen Motivtendenz – die Wahrscheinlichkeit einer leistungsmotivationalen Wirkung am größten ist. Das heißt auch, dass sich Erfolgsmotivierte unter Abwägung des Güte- und Schwierigkeitsmaßstabs bevorzugt mittelschwere bzw. herausfordernde Aufgaben wählen oder dort besonders anstrengen. Misserfolgsmotivierte meiden generell Leistungsvergleiche und

-aufgaben oder wählen entweder zu schwierige Aufgaben, um ein Scheitern mit einem „Konnte ja sowieso nicht klappen" abzuwiegeln oder zu leichte Aufgaben, um ein Gelingen auch bei geringer Anstrengung erwarten zu können.

Duda und Nicholls (1992) unterscheiden beim sportlichen Handeln noch in eine Aufgaben- und Wettbewerbsorientierung *(Task & Ego)*. Leistungssportler bevorzugen eher einen Wettbewerbscharakter im sportlichen Handeln (besser sein als andere) und fühlen sich dabei motivierter und anstrengungsbereiter als in aufgabenorientierten Trainingsanforderungen, in denen sie einfache Zielvorgaben erfüllen sollen, z. B. eine Cut-Bewegung 10 x links und rechts auszuführen.

Die folgenden methodischen Konsequenzen lassen sich aus diesem Wissen ableiten:

* Schaffe Möglichkeiten im Training, die den Spieler veranlassen, ein persönliches Ziel oder eine selbst gewählte Schwierigkeit zu meistern!
* Beobachte deine Spieler in leistungsthematischen Situationen gezielt, um Rückschlüsse auf ihre Motivationstendenz zu ziehen!
* Arbeite mit klaren Aufgaben- und Zielstellungen im Training und im Wettspiel!
* Die Leistungseinschätzung sollte sich an der relativen und nicht an der absoluten Verbesserung/Verschlechterung jedes Einzelnen orientieren.
* Biete einen Mix aus aufgaben- und wettbewerbsorientiertem Training an!

Spieler, die permanent zu Über- oder Unterschätzungen ihrer eigenen Leistungsfähigkeit tendieren bzw. sich unrealistische Ziele setzen und falsche Maßstäbe für ihr Handeln anlegen, benötigen Hilfe. Im *Zielsetzungstraining* (vgl. Kap. 5.5) lernen sie, sich motivationsfördernde Ziele zu setzen und somit hohe Erfolgswahrscheinlichkeiten zu erzielen.

Typisch für sportliches Handeln im Training und besonders im Wettspiel ist das relativ ungewisse Auftreten (Spannungscharakter der Sportspiele) von Erfolg und Misserfolg. Nach dem Ende eines Spiels gibt es stets einen Sieger und Verlierer. Beide Mannschaften fällen im Anschluss – nicht immer öffentlich und laut – ein Urteil darüber, wer oder was für den Erfolg oder Misserfolg verantwortlich gemacht werden kann.

Diese subjektiven Ursachenzuschreibungen nennt man *Kausalattribution:* Angenommene Ursachen für Erfolg vs. Misserfolg beeinflussen die affektiven Reaktionen (zufrieden, froh vs. unzufrieden, angespannt) und erlangen somit eine hohe Bedeutsamkeit für die zukünftige Motivationslage der Akteure. Das von Heckhausen und Weiner (1974) begründete Vier-Felder-Modell ist auch in der Sportpsychologie aufgegriffen worden. In Abb. 5.2 wird gezeigt, dass die Ursachenzuschreibungen für Erfolg bzw. Misserfolg anhand der Dimensionen Zeitstabilität (stabil vs. variabel) und Verantwortlichkeit (internal vs. external) unterteilt werden.

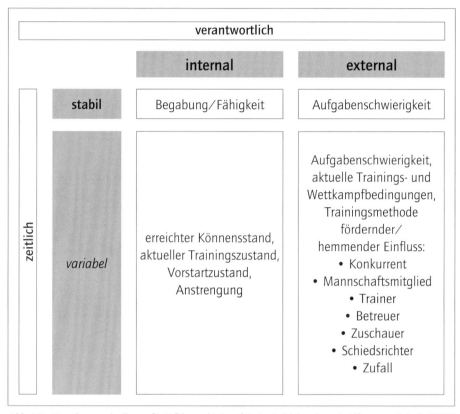

verantwortlich		
	internal	**external**
stabil	Begabung/Fähigkeit	Aufgabenschwierigkeit
variabel	erreichter Könnensstand, aktueller Trainingszustand, Vorstartzustand, Anstrengung	Aufgabenschwierigkeit, aktuelle Trainings- und Wettkampfbedingungen, Trainingsmethode fördernder/ hemmender Einfluss: • Konkurrent • Mannschaftsmitglied • Trainer • Betreuer • Zuschauer • Schiedsrichter • Zufall

zeitlich

Abb. 5.2: Ursachenzuschreibung für Erfolg und Misserfolg im Spiel (mod. nach Alfermann & Stoll, 2010)

Attributionsprozesse, die im Übrigen auch in allen anderen Tätigkeitsbereichen stattfinden, erfüllen gleich mehrere psychisch-soziale Funktionen. Neben der Kontroll- und Rechtfertigungsfunktion ist vor allem die selbstwerterhöhende bzw. selbstwertschützende Funktion zu nennen. Es ist zwingend notwendig und ggf. auch im *Attributionstraining* zu lernen (vgl. Kap. 5.5), dass Erfolge dem eigenen Können und/oder eigener Anstrengung zugeschrieben werden. Misserfolge sollten in jedem Fall variabel und – an der realen Situation orientiert – entweder internal oder external erklärt werden. Nur so kann ein positives Selbstwertgefühl aufrechterhalten und Selbstvertrauen[65] aufgebaut werden.

Selbstvertrauen ist ein Schlüssel zu psychischer Stabilität und zum Erfolg. Selbstvertrauen drückt den Grad des Glaubens an das eigene Können, eigene Fertigkeiten und Fähigkeiten und die Wirksamkeit im Handeln aus. Diese psychische Stärke ist gerade

---

65   Die Begriffe *Selbstvertrauen, Selbstwirksamkeit, Selbstbewusstsein* und *Kompetenzüberzeugung* werden hier gleichbedeutend verwendet, gleichwohl sie es in einer strengen psychologischen Terminologie nicht sind.

im Basketball von enormer Bedeutung, da hier durch die aktive Gegnereinwirkung und den enormen Präzisionsdruck (s. Kap. 3.2) vor allem bei Korbwürfen und Pässen stets Fehler auftreten. Das perfekte Spiel gibt es nicht. Eine besondere Qualität des Selbstvertrauens eines leistungstragenden Spielers scheint insbesondere darin zu liegen, sich von der Unvermeidlichkeit auftretender Fehler nicht beeindrucken zu lassen und an dem gewünschten oder vereinbarten Spielverhalten festzuhalten.

Zwei Beispiele: Was würde es dem Team nützen, wenn der *Guard* nach einem verlorenen Ball *(Steal)* in der Folgezeit den Ball nur noch übervorsichtig und drucklos nach vorn bringen würde? Ob die deutsche Herren-Nationalmannschaft so manches wichtige Match noch gewonnen hätte, wenn ein Leistungsträger wie Dirk Nowitzki nach einer schwachen Quote im ersten Viertel in der Folgezeit nicht mehr seine Würfe genommen hätte? Zur gezielten Förderung des Selbstvertrauens können die mentalen Trainingsformen *Prognosetraining* und das *Training der Nichtwiederholbarkeit* eingesetzt werden (Eberspächer, 2007; siehe auch Kap. 5.5.3).

Es ist davon auszugehen, dass sich Spieler mit einem hohen Selbstvertrauen hohe Ziele setzen bzw. sich schwierigen Aufgaben zuwenden, diese mit größerem Einsatz und Anstrengung verfolgen und sich bei auftretenden Rückschlägen oder Misserfolgen durch Beharrlichkeit und Konsequenz im Handeln auszeichnen. Für das praktische Training lassen sich folgende methodische Konsequenzen ableiten:

- Initiiere Erfolgserfahrungen im Training und lobe sichtbare Fortschritte sofort.
- Gib deinen Spielern regelmäßig ein Feedback zu ihrem Leistungsstand.
- Ermutige dazu, auch schwierige Aufgaben zu übernehmen.
- Suche das Gespräch mit Spielern, die ihre Trainingsleistung im Wettspiel nicht zeigen können, um Ursachen aufzuspüren und Lösungen zu finden.
- Trainiere am Aufbau von Stärken oder dem Abbau von Schwächen.
- Nutze die Videopräsentation gerade vor schweren Spielen, um erfolgreiches Spielen des Teams wieder in Erinnerung zu bringen.

5.2 Kognitionen

Handlungen sind zielgerichtete und bewusst regulierte Aktivitäten, deren Effektivität maßgeblich von der Qualität begleitender kognitiver Prozesse abhängt. Folgende kognitive Komponenten werden unterschieden: *Empfindung, Wahrnehmung, Aufmerksamkeit, Denken, Entscheiden, Speichern, Erinnern, Vorstellen* und *Antizipieren*.

Viele unserer Alltagshandlungen laufen automatisiert ab und erlauben es uns, nebenher andere Aktivitäten auszuführen. Autofahrern bereitet es zu Beginn Probleme, auf den Verkehr zu achten, gleichzeitig das Fahrzeug zu steuern und auf die Anweisungen des Fahrlehrers zu reagieren. Beim Handeln müssen situative Anforderungen bewusst bewältigt werden, aber der Geübte muss nicht mehr über jeden einzelnen Handgriff nachdenken. Er könnte jedoch mithilfe der Sprache darüber Auskunft geben. Diese Verknüpfung von Begrifflichkeit und Motorik ist eine zentrale Leistung menschlicher Entwicklung, die schon in sehr frühen Jahren erworben wird. Das sogenannte *Innere Sprechen* begleitet das sichtbare Verhalten. Auf dieser Verknüpfung von innerem und äußerem Handeln basieren die meisten Lern- und Optimierungstechniken sowie Verfahren des Mentalen Trainings (vgl. Kap. 5.5).

Im Folgenden werden ausgewählte kognitive Prozesse in kurzer Form vorgestellt, um psychologisch fundierte Begründungen für die methodische Gestaltung eines spieladäquaten Trainings abzuleiten.

5.2.1 Empfinden und Wahrnehmen

Empfindungen sind die Basis des Wahrnehmungsprozesses. Sie entstehen, wenn Reize auf die Rezeptoren der Sinnesorgane (Analysatoren) treffen. Solche Reize können objektiver Natur (physikalische Perspektive) sein und somit aus der Umwelt des Spielers stammen, z. B. Helligkeit, Lautstärke, Druck, Temperatur, Raum, Zeit, oder vom eigenen Körper ausgehen, z. B. Schmerz, Muskeltonus, Beschwerden, Müdigkeit, Hunger, Durst. In den Sinnesorganen werden die physikalischen Reize in physiologische Nervenerregungen umgewandelt, die über afferente Nervenbahnen zu den jeweiligen Arealen des Gehirns weitergeleitet werden. Dort werden die verschiedenen Empfindungen zu einem komplexen und bewussten Wahrnehmungsergebnis verarbeitet.

Das *Wahrnehmen* ist demnach ein aktiver Vorgang. Informationen werden zielgerichtet aufgenommen, geordnet und gedeutet. Die Informationsfülle übersteigt meist die Aufnahmekapazität der beteiligten neuronalen Systeme. Daher ist die Wahrnehmung stets ein subjektives und selektives Abbild der objektiven Realität. In diesem Teil des Wahrnehmungsvorgangs, dem *Bottom-up-Prozess*, werden also Informationen durch Filtermechanismen reduziert und selektiert. Neben dem differenzierten Bewusstwerden von Objekteigenschaften sind es vor allem komplexe Bewegungswahrnehmungen, die dem Spieler dadurch zur Verfügung stehen. Spieler sprechen auch vom „Bewegungsgefühl" oder „Ballgefühl"[66].

Für die Qualität des Wahrnehmungsergebnisses im sportlichen Kontext ist der gegenläufige Wahrnehmungsvorgang, der sogenannte *Top-down-Prozess*, von besonderer Bedeutung. Er beschreibt die Befähigung, bereits vorhandene und im Gedächtnis

---

66 Darf nicht mit echten Gefühlen (Freude, Angst etc.) verwechselt bzw. gleichgesetzt werden. Psychologisch exakt sind es *komplexe Wahrnehmungen*.

gespeicherte Erfahrungen, Bedürfnisse und Kenntnisse zu nutzen, um situationsbedeutsame bzw. handlungsrelevante Informationen aus der Fülle von Informationen zu entdecken, aufzusuchen, zu unterscheiden oder wiederzuerkennen. Der erfahrene Spieler hat gegenüber einem Anfänger hierin Vorteile, weil er weiß, wo er wann welche Informationen, sogenannte *Schlüsselmerkmale (Advanced Cues)*, „ablesen" kann, um Spielsituationen richtig und schnell beurteilen und eigene Handlungsentscheidungen treffen zu können.

In der top-down organisierten Informationsselektion kommt demnach die Antizipationsfähigkeit eines Spielers zum Tragen. Erfahrene Spieler können Fremdbewegungen des Balls, der Mit- und Gegenspieler in Raum und Zeit besser einschätzen, Handlungsabsichten, z. B. Korbwurf vs. -finte, früher erkennen, Situationsveränderungen vorhersehen, z. B. einen Pass oder Block erwarten, aber auch eigene Bewegungen besser einschätzen. Fehlerhafte Wahrnehmung und/oder Antizipation wirken sich jedoch negativ auf das Handlungsergebnis aus. Umgekehrt nutzen erfahrene Spieler dies, indem sie durch glaubwürdige Finten Informationen aussenden, die den Gegenspieler zu fehlerhaften Vorhersagen seiner Handlungsabsichten verleiten.

5.2.2 Aufmerksamkeit und Konzentration

Unter *Aufmerksamkeit* versteht man allgemein die bewusste und gerichtete Verarbeitung von Informationen. So blendet ein Spieler willentlich nicht notwendige Reizquellen oder Informationsgeber aus (willkürliche Aufmerksamkeit), wenn er sich auf sein Spiel konzentrieren muss. Er beachtet die Zuschauer nicht mehr und „verdrängt" Gedanken an seine Freunde, die sich das Spiel anschauen.

Dagegen führen Reize wie ein plötzlicher Pfiff des Schiedsrichters zur unwillkürlichen Aufmerksamkeit, der ein Spieler kurzzeitig unterliegt. Die Funktionsweise eines Scheinwerfers wird oft zum Vergleich herangezogen. Eingeschaltet, beleuchtet er ein Areal, der Rest bleibt im Dunkeln. Der Scheinwerfer kann aber auch eng fokussiert werden (Spot). Jetzt ist nur eine Person oder ein Gegenstand fixiert, alles andere ausgeblendet. Der enge Fokus kann selbstverständlich wandern und ebenso auch wieder geöffnet werden. Die willentliche, fokussierte und gesteigerte Aufmerksamkeit wird als *Konzentration* bezeichnet.

Die Aufmerksamkeit kann ebenso nach innen gerichtet sein. Beispielsweise das verstärkte In-sich-hinein-Hören und das Wahrnehmen von Schmerz. Dies und die Konzentration auf die eigene Handlungsausführung stehen für eine internal ausgerichtete Aufmerksamkeit. Eine zu starke Internalisierung der Aufmerksamkeit behindert die Leistungsfähigkeit. In Abb. 5.3 sind die vier Facetten der Aufmerksamkeitslenkung zusammengefasst dargestellt.

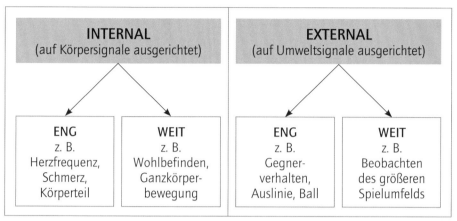

Abb. 5.3: Formen der Aufmerksamkeitsregulation (mod. nach Eberspächer, 2007)

Die Aufmerksamkeitsregulation der visuellen Wahrnehmung ist im Basketball zentral. Andere Sinneskanäle, wie das Gehör, werden dann wichtig, wenn die visuelle Situationskontrolle eingeschränkt ist, z. B. bei der Ansage eines Blocks oder der Aufforderung zur Hilfe. Auf taktile Informationen konzentriert sich beispielsweise ein Angriffsspieler im Posting-up, um die Position des eng an ihm stehenden Abwehrspielers genau wahrnehmen zu können. Eine gezielte Wahrnehmungs- und Aufmerksamkeitsschulung lässt sich gut in das Technik- bzw. Taktiktraining integrieren (vgl. Kap. 3).

5.2.3 Denken und Entscheiden

Das *Denken* wird auch als Prozess des inneren Handelns bezeichnet. Wahrnehmungen und Gedächtnisinhalte wie Vorstellungen, Erfahrung und Wissen werden dabei in Beziehung gebracht. Die Sprache übernimmt hierfür eine wichtige Funktion. Basketballspieler sprechen sozusagen eine eigene Sprache, verwenden Symbole, Begriffe und Zeichen, deren Sinn sich nur in ihrer Spielwelt erschließen lässt. Sie bilden gleichzeitig die Grundlage für verbale und non-verbale Verständigung sowie für abgestimmtes Verhalten im Team. *Strategisches Denken* umfasst Denkleistungen, die dem eigentlichen Handeln oder Spiel vorausgehen. So werden Strategien für die kommende Saison entworfen, Spielsysteme umgestellt oder ein Verteidigungskonzept erarbeitet (vgl. Kap. 3.3). Dem *operativen Denken* kommt eine besondere Bedeutung zu. Es umschließt jene Denkprozesse, die sich auf einzelne taktische Handlungen oder Handlungsketten, z. B. im Set-play, beziehen und in denen der Spieler überlegt, mit welcher Aktion er einen Vorteil erzielen kann. Das *intuitive Denken* findet dagegen unter hohem Zeitdruck statt und beschreibt die Informationsverarbeitung bei eng abgegrenzten Handlungen. So bricht ein Angreifer seinen Sprungwurf zugunsten eines Passes ab, wenn er erkennt, dass der Verteidiger den Wurf blocken würde. Auch

Routinehandlungen, die mit einem überschaubaren Handlungsspielraum ausgestattet sind, werden oft intuitiv entschieden. Beispielsweise beherrscht ein Flügelspieler mehrere Handlungsmöglichkeiten, um frontal einen Verteidiger im 1-1 zu schlagen und entscheidet sich selten bewusst für eine Handlungsalternative. Allerdings ist sein Denken bewusstseinsfähig, d. h., er könnte auf Nachfrage angeben, warum er diese Variante gewählt hat.

Bereits die angeführten Beispiele zeigen, dass Denkprozesse in erheblichem Maße die taktische Leistungsfähigkeit des Spielers bestimmen. Denkfehler führen meist zu Fehlentscheidungen. Entscheidungen sind demnach das Ergebnis von Denkprozessen, die sich aus den Komponenten Beurteilen und Auswählen erschließen lassen. Eine Handlungsentscheidung des Spielers in einer bestimmten Spielsituation umfasst zwei gleichzeitige und voneinander abhängige Entscheidungen: Die Handlungszielentscheidung: Was soll geschehen? Und die Handlungsprogrammentscheidung: Wie soll es realisiert werden? Dazu muss der Spieler mehrere Bedingungen gleichzeitig beurteilen: das eigene Handlungsrepertoire und dessen Regelkonformität, die Handlungsmöglichkeiten des Mitspielers (Kooperationsentscheidung) und/oder des Gegenspielers sowie das Handlungsrisiko im Kontext der konkreten Spielsituation.

Auf zwei psychische Aspekte ist zu verweisen, die vor allem die Entscheidungswahl erklären. Das *Hot-Hand-Phänomen* beschreibt die subjektive Überzeugung von Spielern, Trainern und Zuschauern, dass bei einem Spieler, der zwei oder drei Würfe in Serie getroffen hat, die Wahrscheinlichkeit eines Treffers beim nächsten Wurfversuch höher liegt als bei weniger effektiven Spielern ist. Diese Annahme konnte in neueren statistischen Analysen im Basketball nicht bestätigt werden. Umgekehrt konnte aber nachgewiesen werden, dass Spieler mit einer höheren durchschnittlichen Wurfquote im Spiel öfter eine Hot-Hand-Sequenz aufwiesen als Spieler mit geringerer Basisrate. Ebenso gibt es empirische Befunde, die zeigen, dass taktische Entscheidungen von jenen Spielmachern überlegen sind, welche die aktuelle Hot-Hand-Struktur ihrer Mitspieler berücksichtigen, statt sie zu ignorieren.

Die *Take-the-first-Heuristik* sagt voraus, dass leistungsstärkere Spieler in für sie typischen Situationen nur wenige Handlungsalternativen als angemessen beurteilen und intuitiv ihre Auswahl treffen. Leistungsschwächere Spieler halten dagegen zu viele Optionen für wählbar und verringern damit die Wahrscheinlichkeit, sich schnell und richtig zu entscheiden. Außerdem ändern sie bei der Handlungsauswahl häufiger ihre Entscheidung. Im Ergebnis zeigen Anfänger häufig Unentschlossenheit und Unsicherheit in der Handlungsausführung. Die trainingsmethodischen Konsequenzen schlagen sich vor allem in der Gestaltung des Taktiktrainings nieder (vgl. Kap. 3.3).

5.3 Emotionen

Nahezu jede Aktion im Spiel wird von Emotionen (Gefühle, lat. Gemütsbewegung) begleitet. Deren inhaltliche Richtung und Intensität ist vom aktuellen Handlungsziel (Freuen auf etwas), Handlungsverlauf (*Flow*, Wohlbefinden) und Handlungsergebnis (Ärger über den Fehlwurf) bestimmt. *Emotionen* sind das Ergebnis von kognitiven Bewertungsprozessen und beschreiben einen subjektiv erlebten Zustand.

Grundsätzlich lassen sich positive Gefühle, wie Freude, Stolz, Zufriedenheit, Glück und Lust, von negativen Gefühlen, wie Angst, Ärger, Stress, Wut, Frust, Scham, Unlust und Enttäuschung, unterscheiden. Die Erfahrung zeigt, dass es Spielern nicht leicht fällt, ihren Gefühlszustand eindeutig zu beschreiben. Oft nutzen sie alltags- oder alterstypische Metaphern, wie: „Das Spiel liegt mir im Magen", „Heute kommt unser Angstgegner" oder: „Mir rutscht gleich das Herz in die Hose".

Interessant ist, dass, unabhängig von ihrer Polarisierung, intensiv erlebte Emotionen mit einer autonomen physiologischen Reaktion (erhöhte Atem- und Herzfrequenz, Hautreaktionen, typische Mimik und Gestik) und einer zentralnervösen Aktivierung bzw. Erregtheit (erhöhte Muskelanspannung, Verkrampfung, motorische Unruhe) einhergehen. Damit erklärt sich, dass positive und negative Gefühle im sportlichen Handeln

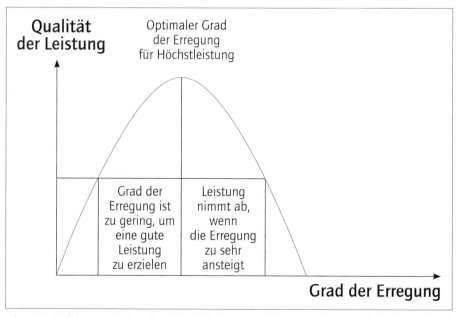

Abb. 5.4: Beziehung zwischen Qualität der Leistung und Erregungsniveau nach Yerkes und Dodson (1908; in Alfermann & Stoll, 2010)

sowohl leistungsförderlich wie auch -hemmend wirken können. Die Beziehung zwischen Leistung und Erregtheit wird nach Yerkes und Dodson (1908) in einer umgekehrten U-Funktion (Abb. 5.4) dargestellt. Nur ein optimaler Grad der positiven oder negativen Erregtheit lässt Höchstleistungen erwarten. Ekstase und Übermut sind demnach ebenso leistungshemmend wie ein extremes Angst- oder Wutpotenzial.

Negative Belastungswirkungen können Stress und Angst hervorrufen. Beide Emotionen lassen sich inhaltlich nur schwer voneinander abgrenzen. Sie entstehen immer dann, wenn die Bedrohlichkeit einer Situation vom Spieler höher eingeschätzt wird als die eigenen Fähigkeiten, diese erfolgreich zu bewältigen. In diesem Fall spricht man von der *Zustandsangst*, die in aller Regel objektgerichtet bzw. situationsabhängig ist. Solche bereichsspezifischen Ängste oder Dimensionen der Angst sind im Sport die Angst vor Misserfolg, Angst vor Schmerzen oder Verletzungen und die sozialen Ängste, wie Angst vor der Blamage (z. B. vor Zuschauern, Freunden) oder Angst davor, durch den Verlust oder die Trennung bedeutsamer Personen (z. B. Trainer) einen Schaden für die eigene Entwicklung zu befürchten. Demgegenüber steht die Ängstlichkeit als generelle Disposition einer Person in allen Lebensbereichen *(Eigenschaftsangst)*.

Auf der Basis empirischer Feldstudien konnten Hanin und Syrjä (1995) nachweisen, dass die simple Zuordnung: positive Gefühle sind leistungsförderlich und negative leistungshemmend, nicht generell zu trifft. Vielmehr scheint es eine „Individual Zone of Optimal Functioning" (IZOF) zu geben. So kann beispielsweise das Niveau der Zustandsangst, das zu einer optimalen Leistung führt, bei jedem Spieler unterschiedlich sein.

Zusammenfassend lässt sich festhalten, dass Emotionen im Sport kontextbezogen betrachtet werden müssen und funktional eine herausragende Bedeutung in der Handlungsregulation und Verhaltenskontrolle besitzen. Im Sinne ihrer *Vorbereitungsfunktion* ist im sportlichen Handeln eine aktivierende und orientierende Wirkung (Wachsamkeit vor dem Gegner, Erregtheit, Neugier in unbekannten taktischen Situationen) von einer deaktivierenden Wirkung (Vorstartfieber, Nervosität, Gehemmtsein) zu unterscheiden.

Die *Signalfunktion* beschreibt im Wesentlichen die Möglichkeiten, über das Erleben wichtige Signale zum eigenen psychophysischen Zustand zu erhalten. Körperlichkeit und Emotionalität stehen in einem engen wechselseitigen Zusammenhang. Gerade im Sport wird das eigene Tun bewusst, aber auch unbewusst mit körperlichem Wohlbefinden assoziiert. Positive Körpergefühle, wie fit, stark, gesund, trainiert, ausgeruht, frisch, athletisch usw. zu sein, können von negativen Erlebnisdimensionen, wie sich schwach, krank, außer Form, müde, schwerfällig, zu dick usw. zu fühlen, abgelöst werden. Für den Spieler ist es wichtig, sich des In-Form-Seins bewusst zu werden, weil sich daraus für ihn leicht emotionale Antriebe, Zufriedenheit und Selbstvertrauen ableiten lassen. So berichten Spieler über eine Trainingsunzufriedenheit, weil sie das Gefühl haben, sich nicht richtig „auspowern" zu können oder umgekehrt, genießen sie geradezu Schweißfluss, muskuläre Erschöpfung oder einen hohen Pulsschlag (z. B. nach Sprints).

Emotionen haben auch eine *Kommunikationsfunktion*. Das heißt, emotionales Verhalten informiert den eigenen Mannschaftskameraden genauso wie den Gegner über die momentane Verfassung. Mimik, Gestik, Körperhaltung und Körperbewegungen verraten viel vom aktuellen Innenleben eines Spielers. Ein Lächeln signalisiert: „Alles in Ordnung"; unruhiges Hin- und Herschauen und Herumspielen mit dem Ball: „Ich bin nervös" und ein kraftvoller *Dunking* in der Aufwärmphase: „Seht her, ich bin topfit".

Das bewusste Zeigen oder Verbergen von Emotionen kann psychologische Effekte nach sich ziehen. Aus Sicht der Leistungsoptimierung kann man zwischen *dysfunktionalen* und *funktionalen* Wirkungen unterscheiden. So kann die überschwängliche Freude über einen gelungenen *No-look-Pass* dysfunktional sein, weil sie dem Gegner die „Zufälligkeit des Ereignisses" signalisiert und keinerlei Besorgnis bei ihm hervorruft.

Schließlich besitzen die Emotionen eine *Organisations- und Kontrollfunktion*. Erlebte und ausgelebte Emotionen werden dabei Motor für fortgesetztes oder intensiviertes Spielverhalten der Mitspieler. Spiellust, aber auch Aggressivität im Verteidigungsverhalten Einzelner, insbesondere von Führungsspielern, steckt an und reißt, z. T. unbewusst, die anderen Spieler mit. „Sich mit freuen zu können" über die gelungene Aktion seines Mitspielers gibt ihm Selbstvertrauen. Mannschaften wachsen manchmal über sich hinaus, weil sie im Spiel so etwas wie ein emotionales Hochgefühl erleben, das durch kollektive Abgestimmtheit im taktischen Handeln („blindes Verstehen"), durch eine kollektive Kampfkraft und Einsatzbereitschaft („Alle für einen, einer für alle") geprägt ist.

Allerdings zeigen Beispiele, dass die Freude über positive Zwischenergebnisse im Wettspiel zwar motivierend, aber nicht hinreichend ist, wenn die Spieler nicht gleichzeitig den Willen aufbringen, auch die zweite Halbzeit hoch konzentriert und taktisch diszipliniert zu spielen und jetzt den Gegner nicht zu unterschätzen. Freude allein organisiert hier keine willentliche Anstrengungsbereitschaft.

Im Gegensatz dazu ist bekannt, dass kognitive Bewertungen eines Endstandes im Training wie im Wettspiel im höchsten Maße Einfluss auf die Motivationsförderung und Aufrechterhaltung sportlicher Tätigkeiten besitzen (siehe Kap. 5.1). Diese oft intensiven Emotionen, z. B. nach gewonnenen oder verlorenen Spielen, bedürfen einer funktionalen und zeitnahen Verarbeitung (s. Kausalattribution), um die Handlungskontrolle zu behalten und eine Motivationsförderung zu initiieren.

Aus der Tatsache, dass Emotionen von Spielern eng mit Situationen verhaftet sind, in denen sie diese erleben oder erlebt haben, lassen sich für den Trainer Verhaltensempfehlungen ableiten:

- Lasse die Emotionalität deiner Spieler zu und beobachte zielgerichtet, um frühzeitig Symptome emotionaler Zustände (z. B. Angst, Lustlosigkeit) zu erkennen!

- Arbeite mit emotional besetzten Bildern, die eine positive Gefühlslage bei den Spielern hervorrufen!

- Orientiere die Spieler darauf, ihre Leistungspotenziale auszuschöpfen, statt Gegner besiegen zu wollen, damit Erfolg oder Niederlage Ergebnis einer realistischen Leistungsbewertung sind und nicht zu einer persönlichen Pleite werden!

- Schaffe im Training Situationen, in denen deine Spieler sich sichtbar oder erklärtermaßen wohlfühlen, wenn du negative Belastungswirkungen vermeiden willst!

- Schaffe gezielt stressige, in ihrem Ausgang unbekannte und/oder psychisch belastende Situationen im Training, um Spielern eine Verhaltensadaption zu ermöglichen!

Insbesondere dysfunktionale Gefühlsausbrüche bzw. affektives Verhalten von Spielern (Wutanfälle, Schiedsrichterbeleidigungen, Revanchefouls etc.) können problematisch werden. Das Mentale Training bietet u. a. mit dem *Entspannungstraining* und Formen der *Stressbewältigung* Maßnahmen, die Spielern helfen können, ihre Emotionen zu kontrollieren (vgl. Kap. 5.5).

5.4 Mannschaftspsychologie

Da Basketball ein Mannschaftssportspiel ist, muss das Ziel die Entwicklung einer kollektiven Leistungsfähigkeit sein. Diese ergibt sich nicht zwangsläufig aus der Summe der individuellen Leistungsfähigkeit der einzelnen Spieler. Im Team-Building und in der Mannschaftspsychologie (Baumann, 2007) werden Theorien, Methoden und praktische Empfehlungen vereint, die sozialpsychologische Prozesse in Gruppen beschreiben, erklären und steuern helfen. Die Themenvielfalt ist überwältigend. Zwei Aspekte werden hier aufgegriffen und erläutert.

5.4.1 Gruppenzusammenhalt

Jeder Basketballspieler und -trainer hat eine ganz eigene Meinung darüber, was mit *Gruppenzusammenhalt (Gruppenkohäsion)* gemeint ist. Für manche Trainer steckt das oft zitierte Konzept von Sepp Herberger „11 Freunde müsst ihr sein" hinter diesem Begriff. Andere meinen, dass es nicht wichtig ist, mit jedem Spieler tiefe Freundschaften zu pflegen, sondern dass es für den Spieler attraktiv sein muss, gerade in dieser Mannschaft spielen zu dürfen. Eine andere Ansicht lautet, dass in einer Mannschaft „alle an einem Strang ziehen müssen", damit man erfolgreich ist.

Die Beispiele zeigen, dass es gar nicht so leicht ist, diesen „Teamgeist", der zum Erfolg führen soll, genau zu definieren. Den Gruppenzusammenhalt kann man aus verschiedenen Blickwinkeln beschreiben. Zunächst erklärt sich Gruppenzusammenhalt aus der „Ich-Perspektive" der Gruppenmitglieder. Damit ist gemeint, wie attraktiv die Mitgliedschaft in einer Mannschaft von jedem Spieler bewertet wird.

Ist die Mannschaftsattraktivität hoch, so geht dies auch mit einer hohen Mannschaftskohäsion einher. Die Mannschaftsattraktivität kann wiederum aufgaben- und sozialbezogen sein. Die soziale Mannschaftsattraktivität bringt zum Ausdruck, wie stark meine Mitgliedschaft von der Sympathie und Akzeptanz gegenüber den anderen Spielern abhängt, während mit der aufgabenbezogenen Attraktivität eher der Grad der Übereinstimmung individueller Leistungsziele mit denen der Mannschaft deutlich wird. Viele Spielerwechsel am Ende einer Spielsaison lassen sich auf so begründete Diskrepanzen zurückführen.

Gruppenkohäsion lässt sich jedoch auch aus der Sicht aller Gruppenmitglieder beschreiben. Kohäsion wird dabei stärker als Gruppenmerkmal interpretiert und spiegelt primär den Grad der wahrgenommenen Geschlossenheit einer Mannschaft wider. Die teambezogenen Kognitionen (Gedanken, Wahrnehmungen, Einsichten etc.) und Emotionen

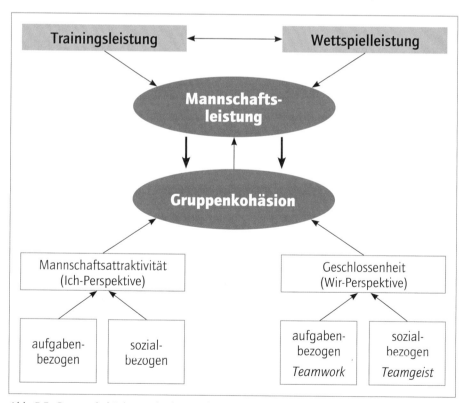

Abb. 5.5: *Gruppenkohäsion und Leistung (mod. nach Lau, Stoll & Wahnelt, 2002)*

(Bindung, Freundschaft, Vertrauen etc.) der Gruppenmitglieder lassen sich demnach in zwei weitere Dimensionen unterteilen, der *aufgabenbezogenen (Teamwork)* und der *sozialbezogenen Geschlossenheit (Teamgeist)*. Zur Erklärung des Zusammenhangs von Gruppenkohäsion und Leistung wird von den meisten Autoren (u. a. Baumann, 2007; Schliermann & Hülß, 2008) ein zirkuläres Modell favorisiert (vgl. Abb. 5.5).

Folgende Thesen lassen sich formulieren:

- Teams, die ihre Aufgabenkohäsion höher einschätzen als andere Teams ihrer Liga, sind tendenziell auch erfolgreicher.
- Die Sozialkohäsion scheint von der Teamleistung unabhängig zu sein.
- Erfolge und Misserfolge im Saisonverlauf führen nicht zwangsläufig zu veränderten Kohäsionswahrnehmungen im Team.
- Es gelingt eher, einen höheren, positiven Einfluss vom vorherigen sportlichen Erfolg auf die Kohäsion nachzuweisen als umgekehrt.

Es scheint nicht nötig, dass alle Dimensionen hoch ausgeprägt sind. Vielmehr wird der aufgabenbezogenen Kohäsion eine besondere Bedeutung beigemessen. Das heißt, wenn das individuelle Ziel bei der Mehrzahl der Spieler mit den Zielen der Mannschaft übereinstimmt, dann führt dies auch zu einer hohen Leistungsbereitschaft im Training und Ergebniseffizienz im Spiel. Jedoch bedarf es in leistungsorientierten Wettspielmannschaften eines Mindestmaßes an sozial-beziehungsorientierter Attraktivität und Geschlossenheit. Eine völlig zerstrittene Mannschaft wird auch auf dem Spielfeld unterlegen sein. Das zirkuläre Modell (vgl. Abb. 5.5) lässt sich demnach als pragmatischer Kompromiss interpretieren, der die Möglichkeit einschließt, mit der zielgerichteten Förderung des Gruppenzusammenhalts zur Stärkung der kollektiven Leistungsfähigkeit beitragen zu können.

5.4.2 Trainerverhalten und Führungsstil

Es werden drei Führungsstile unterschieden, der *autokratische, demokratische* und der *Laissez-faire-Stil*. Diese lassen sich entweder eher *sozio-emotional* oder *aufgabenbezogen* umsetzen. Eine emotional ausgerichtete Führungsweise zeichnet sich dadurch aus, dass der Trainer beispielsweise an die Motivation und den Willen der Spieler appelliert, um ein Spiel „umzudrehen". Dabei ist es wichtig, dass das, was der Trainer sagt, auch in seiner Gestik, Mimik und in seinem Verhalten eindeutig zu erkennen ist.

So finden wir Trainer, die einen sehr emotionalen, autoritären Führungsstil bevorzugen und beispielsweise ihre *Defense* ständig vorantreiben sowie auf Aggressivität und Einsatz ihrer Spieler drängen. Im Gegensatz dazu steht der Trainer, der äußerlich keine Emotionen zeigt, ruhig und sehr rational mit seinen Spielern spricht. Dieses Trainerverhalten entspricht einer aufgabenbezogenen Führung.

Tab. 5.1: Zusammenfassender Überblick und Beispiele zu Führungsstilen

	sozio-emotional		aufgabenbezogen	
	demokratisch	autoritär	demokratisch	autoritär
Ziel	Soll die Spieler auf den Teamgeist einschwören und auf das gemeinsame Ziel bzw. die gemeinsame Verantwortung orientieren.	Soll die Spieler wachrütteln und ihnen verdeutlichen, dass etwas von ihnen erwartet wird.	Soll Ideen und Lösungsvorschläge von Trainer und Spielern zusammenführen und somit ein globales Teamverständnis aufbauen.	Soll konkrete Handlungs-anweisungen an die Spieler übermitteln sowie die Spieler dazu bringen, das Konzept des Trainers umzusetzen.
Beschrei-bung	Moderates, verbales und nonverbales Verhalten. Verhalten und Informationen stimmen überein.	Heftiges verbales und nonverbales Verhalten. Information und Verhalten müssen nicht zwangsläufig miteinander übereinstimmen.	Ruhiges, besonnenes Verhalten. Trainer bespricht sich mit den Spielern.	Trainer „befiehlt" ein bestimmtes Handeln.

Diese beiden Arten der Führung unterscheiden sich auch noch in einem weiteren Punkt. Während bei der emotionalen Führung zumeist das Ziel, also ein zu erreichendes Ergebnis, im Zentrum steht, zeichnet sich die aufgabenbezogene Führungsweise eher dadurch aus, den „Weg" zum Erreichen eines Ziels zu betonen. Die folgende Tab. 5.1 fasst das bisher Beschriebene noch einmal zusammen.

Situationsbezogener Führungsstil

Es lässt sich feststellen, dass die Anwendung nur eines bestimmten Führungsstils bzw. einer bestimmten Führungsweise nicht ratsam ist. Der Erfolg hängt davon ab, wie der Führungsstil zur Beschaffenheit des zu lösenden Problems und der aktuellen Situation in der Mannschaft passt. Sozialpsychologische Studien haben gezeigt, dass Gruppen besonders dann effektiv arbeiten, wenn Führungsstil bzw. Führungsweise und die zu lösende Aufgabe zueinander passen. Ist ein Problem sehr komplex und die Gruppe verfügt über nur wenige oder ungenügend ausgeprägte Fähigkeiten zur Lösung des Problems, wie es oft in Anfängergruppen der Fall ist, so hat sich ein aufgabenbezogener, autokratischer Führungsstil als effektiv herausgestellt.

Herrscht jedoch eine Passung zwischen den Fähigkeiten einer Gruppe sowie der zu lösenden Aufgabe sowie ein gutes Gruppenklima vor, ist ein emotional-demokratischer Führungsstil effektiver. Das dürfte für Teams zutreffen, die schon länger zusammen trai-

nieren. Es ist also von Vorteil, wenn ein Trainer verschiedene Führungsstile und -weisen beherrscht und diese je nach Aufgabenstruktur sowie Fähigkeitsausprägungen seiner Spieler variabel einsetzen kann.

Die meisten Trainer setzen diese Führungsstile bzw. -weisen intuitiv richtig ein. Dennoch ist jedem zu empfehlen, sein eigenes Handeln in Abständen zu hinterfragen und zu bewerten. Hilfreich hierfür kann die Form der Selbstbeobachtung sein oder Visualisierungstechniken können helfen (vgl. Kap. 5.5).

Vor allem Kinder und Jugendliche erwarten von ihrem Trainer ein instruierendes und motivierendes Verhalten. Smith und Smoll (1996) empfehlen folgende fünf Regeln für das Trainerverhalten im Kinder- und Jugendsport:

- Definiere Leistung nicht ausschließlich als Gewinnen und Siegen, sondern auch als das Beste geben, sich maximal anstrengen und sich verbessern!
- Schaffe eine angenehme Trainingsatmosphäre durch positive Bekräftigung von individuellen und kollektiven Leistungen, erwünschtem sozialen Verhalten sowie durch Ermutigung, Unterweisung und Instruktionen zum Handeln!
- Betone positive Gruppenverhaltensweisen, wie gegenseitige Unterstützung, Hilfeleistung und Zusammenhalt!
- Stelle Verhaltensregeln und Verantwortlichkeiten für das Team auf!
- Prüfe, ob dein eigenes Verhalten als Trainer den angestrebten Prinzipien entspricht!

Weitere Empfehlungen zum Trainerverhalten erfolgen unter dem Stichwort *Coaching* (vgl. Kap. 8.5).

5.5 Mentales Training

Vielen Trainern und Spielern ist heute bewusst, dass nicht allein die physische Verfassung, das taktische Repertoire und das technische Können über Sieg oder Niederlage entscheiden, sondern die Spiele – vor allem mit zunehmender Leistungsstärke – „im Kopf" entschieden werden. Dennoch ist das sportpsychologische Wissen und die Bereitschaft, psychologisches Training selbst einzusetzen, noch vergleichsweise gering.

Der im amerikanischen Sprachraum dominierende Begriff *mental* (deutsch: geistig) würde streng genommen nur Verfahren zur Verbesserung geistiger Fertigkeiten *(mental skills)* berücksichtigen (Mikes, 1987; Seiler, 1992).

Heute steht das Mentale Training synonym für psychologisches Training (Hahn, 1996), das auf die Optimierung aller psychischen Faktoren und Prozesse des Sportlers abzielt.

Mentales Training im weiteren Sinne wird als ein umfassendes psychologisches Fertig-keitstraining aufgefasst, das alle Facetten des Psychischen einschließt. In der deutsch-sprachigen Sportpsychologie werden unter *Mentalen Training* im engeren Sinne nur jene systematischen Trainingsformen zusammengefasst, die das planmäßig wiederhol-te, bewusste Sich-Vorstellen (Visualisierung) einer sportlichen Handlung ohne deren gleichzeitige praktische Ausübung beinhalten (Eberspächer, 2007). Um in diesem Buch keine Widersprüche aufzubauen, wird für diese Verfahren statt Mentalem Training der Begriff *Vorstellungstraining* verwendet.

5.5.1 Grundsätze und Ziele des Mentalen Trainings

Mentales Training vereint alle Formen des systematischen und beständigen Übens psychologischer Fertigkeiten und sozialer Kompetenzen mit dem Ziel, die individuelle und/oder kollektive Leistungsfähigkeit zu optimieren bzw. zu steigern sowie das Wohl-befinden und die Zufriedenheit beim Sporttreiben zu fördern bzw. zu erhalten. Mentales Training hilft, psychosoziale Ressourcen aufzubauen und zu stärken, die sowohl präven-tive Wirkungen besitzen (z. B. Entspannungsfähigkeit) als auch in kritischen Situatio-nen (psychische Belastung) zum Erhalt der Handlungsfähigkeit beitragen.

Mentales Training ist vor allem im Spitzensport sinnvoll, da hier an die Spieler sehr hohe Ansprüche bezüglich ihrer psychischen Belastbarkeit gestellt werden. Die hohe Leistungsdichte im Spitzensport, die mit einer zunehmenden Professionalisierung und Kommerzialisierung einhergeht, zwingt dazu, zu jedem Spiel mental topfit zu sein, sich in kürzester Zeit auf Veränderungen im Training (z. B. Trainerwechsel) und in Wettspiel-situationen (viertes persönliches Foul) um- und einstellen zu können.

Zwar können Spieler vorteilhafte, teils genetisch bestimmte Persönlichkeitsdispositio-nen (z. B. Temperament, Charaktereigenschaften wie Extrovertiertheit usw.) besitzen, jedoch stellt die sportliche Spieltätigkeit spezielle Anforderungen (vgl. Kap. 2.2.4), die nach adäquaten Verhaltensmustern verlangen, die erlernt werden müssen und können.

Einem enormen Leistungs- oder Konkurrenzdruck im Team standzuhalten oder vor to-benden Fans den entscheidenden Freiwurf sicher zu verwandeln, gehört nicht zum psy-chischen Standardrepertoire jedes Spielers. Zur optimalen Aneignung und Beherrschung mentaler Fertigkeiten bedarf es daher ebenso eines kontinuierlichen Trainings, wie es beispielsweise für die physischen Fähigkeiten als selbstverständlich erachtet wird.

Ein systematisch organisiertes und angeleitetes Mentales Training bringt allen Beteiligten Vorteile. Es ist sowohl für die psychologische Arbeit mit dem Problemspieler wie auch für die Optimierung der Könner im Team von Nutzen und hilft selbst dem Trainer, negativen Belastungswirkungen (Stress, Burn-out) entgegenzutreten (Schliermann & Hülß, 2008).

Mentales Training kann, kurzfristig eingesetzt, nur in Ausnahmefällen (Krisenmanagement) erfolgreich sein. Vielmehr sollten die Spieler frühzeitig mit psychologischen Techniken (z. B. Visualisierung, Selbstgespräche) und Methoden (z. B. Entspannungsverfahren) vertraut gemacht werden, damit diese einerseits in den Trainingsalltag integriert und andererseits in Problemsituationen sofort wirksam eingesetzt werden können. Dazu steht dem Trainer eine genügende Zahl erprobter Übungen und Anleitungen zur selbsttätigen Umsetzung in seinem Team zur Verfügung. Einige mentale Trainingsformen lassen sich sehr gut in das Technik-, Taktik- und Konditionstraining einbinden und können vor Ort, z. B. in der Aufwärmphase zum Wettspiel, genutzt werden. Allerdings soll nicht der Eindruck erweckt werden, dass dies auf alle mentalen Trainings- und Interventionsformen zutrifft. Die Zusammenarbeit mit einem Sportpsychologen ist daher empfehlenswert (siehe Kap. 5.5.4).

Zusammenfassend ist festzuhalten, dass Mentales Training in erster Linie das Ziel hat, die Handlungsfähigkeit des Sportlers vorausschauend zu entwickeln (präventiver Charakter). Es dient jedoch auch zur Lösung aktuell auftretender Probleme (therapeutischer Charakter). Mentales Training ist dann erfolgreich, wenn es inhaltlich und organisatorisch in die gesamte sportliche Ausbildungskonzeption integriert wird und Sportler wie Trainer an seiner Anwendung aktiv teilhaben (Hahn, 1996; Gabler, Nitsch & Singer, 2004).

Für das Mentale Training im Basketball sind folgende Aufgabenfelder denkbar:

* Regulation des Handelns beim Erlernen, Stabilisieren und Anwenden sportlicher Technik und Taktik;
* Selbstkonzept, Lebensorientierung und Karriereplanung;
* Selbstmotivierung und Willenseinsatz;
* Regulation aktueller psychophysischer Zustände im Training und im Wettkampf;
* Regeneration nach Trainings- und Wettkampfbelastungen;
* Steuerung von Gruppenprozessen (Hahn, 1996, S. 34).

5.5.2 Überblick zu den Bereichen des Mentalen Trainings

In der Fachliteratur findet sich keine einheitliche Systematisierung des Mentalen Trainings. Zunächst unterscheidet man in *naive* und *systematische* Formen zur mentalen Bewältigung belastender Situationen.

Unter *naiven Maßnahmen* versteht man Verhaltensweisen, die Spieler oder eine Mannschaft selbst erfunden, erprobt, für wirksam eingeschätzt und sich zur Gewohnheit gemacht haben. Dazu gehören Maskottchen und Rituale vor allem vor dem Training und Wettspiel, bevorzugte Spielertrikots, -nummern und Körbe, der Einsatz von Musik, aber auch Fluchen, tiefes Luftholen, Vortäuschen einer Verletzung und vieles mehr. Diese unvollständige Aufzählung zeigt schon, dass positive Effekte lediglich personengebunden und vorteilbringende Wirkungen nicht zwingend zu erwarten sind. Naive Verfahren sollten von Zeit zu Zeit von den Akteuren auf den Prüfstand gestellt werden, um sicherzugehen, dass ihr Verhalten tatsächlich (noch) zur optimalen Situationsbewältigung und Erlangung des gewünschten Zustands beiträgt, da hier eine gehörige Portion Aberglaube mitschwingt. Letztlich wird mit steigendem Leistungsniveau die Einsicht reifen müssen, dass dies allein nicht ausreicht.

Systematische Maßnahmen des Mentalen Trainings werden zweck- und problemorientiert ausgewählt, gezielt und planmäßig vermittelt bzw. angeeignet und befähigen zu einer langfristigen und wiederholten Anwendung. Sie sind somit auf die Entwicklung, Stabilisierung und Wiederherstellung psychologischer Fertigkeiten ausgerichtet, die eine anforderungsspezifische Optimierung der individuellen Handlungsfähigkeit (Spielfähigkeit) unterstützen. Zum Repertoire gehören sowohl mentale Trainingsformen, an denen alle Spieler gleichermaßen teilnehmen, weil sie insbesondere fundamentale psychische Leistungsvoraussetzungen schulen, beispielsweise die Antizipationsfähigkeit und Entspannungsfähigkeit, als auch solche, die vornehmlich zur individualisierten Anwendung genutzt werden, da sie auf die Lösung eines psychisch und/oder sozial bedingten Problems (z. B. fehlendes Selbstvertrauen, Rollenkonflikt) abzielen.

In der einschlägigen Fachliteratur zum Mentalen Training werden unterschiedliche Ordnungskriterien verwendet. So orientieren sich einige Autoren (Kunath & Schellenberger, 1991) an der Struktur der sportlichen Handlung und beschreiben mentale Trainingsformen zur Optimierung der Handlungsvorbereitung (Antizipationsphase), Handlungsausführung (Realisationsphase) und Handlungsauswertung (Interpretationsphase). Andere Autoren favorisieren eine Einteilung bezüglich spieltypischer kritischer Situationen oder beobachtbarer Diskrepanzen zwischen dem gewünschten und dem beobachteten Verhalten im Training und Wettspiel. Das heißt, einem auftretenden psychischen Problem werden eine oder mehrere Gegenmaßnahmen gegenübergestellt. Beispielsweise empfehlen Schliermann und Hülß (2008) unter dem Stichwort „Das ist noch nicht optimal" u. a. folgenden Diskrepanzen mithilfe Mentalen Trainings zu begegnen: mangelndes Selbstvertrauen, soziales Faulenzen und fehlender Mannschaftszusammenhalt, ineffektives Taktiklernen, Herausforderungen meistern, Comeback nach Verletzungen und fehlende Frische beim Trainer.

Neumann und Mellinghoff (2001) verweisen auf besonders kritische Spielsituationen, die immer wieder als psychisch belastend im Wettspiel wahrgenommen werden, z. B. eigene technische Fehler und Foulbelastung, Auswechslung durch den Trainer, harte Verteidigung des Gegners, regelbedingter Zeitdruck, den Freiwurf sowie die Anfangs- und Schlussphase des Spiels.

Ebenso ist es möglich, negativen Belastungswirkungen und psychischen Symptomen, die bei Spielern im Training oder Wettspiel auftreten können, z. B. psychische Sättigung, Monotonieerleben, Stress, Versagensangst, Ärger, interne Konkurrenz u. a., adäquate Bewältigungsstrategien und -verfahren entgegenzusetzen (Eberspächer, 2007).

5.5.3 Formen des Mentalen Trainings

Mentale Basistechniken

Die meisten sportpsychologischen Verfahren nutzen zwei grundlegende geistige Fähigkeiten, um zu intervenieren: die Vorstellungskraft und das Selbstgespräch. Sie sind zugleich Voraussetzung und Ansatzpunkt für Mentales Training.

Visualisierung

Unter *Visualisierung* wird jener psychische Vorgang gefasst, bei dem eine Person bewusst innere Bilder erzeugt. Vor dem „geistigen Auge" werden Vorstellungen rekonstruiert, die sowohl komplexe Situationen, Bewegungen und vor allem subjektives Erleben wiedererschaffen. Im Sinne einer mentalen Technik lernen Personen zielgerichtet, solche positiven Abbilder lebhaft und intensiv zu erzeugen, ohne selbst tätig zu sein. Beispiele für Vorstellungsbilder: einen Freiwurf treffen, das Siegesgefühl, Pick-and-roll gelingt, allein auf einer sonnigen Wiese liegen, von Teamkameraden umringt zu sein usw.

Selbstinstruktionssteuerung

Hierzu gehören die Formen der Selbstsuggestion bzw. des Selbstgesprächs, die eine Person nutzt, um sich selbst etwas einzureden, an sich selbst eine Anforderung oder Bitte zu stellen. Ziel ist die situationsbezogene Steuerung eigener emotionaler Zustände. Sportler lernen, negativen, störenden oder dysfunktionalen Gedanken aktiv durch positive innere Sprache (mit sich selbst sprechen) entgegenzuwirken.

Beispiele für Selbstinstruktionen: „Ich habe optimal trainiert! Ich fühle mich sicher! Ich bin schnell wie ein Blitz! Ich schaffe das!" usw.

Motivationstraining

Zielsetzungstraining

Bei dieser mentalen Trainingsform wird davon ausgegangen, dass realistische persönliche Ziele eine Herausforderung darstellen und eine aktivierende Wirkung entfalten sowie eine positive Spannung (Hoffnung auf Erfolg) erzeugen können. Wer keine angemessenen Ziele verfolgt, wird sich entweder über- oder unterfordern. Das Zielsetzungstraining soll also den Spielern Anleitung und Hilfestellungen beim Aufstellen ihrer Ziele geben. Dabei haben sich folgende Leitlinien bewährt, um eine leistungsorientierte Motivation zu fördern:

- Die Ziele werden gemeinsam mit dem Trainer aufgestellt und verbindlich fixiert.
- Die Ziele sind so konkret wie möglich und objektiv kontrollierbar formuliert.
- Die Ziele sind individualisiert, realistisch und herausfordernd.
- Das Erreichen von Zielen muss überwacht werden und sich lohnen.
- Kleine Teilziele und zeitliche Vorgaben sollen den Weg zu einem Langzeitziel erleichtern und strukturieren.
- Die Ziele sollen nicht ergebnisorientiert, sondern stärker aufgaben-, anstrengungs- und leistungsbezogen sein.
- Die Ziele sollen mit positiv formulierten Selbstinstruktionen verknüpft sein.

Prognosetraining

Beim Prognosetraining soll der Spieler vor Erbringen einer individuellen Leistungsanforderung in Abwägung seines aktuellen psychophysischen Zustands eine Prognose über seine Leistung abgeben. Ziel ist es, das Selbstvertrauen des Spielers in seine eigene Leistung zu stärken. Zu empfehlen ist diese Form im Technik- und Konditionstraining, wenn messbare Handlungsergebnisse prognostiziert werden können. Beispielsweise kann ein Spieler Prognosen zur Wurfeffektivität, zu Wiederholungszahlen, Laufzeiten, Watt- und Gewichtsangaben abgeben. Im anschließenden Soll-Ist-Vergleich ist die Prognosegenauigkeit zu thematisieren.

Attributionstraining

Der funktionale Umgang mit Erfolg und Misserfolg fördert die Aufrechterhaltung der Leistungsmotivation. Falsche Einschätzungen der Ursachen für Erfolg oder Leistungsversagen (Kausalattribution) können demotivieren. Das Attributionstraining zielt darauf ab, den Spielern zweckmäßige Attributionsmuster und verbale Erklärungsinstruktionen an die Hand zu geben, um diese in leistungsrelevanten Trainings- und Wettspielsituationen anzuwenden. Folgende Attributionsmuster gelten als motivationsfördernd:

- Erfolge werden auf eigene Fähigkeiten und Anstrengungen zurückgeführt.
- Misserfolge werden stets mit variablen, in der Folge veränderbaren Ursachen begründet, z. B. mangelnde Anstrengung, aktuelles psychophysisches Wohlbefinden, Gegnerstärke usw.

Selbstmotivierung

Hierunter fallen alle Maßnahmen, die ein Spieler ergreift, um eigenverantwortlich die Kontinuität seines sportlichen Trainings sicherzustellen und um auf Barrieren, Widerstände und Probleme vorbereitet zu sein. Dazu gehört das Abschließen persönlicher Verträge, das Mit-sich-selbst-Vereinbaren von leistungs- bzw. verhaltensbezogenen Belohnungen oder Sanktionen, die Suche nach sozialer Unterstützung, das Erzeugen von attraktiven Visionen, das positive Denken und eine konstruktive Selbstgesprächsregulation.

Fremdmotivierung

Zielpersonen dieser mentalen Trainingsform sind die Trainer, Übungsleiter und weitere Führungskräfte. Im Grunde handelt es sich um eine anwendungsorientierte Unterweisung und Kenntnisvermittlung, unter welchen Bedingungen und Voraussetzungen Fremdmotivierung wirksam sein kann. Dem Trainer werden Prinzipien des Verstärkungslernens (Operantes Konditionieren), Einsichten in Bedürfnismechanismen und Motivstrukturen von Spielern vermittelt und Kommunikationsregeln für die Trainer-Spieler-Interaktion an die Hand gegeben. Folgende ausgewählte Leitsätze sollten von psychologisch geschulten Trainern befolgt werden:

* Folgt auf ein gezeigtes (erwünschtes) Verhalten eines Spielers eine positiv-angenehme Reaktion (Belohnung, Anerkennung, Lob), so wird dieser Spieler dieses Verhalten zukünftig häufiger zeigen.
* Bestrafe (Kritik, Ausschluss von einer Maßnahme, Zusatzaufgabe) nicht den Spieler als Person, sondern sein gezeigtes Fehlverhalten.
* Analysiere und erkunde Bedürfnisse und Erwartungen der Spieler, vor allem im Kinder- und Jugendbereich, um deine Trainingsgestaltung anpassen zu können.
* „Nicht"-Anweisungen und Unterlassungshinweise greifen nicht! Erkannte Fehler müssen demnach in positive Anweisungen umgewandelt werden, die dem Spieler als Orientierungshilfe für seine Handlungs- und Verhaltensweisen dienen.

Kognitives Fertigkeitstraining

Unter diesen Sammelbegriff werden jene Formen des Mentalen Trainings gefasst, die darauf abzielen, einzelne kognitive Fähigkeiten und Funktionen der Spieler zu verbessern. Voraussetzung für die Wirksamkeit dieser Verfahren ist ein Zustand des Spielers, der sich durch relative Entspanntheit und geistige Frische auszeichnet. Hohe physische bzw. psychische Belastungen sind im Vorfeld des kognitiven Fertigkeitstrainings zu vermeiden oder durch gezielte Maßnahmen (siehe Entspannungsverfahren) abzubauen.

Vorstellungstraining

Das Vorstellungstraining umfasst alle Formen des Mentalen Trainings im engeren Sinne. Es beinhaltet das planmäßig wiederholte Sich-Vorstellen von sportlichen Handlungen und Verhaltensweisen ohne deren gleichzeitige praktische Ausführung. Über die angestrebte Verbesserung der Vorstellung wird die Optimierung der späteren praktischen Umsetzung von Bewegungsabläufen, sportlichen Handlungen und Verhalten angestrebt. Im Folgenden werden die drei Hauptformen kurz beschrieben.

Das *Subvokale Training* bedeutet, dass der Spieler sich den entsprechenden Bewegungsablauf zunächst mit eigenen Worten beschreibt (verbalisiert), ggf. schriftlich fixiert (Drehbuch) und mit den Vorstellungen des Trainers abgleicht, um ihn sich dann wiederholt per Selbstgespräch auswendig vorzusagen. Solche Bewegungshandlungen können sein: Standwurf/Freiwurf ausführen, Sprungwurfvarianten, Abwehrbewegungen, Stellen/Ausnutzen eines Blocks u. a.

Beim *Verdeckten Wahrnehmungstraining* wird der Spieler dazu aufgefordert, so genau wie möglich die erforderliche (exakte, erwünschte) Bewegungsausführung vor seinem geistigen Auge ablaufen zu lassen. Er sieht sich als Ausführenden aus einer Beobachterrolle (Außenperspektive) wie in einem Video/Film agieren.

Beim *Ideomotorischen Training* nimmt der Spieler die Innenperspektive ein. Er ist bemüht, so intensiv und lebhaft wie möglich, sich in die eigene Bewegungsausführung hineinzuversetzen. Im Idealfall gelingt es ihm dabei, sich Empfindungen (z. B. Muskelanspannung) und Wahrnehmungen (z. B. Lage des Balls in der Hand) so vorzustellen, wie sie bei der tatsächlichen Ausführung auftreten. Damit wird auch deutlich, dass ideomotorisches Training Eigenerfahrung, Eigenperspektive und lebhafte Vorstellungskraft voraussetzt. Eberspächer (2007) empfiehlt einen Stufenplan zur systematischen Erarbeitung des Vorstellungstrainings.

Wahrnehmungs- und Reaktionsschulung

Im Grunde können hierfür ähnliche Trainingsformen konzipiert werden, wie sie bei der Entwicklung koordinativer Fähigkeiten eingesetzt werden. Insbesondere jene Übungen mit und ohne Ball sind geeignet, die zur Schulung der räumlichen Orientierungsfähigkeit, der kinästhetischen Differenzierungsfähigkeit und der Reaktionsfähigkeit beitragen. Hierzu gehören Übungen, in denen mit der Einschränkung in der Sinneswahrnehmung, z. B. ohne akustische oder visuelle Informationen, gearbeitet wird oder Zeitdruckbedingungen schnelle Reaktionen vom Spieler verlangen.

Während im Koordinationstraining eher die Bewertung der Ausführungsgüte (gelungen vs. nicht gelungen, geschickt vs. ungeschickt, fließende vs. stockende Bewegung) zur Einschätzung des Trainingsfortschritts herangezogen wird, steht im Mentalen Training die subjektive Widerspiegelung der Empfindungen, Wahrnehmungen und Zustände während der Bewegungsausführung im Vordergrund, z. B. wie es sich „angefühlt" hat, den Ball ohne Blickkontrolle zu dribbeln.

Konzentrationstraining

Ziel dieser Trainingsform ist es, zu lernen, störende und/oder unbedeutende Reize „auszublenden" und sich nur auf seine eigentliche Aufgabe zu konzentrieren. Dazu gehört auch, störende Gedanken, die sich auf das Handlungsergebnis oder seine Folgen beziehen, zu stoppen bzw. durch positive und aufgabenbezogene Selbstinstruktionen zu ersetzen. Diese kurze Beschreibung macht deutlich, dass im Konzentrationstraining sowohl Visualisierungs- als auch Selbstgesprächstechniken benutzt werden. Nur erwähnt sei, dass man im Konzentrationstraining auch andere Schwerpunktsetzungen vornehmen kann, z. B. Verbesserung der verteilten (distributiven) Aufmerksamkeit und der Umschaltfähigkeit zwischen den Konzentrationsrichtungen (eng vs. weit oder extern vs. intern), die für Spieler von besonderer Bedeutung sind (vgl. Kap. 5.2).

Entscheidungs- und Gedächtnistraining

Diese spezielle Form des kognitiven Fertigkeitstrainings ist eng mit dem Taktiktraining verbunden. Die Effektivität des Taktikerwerbstrainings kann vor allem durch die folgenden mentalen Aufgaben bzw. Übungen erhöht werden:

- Einsatz audiovisueller Technik zur Schaffung einer genauen Vorstellung,
- Entwickeln und Vereinbaren von Wenn-dann-Regeln,
- Verbalisieren von taktischem Verhalten (z. B. für das Blockstellen),
- Formulieren von Beobachtungsaufgaben für nicht aktive Spieler.

Der Spieler wird so stärker veranlasst, systematisch Spielsituationen und die mit diesen verbundenen Verhaltensweisen und Entscheidungsalternativen bewusst abzurufen bzw. mental durchzuspielen. Auch die Zuordnung von teamspezifischen taktischen Signalen (Ansagen, nonverbale Schlüsselinformationen) zu den entsprechend vereinbarten taktischen Verhaltensweisen sollte hier gedanklich wiederholt werden.

Im Taktikanwendungstraining ist es darüber hinaus notwendig, die Wenn-dann-Regeln mit wirkungsvollen Selbstinstruktionen zu verknüpfen. Beispielsweise kann die erste Option in der Blockverteidigung sein, über den Block zu gehen. Für einen Verteidiger kann die Selbstinstruktion für das konsequente Nutzen dieser Lösung ganz unterschiedlich ausfallen, z. B. „Nur kein *Mismatch*!"; „Fuß vor!". Entscheidend ist, dass sie ihm hilft, schnell und konsequent zu handeln.

Letztlich kann jedes taktische Element und jede Spielszene auch visualisiert werden. Insbesondere, wenn es in Teams sogenannte *Playbooks* gibt, in denen taktische Pläne und Lösungen fixiert sind, sollte man die Spieler auffordern, diese „Spielzüge" öfter zu visualisieren. Im Taktiktraining können auch Spieler aufgefordert werden, dem Mitspieler oder dem ganzen Team das richtige taktische Verhalten sprachlich und ggf. mit einer selbst angefertigten Skizze zu erklären. Hier erhält auch der Trainer ein Feedback darüber, was an taktischem Wissen bei seinen Spielern gespeichert ist.

Psychoregulationstraining

Unter dem *Psychoregulationstraining* sind alle Verfahren einzuordnen, die darauf abzielen, den Erregungszustand des Spielers leistungsfördernd zu optimieren. Eine vor allem präventive Funktion hat die Vermittlung von Entspannungsverfahren, da nur individuell funktionierende und jederzeit abrufbare Entspannungstechniken im Moment der Übererregung, Aufgeregtheit oder von Spannungszuständen ihre Wirkung entfalten können. Neben einer Reihe relativ einfacher Atemtechniken und -übungen (z. B. Tiefenatmung, rhythmisches Atmen) haben die folgenden beiden (klinischen) Verfahren ebenfalls im Sport Einzug gehalten. Sie erfordern allerdings eine systematische Schulung, bevor sie den gewünschten Entspannungseffekt auch sicherstellen können.

Autogenes Training

Beim *Autogenen Training* nach Schultz (1983) wird die Entspannung mittels Autosuggestion und Konzentration (internal eng) auf den eigenen Körper erzeugt. Mithilfe von formelhaften Selbstinstruktionen, die der Spieler in einer festgelegten Reihenfolge erlernen muss, wird ein Schwere- und Wärmeempfinden in verschiedenen Körperregionen hervorgerufen, das wiederum einen psychophysischen Entspannungszustand beim Spieler bewirkt.

Progressive Muskelrelaxation

Die *Progressive Muskelrelaxation* nach Jacobsen beruht darauf, dass durch eine systematische Abfolge von muskulärer Anspannung und folgender Entspannung (Lösen) einzelner Muskelgruppen ein psychophysisch als angenehm empfundener Entspannungszustand beim Spieler erzeugt wird.

Mobilisations- und Aktivierungstechniken

Diese Techniken werden benötigt, wenn Spieler Schwierigkeiten haben, sich aus einem deaktivierten Zustand bzw. nach Passivität kurzfristig zu mobilisieren, z. B. nach langer Anreise zum Wettspiel oder Pause auf der Wechselbank. Hierzu bieten sich neben standardisierten und individuell abgestimmten motorischen Erwärmungsprogrammen vor allem positive Selbstgesprächsinstruktionen, das Erzeugen funktionaler Vorstellungen (z. B. von erfolgreichen Verteidigungshandlungen etc.) und eine Fremdmotivation durch erlebte soziale Unterstützung durch das Team (Einwechselrituale) oder den Trainer (kurze Aufgabeninstruktion) an.

Emotionsbewältigung

Probleme bei der Bewältigung von negativen Emotionen (vgl. Kap. 5.3) führen in der Regel zu Leistungsnachteilen für den Spieler und das Team. Da alle Emotionen in ihrem Wesen Ergebnis subjektiver Bewertungsprozesse sind, setzen die meisten mentalen Trainingsformen genau da an. Unter dem Begriff *Coping* werden Verfahren zur Ärger-, Angst- und Stressbewältigung zusammengefasst.

Vor allem hochemotional reagierende Spieler haben häufig selbst erprobte naive Bewältigungstechniken zur Hand, die sehr wirksam sein können. Als sogenannte *umweltorientierte Strategien* gelten das Aufsuchen oder Schaffen einer beruhigenden oder stimulierenden Atmosphäre (Musik, Sauna, Duschen) oder auch Formen der Abschottung von der stressigen Umwelt, z. B. Hemd über den Kopf ziehen, Ohren zuhalten oder ggf. die Situation verlassen oder abbrechen.

Tab. 5.2: Übersicht zu Bewältigungstechniken im Basketball (mod. nach Lau, Stoll & Wahnelt, 2002)

Technik	Erläuterung	Beispiel
Motivations-techniken	Form von positiven Selbstinstruktionen mit dem Zweck, eine erhöhte Aktivierung des Sportlers zu erreichen sowie sein Selbstwertgefühl zu stärken.	„Los, noch vier Punkte und wir liegen wieder vorne. Wir müssen uns jetzt nur noch einmal richtig anstrengen. Wir können es schaffen!"
Beruhigungs-techniken	Sollen die Aktivierung in einer kritischen Situation herabsetzen und negative Emotionen sowie Nervosität kontrollieren helfen.	„OK, ganz locker. Es läuft, jetzt noch den Ball nach vorne bringen und nicht überhastet abschließen."
Konzentrations-techniken	Die Konzentration wird auf die kommende Situation gerichtet.	„Konzentriere dich auf den Freiwurf, der Korbmittelpunkt ist wichtig. Ganz locker bleiben, nicht ablenken lassen. Nur dem Korbmittelpunkt gehört meine ganze Konzentration."
Informations-suche und Einsatz taktischer Mittel	Beziehen sich zumeist auf die Vergegenwärtigung vorher geplanter Situationen und auf die Planung des Spielverlaufs und der eigenen Position in der Mannschaft. Diese sind vorher mit dem Trainer bzw. im Team abgesprochen.	„OK, der Gegner spielt jetzt Zone, wir müssen uns richtig aufstellen. Ball halten und warten, bis alle ihre richtigen Positionen eingenommen haben. Und jetzt clever die Zone knacken!"
Umbewer-tungs-techniken	Können helfen, wenn der Sportler während des Spiels erkennt, dass er sein vorgenommenes Ziel nicht mehr erreichen kann. Negative Situationsaspekte werden durch eine erneute Bewertung in ein positives Licht gerückt bzw. umgedeutet.	„Wir können das Spiel nicht mehr gewinnen, aber wenigstens wollen wir nicht mit einer 20-Punkte-Klatsche nach Hause fahren und die letzten Minuten noch vernünftigen Basketball spielen."
Ablenkungs-techniken	Zeichnen sich dadurch aus, dass die Aufmerksamkeit von der belastenden Situation weggelenkt wird und/oder auf völlig andere Inhalte bezogen wird.	„Das Spiel habe ich überhaupt nicht mehr wahrgenommen, ich habe nur noch an die heiße Dusche gedacht."
Abreaktion	Formen von negativen Gedanken und Wutausbrüchen, die nicht unbedingt verbal artikuliert werden, sondern möglichst nur in Gedanken erfolgen sollen.	„Wie ich diese Situation hasse! Warum muss ich immer der Dumme sein? Am liebsten würde ich ihn mal meinen Ellbogen spüren lassen!"
Resignation	Der Sportler entzieht sich endgültig der belastenden Situation. Er gibt auf und geht aus dem Spiel.	„Ich will nicht mehr. Paul spielt den Ball nicht ab und Konrad verliert ständig den Ball beim Aufbau. Hoffentlich nimmt mich der Trainer bald raus."
keine Bewältigung	Es kann vorkommen, dass keine Technik angewandt wird – z. B. wenn keine geeignete Bewältigungstechnik zur Verfügung steht.	„Ich habe nicht mehr gekämpft, nur noch locker weitergespielt, damit ich mich nicht noch verletze in diesem sinnlosen Spiel."

Zu den naiven personenorientierten Bewältigungstechniken zählen vielfältige Formen des motorischen Abreagierens (Wegschlagen des Balls, wilde Sprünge und Gebärden) oder verbale sowie nonverbale Unmutsäußerungen, die häufig durch den Schiedsrichter sanktioniert werden.

Wenn naive Strategien unwirksam bleiben oder zunehmend negative Konsequenzen zur Folge haben, müssen personenorientierte kognitive Copingstrategien herangezogen werden. Dazu müssen zunächst jene kritischen Situationen bestimmt werden, in denen ein Spieler Bewältigungsprobleme hat. In einem zweiten Schritt wird er mit seinen bevorzugten Reaktionen und deren Konsequenzen konfrontiert. Das sollte so zeitnah wie möglich geschehen, um seine tatsächlichen handlungsbegleitenden Kognitionen erfassen und analysieren zu können.

So kann es zweckmäßig sein, ihm eine Videoaufzeichnung solcher kritischen Szenen vorzuspielen und ihn zu befragen, welche Gedanken und Gefühle er in diesen Situationen selbst hatte. Oft fallen diese destruktiv aus. Für die Folgezeit werden mit dem Spieler gemeinsam neue Selbstinstruktionen vereinbart und gelernt, diese in den jeweiligen Situationen einzusetzen. Tab. 5.2 gibt einen Überblick über Bewältigungstechniken mit je einem basketballspezifischen Beispiel.

Wichtig ist, dass der Spieler sich planmäßig, zum Beispiel vor jedem Wettspiel, seine kritischen Situationen wiederholt vorstellt (siehe Visualisierung) und die gelernten Selbstinstruktionen „trainiert", um dann in der realen Situation angemessene Bewältigungstechniken anwenden zu können.

5.5.4 Sportpsychologische Beratung und Betreuung

Der Trainer ist für das sportliche Training und Coaching verantwortlich. Mit steigendem Alters- und Leistungsniveau der Teams wird er zunehmend Helfer benötigen, um die wachsenden Aufgaben meistern zu können (z. B. Co-Trainer, Scouts, Athletiktrainer, Physiotherapeut usw.). Im Spitzensport ist heute meist ein Trainerstab tätig, dessen Aufgabenkoordination der Cheftrainer übernimmt. Aber nicht jeder Trainer ist bereit, Aufgaben zu delegieren, weil er beispielsweise einen Imageverlust beim Team befürchtet, wenn er Kompetenzen an andere abgibt.

Dennoch ist zu einer professionellen sportpsychologischen Unterstützung zu raten, insbesondere wenn die eigenen Kompetenzen des Trainers nicht ausreichen oder sein Tätigkeitsfeld ihn bereits ausfüllt, wenn Unsicherheiten in der Diagnose des Problems bestehen, wenn affektive Störungen bearbeitet werden müssen, wie Ängste, Ärger, Aggressionen, oder Symptome auftreten, die eine psychische Krankheit vermuten lassen, z. B. Depression, Magersucht, Burn-out.

In der Praxis gibt es zwei Formen der sportpsychologischen Unterstützung durch Experten. Von einer *direkten Intervention* spricht man, wenn ein Sportpsychologe persönlich und vor Ort einzelnen Spielern oder dem Team Mentales Training anbieten und umsetzen kann. Im Gegensatz dazu wird bei einer *indirekten Intervention* der Sportpsychologe eher im Hintergrund aktiv. Er berät den Trainer in sportpsychologischen Fragen und empfiehlt ihm Lösungsansätze. Der Trainer hat bei dieser Form der Zusammenarbeit auch jederzeit die Möglichkeit, „Problemspielern" eine individuelle Betreuung durch den Sportpsychologen zu vermitteln. Nicht selten wenden sich besonders leistungsorientierte Spieler auch selbstständig, ohne Absprachen mit dem Team oder Trainer, an einen Sportpsychologen ihrer Wahl, wenn sie sich davon Vorteile erhoffen.

Eine sportpsychologische Betreuung umfasst im Wesentlichen folgende Phasen: Erstgespräch zur Kontaktaufnahme, Vertrauensbildung und Problemdiagnose, Zielvereinbarung und Vertrag, Interventionsphase (Mentales Training), Kontrolle und Evaluation der Maßnahmen. Der Spieler sollte danach in der Lage sein, selbstständig die erworbenen psychologischen Fertigkeiten regulativ in seinem Trainings- und Wettspielverhalten anzuwenden.

Die Arbeitsgemeinschaft für Sportpsychologie in Deutschland (asp) und der Bund Deutscher Psychologen (bdp) bieten ein Fortbildungscurriculum in Sportpsychologie mit dem Schwerpunkt Leistungssport an und stehen für die Einhaltung hoher qualitativer und ethischer Standards in der Betreuung und Beratung von Sportlern. Seriös arbeitende Sportpsychologen fühlen sich diesen ethischen Leitlinien, wie Selbstbestimmung, Freiwilligkeit und Vertraulichkeit, verpflichtet. Das Bundesinstitut für Sportwissenschaft führt eine Experten-Datenbank zur Kontaktaufnahme mit Sportpsychologen (www.bisp-sportpsychologie.de) und der DOSB sowie die Olympiastützpunkte bieten sportpsychologische Dienstleistungen an. Regional stehen freiberufliche und kommerziell arbeitende Sportpsychologen als Ansprechpartner zur Verfügung.

6 Technik

6.1 Ballhandling

Der Basketball ist vergleichsweise groß und schwer und daher relativ unhandlich. Es bedarf einiger Übung, um ihn geschickt, schnell und sicher zu spielen. Übungen zum Umgang mit dem Ball findet man unter den Stichworten Ballgeschicklichkeit, Ballschule, Ballgewöhnung etc. Immer häufiger wird auch der Begriff *Ballhandling* verwendet. Ursprünglich wurden damit vor allem Bewegungsaufgaben und Übungen verbunden, die dazu dienen sollten, die Eigenschaften des Balls zu erkunden, sich an den Ball zu gewöhnen oder – wie man umgangssprachlich sagt – ein Gefühl für den Ball zu bekommen und den Umgang mit dem Ball zu schulen, bevor man sich den Balltechniken zuwendet. Zur Verbesserung dieses Ballgefühls soll der Spieler je nach Vorgabe den Ball jonglieren, um den Körper kreisen, aber auch werfen, fangen, tippen und dribbeln. Insbesondere der Streetball, in dem in besonderer Weise auf Individualität und Kreativität im Umgang mit dem Ball Wert gelegt wird, bereicherte und erweiterte die Formen des Ballhandlings. Spezielle Bewegungen (Moves) und Dribblings wurden kreiert und zum Teil in das Zielspiel aufgenommen. Wichtig: Ballhandling ist kein Ersatz für das Techniktraining!

Im modernen Basketballtraining lässt sich das Ballhandling in das ballbezogene Koordinationstraining (Kap. 3.2) einordnen. Ziel ist es demnach, die eigene Bewegung und die des Balls perfekt aufeinander abzustimmen. Dazu werden Bewegungsaufgaben gestellt, deren Bewältigung ein hohes Maß an koordinativen Fähigkeiten und ballbezogenen Fertigkeiten erfordert. Es gibt sehr viele Übungen zum Ballhandling und in diversen Videoclips kann man wahre Ballkünstler bestaunen, die in artistischer Meisterschaft Ballhandling demonstrieren. Andererseits verfügt fast jeder Basketballspieler über irgendeinen Balltrick, den er selbst kreiert oder von jemandem „übernommen" hat, den er gern im Training oder außerhalb präsentiert.

In der Grundlagenausbildung unterstützt das Ballhandling die motorische Entwicklung des Spielers und das Technikerwerbstraining. Bis hin zum Leistungstraining hat das Ballhandling seinen Platz im Training. Man findet es im Warm-up, im Auflockerungsteil zwischen Trainingsabschnitten, als Trainingsinhalt zur Vervollkommnung der Koordination und nicht selten als Trainingsmittel zur Verbesserung psychomotorischer Fähigkeiten und kognitiver Fertigkeiten, zum Beispiel zur Wahrnehmungs-, Reaktions- und Konzentrationsschulung. Aufgrund der Vielfalt der Übungen und von deren Einsatzmöglichkeiten werden im Folgenden nur wenige Beispiele vorgestellt.

Übungsformen zum Ballhandling werden von einem Spieler mit einem, zwei oder auch drei Bällen am Ort und in der Fortbewegung auch unter Einbeziehung weiterer Hilfsmittel, wie zum Beispiel Hallenwand oder Basketballbrett, ausgeführt. Durch Balljonglage und kreative Übungsformen zum Dribbeln lässt sich das Ballhandling verbessern.

Ballhandling und Balljonglage

Im Grunde lassen sich hier alle Bewegungsformen mit Ball einordnen, die ohne Dribbling und am Ort ausgeführt werden können, z. B.:

* den Ball mit ausgestreckten Armen zwischen den Fingerspitzen gleiten bzw. „tänzeln" lassen (vor dem Körper, über dem Kopf, zwischen den Beinen),
* den Ball, in der Grundstellung stehend, so schnell wie möglich um den Kopf, die Brust, die Hüfte, die Knie, die Waden und die Fußgelenke kreisen lassen (von rechts nach links und anschließend von links nach rechts),
* den Ball im Stehen, Sitzen oder im Liegen rollen,
* den Ball so schnell wie möglich in Form einer Acht durch die Beine kreisen,
* den Ball ein- oder beidhändig im Stand oder im Sprung hochwerfen und wieder fangen; während der Ballflugphase verschiedene Zusatzbewegungen (z. B. Drehungen um die Körperlängsachse, Hinsetzen und Wiederaufstehen, Sprungvariationen) ausführen.

Ballhandling und Dribbeln

Ausgeprägtes Ballhandling zeigt sich insbesondere beim Dribbeln. Manche Spieler haben diese Fertigkeit so weit vervollkommnet, dass artistische Präsentationen möglich sind. Einige Dribbelvarianten haben sich auch im Spiel 1-1 als wirksam erwiesen und gehören heute zum Repertoire vor allem der Guards und haben sogar eigene Namen erhalten, wie beispielsweise *Crossover* oder *Spinmove*.

Beispielhafte Übungen zur Verbesserung des Ballhandlings beim Dribbeln sind:

* in Form einer Acht den Ball durch die gegrätschten Beine mit Handwechsel dribbeln,
* Crossoverdribbling vor und hinter dem Körper sowie zwischen den Beinen hindurch,
* Spinmove von rechts und links,
* während des Gehens und Laufens den Ball durch die Beine spielen (vorwärts und rückwärts).

Wichtig: So wert- und freudvoll das Ballhandling im Training sein kann, es ist nur eine Facette im Erwerb und in der Vervollkommnung der Balltechniken und ersetzt die systematische und methodisch-didaktisch begründete Vermittlung der Basistechniken nicht. Kunststücke mit dem Ball sind in den meisten Spielsituationen nicht notwendig, sondern im Gegenteil sogar unnötig risikoreich (Ballverlust).

6.2   Dribbeln

Abb. 6.1: Hohes Dribbling

Die Basketball-Regeln besagen, dass sich der Ballbesitzer mit dem Ball in den Händen nicht fortbewegen darf. Das Dribbeln ermöglicht es einem Spieler, seine Position auf dem Spielfeld zu verändern und dabei in Ballbesitz zu bleiben. Dribbeln ist ein einhändiges Freigeben des Balls. Das bedeutet einerseits eine verminderte Ballsicherung, andererseits ermöglicht es dem Verteidiger, den Ball regelgerecht herauszuspielen.

Beim Dribbelbeginn aus dem Stand ist darauf zu achten, dass der Ball die Hand verlassen haben muss, bevor der Ballbesitzer das Standbein vom Boden abhebt. Diese Regel ist einfacher zu erfüllen, wenn der Ballbesitzer beim Beginn des Dribbelns mit dem ersten Schritt den Fuß und den Ball gleichzeitig auf dem Boden aufsetzt.

Beim Dribbelbeginn aus der Bewegung nach einem Zuspiel zählt der erste Fuß-Boden-Kontakt nach Ballkontrolle als Standfuß. Bevor dieser wieder vom Boden gelöst wird, muss der Ball die Hand des Dribblers verlassen haben (also vor dem zweiten Schritt). Mit den Offiziellen Regeln 2017 wurde dem immer schneller werdenden Spiel Rechnung getragen: Für den Fall, dass sich im Moment der Ballannahme bereits ein Fuß am Boden befindet (vor 2017 = Standfuß), wird erst der Folgekontakt zum ersten Schritt und damit zum Standfuß mit den oben beschriebenen Konsequenzen für den Dribbelbeginn (FIBA, 2017, S. 27).

Man unterscheidet ein *hohes* Dribbeln und ein *tiefes Dribbeln*. Beim *hohen Dribbeln* ist der Körper des Ballbesitzers aufgerichtet. Der Ball wird durch Streckung des Ell-

Abb. 6.2: Tiefes Dribbling gegen Verteidiger

bogens und Abklappen der Hand von den Fingern der Hand, nicht der Handfläche, so kraftvoll zum Boden hin gedrückt, dass der Ball möglichst schnell wieder in die locker gespreizten Finger zurück-prallt (Druck-Saug-Bewegung). Die Energie des Balls wird durch Beugen des Ellbogens vermindert. Der Wendepunkt des Balls ist etwa in Höhe des Ellbogens. Das hohe Dribbeln wird benutzt, um sich ohne Druck des Verteidigers mit dem Ball über das Spielfeld zu bewegen.

Beim *tiefen Dribbeln* sind die Knie und auch die Hüftgelenke stark gebeugt, um den Abstand der Dribbelhand zum Boden zu verringern. Der Oberkörper bleibt möglichst aufrecht und dem Spiel zugewandt. Der Ball wird durch ein leichtes Strecken des Unterarms und das Abklappen der Hand so kraftvoll zum Boden hin gedrückt, dass der Ball möglichst schnell wieder in die locker gespreizten Finger zurückprallt. Die Energie des Balls wird durch Beugen des Unterarms vermindert. Der Ball hat seinen Wendepunkt etwa in Höhe des Ellbogens. Der Ball wird seitlich vom Körper gedribbelt und mit dem ballfernen Bein und dem freien Arm geschützt.

Es sollte vermieden werden, beim Dribbeln dem Verteidiger längere Zeit den Rücken zuzudrehen, da so die eigenen Handlungsmöglichkeiten stark eingeschränkt sind. Das tiefe Dribbeln wird benutzt, um sich auch unter Druck des Verteidigers mit dem Ball über das Spielfeld zu bewegen.

Beim Dribbeln sind lediglich die „normalen" Zeitregeln zu beachten, d. h., ein Spieler darf maximal 24 s lang dribbeln, wenn er innerhalb von 8 s die Mittellinie überquert hat.

6.3   Stoppen und Sternschritt

Eine besondere Fußarbeit wird angewandt, wenn ein Spieler seine Bewegung stoppen will, sei es am Ende eines Dribblings oder bei Annahme eines Passes. Das regelgerechte Stoppen kann entweder als *Sprungstopp* (auch Parallelstopp, Einkontaktstopp, Jump-stop) oder als *Schrittstopp* (auch Zweikontakt-stopp, One-two-stop) ausgeführt werden. Bei beiden Möglichkeiten soll-te auf einen tiefen Körperschwerpunkt und stark gebeugte Knie geachtet werden. Dadurch fällt es leichter, das Gleichgewicht zu sichern. Während beim Schrittstopp die Füße nacheinander aufsetzen und dadurch das hin-tere Bein zum sogenannten *Standbein* wird, setzen beim Sprungstopp die Füße gleichzeitig, parallel schulterbreit, auf. In der Folge kann der Spieler sein Standbein frei wählen.

Nach dem Stoppen darf das freie Bein beliebig um das Standbein bewegt werden, wobei das Standbein auf dem Fußballen gedreht, aber nicht fortbewegt werden darf. Diese Bewegung wird *Sternschritt* genannt.

Abb. 6.3:
Schrittstopp

Mithilfe des Sternschritts kann sich der Ballbesit-zer, z. B. nach einem Dribbling, vom Verteidiger abwenden und so den Ball schützen, bis er eine Passmöglichkeit hat. Der Sternschritt kann aber auch vor einem Dribbling für Täuschungen genutzt werden.

Abb. 6.4:
Sprungstopp

6.4 Fangen und Passen

Passen ist neben dem Werfen die wohl wichtigste Angriffstechnik im Basketball. Bas-ketball ist ein Mannschaftsspiel und Passen die Technik, mit der sich am schnellsten auch größere Räume überwinden lassen. Es gäbe wohl deutlich schlechtere Wurfquo-ten im Basketballspiel ohne Passen, denn viele gute Würfe kommen erst durch einen guten Pass zustande. Die Grundidee des Angriffs ist es, bei jedem Ballbesitz gute, hoch-prozentige Würfe zu kreieren. Man kann durchaus sagen, dass die Mannschaft, die das bessere Passspiel hat, auch die besseren (hochprozentigeren) Würfe erhalten wird.

Es erscheint logisch, dass eine Mannschaft, die schlechte Wurfquoten aufweist, ver-stärkt Wurftraining macht, um diese zu verbessern. Effektiver wäre es wahrscheinlich aber, an den Passfähigkeiten zu arbeiten. Denn wenn man mit seiner Offense durch gutes Passen keine guten Würfe kreieren kann, spielt es eigentlich auch nur eine unter-geordnete Rolle, ob man diese verwerten kann.

Ebenso wichtig ist aber auch das *Fangen*. Der beste Pass ist wirkungslos, wenn der Fänger nicht die Bereitschaft, Vorbereitung und Antizipation hat, diesen Ball anzunehmen und damit erst den Pass zu vollenden.

Dazu ist es notwendig, dass der Passempfänger folgende Grundregeln beherzigt:

* Behalte den Ball immer im Auge.
* Rechne jederzeit mit einem Pass.
* Antizipiere Situationen, in denen du einen Pass annehmen musst.
* Biete deinem Mitspieler immer ein deutliches Ziel für seinen Pass.
* Bewege dich rechtzeitig und explosiv in eine für einen Pass günstige Position.
* Löse dich im richtigen Moment von deinem Gegenspieler.
* Sichere den Ball, indem du ihn sofort in eine Position eng am Körper bringst.

Beim Fangen bewegen sich die Hände immer dem Ball entgegen und „saugen" diesen mit den Handflächen an. Der Ball wird dann sofort in eine körpernahe Position gebracht, um ihn gegen den Verteidiger zu schützen. Fortgeschrittene verzichten auf das langsame „Ansaugen" des Balls, da der Zeitdruck des modernen Wettkampfspiels eine möglichst rasche offensive Folgeaktion erzwingt. Voraussetzung für solch ein körperferneres Fangen und Passen ist neben technischer Sicherheit eine entsprechend ausgeprägte Hand- und Armkraft.

Gegen enge Verteidigung muss der Spieler als potenzieller Passempfänger immer versuchen, seinen Verteidiger „auszusperren", ihn also in eine Position zu bringen, die ein direktes Abfangen des Balls unmöglich macht. Dies kann er durch verschiedene Befreiungstechniken (I-Cut, V-Cut, L-Cut, Rolling, Flare-Cut, Backdoor-Cut, siehe auch Kap. 7.2.1) unterstützen.

Timing und Täuschen (Fintieren) spielen im Zusammenspiel eine große Rolle. Die Verteidigung sollte möglichst im Unklaren gelassen werden, wann und wohin der Ball gepasst werden wird. Schnelligkeit und Präzision müssen gut entwickelt sein, ohne den Pass zu „telegrafieren". Der Passempfänger sollte seinen Verteidiger immer so beschäftigen, dass es diesem unmöglich ist, den Ballträger zu „lesen". Der Spieler mit Ball sollte immer nach Möglichkeiten ausschauen, den Ball in eine bessere, korbgefährlichere Position zu befördern.

Ein Pass kann im Basketball ein- oder beidhändig, als direkter, als Lob oder als Bodenpass, im Stand oder in der Bewegung sowie aus dem Dribbling und im Sprung ausgeführt werden. Erfolgreiche Spieler können Pässe mit gleicher Qualität sowohl mit ihrer starken als auch mit ihrer schwachen Hand spielen. Deshalb ist es wichtig, schon früh die schwache Hand in das Passtraining einzubeziehen.

Grundsätzlich sollte der Passgeber folgende Regeln beachten:

- Sieh dein Passziel, ohne es direkt anzuschauen und den Pass zu „telegrafieren".
- Passe immer weg von der Verteidigung.
- Lege dich nicht frühzeitig auf ein Passziel bzw. eine Passtechnik fest.
- Sei auf überraschende Hilfen der Verteidigung vorbereitet, die dir dein eigentliches Passziel nehmen.

In vielen Spielsituationen ist es notwendig, seinen Pass mit einer Täuschung vorzubereiten. Diese Täuschung sollte möglichst realistisch, also möglichst nahe an der realen Bewegung sein, damit der Verteidiger dies auch als glaubhaft wahrnimmt. Täuschungen können Pass-, Wurf- oder Dribbeltäuschungen sein.

6.4.1 Passtechniken

Das Passen im Basketball kann ein- oder beidhändig, gerade, über den Boden oder als Lob erfolgen. Pässe werden außerdem aus dem Stand, aus der Bewegung und aus dem Dribbling gespielt.

Folgende Grundpassarten werden unterschieden:

- ein- und beidhändiger Druckpass,
- ein- und beidhändiger Bodenpass,
- Überkopfpass,
- Handball- oder Baseballpass.

Beidhändiger Druckpass

Abb. 6.5: Beidhändiger Druckpass

Hierbei wird der Ball in Brust-Bauch-Höhe durch eine gleichzeitige Armstreckung mit beiden Händen gespielt. Daumen und Zeigefinger formen bei der Ballhaltung ein W. Die Finger geben dem Ball den Impuls für den Flug und drehen sich während der Passbewegung nach unten. Die Handflächen zeigen nach dem Pass nach außen. Wird der beidhändige Druckpass als Bodenpass gespielt, sollte der Ball nach etwa zwei Dritteln der Passdistanz den Boden berühren.

Einhändiger Druckpass

Der einhändige Druckpass wird auf Schulterhöhe abgespielt. Ellbogen und Handgelenk sind hinter dem Ball. Der eigentliche Impuls des Passes kommt aus dem Handgelenk und verstärkt die Kraft aus der Armstreckung. Das Handgelenk wird beim Pass, ähnlich wie beim Wurf, abgeklappt. Wichtig ist hierbei die Fußstellung. Beide Fußspitzen sollten immer zum Passziel zeigen.

Eihändiger Bodenpass

Der einhändige Bodenpass wird auf Hüfthöhe abgespielt und hat die gleichen Ausführungsmerkmale wie der einhändige Druckpass. Eine Variante des einhändigen Bodenpasses ist der *Hakenpass*. Hierbei macht der Passgeber einen deutlichen Ausfallschritt zur Passseite hin und führt den Ball in einer halbkreisförmigen Bewegung in Richtung des Passziels. Der letzte Impuls und die Richtung des Passes werden durch das Abklappen des Handgelenks gegeben.

Überkopfpass

Der Ball wird mit beiden Händen über dem Kopf gehalten. Die Ellbogen zeigen ähnlich einem V zum Passziel. Daumen und Zeigefinger sind hinter dem Ball und bilden ein W. Der Ball wird nun ohne Ausholbewegung auf das Ziel hin beschleunigt. Wie auch beim Druckpass drehen die Daumen in der letzten Phase des Passens nach unten, sodass die Handflächen ebenfalls nach außen zeigen.

Handball-/Baseballpass

Die Ausführungsbewegung des Handballpasses ergibt sich schon aus dessen Namensgebung und wird meist nur mit der Wurfhand ausgeführt. Der Ball wird ähnlich einem Handball-Schlagwurf beschleunigt. Der Ball wird über die Schulter des Passarms geführt, mit der Hand hinter dem Ball und den Fingern nach oben zeigend. Der Ball wird nun nach vorne beschleunigt und mit einem abklappenden Handgelenk abgeworfen. Die Finger der Passhand zeigen nach dem Pass auf das Ziel. Der Handballpass dient dazu, größere Entfernungen zu überbrücken, z. B. bei einem Pass aus dem Rückfeld zu einem Mitspieler, der zum Schnellangriff gestartet ist.

Im Spiel werden zahlreiche Varianten der Grundpassarten angewendet. So kann z. B. aus einer Penetration ein einhändiger Pass aus dem Dribbling mit einer kurzen Drehung aus dem Handgelenk („Snap") gespielt werden. In Situationen des Blockens und Abrollens gibt es den sogenannten „Pocketpass", der aus dem Dribbling mit einer kurzen und schnellen Handgelenkdrehung aus der Innenhand gespielt wird oder als weitere Variante in einer Art Pumpenbewegung eng am Körper vorbei mit der Außenhand gespielt wird. Die Vielfalt der Pässe ist sehr groß und würde den Rahmen dieses Kapitels sprengen. Der Kreativität der Spieler sind hier keine Grenzen gesetzt.

6.5 Korbwürfe

Die Wurftechniken lassen sich strukturell in *Druckwürfe* (Standwurf, Druckwurfkorbleger, Sprungwürfe) und *Würfe mit langem Arm* (Unterhandkorbleger, Hakenwürfe) unterscheiden (Schauer, 2002). Die Gemeinsamkeit der Druckwürfe liegt in ihrer über Kopf hohen Wurfauslage bei gebeugtem Ellbogengelenk des Wurfarms, in der der Handrücken zur Stirn bzw. Wurfschulter zeigt. Die Bewegung endet durch ein schnelles Abklappen des Handgelenks vom Körper weg. Bei den Würfen mit langem Arm wird der Ball dagegen mit gestrecktem Wurfarm möglichst nah Richtung Ziel (Unterhandkorbleger) oder weg vom Gegner (Hakenwürfe) geführt, der Handrücken zeigt vom Körper weg. Der letzte Kraftimpuls wird dem Ball durch ein dosiertes Beugen des Handgelenks nach oben (Unterhandkorbleger) bzw. zur Gegenschulter hin (Hakenwürfe) gegeben.

Abb. 6.6: Standwurf

6.5.1 Standwurf

Der *Stand-* oder *Positionswurf* ist die Grundform der modernen, beidbeinig ausgeführten Druckwürfe mit über Kopf hoher Wurfauslage (Abb. 6.6). Diese Würfe haben sich entwickelt, um dem Verteidiger das Stören im Vergleich zu tieferen Ballpositionen im Moment des Abwurfs (Hüft-, Brust- oder Schulterhöhe) zu erschweren. Die Ausführung des Standwurfs beginnt im stabilen beidbeinigen Stand, beide Füße bleiben bis zum Abwurf am Boden. Die Ganzkörperstreckung endet im Zehenstand. Das Beherrschen des Standwurfs ist Voraussetzung für das Erlernen der Sprungwürfe.

Der Wurf kann ein- oder beidhändig ausgeführt werden (Steinhöfer & Remmert, 2011). Da die Zielgenauigkeit der basketballtypischen „Schubbewegung"[67] jedoch beim einhändigen Wurf besser ist – die beschleunigende Kraft wird hier nur durch eine Hand und damit nur in eine Richtung auf den Ball übertragen –, sollte vor allem bei leistungssportlichen Zielsetzungen direkt die einhändige Technik erlernt werden.

Im Leistungssport besitzt der Standwurf als Wurftechnik des laufenden Spielgeschehens kaum noch Bedeutung. Anwendung findet er fast nur noch als Freiwurf, der allerdings ein wichtiger Faktor für Erfolg oder Misserfolg einer Mannschaft sein kann.

Technische Ausführung des Standwurfs

Die Füße stehen etwa schulterbreit auseinander und zeigen in Zielrichtung, der Fuß der Wurfhandseite ist bis zu einem halben Fuß vorgestellt. Er ist mit dem Ellbogen der Wurfhandseite und der Wurfhand in einer Linie zum Korb ausgerichtet. Der Werfer beginnt aus einer leichten Beugehaltung in Knie- und Hüftgelenken, die Schulter der Wurfhandseite zeigt leicht nach vorn in Korbrichtung. Der Oberkör-

Abb. 6.7: Seitgriff mit Wurftasche

---

67 Basketballwürfe haben strukturell aufgrund des hohen horizontalen Ziels wenig mit den ansonsten im Sport dominierenden Schlagwürfen gemeinsam, die hauptsächlich auf Weite und Härte abzielen. Der Basketballkorb erzwingt eine Bewegungsausführung, die als *Schubbewegung* (vgl. Steinhöfer, 2008, S. 303) beschrieben werden kann und bei der übergroße Krafteinsätze die verlangte Zielpräzision negativ beeinflussen.

per ist aufrecht, das Gewicht lastet gleichmäßig auf beiden Füßen. Der Blick geht zum Korb. Vor dem Wurf wird der Ball im Seitgriff in der sogenannten *Wurftasche* (Abb. 6.7) gehalten.

Die Wurfbewegung wird durch das Hochführen des Balls eingeleitet, der Ellbogen der Wurfhand bewegt sich dabei unter den Ball und zeigt in der Wurfauslage in Korbrichtung. Gleichzeitig wird die Beugung in Knie und Hüftgelenken verstärkt („Tiefergehen"). Die Wurfhand mit locker gespreizten Fingern rückt zunächst hinter und mit zunehmender Ballhöhe mehr unter den Ball, bis der Handrücken in der Wurfauslage zur Stirn bzw. zur Schulter zeigt[68] (Handgelenkspannung). Der Ball liegt nun locker auf der Wurfhand, die Nichtwurfhand sichert von der Seite. Der eigentliche Wurf erfolgt aus einer harmonischen Ganzkörperstreckung, die mit Erreichen der Wurfauslage (Umkehrpunkt der Auftaktbewegung) beginnt und im Moment des Abwurfs im Zehenstand endet. Die Kraftübertragung auf den Wurfarm wird durch das Anheben der Wurfschulter initiiert (Schauer, 2006) und über die Streckung im Ellbogen- bis zum finalen Abklappen des Handgelenks fortgesetzt. Die sichernde Hand bleibt bis nach Einsetzen der Ellbogenstreckung am Ball. Den letzten Impuls erhält der Ball am Ende der Armstreckung durch das schnelle Abklappen („Brechen") des Handgelenks über die Finger der Wurfhand, zuletzt Zeige- und Mittelfinger. Idealerweise erhält der Ball dabei einen leichten Rückwärtsdreh. Der Wurfarm zeigt anschließend zum Korb und sollte nicht zu schnell zurückgezogen werden („Follow through"). Die Flugbahn des Balls beschreibt eine mäßig gewölbte Kurve.

Entscheidend für die Genauigkeit des Wurfs ist ein Vermeiden von Nebenbewegungen, vor allem um die Körperlängsachse. Die Bewegung sollte möglichst geradlinig von unten nach vorn oben erfolgen. Bis zum Abklappen des Handgelenks liegt der Ball locker auf der Wurfhand, er wird nach vorn oben „geschoben" (s. o.).

Methodische Hinweise zum Erlernen des Standwurfs

Der Standwurf ist ein notwendiges und wesentliches Element der Anfängerschulung, er bildet die technische Grundlage der dynamischen Würfe wie Korbleger und Sprungwurf. Zur Verdeutlichung und Schulung der Schubbewegung hat es sich bewährt, den Ball aus der einhändigen Wurfauslage ohne sichernde Hand werfen zu lassen. Dazu liegt der Ball

---

68 In der Wurfauslage befindet sich der Ball idealerweise auf der Linie Wurffuß – Schulter – Ellbogen – Wurfhand – Ziel, also über der Schulter. Unter biomechanischen Gesichtspunkten weisen so sämtliche auf den Ball wirkenden Kraftvektoren (Beine, Schulter, Ellbogen, Handgelenk) in eine Richtung. Diese Idealposition kann jedoch durch mangelnde Beweglichkeit im Handgelenk nicht immer erreicht werden, weshalb viele Werfer den Ellbogen der Wurfhand leicht zur Seite ausstellen und den Ball damit eher über der Stirn positionieren. Erkenntnisse der Motorikforschung bestätigen, dass die im Vergleich zur beschriebenen Ideallinie aufwendigere Bewegungskontrolle (Ausgleich unterschiedlich gerichteter Kraftvektoren) durch das Nerv-Muskel-System ohne Einschränkungen der Zielgenauigkeit mühelos gelingt.

in der Wurfauslage auf der Wurfhand und der Ellbogen zeigt in Richtung Korb. Eine optimale Kraftübertragung auf den Ball ist bei dieser Übung nur durch die nach vorn oben gerichtete Armstreckung möglich. Methodische Hilfen, wie leichtere und/oder kleinere Bälle (Mini-Basketball, Volleyball etc.) und abgesenkte Körbe, helfen, die Zieltechnik des einhändigen Wurfs auch mit den notwendigen Erfolgserlebnissen zu realisieren.

Das Techniklernen folgt den Prinzipien „Von der Nah- zur Weitdistanz" und „Vom indirekten zum direkten Wurf". Es erfordert hohe Wiederholungszahlen bei stetiger Variation von Wurfposition und -distanz (Kap 3.2.5). Es ist jedoch sinnlos, bei unvollkommener Technik aus großer Distanz zu werfen, da sich schnell nicht funktionelle Ausholbewegungen zur besseren Kraftentwicklung verfestigen (Schlagwurf- und Stoßbewegungen). Die maximale Entfernung zum Korb orientiert sich deshalb an der individuellen Erfolgsrate der Übenden. Indirekte Würfe über das Zielbrett ermöglichen dabei das Treffen des Korbrings auch bei nicht ganz zielgenauen Würfen. Im Hinblick auf eine größtmögliche Spieleffizienz sollte unbedingt darauf geachtet werden, korbnahe Würfe mit der starken und mit der schwachen Hand zu schulen. Als Freiwurf(-training) begleitet der Standwurf die gesamte Karriere eines jeden Spielers.

6.5.2 Druckwurfkorbleger

Der *Druckwurfkorbleger* ist die Grundform der Wurfbewegungen aus dem Lauf mit einbeinigem Absprung. Er ist im 1-1-dominierten Kinderbasketball die wichtigste Abschlusstechnik, da der Ball mit durch den Absprung besseren Kraftvoraussetzungen gegenüber dem Standwurf in den Korb befördert werden kann.

Die eigentliche Abwurfbewegung gleicht dem Standwurf: Mit der Absprungbewegung wird der Ball aus der hohen Wurfauslage abgeworfen. Die komplexe Bewegung des Druckwurfkorblegers besteht nach der Ballauf- oder -annahme aus der Abfolge Zweierkontakt mit Absprung, Druckwurf und Landung (Abb. 6.8).

Bei der Idealform erfolgt das letzte Dribbling mit der dem Gegner abgewandten Außenhand auf dem drittletzten Schritt mit dem korbnäheren Bein (Kreuzkoordination). Der den anschließenden Zweierkontakt beendende Absprung erfolgt damit ebenfalls vom korbnahen Bein, der Wurf erfolgt mit der korbfernen Hand. Variationen zeigen sich im Spiel von Könnern: Je nach Erfordernis der Situation sind auch Korbleger mit der „falschen" Hand oder über das „falsche" Bein möglich, solange sie den Regeln entsprechen.

Technische Ausführung des Druckwurfkorblegers

Nach Dribbling von der rechten Seite wird der Ball nach dem Abdrücken vom linken Bein mit beiden Händen gefangen. Im folgenden Zweierkontakt rechts – links befindet

Abb. 6.8: Druckwurfkorbleger

sich der Ball in der Wurftasche auf der gegnerfernen Seite. Der flache Schrittsprung von links nach rechts, bei dem die Ballaufnahme erfolgt, ist länger als der nachfolgende Stemmschritt zum Absprung mit links, der bei tiefem Körperschwerpunkt aus der Horizontal- in die Vertikalbewegung überleitet. Die Laufgeschwindigkeit wird durch den kürzeren Stemmschritt und das Abrollen des Absprungfußes über die Ferse in Sprunghöhe umgesetzt. Der Absprung vom linken Bein wird durch ein aktives Hochreißen des gebeugten rechten Schwungbeins unterstützt. Der Ball wird direkt nach der Ballannahme dicht vor die rechte Schulter geführt und mit dem abgewinkelten linken Ellenbogen geschützt. Mit Beginn des Absprungs wird er in die Wurfauslage gebracht. Der Wurfarm ist gegenüber dem Standwurf etwas stärker gestreckt, da die geringere Distanz zum Korb weniger Kraft zum Abwurf erfordert. Bei maximaler Sprunghöhe erfolgt die Wurfbewegung wie beim Standwurf. Die sichernde Hand bleibt zum Schutz vor störenden Verteidigern möglichst lange am Ball, das Abklappen des Handgelenks erfolgt je nach vertikaler Distanz zum Korb dosierter als beim Standwurf. Die Wurfhand sollte sich beim Abwurf in der Lücke zwischen Ring- und Zielbrett befinden, der Ball wird indirekt über das Brett in den Korb geworfen. Zielpunkt ist die obere innere Ecke des Zielvierecks. Die Landung erfolgt auf beiden Beinen.

Methodische Hinweise zum Erlernen des Druckwurfkorblegers

Der Druckwurfkorbleger wird aus einem idealen Anlaufwinkel von etwa 45° zum Zielbrett erlernt. Es bietet sich das Zergliedern in die Teilbewegungen des Zweierkontakts und der (als bekannt vorauszusetzenden) Standwurfbewegung an. Der Zweierkontakt mit Absprung nimmt bei der methodischen Hinführung eine zentrale Stellung ein und bildet die Grundlage zum Erlernen der Gesamtbewegung. Dazu lassen sich Bodenmarkierungen, Fitness- oder Turnmatten als Rhythmisierungshilfen einsetzen, die eine akzentuierte Gestaltung des Anlaufs ermöglichen. Die neue Bewegungserfahrung, wie sich der bekannte Druckwurf mit einbeinigem Absprung anfühlt, kann durch die Ausführung des Standwurfs nach einem Angehschritt vermittelt werden (Remmert, 2006).

6.5.3 Unterhandkorbleger

Der *Unterhandkorbleger* ist den Langarmwürfen zuzuordnen (Kap. 6.5). Meist liegt die Absprungstelle weiter vom Korb entfernt als beim Druckwurfkorbleger, die Distanz wird durch die vollständige Armstreckung bis zur eigentlichen, aufwärts gerichteten Abwurfbewegung der Wurfhand überbrückt. In der Wurfauslage liegt der Ball auf der Handfläche der Wurfhand, der Handrücken zeigt zum Boden und die Finger weisen zum Korb. Der Ball befindet sich durch das deutliche Vorbringen der Wurfschulter und das Strecken der Wurfhand nach vorn deutlich vor dem Körper. In der letzten Phase wird der gestreckte Arm nach oben angehoben und der Ball rollt über die Finger der im Handgelenk dosiert beugenden Wurfhand ab. Der Unterhandkorbleger ist variabel als direkter oder indirekter Korbleger anzuwenden. Er wird aus hohem Tempo bei großer Absprungentfernung zum Korb oder auch im 1-1 am Gegenspieler vorbei ausgeführt, wenn dieser in Erwartung eines Druckwurfs zum Wurfblock ansetzt.

6.5.4 Sprungwürfe

Als *Sprungwürfe* bezeichnet man alle beidbeinig abgesprungenen Druckwürfe. Im modernen Basketball werden die Ausführungsvarianten „herkömmlicher Sprungwurf", „Explosivsprungwurf" und „Reaktivsprungwurf" unterschieden (Schauer, 2002).

Durch die strukturelle Ähnlichkeit ist der herkömmliche Sprungwurf aus der Standwurfbewegung abzuleiten: Der Ball wird wie beim Standwurf in die Wurfauslage geführt, dann wird abgesprungen und anschließend im höchsten Punkt des Sprungs abgeworfen. Die Absprungbewegung mit dem Ball in Überkopfposition ist jedoch technisch schwierig, da gegenüber den meisten natürlichen Absprungbewegungen, z. B. aus der

Leichtathletik, die Armschwungkomponente fehlt. Selbst bei Beherrschen der Bewegung ist der herkömmliche Sprungwurf von Nachteil: Es kann durch den fehlenden Armschwung keine große Absprunghöhe erreicht werden und der Abwurf erfolgt aufgrund der zeitlichen Abfolge Wurfauslage – Absprung – Abwurf relativ langsam. Die Athletik heutiger Verteidiger erzwingt technische Lösungen beim Sprungwurf, die entweder durch die erreichte Sprunghöhe beim Abwurf oder durch die Schnelligkeit des Abwurfs Vorteile im 1-1 verschaffen: Explosiv- und Reaktivsprungwurf.

Bei sämtlichen Technikvarianten wird der Ball kurz vor oder genau im höchsten Punkt des Sprungs abgeworfen (Zweiphasigkeit der Wurfbewegung: Erst springen, dann werfen!). Wartet ein Spieler mit dem Abwurf bis zur absteigenden Phase, muss er durch zusätzliche Armstreckkraft dem Abwärtsfallen des Körpers entgegenarbeiten und der Wurf verliert an technischer Präzision und Weite. Den Abwurf im Fallen beherrschen nur athletisch perfekt ausgebildete und technisch versierte Spieler, die damit allerdings über eine kaum zu verteidigende Angriffswaffe verfügen.

Abb. 6.9: Explosivsprungwurf

Der Explosivsprungwurf

Der *Explosivsprungwurf* unterscheidet sich in wesentlichen Details vom herkömmlichen Sprungwurf. Der Werfer leitet den Absprung nicht erst nach Einnahme der Wurfauslage ein, sondern bereits durch das dynamische Hochreißen des Balls in die Wurfauslage. Dieses „Anreißen" beginnt wie ein Doppelarmschwung zeitlich minimal vor dem Einsetzen der Streckbewegung der Beine und ermöglicht das Erreichen einer größeren Sprunghöhe. Der Explosivsprungwurf aus der Bewegung (Dribbling, Cut mit Zuspiel) ist bei optimaler Kombination von „Ansprung" (Schauer, 2002), Landung, Anreißen, Absprung und Abwurf ein sehr athletischer Wurf, der nur schwer zu blocken ist.

Technische Ausführung des Explosivsprungwurfs

Der Explosivsprungwurf beginnt mit der Auftaktbewegung der Beine (Tiefergehen oder Landung nach Ansprung, Abb. 6.9). Im Umkehrpunkt befindet sich der Ball bereits im Seitgriff in der Wurftasche, der Absprung wird nun durch das aktive Hochreißen des Balls eingeleitet. Die Beinstreckung setzt minimal später ein und fällt durch die Schwungunterstützung der Arme leichter. Wenn sich die Füße vom Boden lösen, befindet sich der Ball bereits in der Wurfauslage. Am Ende der Steigebewegung erfolgt der eigentliche Abwurf durch Streckung des Wurfarms und Abklappen des Handgelenks wie bei allen Druckwürfen. Der Werfer landet beidbeinig am Ort des Absprungs.

Methodische Hinweise zum Erlernen des Explosivsprungwurfs

Die nicht leicht zu koordinierende Gesamtbewegung des Explosivsprungwurfs basiert auf der Beherrschung unterschiedlicher Teilbewegungen bzw. Bewegungskombinationen, die akzentuiert geschult werden sollten: beidbeiniges Abstoppen/Landen, Armschwung mit beidbeinigem Absprung, Anreißen des Balls im Seitgriff und Abwurf.

Koordinative Grundlagen zur Beinarbeit werden durch eine umfassende Rhythmus- und Sprungschulung (z. B. leichtathletisches Lauf- und Sprung-ABC) gelegt. Der Standwurf mit seiner typischen Wurfauslage sollte sicher beherrscht werden. Das schnelle und sichere Aufnehmen des Balls im Seitgriff nach unterschiedlichen Auftaktbewegungen (aus dem Lauf nach Dribbling und nach Zuspiel, im Stand nach Sternschrittauftakt) ist wichtig, damit später die Einleitung der Anreißbewegung ohne zeitliche Verzögerung stattfinden kann. Die weiteren Schulungsschwerpunkte liegen auf der Anreißbewegung als Armschwung mit Ball im Seitgriff und in der Betonung der Zweiphasigkeit von Absprung und Abwurfbewegung (Sprung – Wurf).

Sobald Anfänger das beidbeinige Springen mit Armschwung und den Standwurf beherrschen, kann auch das Erlernen des Explosivsprungwurfs gelingen. Der Wurf sollte bei Anfängern immer mit einer Auftaktbewegung eingeleitet werden, die zu einem flüssigeren Übergang in den Absprung und darüber hinaus auch zu einer größeren Sprunghöhe führt als beim Wurf aus dem Stand (Nutzung des langen Dehnungs-Verkürzungs-Zyklus der Beinstreckmuskulatur, siehe Kap. 3.1.2).

Bei der Einführung sämtlicher Sprungwurfvarianten führt der Weg wie bei den Standwürfen von indirekten zu direkten und von Nah- zu Weitdistanzwürfen. Ein geduldiges Vorgehen ist notwendig, da sich erst bei sicher beherrschter Sprungwurftechnik und damit optimaler Kraftgenerierung aus den einzelnen Bewegungsteilimpulsen die notwendige Trefferstabilität einstellt. Wird bei noch mangelhafter Gesamtkoordination bereits aus zu großen Entfernungen geworfen, sind häufig nicht funktionelle Ausholbewegungen oder fehlerhaftes Timing die Folge, die sich verfestigen können und den Lernfortschritt massiv behindern: Stoßen von der Schulter statt Abwurf nach Einnehmen der Wurfauslage, gleichzeitiges „Hüpfen" und Abwerfen statt Zweiphasigkeit etc.

Der Reaktivsprungwurf

Die andere, leistungssportlich relevante Technikvariante des Sprungwurfs ist der *Reaktivsprungwurf*. Hier wird im Gegensatz zur explosiven, kraftbetonten Absprungbewegung des Explosivsprungwurfs ein reaktiver, schneller Absprung von den Fußballen realisiert (kurzer Dehnungs-Verkürzungs-Zyklus, siehe Kap. 3.1.2). Es findet keine Abrollbewegung über die ganze Fußsohle statt, die Fersen setzen bei der Abstoppbewegung nicht auf. Stattdessen sind die Fußgelenke vor der Landung durch muskuläre Vorspannung fixiert und der Werfer „federt" bei nur geringer Beugung in Knie- und Hüftgelenken nach möglichst kurzem Kontakt wieder vom Boden weg. Der Reaktivsprungwurf ist ein sehr schneller, aber kein besonders hoch abgesprungener Wurf.

Das Hochreißen des Balls bis Kopfhöhe erfolgt in maximal möglicher Armgeschwindigkeit bereits mit der Landung und stellt keine Armschwungbewegung wie beim Explosivsprungwurf dar. Die kurze Zeitspanne nach dem federnden Absprung bis zum Abwurf muss genutzt werden, um die Anreißgeschwindigkeit zu reduzieren und die Wurfauslage einzunehmen. Am Ende der Steigebewegung wird der Ball abgeworfen.

Anwendung findet der Reaktivsprungwurf im Spiel immer dann, wenn gegen eine enge Verteidigung ein schneller Abwurf gefragt ist. Typische Situationen sind der direkte Nachwurf nach Offensivrebound, wenn der Ball über Kopfhöhe gefangen wird und der Distanzwurf nach Zuspiel, bei dem der Werfer nur Bruchteile von Sekunden ungedeckt ist. Entscheidend ist hier das Timing der Wurfvorbereitung durch den kurzen Ansprung.

6.5.5 Hakenwürfe

Die *Hakenwürfe*, die den Würfen mit langem Arm zuzuordnen sind (Kap. 6.5), gehören zum Technikrepertoire von korbnah agierenden (Center-)Spielern. Sie ermöglichen das sichere und kontrollierte Werfen in korbnahen 1-1-Situationen über den Gegenspieler hinweg. Der Werfer bringt seinen Körper zwischen Ball und Gegner, indem er seine Gegenschulter zum Korb dreht. Der Ball wird über der Wurfschulter nach oben geführt und nach vollständiger Armstreckung mit einer dosierten Handgelenkbeugung in den Korb geworfen.

In der Grundform des „Standardhakens" (Schauer, 2002) wird im Anschluss an ein Dribbling oder einen centertypischen Drop-step aus der Posting-up-Position (Kap. 7.1.6) einbeinig abgesprungen. Das Bein der Wurfarmseite schwingt im Kniegelenk gebeugt hoch. Der Ball wird mit beiden Händen auf der gegnerfernen Seite bis auf Schulterhöhe gebracht, dann löst sich die Nichtwurfhand und der Nichtwurfarm zeigt mit rechtwinklig gebeugtem Ellbogengelenk zum Gegner. Der gestreckte Wurfarm schwingt in einer weiten Bewegung bis zur Senkrechten hoch, es folgt der Abwurf.

Im modernen Spiel ist es gerade unter dem Korb kaum noch möglich, die weite Ausholbewegung des Standardhakenwurfs ohne Risiko des Ballverlusts durchzuführen. Zwar ist der Ball sehr gut vor dem eigenen Gegenspieler geschützt, jedoch stellen helfende Verteidiger, gerade bei den kleinräumigen Centerbewegungen, eine zu große Gefahr dar, da der Ball relativ lange offen auf der Wurfhand liegt. So sind heute die Technikvarianten „Steiler Haken/Baby Hook" und „Explosiver Haken/Power Hook" wettkampfrelevant (Schauer, 2002).

Beim *Baby Hook* wird der Ball eng am Körper und damit besser geschützt nach oben geführt. Statt der Armstreckung zur Seite wie beim Standardhaken wird der Ball beidhändig von der Wurfschulter bis zum Abwurfpunkt geführt. Erst dann löst sich die gegnernahe Hand vom Ball und die Wurfbewegung wird vollendet.

Der *Power Hook* unterscheidet sich von den anderen Hakenwurfvarianten durch seinen kraftvoll-explosiven, beidbeinigen Absprung. Der Ball wird noch vor dem Absprung beidhändig in Kopfhöhe gebracht, dann folgen wie beim Baby Hook Hochführen bis in die Senkrechte, Lösen der sichernden Hand und Abwurf.

Der Powershot

Der *Powershot* gleicht unter bewegungstechnischen Gesichtspunkten dem Power Hook: beidbeiniger Absprung aus paralleler Fußstellung, senkrechte Stellung der Schulterachse zum Korb, enges Hochführen des Balls, Abwurf nach erfolgter Armstreckung (Abb. 6.10).

Abb. 6.10: Powershot

Er wird unter Bedrängnis aus einer dynamischen Anlaufbewegung zum Abschluss eines Drives oder Cuts angewendet, wenn ein einbeinig abgesprungener Korbleger zu risikoreich oder instabil ist. Je nach Gegnerposition (vor oder eher neben dem Ball) wird die Gegenschulter mehr oder weniger stark zum Korb vorgebracht. Der besondere Vorteil des Powershots gegenüber dem einbeinig abgesprungenen Korbleger liegt in der Möglichkeit, den Wurf nach dem Abstoppen zu unterbrechen und mit einer Wurftäuschung zu kombinieren, mit einer Sternschrittbewegung fortzusetzen oder ganz abzubrechen.

6.6 Grundstellung und Grundbewegung in der Verteidigung

6.6.1 Grundstellung

Technische Grundlage der Fußarbeit in der Verteidigung sind die *Grundstellung* und die *Grundbewegung*.

Abb. 6.11: Verteidigungsgrundstellung

Die *Grundstellung* des Verteidigers ermöglicht eine optimale Reaktions- und Bewegungsbereitschaft in alle Richtungen. Technische Kriterien sind (Abb. 6.11a, b):

- paralleler Stand (etwa 1,5-fache Hüftbreite),
- Fußstellung mit den Fußspitzen nach vorne,
- Gewicht auf den Fußballen,
- gebeugte Knie,
- fixiertes, leicht vorwärts gekipptes Becken,
- aufrechter Oberkörper,
- gerade Brusthaltung,
- gerade Kopfhaltung (Übersicht),
- Arme und Hände in seitlicher Abwehrhaltung bzw. situationsspezifischer Abwehrhaltung.

6.6.2 Grundbewegung

Die *Grundbewegung* des Verteidigers beginnt in der Grundstellung und hat zum Ziel, die Stabilität und Aktionsbereitschaft der Grundstellung auch in der Bewegung aufrechtzuerhalten. Drei Bewegungselemente sind charakteristisch für die Grundbewegung (Abb. 6.12):

- ein weit ausgreifender Schritt in die Bewegungsrichtung (**GR**eifen),
- ein beinahe gleichzeitiger explosiver Abstoß mit dem anderen Bein (**A**bstoßen),
- das unmittelbare Nachstellen der Füße in die Ausgangsstellung (**N**achstellen).

Nach den Anfangsbuchstaben dieser technischen Kernelemente wird diese Technik *GRAN-Technik* genannt (Schröder & Bauer, 2001, S. 44). Diese auch „Point-and-push" genannte Technik der Nachstellschritte kann bei sehr dynamischer Ausführung einem flachen Sprung zur Seite oder schräg zurück ähnlich sein.

Die Verteidigungsbewegung wird grundsätzlich seitwärts oder schräg rückwärts ausgeführt. Zu unterscheiden ist zwischen einem GRAN-Zyklus, bei dem der Verteidiger z. B. beim Stoppen des Dribblers zum Stillstand kommt und mehreren Zyklen, bei denen die Greif- und Nachstellschritte fließen ineinander übergehen.

Aus Sicht des Basketball-Regelwerks ist es bedeutsam, dass bei einem Körperkontakt zwischen Angreifer und Verteidiger der Angreifer die größere Verantwortung für einen Kontakt, also für ein eventuelles Foul, trägt, wenn der Verteidiger sich in einer *legalen Verteidigungsposition* befindet. Diese fußt auf dem sogenannten *Zylinderprinzip*, das den imaginären Raum um die Standposition eines Spielers vom Hallenboden bis zur Decke definiert und dem *Vertikalprinzip*, demzufolge ein Spieler ein Anrecht auf den Luftraum über seiner Standposition besitzt (Kap. 13, Abb. 13.2, s. S. 399). Die Breite der Standfläche variiert dabei entsprechend der Körpergröße des Spielers. Innerhalb dieser Prinzipien

Abb. 6.12: GRAN-Technik der Verteidiger-Grundbewegung

hat ein Spieler dann eine regelgerechte Verteidigungsposition eingenommen, wenn

- er frontal zu seinem Gegner steht und
- sich beide Beine am Boden befinden.

Gegenüber einem Angreifer *mit Ball* spielen Zeit und Abstand bei der Einnahme der Verteidigungsstellung keine Rolle, da dieser Spieler jederzeit damit rechnen muss, verteidigt zu werden, während einem Angreifer *ohne Ball* die Gelegenheit gegeben werden muss, situationsabhängig dem Verteidiger auszuweichen oder mit einem oder maximal zwei Schritten abzustoppen. Ausgehend von einer regelgerechten Verteidigungsstellung, ist es dem Verteidiger erlaubt, die Hände und Arme innerhalb des Zylin-

ders nach oben zu strecken und nach oben zu springen oder die Verteidigungsposition durch Bewegungen seitwärts oder rückwärts (nicht vorwärts!) aufrechtzuerhalten. Hierbei können die Füße auch kurzzeitig den Boden verlassen. Ein eventueller Körperkontakt mit dem Angreifer darf bei dieser Bewegung nicht mit den Extremitäten erfolgen.

Eine Besonderheit in dieser Hinsicht stellt der sogenannte *No-charge-Halbkreis* dar, der mit einem Radius von 1,25 m von der Projektion des Korbmittelpunkts auf den Hallenboden unter den Körben eingezeichnet ist (Abb. 6.13).

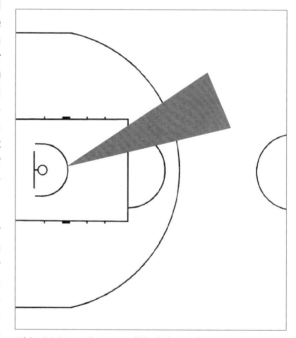

Abb. 6.13: No-charge-Halbkreis im Korbraum

Ein Kontakt, der von einem zum Korb springenden Angriffsspieler mit Ball mit dem Verteidiger verursacht wird, ist dann nicht als Angriffsfoul zu bewerten, wenn der Angreifer versucht zu werfen oder zu passen und der Verteidigungsspieler mit einem oder beiden Füßen den No-charge-Halbkreis berührt, wobei die Halbkreislinie zum No-charge-Bereich (zählt FIBA, 2018, S. 40).

7 Taktik

Im Kontext der komplexen sportlichen Leistungsfähigkeit nimmt die *Taktik* je nach Disziplin eine unterschiedlich wichtige Rolle ein. Basketball als Vertreter der großen Sportspiele gilt dabei aufgrund der gegenseitigen Beeinflussungs- und Störmöglichkeiten, der Entscheidungsspielräume der Wettkampfregeln, der Kooperationsmöglichkeiten zwischen den Partnern und der Variabilität der äußeren Bedingungen als besonders anspruchsvoll.

Ursprünglich wurde der Taktikbegriff im Bedeutungszusammenhang militärischer Handlungen benutzt, zunächst im Sinne einer systematischen Vorbereitung der Truppenanordnung und -aufstellung, dann auch bezüglich des unmittelbaren Verhaltens der Kampftruppen auf dem Schlachtfeld. Beide inhaltlichen Dimensionen, die Vorausplanung und die unmittelbare Situationsbewältigung, kennzeichnen auch heute noch die umfassende Bedeutung des Begriffs Taktik: „Taktik bezeichnet den Einsatz eines Systems von Handlungsplänen und Entscheidungsalternativen, das Handlungen so zu regeln gestattet, daß ein optimaler sportlicher Erfolg möglich wird" (Martin et al., 1993, S. 229). Die Entscheidungsfindung beim Auswahlprozess zwischen mehreren Handlungsalternativen hat dabei sowohl lang- als auch kurzfristig zentralen Stellenwert für die Erfolgsoptimierung des Wettkampfs. Kurz gefasst, kann die Bedeutung des Begriffs der Taktik mit *Entscheidungshandeln* umschrieben werden.

Taktische Entscheidungen sollen das eigene Verhalten im Sinne des bestmöglichen Erfolgs organisieren. Im allgemeinen Sprachgebrauch des Wettkampfsports werden heute langfristigere Entscheidungen der *Strategie*[69], kurzfristige und unmittelbar im Wettkampf zu treffende Entscheidungen der *Taktik* zugeordnet. Roth (1989) fasst die Bedingungen des kurzfristigen Entscheidungshandelns speziell für das Sportspiel zusammen:

- Auswahl zwischen verschiedenen Lösungsalternativen,

- Auswahl unter zum Teil extrem hohem Zeitdruck,

- Entscheidungsfindung sowohl vor als auch während motorischer Aktionen,

- Entscheidungsfindung trotz psychophysischer Ermüdung,

- Entscheidungsfindung unter komplexen, schnell variierenden äußeren Bedingungen.

---

69 Die Abgrenzung zwischen *Strategie* und *Taktik* wird in der sportwissenschaftlichen Literatur uneinheitlich vorgenommen. Ein „Minimalkonsens" besteht darin, dass Strategie die langfristigen Planungen und Taktik die allgemeine und spezielle Wettkampfvorbereitung, die Wettkampfbetreuung und die konkreten Auswahl- und Realisierungshandlungen im Wettkampf umfasst.

Der hohe Belastungs-, Zeit- und Situationsdruck (s. Kap. 3.2) führt im Basketball oftmals dazu, dass Spieler aus mangelnder Vororientierung sehr risikoreiche und wenig „durchdachte" Entscheidungen treffen müssen. Hier zeigen sich die eigentlichen *taktischen Fähigkeiten* von Spielern, situationsübergreifend die eigenen konditionellen und technomotorischen Ressourcen optimal erfolgreich einzusetzen (Abb. 7.1, S. 182). Voraussetzungen dafür sind taktische Kenntnisse (Wissen über Situationsbedingungen, Spielregeln, Spielsysteme, taktische Grundregeln etc.) und taktische Fertigkeiten (technisch-taktische Handlungen im Sinne „automatisierter Antworthandlungen auf typische Situationskonstellationen" (Roth 1989, S. 25).

Im Basketball konkurrieren zwei Parteien und versuchen, eigene Handlungsabsichten durchzusetzen und Absichten des Gegners zu (zer-)stören. Dazu wird die eigentliche Zielhandlung des Korbwurfs oftmals hinter zusätzlichen taktischen Maßnahmen zurückgestellt, die notwendige Informationen zur Situationsanalyse generieren, den Gegner über eigene Absichten täuschen und günstige Ausführungsbedingungen für die letztliche Zielhandlung schaffen sollen. Im Idealfall steigen dadurch die Erfolgschancen[70] (Schnabel et al., 1994; Barth, 1999).

Taktisches Verhalten kann in diesem Sinne auch als „Handeln mit Informationen" bezeichnet werden. Der Basketballspieler muss jederzeit wissen, in welche Situationen er sich zu welchem Zweck begibt und er muss Lösungsmöglichkeiten kennen, auf deren Grundlage er die richtigen Entscheidungen treffen kann. Sind diese nicht hinreichend klar, bietet er dem Gegner bewusst falsche Informationen wie Täuschungen und Finten an. Taktisches Handeln ist bis zur motorischen Umsetzung eben „Handeln im Kopf" (Barth, 1999, S. 367).

Auf jedem Spielniveau entscheidet die Fähigkeit, eigene Handlungsziele durchzusetzen, über Erfolg und Misserfolg. Im mittleren Leistungsbereich spielt die Taktik auch dann eine besondere Rolle, wenn begrenzte motorische Fähigkeiten und Fertigkeiten optimal eingesetzt werden müssen. Kondition und die in der Trainingspraxis kaum von der Taktik zu trennende Technik werden durch diese spezifische Anforderung des Spiels zum „Mittel zum Zweck". Niedlich (1985, S. 381) spricht auch vom „Primat der Taktik".

Für das taktische Entscheidungsverhalten sind die Fähigkeiten zur Wahrnehmung und Situationsanalyse besonders bedeutsam (Westphal et al., 1987). Erkennt der Spieler ihm bekannte Situationen wieder, kann er das Handeln auf der Grundlage seiner Erfahrungen aktiv bestimmen. Ein bloßes Reagieren dagegen bedeutet immer, einen Schritt zu langsam zu sein. Der taktisch versierte Spieler agiert auf der Grundlage von Wissen und wahrgenommenen Signalen, die ihn bestimmte Spielkonstellationen frühzeitig er-

---

70 Taktik als indirekte Absicht (Schnabel et al., 1994).

kennen und bewerten lassen. Unter Zuhilfenahme seiner Erfahrungen ist er sogar in der Lage, Spielsituationen zu antizipieren[71] und für seine Ziele optimal zu gestalten, da seine Entscheidungsfindung unter geringerem Zeitdruck abläuft als die seines (reagierenden) Gegenspielers.

Für die erfolgreiche Gestaltung der situativen, kurzfristigen Problemlösungen im Spiel ist es wichtig, dem Spielhandeln vorab einen taktischen Rahmen zu geben. Dies bedeutet in der Spielpraxis eine Auswahl mannschaftstaktischer Systeme mit klarer Definition gruppen- und individualtaktischer Handlungsoptionen („Ausstiege"). Die theoretisch unbegrenzte Menge möglicher Handlungsalternativen wird somit je nach Stärken und Schwächen der eigenen Mannschaft und des Gegners reduziert. Im Spiel versucht ein Spieler, sein jeweiliges Handlungsrepertoire erfolgreich einzusetzen und geht auch mit dem Wissen um die bevorzugten Spielhandlungen des Gegners um: „Der taktisch gut geschulte Spieler richtet seine Aufmerksamkeit nur auf die Handlungsalternativen, die den äußeren und inneren Sinn-, Zweck- und Zielvorgaben angemessen sind und die ihm realisierbar erscheinen" (Roth, 1989, S. 17).

Die Taktik als Ganzes ist vielschichtig und wird für den Trainingsprozess in unterschiedliche, trainingspraktisch relevante Bereiche untergliedert. Eine Differenzierung in *Angriffs- und Verteidigungstaktik* ergibt sich daraus, dass sich im Basketball eine Mannschaft entweder im Angriff oder aber in der Verteidigung befindet. Ziel von Angriffstaktiken ist es, dem Gegner eigene Spielkonzeptionen aufzuzwingen und somit den Spielverlauf aktiv zu gestalten (Schnabel & Thieß., 1993). Im Rahmen der Abwehrtaktiken wird dagegen versucht, das „Gesetz des Handelns" umzukehren und das Spiel durch offensive bzw. aktive Abwehr zu prägen.

Praktikabel ist die weitere Unterscheidung in *Mannschafts-, Gruppen- und Individualtaktik*. Die *Mannschaftstaktik* repräsentiert den Ordnungsrahmen, in dem konkrete Entscheidungssituationen auf gruppen- und individualtaktischer Ebene gelöst werden. Begriffe wie „organisiertes Spiel" oder „System" verdeutlichen den Charakter der Vorausplanung. Von *Gruppentaktik* spricht man, wenn mindestens zwei Spieler einer Mannschaft an der Lösung einer Spielaufgabe beteiligt sind. Im Basketball ist dies beim Give-and-go und den direkten Blocks im 2-2 sowie beim Dreieckspiel und den indirekten Blocks beim 3-3 der Fall. Das Spiel 3-3 enthält bereits die Grundstrukturen sämtlicher möglicher Handlungsalternativen, die im 4-4 eine höhere Komplexität erhalten können (z. B. Mehrfachblocks). Zur *Individualtaktik* sind alle Spielhandlungen im 1-1 zu zählen, in denen ein Spieler allein sein technomotorisch-taktisches Können zum Errei-

---

71   *Antizipation:* Gedankliche Vorwegnahme zukünftig eintreffender Ereignisse. Im Sportspiel ist besonders die Vorwegnahme gegnerischer Handlungen (Fremdantizipation) bedeutsam, die sich mit zunehmender Spielerfahrung ausprägt und auf Wissen über Entscheidungssituationen wie auch auf Situationserfahrung basiert: „Ich weiß, dass mein Gegner auf meine Wurffinte hin springen wird."

chen seiner Ziele einsetzt. Für die Trainingspraxis hat eine wie auch immer begründete theoretische Abgrenzung zwischen Individual- und Gruppentaktik keine Bedeutung.

Tab. 7.1: Übersicht zur Taktik im Basketball

	Angriffstaktik		Verteidigungstaktik
Mannschaftstaktik	Angriffssysteme (Offense) Mann-Mann, Ball-Raum, Mischformen	5-5	Verteidigungssysteme (Defense) Mann-Mann, Ball-Raum, Mischformen
	⇦ Übergänge *(Transition)* ⇨		
Gruppentaktik	Überzahlsituationen	zum Beispiel 4-3 / 1-2	Unterzahlsituationen
	Mehrfachblocks	4-4	Blockverteidigung
	Indirekte Blocks Dreieckspiel	3-3	Blockverteidigung Cutverteidigung Verteidigerhilfen
	Direkte Blocks Give and go	2-2	
Individualtaktik	Cuts zum Korb Cuts zum Ball	1-1	Verteidigung gegen Angreifer ohne Ball
	Pass Wurf Penetration		Verteidigung gegen Angreifer mit Ball

7.1 Spiel 1 gegen 1 im Angriff

(unter Mitarbeit von Matthias Haller)

Die Spielsituation 1-1 ist die Keimzelle des Basketballspiels. Mannschafts- und Gruppentaktik verfolgen im Angriff das Ziel, entweder einfach zu nutzende Überzahlkonstellationen herauszuspielen oder aber die Komplexität des 5-5 auf 1-1-Situationen zu reduzieren. Im modernen Basketball fallen bis zu 75 % aller Korbwurfentscheidungen letztendlich im 1-1 (Remmert, 2002) und so entscheiden die individuellen Fähigkeiten in hohem Maße über Sieg oder Niederlage. Die Rahmentrainingskonzeption des DBB sieht denn auch bereits für das Grundlagentraining bis zur Altersklasse U-14 neben den individuellen technischen Fertigkeiten die Ausbildung grundlegender individualtaktischer Handlungsmöglichkeiten des Angreifers vor (Blümel et al., 2007):

- positionsorientiertes Befreien (In-out-Bewegung) und Schneiden zum Korb,
- Ballannahme und/mit Drehen zum Korb (Facing),
- grundlegende „Wenn-dann"-Entscheidungen: Abstand nah → Durchbruch; Abstand weit → Wurf,
- Wurf- und Durchbruchfinten innerhalb der o. g. Entscheidungssituationen,
- situationsgerechte Bewegungskombinationen und Anwendung im 5-5.

Mit zunehmendem Lernalter werden weitere Technikvarianten (z. B. Passgangdurchbruch), komplexere individualtaktische Handlungsmöglichkeiten und auch das Handlungsrepertoire der Centerspieler im Posting-up ergänzt, da mit fortschreitender Leistungsstärke nur der möglichst „komplette" 1-1-Spieler eine ernst zu nehmende Bedrohung für den Verteidiger darstellt.

1-1-Aktionen lassen sich in sogenannte *Facing-Situationen* (mit dem Gesicht zum Korb) oder *Posting-up-Situationen* (mit dem Rücken zum Korb) unterscheiden. Außenspieler agieren hauptsächlich aus dem Facing, während für Centerspieler vorrangig das Agieren aus dem Posting-up wichtig ist. Dennoch müssen alle Spieler auch die positionsfremden Grundlagen beherrschen, um entsprechende Vorteile in der unmittelbaren Auseinandersetzung mit ihrem Gegenspieler nutzen zu können (z. B. Aufposten gegen einen kleineren Aufbauspieler oder Penetration gegen einen größeren, behäbigeren Center). Einige Spieler auf der kleinen Centerposition (Power Forward), die sowohl das Spiel im Posting-up als auch aus dem Facing beherrschen, bezeichnet man auch als sogenannte *Mismatch-Spieler* oder *Swing Men*. Sie können gegen kleinere Verteidiger ihren Größenvorteil im Posting-up und gegen größere, kräftigere Spieler ihren Schnelligkeitsvorteil im Spiel von außen (Facing) ausnutzen.

Spielleistungsfähigkeit des Angreifers im 1-1

Reagieren auf Vorgaben und Verhalten des Verteidigers		**Agieren** Nutzen athletischer und zeitlicher Vorteile
	Täuschen/Fintieren	
Technik *koordinative Fähigkeiten und technische Fertigkeiten* • allgemeine und spezifische Koordination • basketballspezifische Techniken	**Taktik** *taktische Entscheidungsfähigkeit* • taktische Kenntnisse • taktische Fertigkeiten • taktische Fähigkeiten	**Athletik** *konstitutionelle und konditionelle Voraussetzungen* • Körperbau • Ausdauer • Kraft • Schnelligkeit • Beweglichkeit
	Psychische Dispositionen	

Abb. 7.1: Spielleistungsfähigkeit des Angriffsspielers im 1-1

Das Spiel des Angreifers im 1-1 richtet sich im Wesentlichen nach seinen physischen und psychischen Fähigkeiten, seinem technischen Vermögen, seinem (individual-)taktischen Ausbildungsstand und dem Verhalten des Verteidigers. Jeder Spieler kann ein guter 1-1-Spieler sein, wenn er lernt, seine Stärken durchzusetzen und ggf. seine Schwächen zu umgehen. Die Basis bilden Athletik, Technik, angemessene – ggf. durch Täuschungen unterstützte – taktische Entscheidungen und die mentale Disposition zum „Punkten-Wollen" (Abb. 7.1). Der Erfolg im 1-1 hängt wesentlich von der richtigen Entscheidung im richtigen Moment ab. Ist z. B. der Angreifer athletisch überlegen, kann er seinen Verteidiger durch einen schnellen ersten Schritt beim Dribbeldurchbruch, eine kraftvolle Centerbewegung oder einen Sprungwurf selbst bei enger Verteidigung schlagen. Ist er gleichwertig oder sogar unterlegen, muss er Täuschungen einsetzen, um seine Situation zu verbessern. Ist der Angreifer ein guter Techniker, kann er auf Fehler bzw. Vorgaben seines Verteidigers direkt eine entsprechende Antwort finden und diese technisch durchsetzen. Es gilt die individualtaktische „Wenn-dann-Regel", z. B. großer Abstand: Wurf; kleiner Abstand: Penetration; Post-Verteidiger überspielt von oben: Drop-step zur Baseline etc.

Die Analyse komplexer 1-1-Situationen lässt eine grundlegende raum-zeitliche Handlungsstruktur erkennen (s. Kap. 7.1.1): Anbieten/Befreien, Ball annehmen und Grundposition einnehmen, Verteidiger lesen und entscheiden, ggf. durch Finten vorbereitete Angriffshandlung durchsetzen.

Ein Befreiungscut ist dabei nur bei enger (Passweg-)Verteidigung notwendig. Finten werden eingesetzt, falls die Spielsituation vom Spieler „vorteilsneutral" eingeschätzt wird, also kein direkter Vorteil erkennbar ist bzw. der Angreifer die vom Verteidiger angebotene Option nicht wahrnehmen will. Herausragende Werfer vermeiden beispielsweise häufig den Durchbruch zum Korb, während gute Penetrierer oftmals den freien Wurf als ungünstigere Option einschätzen.

1-1-Situationen können auch aus dem Dribbling gespielt werden (z. B. 1-1 des Aufbauspielers nach Ballvortrag), wobei die Befreiungsaktion entfällt. Dafür müssen in diesem Fall Handlungsentscheidungen und ggf. unterstützende Finten technisch anspruchsvoller realisiert werden. Anders gestaltet sich die 1-1-Angriffshandlung auch bei allen erfolgreichen Schneidebewegungen zum Korb (z. B. Backdoor-cuts, s. Abb. 7.3). Hier führt der gelungene Cut direkt zum Anspiel in eine korbnahe 1-0-Situation, die erfolgreiche Handlungsentscheidung ist dabei bereits im 1-1 ohne Ball gefallen (Überlaufen des Gegenspielers).

Die Individualtaktik des Angreifers ist im Idealfall auf die Handlungen des Verteidigers abgestimmt. Die Ziele des Angreifers können dabei unterschiedlich sein und sich bei Veränderungen der Spielsituation schlagartig ändern. Neben dem unmittelbaren Korberfolg kann ein Angreifer auch bestrebt sein, eine bestimmte Position auf dem Spielfeld einzunehmen, von der aus er einen besser positionierten Mitspieler anspielen kann.

Ein weiteres Ziel kann es sein, den Verteidiger per Dribbeldurchbruch (Penetration), zu schlagen, um in der daraus resultierenden Überzahlsituation das Aushelfen eines weiteren Verteidigers (Help) zu erwarten und mit einem Assist zu einem freistehenden Mitspieler einen einfachen Korberfolg vorzubereiten. Der fließende Übergang des 1-1 zur Gruppentaktik wird hier erkennbar.

Die grundsätzliche Einstellung eines Angreifers zum 1-1 richtet sich zu großen Teilen nach seiner mentalen und physischen Disposition. Ein athletischer Spieler wird seine körperlichen Vorteile nutzen wollen und sich eher zum Korb durchsetzen, um zu soge-nannten „einfachen" Punkten zu kommen. Weniger große und kräftige Spieler werden vermehrt versuchen, ihre Schnelligkeit und Technik (ggf. mithilfe von Täuschungen/ Finten) aus der Distanz erfolgreich einzusetzen.

Es gibt eine Vielzahl unterschiedlicher Spielertypen, die in immer neuer Art und Wei-se einzelne Komponenten des 1-1-Fähigkeitsspektrums zu einer durchsetzungsfähigen Spielleistungsfähigkeit vereinen. Eine nahezu perfekte Kombination aus Athletik, Tech-nik, individualtaktischer Handlungsfähigkeit und mentaler Stärke hat einen Spieler wie Michael Jordan zu einem der besten 1-1-Spieler aller Zeiten gemacht.

7.1.1 Handlungs- und Entscheidungsstruktur des 1 gegen 1

Die raum-zeitliche Handlungs- und Entscheidungsstruktur der 1-1-Aktionen mit Ball (s. Kap. 7.1) lässt sich für Außen- und Innenspieler ähnlich darstellen:

- zum Anspiel anbieten (Befreiungscut und/oder Posting-up),
- Ball an- und Grundposition einnehmen (Facing oder Posting-up),
- Handlung des Verteidigers „lesen", eigene Handlungsentscheidung treffen,
- eigene Angriffshandlung (ggf. mithilfe von Finten) durchsetzen.

Mit Ausnahme eines bereits dribbelnden Spielers (z. B. unmittelbar nach dem Ballvor-trag) muss sich ein Angreifer zum Ballerhalt gegen eine mehr oder weniger aggressive Passwegverteidigung (Deny-Verteidigung) befreien. Dazu wenden Außenspieler unter-schiedliche Schneidebewegungen (Cuts) an, die zunächst weg vom und anschließend mit explosivem Tempo- und Richtungswechsel hin zum beabsichtigten Ort des Baller-halts führen (s. Kap. 7.1.4). Unmittelbar mit der Ballannahme erfolgt dann die Drehung zum Korb (Facing) mit Einnahme einer gut ausbalancierten, korbgefährlichen Bereit-schaftsposition (s. Kap. 7.1.5).

Innenspieler befolgen bei allen Schneidebewegungen durch den Drei-Sekunden-Raum das gleiche Grundprinzip, agieren jedoch auf weitaus begrenzterem Raum bei ständi-gem unmittelbaren Körperkontakt mit dem Verteidiger. Ihre Cuts enden möglichst in einer tiefen und breiten Grundposition am Zonenrand auf der Linie Ball-Korb, um sich zumindest mit einer fangbereiten Hand anbieten zu können. Wenn der Ball auf die vom Center besetzte Seite gepasst wird, muss er den Positionskampf gegen den Verteidiger im Rahmen der Regeln (Vorteil-Nachteil-Prinzip) aufnehmen.

Mit Ballannahme und Einnahme der möglichst optimalen Grundposition verschafft sich der Angreifer einen Überblick über die Positionierung und das Verhalten seines Verteidigers. Sieht er einen Vorteil, kann er diesen sofort mit einer entsprechenden technisch-taktischen Angriffshandlung ausnutzen („Wenn-dann"-Entscheidungen; s. Kap. 7.1.6). Da gute Verteidiger eben dies zu verhindern suchen, benötigt der komplette 1-1-Spieler ein Repertoire an Täuschungen (Finten), die es ihm erlauben, den Verteidiger zu Handlungen zu verleiten, die er mit „passenden" Fertigkeitskombinationen ausnutzen kann. Dies hat zur Folge, dass die individualtaktischen Handlungsmöglichkeiten im leistungsorientierten Basketball in Kombination mit unterschiedlichen Finten geschult werden (s. Kap. 7.1.3).

7.1.2 Offensive Fußarbeit

Effektive Angriffsbewegungen lassen sich nur auf der Basis einer gut ausgebildeten, offensiven Fußarbeit realisieren. Zu deren motorischen Grundlagen gehören vor allem die tiefe Bereitschaftsposition mit abgesenktem Körperschwerpunkt (s. Kap. 7.1.5) und die Fähigkeit, explosive Tempo- und Richtungswechsel vollziehen zu können (s. Kap. 7.1.4). In Kombination mit den Balltechniken (Dribbling, Wurf und Pass) bilden sie das Gerüst der offensiven Fertigkeitskombinationen im 1-1 (Dribbelauftakt, Stopptechniken, Sternschritte). Sie sind Voraussetzung zur Wahrung einer guten Körperkontrolle und zielen darauf, Zusatzbewegungen, wie etwa das vorherige Zurücksetzen des Durchbruchfußes zum „Schwungholen", zu vermeiden.

Fußarbeit beim Werfen

Würfe erfolgen aus dem Dribbling oder nach einem Zuspiel. Ein guter Werfer muss aus dem Einkontakt- und Zweikontaktstopp ebenso werfen können wie nach einem schnellen Dribbelstopp, bei dem der hintere Fuß direkt nach der Ballaufnahme neben den beim letzten Dribbling vorn befindlichen Fuß gesetzt wird. Nach einem Zuspiel gehören sowohl der Einkontaktstopp mit gleichzeitiger Drehung in Wurfrichtung als auch verschiedene Sternschrittvorbereitungen zum Repertoire des Werfers. Weit verbreitet ist dabei die Auffassung, dass als Spielbein hauptsächlich der Fuß der Wurfhandseite gewählt werden sollte; das hat zur Folge, dass ein Dribbeldurchbruch entweder als Crossoverdribbling mit der Nichtwurfhand oder als Passgangdribbling mit der Wurfhand erfolgen muss. Zur Fußarbeit des Werfers gehören auch sämtliche, einbeinig abgesprungenen Würfe, wobei es besonders auf Stabilität und Bewegungskontrolle (Balance position) ankommt, und die korbnahen Powerbewegungen, also die Nahdistanzwürfe mit beidbeinigem Absprung zum Korb.

Tempo-/Richtungswechsel

Kombinierte Tempo- und Richtungswechsel sind notwendig, um sich der engen Bewachung eines Verteidigers zu entziehen. Die Grundform bei der Fußarbeit ohne Ball ist die sogenannte *In-and-out-Bewegung*, auch *Richtungswechsel-Finte* oder *I-Cut* genannt. Dabei beschleunigt der Angreifer mit dosiertem Tempo in die „falsche" Richtung, um dann mit einem nicht zu weiten Ausfallschritt abzustoppen, sich vom gleichen (verteidigernahen) Fuß explosiv in die Gegenrichtung abzustoßen und anschließend in die gewünschte Richtung zu starten. Auch der Dribbler muss diese Art der Absetzbewegungen von seinem Verteidiger beherrschen.

Sternschrittvarianten

Sternschritte ermöglichen es dem Spieler nach der Ballaufnahme, sich in jede gewünschte Richtung zu drehen und damit offensiv gefährlich oder aber defensiv druckentlastend zu agieren, ohne die sonst so rigiden Schrittregeln zu verletzen. Sie sind Bestandteil von Würfen nach Befreiungscuts und Dribblings, von Finten, Pässen und Durchbruchaktionen und dienen bei hohem Verteidigerdruck auch dem Schutz des Balls. Technisch sind sie vorwärts und rückwärts und damit sehr variabel einsetzbar.

7.1.3 Täuschungen/Finten

Täuschungen bzw. Finten sind ein effektives Mittel des Angriffsspielers, um einen athletisch überlegenen oder gleichwertigen Verteidiger auszuspielen. Durch die mit einer Finte ausgelöste Verteidigerreaktion kann der Angreifer wieder zum agierenden, die Spielsituation bestimmenden Spieler werden, indem er einen zeitlichen Vorsprung zur Durchsetzung seines beabsichtigten Handlungsziels gewinnt. Dies kann das Einnehmen einer Anspielstation sein, ein Durchbruch gegen den Verteidiger, ein unmittelbarer Distanzwurf oder auch ein weitere Möglichkeiten eröffnender Pass zu einem Mitspieler. Es ist immer wieder interessant, ob es der Angreifer schafft, sein Gegenüber durch falsche Informationen in Form von Täuschungen bzw. Finten „hereinzulegen".

Perfekte Finten setzen eine sehr gute Technik, taktisches Wissen, Spielerfahrung, exzellentes Timing und eine sehr schnelle Entscheidungsfindung voraus. Spieler, die diese Fähigkeiten besitzen, faszinieren Mitspieler, Gegenspieler und Zuschauer gleichermaßen und sind die wahren Meister des Basketballs.

Es gibt in der Praxis eine große Zahl an sinnvollen Kombinationen aus Finten und 1-1-Handlungen, die aufgrund spezifischer Stärken und Schwächen von Angreifern und Verteidigern Verwendung finden. Die Qualität einer Finte erkennt man letztlich immer daran, ob der Gegenspieler auf sie „hereinfällt". Selbst ein kurzes Zucken mit dem Kopf kann eine effektive Wurffinte sein, wenn der Verteidiger dies als Auftaktbewegung eines gefährlichen Werfers interpretiert.

Tab. 7.2: Kombinationen von Angriffsfinten und -handlungen im 1-1

Art der Finte (Angreiferverhalten)	Ziele der Finte (Verteidigerreaktion)	Anschlusshandlungen (folgende Angreiferhandlungen)
Lauffinten (ohne Ball)	Abstand zum Verteidiger vergrößern, schlechte Position des Verteidigers provozieren	Sprint (Cut) zum Ball bzw. zum Korb, Ballerhalt in nicht oder schlecht verteidigter Position
Wurffinte	Abstand des Verteidigers verringern, Schwerpunkt des Verteidigers erhöhen	Wurf, Dribbeldurchbruch (Penetration), Pass zum Mitspieler
Schrittfinte (Jab-step) Dribbelfinte Passfinte	Abstand des Verteidigers vergrößern, seitliche Bewegung des Verteidigers provozieren	Wurf, Dribbeldurchbruch (Penetration), Pass zum Mitspieler

Der Stellenwert von Täuschungen bzw. Finten im individualtaktischen Handlungsrepertoire des Angreifers wird von grundlegenden Prinzipien bestimmt (u. a. Hagedorn et al., 1996):

- Fintieren ist wie jede Technik erlernbar.
- Finten gehören zur individualtaktischen Ausbildung und sind nur in Verbindung mit anderen Techniken sinnvoll. Sie sollten deshalb in Verbindung mit den entsprechenden Techniken als typische Fertigkeitskombinationen trainiert werden (z. B. Wurffinte → Durchbruch).
- Effektives Fintieren setzt stabiles Gleichgewicht, innere Aufmerksamkeit, Gegner- und Situationswahrnehmung, Gegnerantizipation und technische Beherrschung voraus.
- Finten müssen glaubhaft sein, d. h., das raum-zeitliche Timing muss der vorgetäuschten Zielhandlung im Ansatz entsprechen.
- Erfolgreiche Finten sind ein Merkmal für die spielerische Qualität eines Spielers. Das perfekte Beherrschen von Finten lässt es zu, dass ein Angreifer mit seinem Verteidiger „spielen" kann.

Verschiedenartigste Finten können von Angreifern, aber auch von Verteidigern angewendet werden. Der Angreifer kann eine Finte nutzen, um aus einer statischen Spielsituation im 1-1, z. B. dem Posting-up mit einem Verteidiger im Rücken, eine dynamische Situation zu machen, indem er den Verteidiger zu einer Reaktion verleitet. In dynamischen Spielsituationen (z. B. dribbelnder Angreifer im Schnellangriff) können Finten genutzt werden, um zeitliche Vorsprünge der Angreifer zu erhalten oder sogar zu vergrößern. Ein „richtiges" Anwenden von Finten führt häufig mit zu den schönsten Momenten eines Basketballspiels, in denen das Ausspielen des Verteidigers den Eindruck von Mühelosigkeit und Leichtigkeit vermittelt. Werden Finten jedoch zum falschen Zeitpunkt eingesetzt oder wird der Einsatz von Finten übertrieben, ist der Spielfluss und damit der zeitliche Vorteil schnell dahin.

7.1.4 Anbieten/Befreien

Das eigentliche Anbieten und/oder Befreien richtet sich in der Regel nach folgenden situativen Vorgaben:

- Ziel des Angreifers (Ballerhalt zum Korbleger nach Cut zum Korb, Ballerhalt in Facing- oder Posting-up-Position),
- Vorgabe des Verteidigers (Full-deny-, Half-deny- oder Help-side-Defense),
- athletische Veranlagung des Angreifers und Ausnutzen entsprechender Vorteile zum Anbieten und Befreien,
- nonverbale Kommunikation mit dem Passgeber durch Blickkontakt und Zeigen der Außenhand.

Ist der Angreifer nicht deutlich schneller als sein Gegenspieler, helfen ihm Schneidebewegungen in Kombination mit Lauffinten (s. Kap. 7.1.3), um sich zu befreien und damit zum Ball oder auch zum Korb anzubieten. Basierend auf dem Prinzip des Tempo- und Richtungswechsels der Lauffinten ohne Ball, kann die sogenannte *In-and-out-Bewegung* (I-Cut) als Grundform sämtlicher Befreiungsbewegungen auf den Außenpositionen angesehen werden (s. Kap. 7.1.2). Je nach Position auf dem Spielfeld, anvisierter Zielposition und Verteidigerverhalten wird das In-and-out-Prinzip auch zu anderen Formen des Schneidens abgewandelt: z. B. V-Cut, L-Cut, als Front-Cut vor dem Verteidiger oder Backdoor-cut hinter dem Verteidiger auch in Richtung Korb (Abb. 7.2 und 7.3). Je nachdem, ob der Cut auf der ballnahen oder ballfernen Seite stattfindet, spricht man auch vom Weak-side- oder Ball-side-cut. Cuts von der Weak-side zur High-post-Position werden auch als „Flash-Cut" bezeichnet und ähneln dem L- oder V-Cut. Sie werden häufig auch als „gerader Cut" vom Weak-side-Center ohne vorherige Gegenbewegung gelaufen.

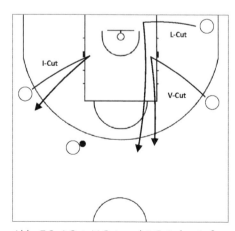

Abb. 7.2: I-Cut, V-Cut und L-Cut des Außenangreifers ohne Ball im 1-1

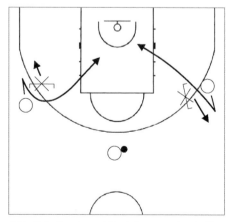

Abb. 7.3: Front- und Backdoor-cut des Außenangreifers ohne Ball im 1-1

Bei sehr aggressiver und enger Verteidigung dienen dem Außenspieler zusätzliche Posting-up-Techniken zum erfolgreichen Befreien:

- **Step-over:** Der Angreifer setzt im Moment des Richtungswechsels den Fuß (evtl. auch einen Arm) über den vorderen Fuß des Verteidigers und blockiert so dessen Laufweg (Abb. 7.7, s. S. 192).
- **Roll-in:** Der Angreifer rollt im Moment des Richtungswechsels wie beim Reverse-Dribble-Handwechsel (auch Rolling genannt) mit dem Rücken zum Gegner ab, setzt den Fuß (evtl. auch einen Arm) über den vorderen Fuß des Verteidigers und blockiert so dessen Laufweg.

Das eigentliche Ziel des Angreifers kann sich durch wechselnde Vorgaben des Verteidigers schlagartig ändern. Durch eine extreme Deny-Verteidigung kann der Angreifer vom Ziel des Ballerhalts auf einer bestimmten Außenposition zum Ziel des Korblegers nach Backdoor-cut wechseln. Die Verteidigung richtig zu „lesen" und zu beantworten, ist gerade beim Spiel ohne Ball wichtig.

Beim Positionskampf im Posting-up handelt es sich grundsätzlich um veränderte Drucksituationen, die einen hohen Krafteinsatz von Angreifer und Verteidiger verlangen. Der Grund für die damit einhergehenden hohen Gleichgewichtsanforderungen ist der ständige Körperkontakt, der sich zwangsläufig durch das Ziel der möglichst korbnahen Position ergibt. Das Wettkampfspiel wurde immer athletischer. Daher sind im Posting-up deutliche Defizite bezüglich Körpergröße, -masse und Kraftfähigkeiten durch Faktoren wie Technik, Schnelligkeit oder taktische Fähigkeiten kaum noch auszugleichen. Weniger massige und dafür schnellere Centertypen vertrauen deshalb verstärkt ihren 1-1-Bewegungen aus dem Facing.

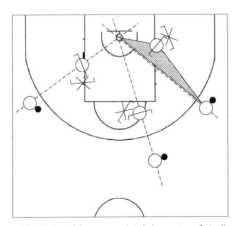

Ziel des aufpostenden Spielers ist in der Regel der Ballerhalt in korbnaher Position auf der Ball-Korb-Linie, da hier die besten Möglichkeiten für einen guten Pass bestehen. Wird der Angreifer stark „überspielt" (Deny-Verteidigung), ist auch eine Position im flachen Dreieck Ball-Center-Korb vorteilhaft, um einen guten Passwinkel herzustellen (Abb. 7.4). Bei Ballerhalt innerhalb der Drei-Sekunden-Zone muss die Drei-Sekunden-Regel bis zum Korbabschluss beachtet werden, d. h., in der Regel muss der Angreifer ohne Dribbling zum Abschluss kommen.

Abb. 7.4: Mid-post und High-post auf Ball-Korb-Linie, flaches Dreieck beim Low-post

Außerhalb der Zone werden unterschiedliche Centerpositionen unterschieden:

- **High-post:** Posting-up an der Freiwurflinie. Abschlussaktionen werden in der Regel nach dem Turn-around ins Facing ausgeführt. Das Anbieten/Befreien basiert auf den gleichen Prinzipien wie auf den anderen Post-up-Positionen.
- **Mid-post:** ideale Post-up-Position bei Deny-Verteidigung von oben.
- **Low-post:** ideale Post-up-Position bei Deny-Verteidigung von unten.

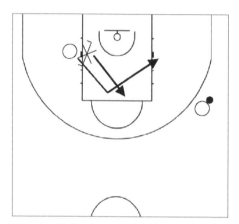 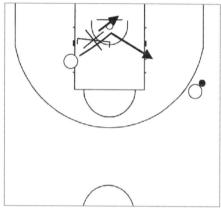

Abb. 7.5: Befreiungs-cuts des Centers von der Weak-side

Der Angreifer muss beim Befreien die Position seines Passgebers berücksichtigen und sich möglichst auf der Ball-Korb-Linie anbieten (Gegner im Rücken) oder ein flaches Dreieck in Richtung Gegenspieler (Gegner in Deny-Position) mit Ball und Korb bilden. Befreiungsbewegungen von der Weak-side folgen dem bekannten Prinzip der Richtungswechselfinte und beschreiben einen V-Cut in der Zone (Abb. 7.5). Dabei gelten die Prinzipien „Is your defender high, bring him higher!" (Deny von oben: Cut nach oben beginnen) und „Is he low, bring him lower!" (Deny von unten: Cut nach unten beginnen).

Vor dem Anspiel muss der Angreifer seinen Verteidiger so blockieren, dass ein sicheres Anspiel auf die gegnerferne Außenhand erfolgen kann. Dazu setzt er möglichst sei-

Abb. 7.6: Posting-up gegen Half-deny-Verteidigung

nen gegnernahen Fuß vor den vorderen Fuß des Verteidigers (Abb. 7.7) oder bringt bei starker Bedrängnis zumindest seinen Körper zwischen den Verteidiger und seine anspielbereite Außenhand. Dabei ist es wichtig, mit dem verteidigernahen Arm die obere Armposition zu erkämpfen (Abb. 7.6).

Abb. 7.7: Step-over im Posting-up

Von besonderer Bedeutung für die Qualität der Befreiungsbewegung ist die Fußarbeit des Post-up-Spielers. Um den Verteidiger im Moment der Gegenbewegung oder im Positionskampf auf der Ballseite zu blockieren, dienen die bereits erwähnten Techniken „Step-over" (Abb. 7.7) und „Roll-in". Dazu sollte der Angreifer eine tiefe, stabile Position mit Körperkontakt zum Verteidiger einnehmen. Abhängig vom konkreten Verhalten des Verteidigers gelten für das Befreien des Post-up-Spielers folgende Handlungsempfehlungen:

- Verteidiger in Half-deny-Position von oben oder unten: Der Angreifer versucht, durch einen großen Ausfallschritt (Step-over) oder durch eine Drehung am Verteidiger (Roll-in), seinen vorderen Fuß über den vorderen Fuß des Verteidigers zu stellen, um ihn so in seiner Fußarbeit Richtung Ball/Pass zu blockieren. Wenn er diese Position mit entsprechendem Gleichgewicht halten kann und seinen Verteidiger mit dem angewinkelten gegnernahen Arm auf Abstand hält, ist das Anspiel auf die Außenhand mit nahezu allen Passtechniken möglich.

- Verteidiger in Full-deny-Position: Schafft der Angreifer es nicht, seinen vorderen Fuß über den vorderen Fuß des Verteidigers zu bekommen, ist zumeist nur noch ein risikoreicher Bodenpass mit Rotation realisierbar. Erreicht dieser Pass allerdings sein Ziel, so hat der Angreifer die bessere Position in Korbnähe und kann direkt mit einem Drop-step oder Powershot im 1-0 abschließen (s. Kap. 7.1.6).

- Verteidiger in Fronting-Position: Wenn der Verteidiger vor dem Angreifer auf der Ball-Korb-Linie agiert, ist der Passweg vollständig geschlossen und das Anspiel nur noch durch einen Lobpass zu erreichen. Die Flugkurve des Balls ist hoch und der Ball lange in der Luft. Zur Ballannahme ist es für den Angreifer im Posting-up sehr wichtig, seine Position zwischen Verteidiger und Korb zu halten, bis der Ball ihn passiert hat (Pin the defense). Erst dann löst er sich von ihm, um den Ball zu fangen. Gelingt dies, ist die Anschlusshandlung ein leichter 1-0-Korbleger oder ein Dunking.

- Verteidiger in Behind-Position: Befindet sich der Verteidiger hinter dem Post-up-Spieler auf der Ball-Korb-Linie, ist ein Anspiel problemlos möglich. Der Angreifer muss seinen Gegenspieler durch breite Fußstellung, tiefen Körperschwerpunkt und mit seitlich gehobenen Oberarmen bei starker Körperspannung hinter sich halten (s. Kap. 7.1.5, Abb. 7.9, S. 194).

Der Verteidiger gibt also durch seine Position den Schwierigkeitsgrad des Anspiels vor. Es gilt das Prinzip: je schwieriger der Pass, desto leichter die Anschlusshandlung im 1-1. Der Angreifer kann mithilfe von Fußarbeit, Täuschungen und gruppentaktischen Hilfen (z. B. Veränderung des Passwinkels) die Position des Verteidigers beeinflussen.

7.1.5   Offensive Grundpositionen

Da ein 1-0-Korbleger nach einem Backdoor-cut für jeden Verteidiger eine sehr unangenehme Situation darstellt, wird die Aggressivität in der Deny-Verteidigung auf den Außenpositionen zumeist so dosiert, dass der Ballerhalt zwar erschwert, jedoch eher zugelassen wird. Mit dem Fangen des Balls sollte der Angreifer sich durch einen Einkontaktstopp (Sprungstopp, Jump-stop) oder einen schnellen Zweikontaktstopp (Schrittstopp, One-two-stop) mit anschließendem Sternschritt (Pivot) in die Facing-Position bringen und optimales Gleichgewicht erlangen (Catch-and-Balance, Ready-Position). Dabei wird der Ball mit festem Griff an der dem Verteidiger abgewandten Seite geschützt, die Gegenschulter in Richtung Verteidiger vorgebracht, der Körperschwerpunkt durch leichte Beugung in Knie- und Hüftgelenken abgesenkt und das Körpergewicht auf beide Fußballen verteilt (Abb. 7.8). Ziel des Angreifers ist es, eine dreifache Bedrohung für den Verteidiger darzustellen und aus dieser Bereitschaftsposition ansatzlos werfen, durchbrechen oder passen zu können. Der Wechsel der Ballseite (zum Schutz des Balls, zum Wurfansatz, zur Durchbruchvorbereitung oder für Schrittfinten oftmals notwendig) ist dabei gegen aggressive Verteidiger mittels eines kraftvollen „Durchrei-

Abb. 7.8: Ball schützen in Facing-Position

ßens" des Balls unterhalb der Knie oder in Kopfhöhe (Swing-through – auch Low-sweep und High-sweep) möglich.

Die Grundposition im Posting-up mit Ball ist gegenüber der Facing-Position breiter und tiefer, da nur so dem physischen Druck in der Post-up-Situation standgehalten werden kann. Das Anspiel muss durch eine effektive Befreiungsbewegung vorbereitet werden (s. Kap. 7.1.4), damit das Fangen mit der angezeigten Hand sicher gelingen kann. Sobald wie möglich wird die zweite Hand an den Ball gebracht und dieser mit ausgestellten Ellbogen bei leicht vorgeneigtem Oberkörper in etwa Kinnhöhe gehalten.

Abb. 7.9: Offensive Posting-up-Grundposition nach Fangen des Balls

7.1.6 Grundlegende „Wenn-dann"-Entscheidungen im 1 gegen 1

Die Möglichkeiten des Korberfolgs richten sich nach dem Ballerhalt in korbgefährlicher Position maßgeblich nach den erkennbaren Vorgaben des Verteidigers. Unter der Voraussetzung, dass Angreifer und Verteidiger bezüglich ihrer athletisch-technischen Voraussetzungen einigermaßen zueinander „passen", gelten die nachfolgend skizzierten „Wenndann"-Entscheidungen als ideale Angriffshandlungen des Außenspielers aus dem Facing.

- **Geringer Abstand des Verteidigers bzw. Verteidiger läuft auf Angreifer zu (Close-out):** Penetration am Verteidiger vorbei. Der Verteidiger wird durch Attackieren seines vorderen Fußes (bzw. der vorderen Schulter) im 1-1 geschlagen und der Ball mit Abstand zu ihm (Körper des Angreifers zwischen Verteidiger und Ball) per Unterhandkorbleger oder bei entsprechender Athletik als Dunking in den Korb geworfen/gedrückt. Führt die Penetration nur dazu, dass zwar der Weg zum Korb frei ist, aber der Verteidiger eng neben dem Angreifer mitläuft und weiter Druck ausübt, sollte zum Abschluss eher der Jumphook oder Powershot gewählt werden, bei dem der eigene Körper zwischen Verteidiger und Ball gebracht wird.

- **Großer Abstand des Verteidigers:** Distanzwurf. In der Praxis gehört es zum Erfahrungserwerb eines jeden Angreifers, welche Distanz zum Verteidiger noch als Möglichkeit eines guten Wurfs wahrgenommen wird. Schließlich verharrt der Verteidiger nicht in seiner schlechten Position, sondern versucht in der Regel, seinen Abstand so schnell wie möglich zu verringern. Eine derartige Close-out-Bewegung kann der Angreifer wiederum für eine erfolgreiche Penetration (s. o.) nutzen.

- **Neutraler Abstand des Verteidigers:** Abstand des Verteidigers durch Finten variieren und mit Distanzwurf oder Penetration attackieren. Der Angreifer verschafft sich durch Finten oder schnell und unerwartet ausgeführte Techniken eine Wurfmöglichkeit, z. B. nach Jab-step oder Penetration-Dribbling (evtl. mit Handwechsel), Schrittstopp oder Step-back-Sprungstopp oder eine Möglichkeit zum Korbleger (z. B. nach Wurf-, Pass- oder Schrittfinte).

Das 1-1-Spiel von den Außenpositionen ist ein Spiel von Abstand und Schnelligkeit. Der Vorteil liegt beim Angreifer, wenn er in der Lage ist, den physischen Druck des Verteidigers durch Einsatz situationsadäquater Techniken zu beantworten. Dies kann ein attackierendes Penetration-Dribbling, aber auch ein druckentlastendes Back-up-Dribbling sein. Auch kann er dem Druck mit Finten begegnen und den Verteidiger zu entsprechenden Reaktionen zwingen, die wiederum ihm einen Handlungsvorteil verschaffen. Als Beispiel soll folgender Handlungszusammenhang aus dem Dribbling dienen: Der Angreifer dribbelt mit der rechten Hand auf der Stelle und täuscht mit dem rechten Fuß (onside) einen Dribbeldurchbruch nach vorn an. Der Verteidiger zeigt keine Reaktion: Penetration mit der rechten Hand mit anschließendem Korbleger. Der Verteidiger geht zurück: Ballaufnahme mit anschließendem Distanzwurf. Der Verteidiger bewegt sich seitlich mit dem Ball: Handwechsel. Der Ball ist nun auf der linken Seite und der gleiche Handlungsablauf könnte erneut stattfinden.

Im 1-1-Spiel mit dem Gesicht zum Korb mit Ball werden Finten vor oder während des Dribblings eingesetzt, um den Abstand des Verteidigers zu verändern oder diesen im Idealfall aus dem Gleichgewicht zu bringen. Wer hier als Angreifer das Verhalten des Verteidigers richtig erkennt („liest"), hat die größten Chancen, die richtige Entscheidung zu treffen. Dies gilt sowohl für Spieler, die auf das jeweilige Verteidigerverhalten richtig reagieren, als auch für Spieler, die ein bestimmtes Verhalten des Verteidigers provozieren, um ihre „Lieblingstechnik" anwenden zu können.

Die Besonderheiten des 1-1 aus dem Posting-up resultieren aus der geringen Korbentfernung und der Position des Angreifers mit dem Rücken zum Korb. Verteidiger agieren in der Regel extrem physisch und versuchen, den Angreifer aus dem Gleichgewicht zu bringen, was erhöhte Anforderungen an Stabilität und Körperkontrolle innerhalb der 1-1-Aktionen stellt.

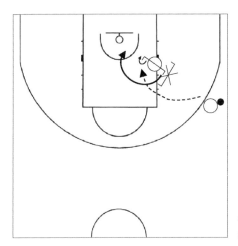

- **Verteidiger in Fronting oder Full-deny-defense:** Gelingt das Anspiel auf den Center trotzdem, kann dies meist zu einem relativ leichten Korberfolg führen. Er nimmt bereits eine seitliche Position zum Verteidiger ein und blockiert ihn mit seinem angewinkelten Arm und seinem Außenfuß. Um den korbnahen Innenfuß wird mit der Ballannahme ein Sternschritt zum Korbabschluss ausgeführt (Abb. 7.10).

Abb. 7.10: Centerbewegung nach Ballerhalt gegen Full-deny-defense

- **Verteidiger „überspielt" (Half-deny-defense von oben oder unten):** Parallele Fußstellung zum Zonenrand und schneller Rückwärtssternschritt (Drop-step) nach Anspiel, um den Verteidiger wie beim Abrollen „auf den Rücken zu nehmen". Bei geringem Gegnerdruck kann die Bewegung ohne Dribbling mit Absprung vom Spielbein zum Korbleger vollendet werden. Bei hohem physischen Druck ist es zur Wahrung des Gleichgewichts besser, mit dem Drop-step rückwärts ein tiefes beidhändiges Powerdribbling zwischen den Füßen auszuführen und danach beidbeinig zum Korb abzuspringen. Dabei wird mit dem Dribbling der verteidigerferne Fuß möglichst nah zum Korb gesetzt, anschließend der Ball aufgenommen und nach Sternschritt vorwärts mit Powershot oder Dunking abgeschlossen (Abb. 7.11).

- **Verteidiger im Rücken (Behind-the-man), geringer Gegnerdruck:** Parallele Fußstellung zum Zonenrand in der Grundposition (Abb. 7.9). Gegen geringen Verteidigerdruck bietet sich hier das „Turn-around" mittels Sternschritt vorwärts oder rückwärts an, um in die vorteilhafte Facing-Position zu kommen und direkt zu werfen
  oder nach Wurffinte mit einem aufgelösten Sternschritt (Centerschritt, „Up-and-un-
  der") am Verteidiger vorbei zum Korb zu ziehen. Beherrscht der Angreifer den centertypischen Jump-hook, kann er auch nach „halbem" Umdrehen mittels Sternschritt
  mit der Gegenschulter zum Korb über den Verteidiger hinwegwerfen.

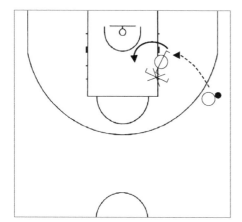 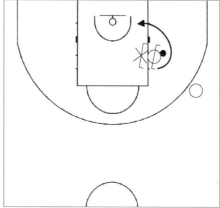

Abb. 7.11: Drop-step nach Ballerhalt gegen Half-deny-defense

Abb. 7.12: Spin-dribbling gegen druckvolle Behind-the-man-defense

- **Verteidiger im Rücken (Behind-the-man), hoher Gegnerdruck:** Ausgangsposition
  parallel zum Zonenrand. Bei tiefer und breiter Körperposition dribbelt der Center
  kraftvoll rückwärts, um näher zum Korb zu kommen und mit einem Drop-step in
  unmittelbarer Korbnähe abzuschließen. Der Druck kann auch dazu genutzt werden,
  mit einem Spin-dribbling über die Grundlinie (schneller Sternschritt um den grundli-
  niennahen Fuß, Dribbling onside und Korbleger/Dunking) erfolgreich zu sein (Abb.
  7.12). Wesentlich ist bei dieser technisch anspruchsvollen Bewegung, den Gegnerdruck zunächst anzunehmen und den Verteidiger erst dann mit einer schnellen Drehung über den verteidigerfernen Fuß ins Leere laufen zu lassen.

Die beiden letztgenannten Varianten des 1-1 aus dem Posting-up sind Beispiele dafür,
dass das Centerspiel vornehmlich ein Spiel von (Schnell-)Kraft und Gleichgewicht ist.
Der Angreifer muss sich jederzeit vergewissern, dass kein weiterer Verteidiger zu Hilfe
kommt – insbesondere bei Bewegungen mit Dribbling. Im Gegensatz zum 1-1-Spiel aus
dem Facing finden beim Posting-up die entscheidenden Täuschungen meist nach dem
Dribbling oder der Drehung zum Korb statt. Es gibt von der Ballannahme bis zum Pass
oder Wurf viele Variationen, die beliebig kombinierbar sind. Beschränkend wirken sich

im 1-1 aus dem Posting-up die Drei-Sekunden-Regel, der hohe physische Druck des Verteidigers und aushelfende/doppelnde Verteidiger aus.

7.1.7 Offensivrebound

Ein Offensivrebound ist das Wiedergewinnen des Balls nach einem erfolglosen Wurfversuch entweder durch Fangen oder auch durch bewusstes Tippen des Balls zu einem Mitspieler und eröffnet der eigenen Mannschaft eine erneute Angriffsmöglichkeit. So kehrt ein Offensivrebound eine erfolgreiche Verteidigung, die den Angriff zu einem Fehlwurf gezwungen hat, zu einem Erfolg für das angreifende Team mit der erneuten Chance zum Korberfolg um. Aufgrund der akuten Ermüdung nach anstrengender Verteidigungsarbeit und der Erwartung des eigenen Ballbesitzes ist dieser Misserfolg für die Verteidiger psychologisch oftmals schwer zu verarbeiten.

Reboundsituationen

Grundsätzlich sind für den Angreifer Spielsituationen ohne und mit Positionskampf um die günstigste Reboundposition zu unterscheiden. Abhängig von der mannschaftstaktischen Verteidigung (Ball-Raum- oder Mann-Mann-Verteidigung) oder individuellen Verteidigerhandlungen ergeben sich für den Angreifer unterschiedliche Möglichkeiten und Notwendigkeiten zum erfolgreichen Rebound:

- Hat der eigene Gegenspieler ausgeholfen und den Korbwurf eines anderen Angreifers gestört, gelingt der Offensivrebound leicht mit direktem Abschluss 1-0 in Korbnähe (häufiger auf Centerposition).
- Blockt der eigene Gegenspieler bei einem Wurf nicht aus, sondern beobachtet nur den Ball auf dem Weg zum Korb, ist das Nachsetzen zum Offensivrebound mit der Möglichkeit zum 1-0-Abschluss am Korb, freiem Distanzwurf oder erneuter Angriffsorganisation ebenfalls leicht möglich (häufiger auf den Außenpositionen).
- Beim unmittelbaren Kampf um den Rebound kann sich der Angreifer vom Gegenspieler lösen, um ihn mit mehr Bewegungsspielraum „ausspringen" zu können. Dies wird bei Innenspielern mit deutlichen Athletikvorteilen und auch bei Außenspielern beobachtet, wenn bei Distanzwürfen die mögliche Streuung der vom Ring abspringenden Bälle und die Rebounddistanz größer werden.
- Im Regelfall muss der Angreifer jedoch um die bessere Reboundposition kämpfen. Ziel ist es, näher zum Korb und damit zum abprallenden Ball zu kommen als der Verteidiger, also die sogenannte *Innenposition* einzunehmen. „Handwerkszeug" sind hier für den Angreifer neben dem psychophysischen Durchsetzungsvermögen die bereits in Kap. 7.1.4 beschriebenen Step-over- und Roll-in-Techniken des Befreiens.

Rebounden, vor allem in der Offensive, ist intensive Arbeit. Ein guter Offensivbounder geht immer von einem Fehlwurf aus und agiert entsprechend frühzeitig, wenn der Ball die Hand des Werfers verlässt. Damit hat er einen zeitlichen Vorteil gegenüber Spielern, die sich erst dann zum Rebound orientieren, wenn der Wurfversuch erkennbar zum Fehlwurf wird, also später reagieren. Da die Reboundarbeit sowohl physisch als auch mental anstrengend ist und häufig nicht direkt zum zählbaren Erfolg führt, vernachlässigen Spieler (vor allem Außenspieler) häufig diesen Bereich ihrer eigentlichen Aufgaben. Dies ist dann die Chance für konditionell starke, aber vielleicht technisch weniger versierte Spieler, diesen „zusätzlichen" Aufwand zu ihrem Vorteil und damit auch zum Vorteil ihrer Mannschaft zu nutzen. Gute Offensivrebounder sind in ihren Teams häufig hoch angesehen, denn sie gleichen für ihre Mitspieler die unangenehmen Situationen von Fehlwürfen aus.

7.1.8 Trainingsziele und Methodik

Das individuelle Taktiktraining des 1-1-Spielers vollzieht sich im Rahmen des Technikanwendungstrainings (s. Kap. 3.2.4), durch das der Spieler seine Situationsantizipation und Handlungskompetenz zielbewusst weiterentwickeln soll. Im Einzelnen werden durch die Verknüpfung technischer Fertigkeiten mit taktischen Entscheidungssituationen folgende Ziele verfolgt (Schauer, 2002):

- Spielsituation überschauen bzw. Verhalten des Verteidigers lesen lernen,
- Entscheidungsfindung beschleunigen,
- benötigte Fertigkeitskombinationen nahe dem biomechanischen Optimum mit entsprechendem Bewegungsfluss und Bewegungsrhythmus und der sich daraus ergebenden Aktionsschnelligkeit ausführen lernen,
- gewählte Technik trotz Finten und Behinderungen durch den Verteidiger (Druckbedingungen) konsequent durchsetzen lernen,
- vielfältige situationsspezifische Erfahrungen sammeln,
- breites Fertigkeitsrepertoire und entsprechende Umstellungsfähigkeit bei situativen Veränderungen erwerben,
- höchste Konzentration beim Abschluss aufbringen lernen, auch wenn die Aufmerksamkeit auf dem Weg dorthin auf Gegenspieler, Mitspieler oder aushelfende Verteidiger verteilt werden muss,
- 1-1-Aktionen immer energisch und dynamisch durchführen lernen, um so Selbstbewusstsein und Vertrauen in eigene Fähigkeiten zu entwickeln und zu festigen.

Empfehlungen zur Einführung der individualtaktischen Grundlagen forderten traditionell, dem taktischen Entscheidungstraining (1-1) ein reines Techniktraining der notwendigen Bewegungen und Bewegungskombinationen vorzuschalten. Aus der Praxis ist jedoch mittlerweile bekannt, dass bereits früh das taktische Entscheidungsverhalten geschult werden sollte. Dies bedeutet konkret, möglichst frühzeitig sogenannte

„Wenn-dann-Entscheidungen" auch im Techniktraining zu provozieren und vor allen Dingen auch großzügigen Raum für das Sammeln breiter, unspezifischer Spielerfahrungen zu gewähren[72]. Man sollte mit dem basketballspezifischen Wahrnehmungs- und Entscheidungstraining auf keinen Fall warten, bis die technischen Abläufe komplexer Bewegungshandlungen perfektioniert sind. Es ist bereits auf der Basis erlernter Grobformen von Pass-, Wurf- und Durchbruchtechniken durchführbar. Zentrales Anliegen der Anfängerschulung sollte es demnach sein, parallel zur technischen Perfektionierung die situationsspezifische Handlungsfähigkeit im 1-1 anhand der genannten Diagnosekriterien (s. Kap. 7.1.6) zu entwickeln.

Versierte 1-1-Spieler setzen sowohl bei Schrittfinten als auch bei Durchbrüchen hauptsächlich den Fuß ihrer Wurfhandseite ein (Hagedorn et al., 1996). Dies ist beim technisch-taktischen Individualtraining zu beachten, da daraus die Notwendigkeit des Erlernens der im Vergleich zum Crossoverdribbling schwierigeren Passgangtechnik zum Dribbelauftakt resultiert.

Die komplexen Handlungsabfolgen des 1-1 sollen bereits in der Anfängerschulung berücksichtigt werden, wobei zur technischen Perfektionierung Teilhandlungen wie Durchbruchbewegungen, Werfen nach Pass und nach Dribbling sowie Cuts begleitend „überlernt" werden. Die methodische Stufung zum Erwerb grundlegender Handlungsmöglichkeiten im 1-1 aus dem Facing sieht folgendermaßen aus:

1. Ausführung verschiedener Varianten der komplexen 1-1-Bewegung mit festen Vorgaben für Drehung zum Korb, ggf. Finten und Anschlusshandlung: Korbleger nach Durchbruch in Kreuzschritt- oder Passgangtechnik, Wurf, Wurf nach Durchbruch mit einmaligem Dribbling etc.;

2. wie 1., aber Ansage von Durchbruchrichtung bzw. Wurf erst nach der Ausrichtung zum Korb;

3. wie 2., jetzt mit passivem Verteidiger, der einen Fuß deutlich vorsetzt (bei paralleler Fußstellung Wurf);

4. wie 3., jedoch bei paralleler Fußstellung des Verteidigers Wurffinte und Durchbruch zum Korb;

5. wie 4., jedoch mit aktiver Verteidigung (nur Fußarbeit);

6. wie 5., jedoch mit voll aktivem Verteidiger;

7. Einbindung des 1-1 in komplexere Spielkonstellationen vom 2-2 bis 5-5.

---

72 Im freien Spiel (nicht ausschließlich Basketball) muss der Lernende eine Vielzahl taktischer Situationen meistern, er bildet gewissermaßen sein Grundgerüst an taktischen Wiedererkennungsmustern aus. Als grundlegende Lernvoraussetzungen helfen solche frühen Spielerfahrungen später bei der Bewältigung basketballspezifischer Problemlösungen.

Im Wahrnehmungs- und Entscheidungstraining von Fortgeschrittenen und Könnern spielen später auch erschwerte Bedingungen eine wichtige Rolle: Zusatzaufgaben, Belastungsdruck und Ermüdung, Zeitdruck, technische Limitierungen (z. B. nur einmaliges Dribbeln erlaubt).

7.2 Spiel 1 gegen 1 in der Verteidigung

Gemeinsame Grundlage der individualtaktischen Entscheidungen sämtlicher 1-1-Verteidigungssituationen sind die Nähe des Angreifers zum Korb und die Gefahr, die von ihm ausgeht. Dabei gilt:

* Je weiter ein Angreifer vom verteidigten Korb entfernt ist, desto ungefährlicher ist er – sei es durch einen Wurf oder als Passempfänger. Abhängig von der taktischen Vorgabe kann er deswegen auch weniger eng verteidigt werden bzw. kann weiteren Verteidigeraufgaben wie dem Aushelfen Priorität eingeräumt werden.

* Ein Angreifer in Wurfentfernung – sei es mit oder ohne Ball – muss immer eng gedeckt werden, um den Wurf oder den Ballerhalt mit anschließendem Wurf zu be- oder verhindern. Dies gilt besonders für zum Korb schneidende oder dribbelnde Angreifer.

* Ein Angreifer mit Ball ist, solange er noch nicht gedribbelt hat, doppelt gefährlich: als Werfer und als Dribbler.

Eine grundsätzliche Unterscheidung des Verteidigerverhaltens folgt weiter aus der Differenzierung der Angriffspositionen in:

* Angreifer mit dem Gesicht zum Korb (Aufbau- und Flügelpositionen = Außenspieler) und

* Angreifer mit dem Rücken zum Korb (Centerpositionen = Innenspieler).

7.2.1 Verteidigung gegen den Ballbesitzer

Das individuelle Verteidigungsverhalten gegen den Ballbesitzer ist abhängig von der Spielfeldposition (Aufbau-, Flügel-, Centerposition), der Ballbesitzphase (vor, während, nach dem Dribbling), individuellen Stärken und Schwächen des Angreifers (z. B. Links-/Rechtshändigkeit, Gefährlichkeit als Werfer oder Passgeber) und des Verteidigers sowie eventuellen kollektiv-taktischen Vorgaben und Vereinbarungen der verteidigenden Mannschaft.

Aus technischer Sicht ist zwischen *frontaler* und *versetzter Verteidigungsbeinarbeit* zu unterscheiden. Bei der *frontalen Verteidigung* wird versucht, das Dribbling des Angreifers an einer bestimmten Stelle durch eine Verteidigung in paralleler Fußstellung zu stoppen. Eine grundsätzliche Gefahr bei der frontalen Verteidigungsstellung besteht darin, dass der Dribbler sowohl auf der linken als auch auf der rechten Seite durchbrechen kann. Günstige Spielfeldpositionen für die frontale Verteidigung befinden sich bei oder in der Nähe der Seiten- und Endlinien (Abb. 7.13a). Bei der *versetzten Verteidigungsstellung* schließt der Verteidiger durch seine Fußstellung einen möglichen Dribbelweg des Angreifers und bietet den Dribbelweg in die andere Richtung an. Hierfür wird der vordere Fuß so neben den vorderen Fuß des Angreifers gestellt, dass dieser nicht zu dieser Seite dribbeln kann, ohne erst einen Schritt rückwärts zu machen. Der andere Fuß wird um ca. 45° zurückgesetzt, sodass sich in dieser Richtung ein Dribbelweg öffnet, der aber zur Seite und nicht direkt vorwärts führt. Ein zu starkes Öffnen der Verteidigungsposition ist zu vermeiden, um nicht überlaufen zu werden (Abb. 7.13b).

Abb. 7.13a, b: Frontale (a) und versetzte (b) Verteidigungsstellung

Verteidigung gegen den Aufbauspieler mit Ball

Aufbauspieler sind meist – insbesondere auf höherem Spielniveau – exzellente beidhändige Dribbler mit besonders ausgeprägter Antritts- und Sprintschnelligkeit. Zudem kontrollieren sie durch Signale und Pässe das Angriffsspiel der gesamten Mannschaft. Aus dieser Grundkonstellation ergeben sich fundamentale Handlungsanweisungen für den Verteidiger:

* „Druck auf den Dribbler!", d. h. Verteidigung über das gesamte Spielfeld, um dem Aufbauspieler keine Gelegenheit zu geben, das Spiel zu organisieren und um Fehler des Angreifers zu provozieren. Dies setzt ein überdurchschnittliches konditionelles Niveau aufseiten des Verteidigers voraus.

* „Abstand kontrollieren!", um nicht überlaufen zu werden. Als Richtlinie kann ein Abstand von etwa einer Armlänge gelten; wenn der Verteidigungsspieler mit seiner

Beinarbeit und Schnelligkeit diesen Abstand nicht aufrechterhalten kann, ist er für diese Aufgabe ungeeignet.

- **„Tempo kontrollieren!"** durch Abdrängen des Dribblers aus dem Mittelstreifen des Spielfelds zu einer Seitenlinie. Hierbei ist zunächst zu entscheiden, auf welche Seite abgedrängt wird (Auf eine kollektiv-taktisch definierte Seite, z. B. zum Doppeln (s. Kap. 7.8) oder weg von einem starken Werfer? Auf die vermutlich schwächere Dribbelhand des Gegners? Auf die Seite, auf der sich der Dribbler bereits befindet?).

- **„Ballhandling erschweren!"** durch möglichst enge Verteidigung und aggressive Arm- und Handarbeit gegen den Ball (hier ist allerdings Vorsicht geboten, da erfahrene Aufbauspieler sich den Ball in der Regel nicht „stehlen" lassen, und der Versuch des Steals dann oft zu einem Verteidigerfoul führt).

- **„Drehungen erzwingen!"** oder **„Mitte zu!"**, je nachdem, ob mehr Zeit gewonnen werden soll (Drehdribblings des Angreifers) oder eine Orientierung für das gesamte Verteidigungsteam geschaffen werden soll (kein Seitenwechsel des Dribblers über die Korb-Korb-Linie – s. Kap. 7.8.1).

- **„Penetration verhindern!"**, da Aufbauspieler überdurchschnittlich oft Angriffsoptionen aus dem direkten Durchbruch zum Korb mit anschließendem Pass kreieren.

- **„Pässe erschweren!"** durch sofortiges enges Heranrücken an den Angreifer nach dem Beenden des Dribbelns und intensive Armarbeit.

- **„Cuts verhindern!"** durch sofortiges Schließen des Laufwegs („Jump-with-the-pass"; s. Kap. 7.4.2) nach einem Pass des Aufbauspielers.

Verteidigung gegen den Flügelspieler mit Ball

Flügelspieler sind oft als herausragende Mittel- und Weitdistanzschützen Topscorer ihres Teams. Zudem sind große Flügel auch durch den Durchbruch zum Korb gefährlich, ebenso wie durch das Posting-up auf der Innenposition und den Offensivrebound. Im Two-man-game (s. Kap. 7.3.6) arbeiten sie mit dem Center ihrer Seite zusammen und gestalten so das Spiel. Folgende Handlungsanweisungen gelten daher für den Verteidiger des Flügelspielers:

- Gute Verteidigung findet bereits vor dem Ballerhalt statt, also: *„Kein Ball zum Werfer!"*
- „Immer eng verteidigen und keinen freien Wurf zulassen!"
- „Auf Blocks und Mehrfachblocks (s. Kap. 7.5, 7.7) gefasst sein!"
- „Direkte Blocks möglichst ‚Over-the-top' (s. Kap. 7.4.3) verteidigen!"
- „Keine Penetration zur Mitte erlauben, sondern zur Grundlinie abdrängen!"
- „Intensive Armarbeit, um Pässe zum Low-post zu be- oder verhindern!"
- Nach einem Pass zum Low-post: *„Cut-Verteidigung"!*
- Nach einem Wurf des Flügels oder eines anderen Angreifers: *„Sofort ausblocken!"*

Verteidigung gegen den Centerspieler mit Ball

Das Spiel 1-1 auf der Centerposition ist das Ziel vieler Angriffsaktionen. Centerspieler verfügen neben ihrer Körpergröße und physischen Kraft meist auch über technisch ausgereifte Bewegungsmuster, um zum Wurf in unmittelbarer Korbnähe zu kommen. Aufgabe des Verteidigers ist es daher, dem Center keinen weiteren Raumgewinn Richtung Korb zu erlauben. Voraussetzung hierfür ist ein sehr stabiler Stand und die Fähigkeit, auch bei massivem Körperkontakt die Verteidigungsstellung aufrechtzuerhalten. Die Fußstellung ist frontal oder nahezu frontal, ohne sich aber der Gefahr auszusetzen, dass es dem Angreifer gelingt, durch die Angriffsbeinarbeit einen Fuß des Verteidigers auszusperren und so den Weg zum Korb zu öffnen. Daher muss der Verteidiger mit seinen Füßen so beweglich sein, dass er diesem Einsperren entgeht. Während beim Positionskampf enger Körperkontakt auch mit dem angelegten Unterarm üblich ist, muss der Verteidiger im Moment eines Korbwurfs wegen der Foulgefahr den Kontakt beenden und möglichst mit beiden Armen in die Höhe gestreckt den Wurf behindern. Wurfblockversuche sind nur dann aussichtsreich, wenn der Verteidiger entweder deutlich größer oder deutlich sprungkräftiger ist als sein Gegenspieler. Da im Spiel 1-1 unter dem Korb häufig Wurffinten eingesetzt werden, ist es für den Verteidiger entscheidend, so lange in einer stabilen Verteidigungsposition zu bleiben, bis der Angreifer tatsächlich wirft und/oder abspringt und erst in diesem Moment selbst zu springen. Im Zweifelsfall ist es günstiger, ohne Absprung zu verteidigen, als sich zu einem Foulspiel bei einem Wurfblockversuch verleiten zu lassen. Wichtiger ist es, nach einem Wurf den Defensivrebound zu sichern und dem Angreifer keine zweite Chance zu ermöglichen (s. Kap. 7.2.3).

7.2.2 Verteidigung gegen den Angreifer ohne Ball

Grundpositionen

Die Grundposition zum eigenen Gegenspieler ohne Ball wird durch die Nähe zum Ballbesitzer und die Nähe zum Korb definiert. Als grundlegende Handlungsanweisung gilt: „Immer Mann und Ball sehen!"

Bei sehr enger Position am Gegenspieler kann an die Stelle des Blockkontakts das Fühlen, also die taktile Kontrolle, treten.

In Situationen wie Absinken und Pick & Roll Defense kann der Abstand des Verteidigers zum Gegenspieler dagegen relativ groß sein. Wird dieser dann mit einem Kick-out-Pass angespielt, muss der Verteidiger mit einer schnellen Close-out-Bewegung zu seinem Gegenspieler zurückkehren. Dabei sprintet er auf seinen Gegner zu, geht aber am Schluss zu langsameren Stotterschritten über, um die Verteidungsposition einzunehmen, eine Seite zu schließen und mit erhobenen Händen einen Wurf zu erschweren. Er darf sich auf keinen Fall durch einen Durchbruch überspielen lassen (Bauermann, 2016, S. 278).

Verteidigung gegen Befreiungsbewegungen auf den Außenpositionen (I-cut, V-cut, Triangle-cut)

Entsprechend den Absichten des Angreifers ist es Ziel des Verteidigers,

- sich nicht überraschen zu lassen,
- keinen freien Cut oder Backdoor-Pass zuzulassen,
- sich nicht durch die Beinarbeit des Angreifers in dessen Rücken bringen zu lassen.

Handlungsanweisungen für den Verteidiger sind daher:

- „Beobachte immer den Ball und halte gleichzeitig visuellen und/oder taktilen Kontakt zu deinem Mann!"
- „Behindere immer durch deine Position den freien Backdoor-Laufweg!"
- „Lasse deinen Gegner nie vor dir zum Korb schneiden!"
- „Lasse dich nie aus der Verteidigungsstellung locken (Öffnen zum Ball)!"
- „Weiche der Angriffsbeinarbeit deines Gegners aus, damit du nicht in seinen Rücken gezwungen wirst!"

Verteidigung gegen das Posting-up

Mithilfe des Posting-ups versuchen (meist) Innenspieler, mit dem Rücken zum Korb eine günstige Anspielposition in Korbnähe oder am Zonenrand zu erreichen (s. Kap. 7.1.4). Dies gelingt durch das Blockieren der Beine (Step-over) und das Blockieren des Oberkörpers des Verteidigers (Pin). Für den Verteidiger gilt:

- „Kämpfe hart, aber regelgerecht um die Position!"
- „Lasse dein vorderes Bein nicht blockieren, sondern weiche dem Step-over durch einen Schritt zurück aus!"
- „Weiche dem Pin aus!"
- „Lasse deinen Arm nicht blockieren, sondern versuche, über dem Arm des Angreifers zu verteidigen!"

Im Unterschied zur Deny-Verteidigung gegen einen Außenspieler befindet sich bei der Verteidigung gegen das Posting-up die ballferne Hand nicht am Oberkörper des Angreifers, sondern am Rücken, um Backdoor-Bewegungen erfühlen zu können. Hierbei besteht aber eine Foulgefahr durch Halten. Die so eingenommene Deny-Stellung kann abhängig von der Ballposition bis zu einer Face-to-face-Frontalstellung angepasst werden. Ein völliges Fronten (d. h. Verteidigen zwischen Ball und Gegner) macht allerdings nur Sinn, wenn eine Hilfe gegen Backdoor-cuts vorhanden ist.

7.2.3 Ausblocken und Rebound

Eine alte Coachingweisheit lautet: „Wer die Bretter beherrscht, beherrscht das Spiel." Zu den strukturellen Besonderheiten des Basketballspiels gehört nämlich, dass das Spiel nach einem Fehlwurf nicht unterbrochen und neu gestartet wird (wie z. B. beim

Fußball nach einem Schuss am Tor vorbei und anschließendem Abschlag), sondern dass der Ball nach den meisten Fehlwürfen vom Spielbrett oder Ring abprallt und als Rebound entweder dem Angreifer eine weitere Chance eröffnet oder den Verteidigern einen Gegenangriff ermöglicht. Der Rebound beeinflusst also maßgeblich die Zahl der möglichen Korbwürfe einer Mannschaft. Die druckvollste Verteidigung ist wenig effektiv, wenn es nicht gelingt, durch den Verteidigungsrebound den Ballbesitz endgültig zu sichern. Entsprechend wichtig sind starke Rebounder für den Spielerfolg. Zu recht wird die Zahl der Rebounds eines Spielers ebenso hervorgehoben wie die von ihm erzielten Punkte.

Erfolgreiches Rebounden ist abhängig vom unbedingten *Willen* des Spielers, den Rebound zu gewinnen. Er muss davon ausgehen, dass jeder Wurf daneben geht.

Generell kann man zwei Arten des Rebounds unterscheiden:

* den *ballorientierten* Rebound und
* den *positionsorientierten* Rebound.

Ballorientiert rebounden sehr große und/oder sprungstarke Spieler, die allein aufgrund ihrer physischen Voraussetzungen dem Gegner überlegen sind. Halten sich jedoch die physischen Parameter zwischen Angreifer und Verteidiger die Waage, kommt es auf die bessere Position an. Da der Ball vom Korb bzw. vom Spielbrett zumeist in einem parabelartigen Bogen abprallt, befindet sich die günstigste Reboundposition zwischen Korb und Gegner („Innenposition"). Ziel des Verteidigers ist es daher, seinem Gegenspieler nach einem Korbwurf den Weg in die Innenposition zu versperren.

Schröder und Bauer (2001, S. 55) beschreiben vier Phasen der Verteidigung gegen den Rebounder:

* Wurf (der Ball hat die Hand verlassen),
* Einnehmen der Check-Position,
* Ausblocken des Angreifers,
* Sichern des Balls.

Die sogenannte *Check-* oder *T-Position* erlaubt es dem Verteidiger, sowohl den Flug des Balls zum Korb und das folgende Abprallen zu beobachten, als auch seinen Gegenspieler im Blick zu behalten und auf dessen Aktionen zu reagieren. Hierzu nimmt der Verteidiger eine Position im rechten Winkel zum Angreifer ein und kontrolliert mit dem angelegten Unterarm taktil die Bewegung des Angreifers (Abb. 7.14a), während er durch peripheres Sehen sowohl den Ball als auch den Gegner beobachtet. Wenn der Angreifer nun versucht, auf einer Seite des Verteidigers zum Korb durchzubrechen und die Innenposition einzunehmen, schneidet ihm der Verteidiger mit einem Sternschritt vorwärts (in Blickrichtung) oder rückwärts (gegen die Blickrichtung) den Weg ab und „nimmt ihn auf den Rücken" („Block-out", „Boxing-out") (Abb. 7.14b).

Abb. 7.14a: T-Stellung

Abb. 7.14b: Box-out

Beim Einnehmen der T-Position kann man folgende Situationen unterscheiden:

- gegen den Werfer,
- gegen den eng gedeckten Angreifer auf der Ballseite,
- gegen den Rebounder von der ballfernen Seite,
- gegen einen Spieler, der in der Regel nicht zum Rebound geht.

Gegen den Werfer, der normalerweise als Erster spürt, ob sein Wurf erfolgreich ist oder nicht, muss der Verteidiger besonders effektiv ausblocken. Deswegen springt er, sofern er nicht so überlegen ist, dass er den Wurf blocken kann, bei der Wurfverteidigung nicht maximal hoch, sondern versucht, gleichzeitig mit dem Angreifer auf dem Boden zu landen, wobei er sich bereits in der Luft um ca. 45° in die T-Position dreht. Gegen einen eng gedeckten Nicht-Angreifer wird die T-Position durch einen Sternschritt zum Werfer eingenommen.

Schwieriger ist es, eine Reboundposition einzunehmen, wenn der Verteidiger von seinem Gegenspieler abgesunken ist (z. B. auf der Help-side). In diesem Fall ist es sinnvoll, sich einerseits in T-Stellung Richtung Gegenspieler zu orientieren, um diesen zu blockieren, falls er die Innenposition einnehmen will, andererseits aber den ballorientierten Rebound zu bevorzugen und die Flugbahn des Balls zu beobachten und zu berechnen.

Ähnlich ist das Verhalten gegenüber einem normalerweise nicht reboundenden Spieler, z. B. dem Aufbauspieler: Zunächst wird in T-Stellung das Verhalten des Gegners kontrolliert und dann erfolgt die Orientierung zum Ball.

Auch wenn der größte Teil der Rebounds von den großen, sprungstarken Spielern errungen wird, ist dennoch jeder einzelne Verteidiger dafür verantwortlich, dass sein eigener Gegenspieler nicht in eine günstige Reboundposition gelangt.

7.3   Spiel 2 gegen 2 im Angriff

Das Spiel 2-2 eröffnet für die Angreifer die Möglichkeit der Partnerhilfe, also gruppentaktischer Verfahren. Die den beiden Angreifern zu Verfügung stehenden Handlungsmöglichkeiten unterteilen sich in:

- 1-1-Spiel mit Passoption im Falle einer Helferaktion der Verteidigung (Penetrate-and-pass),
- Schneidebewegungen (Cuts) und
- (direkte) Blocks.

Der Komplexitätsgrad der Partnerhilfe nimmt dabei kontinuierlich zu: Während beim Penetrate-and-pass das 1-1-Element überwiegt (s. Kap. 7.1.2), da die Handlungsinitiative völlig vom Ballbesitzer ausgeht und der Mitspieler lediglich bereit sein muss, sich im Falle einer Helferaktion seines Gegners fangbereit in der richtigen Position zu befinden, bedarf es beim Cutten (z. B. beim Give-and-go) bereits einer feinen Abstimmung der jeweiligen Individualhandlungen der Angreifer. Beim direkten Block tritt dann das individuelle Element in den Hintergrund: Ein optimaler Ablauf ist hier nur bei einem exakten Timing und Aufeinandereingehen der Partner möglich.

Unter dem Blickwinkel eines späteren Einbaus der Elemente des 2-2 in das Spiel 5-5 sind folgende Spielpositionen sinnvolle Ausgangspositionen für das Spiel 2-2:

- Aufbau – Flügel (Abb. 7.15a),
- Aufbau – Center (High-post) (Abb. 7.15b),
- Center (Low-post) – Flügel (Abb. 7.15c).

Abb. 7.15a, b, c: Spiel 2-2 Aufbau – Flügel (a), Aufbau – High-post (b), Flügel – Low-post (c)

7.3.1 Penetrate-and-pass

Beim Spiel 1-1 ist unter gleichwertigen Spielern der Ballbesitzer im Vorteil: er entscheidet, ob er wirft, dribbelt, links oder rechts durchbricht, abstoppt usw. Der Verteidiger hingegen kann auf die Aktionen des Angreifers nur *re*agieren. Deswegen haben viele Spielsysteme zum Ziel, letztlich eine 1-1-Situation zu kreieren bzw. durch eine entsprechende Raumaufteilung Platz für das 1-1 eines starken 1-1-Spielers zu schaffen. Die Verteidiger wiederum versuchen, 1-1-Spieler durch Helferaktionen zu stoppen. Für die beiden Angreifer im Spiel 2-2 gelten daher folgende Handlungsanweisungen beim Spiel 1-1 (Abb. 7.16):

Abb. 7.16: Penetrate and-pass von der Aufbauposition

- Ballbesitzer: „Schlage deinen Verteidiger über dessen vorderes Bein und ziehe kraftvoll zum Korb!" (Penetration).
- Mitspieler: „Laufe nicht auf den Ballbesitzer zu, sondern schaffe Platz für das 1-1 des Ballbesitzers!"
- Mitspieler: „Biete dich an und sei anspielbereit, sobald dein Gegenspieler zum Aushelfen geht!"
- Mitspieler: „Halte bzw. schaffe Abstand zum Ballbesitzer, damit dein Verteidiger sich zwischen dir und dem Aushelfen entscheiden muss!"
- Ballbesitzer: „Achte auf die Helferaktion und passe[73] zu deinem Mitspieler, sobald der Helfer sich eindeutig auf dich zubewegt!"

7.3.2 Schneidebewegungen (Cuts)

Cuts sind Befreiungsbewegungen eines Spielers ohne Ball, um in Ballbesitz zu kommen. Technisch basieren sie auf der Fußarbeit des Tempo- und Richtungswechsels (s. Kap. 7.1.2) und haben das Ziel, den Verteidiger aus seiner Verteidigungsposition zu locken bzw. in eine ungünstige Position zu bringen. Unterschieden werden Cuts nach der Spielposition, von der sie ausgeführt werden, und nach ihrer Intention, nämlich danach, ob sie unmittelbar zu einem Korbwurf oder nicht führen sollen. Zur ersten Gruppe gehören:

- Backdoor-cut (Abb. 7.17a),
- Ball-side-cut (Abb. 7.19a), Banana-cut (Abb. 7.27b), Give-and-go (Abb. 7.19a, b, 7.20),
- Weak-side-cut (s. Kap. 7.5.1, Abb. 7.39).

Zur zweiten Gruppe gehören diejenigen, die den Ballerhalt auf einer beliebigen, für den weiteren Spiel- oder Systemverlauf günstigen Position ermöglichen sollen:

- I-cut (In-and-out) (Abb. 7.17b),
- V-cut (Abb. 7.18a),
- Triangle-cut (Abb. 7.18b).

7.3.3 Direkter Block

Durch einen direkten Block gibt ein Angreifer ohne Ball dem Ballbesitzer, der noch nicht gedribbelt hat, die Gelegenheit, seinen Verteidiger am Blocksteller abzustreifen. Zu unterscheiden sind:

- *aktive* Blocks (der Blocksteller wird selbst tätig und nimmt die Blockposition ein, indem er sich auf den Ballbesitzer zubewegt) und
- *passive* Blocks (der Blocksteller verharrt in seiner Position und der Dribbler bewegt sich auf ihn zu).

---

73 Wegen der Armarbeit beider Verteidiger ist ein Bodenpass in dieser Situation oft die beste Option.

Da es völlig kontraproduktiv wäre, wenn ein Spieler zum Blocken läuft, wenn der Ballbesitzer gerade ein 1-1 beginnt oder passen will, sind die Voraussetzungen eines erfolgreichen Blockspiels die Kommunikation der beteiligten Spieler und die Einigkeit darüber, wann und wo ein Blockspiel stattfinden soll. Diese Einigkeit kann entweder über Blickkontakt hergestellt werden (erfordert Erfahrung und ist anfällig für Missverständnisse!), durch Zeichen oder Signale (müssen eindeutig und beiden bekannt sein) oder durch explizite Abmachungen (wenn-dann). Das Blockspiel muss außerdem regelkonform sein, da es einen mitunter sehr harten Körperkontakt zwischen Angreifer und Verteidiger provoziert. Den größten spielerischen Vorteil erzielen die Angreifer meist nicht aus dem Block selbst, sondern aus der Anschlussaktion, nämlich dem Anspiel des Blockstellers, wenn dessen Verteidiger aushilft. Wenn es auch Variationen in Abhängigkeit von der Spielsituation, den Spielpositionen und der Taktik gibt, gelten die nachstehenden Handlungsanweisungen *grundsätzlich* für den direkten Block.

Handlungsanweisungen für den geblockten Spieler:
*   „Beschäftige deinen Verteidiger so, dass er den Block möglichst spät bemerkt!" (z. B. durch eine Wurffinte, einen Ausfallschritt oder ein Dribbling in die entgegengesetzte Richtung)
*   „Habe Geduld, bis der Block regelgerecht steht!" (Signal: beide Füße des Blockstellers stehen parallel am Boden)
*   „Streife deinen Verteidiger am Block ab, indem du Schulter an Schulter am Blocksteller vorbeidribbelst!" (das harte Berühren des **eigenen** Mitspielers ist **kein** Foul!)
*   „Schaffe Abstand zum Block, damit der zweite Verteidiger sich entscheiden muss!"
*   „Gehe entschlossen zum Korb/Wurf, aber sei auf eine Helferaktion gefasst!"
*   „Stecke den Ball zu deinem Mitspieler durch, wenn ausgeholfen wird!" (am besten mit Bodenpass)

Handlungsanweisungen für den Blocksteller:
*   „Setze den Block eindeutig und unmissverständlich, indem du beide Füße gleichzeitig parallel setzt und diese Stellung nicht mehr nachbesserst!"
*   „Setze den Block mit geradem Oberkörper, stabil, im Gleichgewicht, etwas über hüftbreit im rechten Winkel zum Verteidiger!"
*   „Verschränke die Arme vor der Brust als Puffer gegen den Verteidiger und blockiere den Verteidiger an seinem Oberarm!"
*   „Habe Geduld und bewege dich nicht, bis dein Mitspieler den Block genutzt hat!" (Foulgefahr durch Rausstrecken von Ellbogen, Hüfte, Knie!)
*   „Versuche, den Blockkontakt zum Verteidiger zu halten, bis dein Mitspieler den Block genutzt hat!"
*   „Halte den Block zum Verteidiger mit angelegtem Unterarm aufrecht („Pin")"!
*   „Öffne dich mit einem großen Schritt Richtung Ballbesitzer und halte den geblock-

ten Verteidiger in deinem Rücken!" (Öffnen mit dem linken Bein, wenn der Block an der linken Schulter genutzt wurde, und umgekehrt = Abrollen)

* „Halte Abstand zum Ballbesitzer!"
* „Sei auf ein Anspiel gefasst, wenn dein Verteidiger aushilft!"

7.3.4 Spiel 2 gegen 2 mit Aufbau- und Flügelspieler

Um den Ball auf der Flügelposition vom Aufbauspieler zu erhalten, bedient sich der Flügelspieler eines der Befreiungscuts (vgl. Kap. 7.1.4, 7.1.6, 7.3.2). Grundlage der Befreiungsaktionen auf der Flügelposition ist die permanente Bedrohung des Korbs durch ein Backdoor-Anspiel (Abb. 7.17a). Hierzu lockt der Flügelspieler den Verteidiger – besonders, wenn dieser sehr aggressiv den Passweg auf die Flügelposition verteidigt – durch eine leichte Bewegung nach außen weg vom Korb, um dann überraschend und explosiv zum Korb zu schneiden, dabei seinen Verteidiger in den Rücken zu bringen und dann den Ball für einen einfachen Wurf (Korbleger, Powershot, Dunking) zu erhalten („Backdoor-Spiel"). Sollte der Verteidiger diese Cut-Bewegung noch erfolgreich decken können, kann der Angreifer wiederholte Richtungsänderungen ausführen (zum Korb – nach außen), um den reagierenden Verteidiger so aus dem Gleichgewicht zu bringen.

 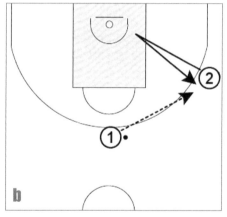

a b

Abb. 7.17a, b: Backdoor-cut / I-cut (In-and-out)

Das Zusammenspiel Flügel-Aufbau beim Backdoor-Spiel erfordert ein sehr gutes Spielverständnis der beiden Angreifer. Besonders der ballbesitzende Aufbauspieler muss die Bewegungsmuster seines Flügels kennen und richtig interpretieren, damit er den Ball im richtigen Moment passt, wenn der Flügel Backdoor schneidet. Der Flügelspieler unterstützt ihn dabei durch das deutliche Zeigen der Hand, sobald er anspielbereit ist. Der Pass wird oft nicht mit voller Kraft, sondern gefühlvoll als leichter Lobpass gespielt.

Wenn das Backdoor-Spiel nicht möglich ist, ist es das Ziel des Flügelspielers, auf der Flügelposition den Ball zu erhalten. Hierzu drängt er den Verteidiger zum Korb, indem er durch eine Bewegung bis zum Zonenrand ein Absinken des Verteidigers provoziert (Handlungsanweisung: „touch the colour", also „berühre die Zone", nach der im Profibereich unterschiedlichen Farbmarkierung zwischen Hauptfeld und Zone) und dann durch einen explosiven Richtungswechsel zur Flügelposition zurückkehrt (= I-cut, Abb. 7.17b).

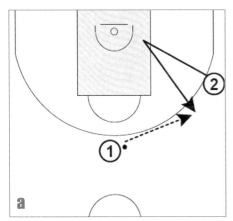 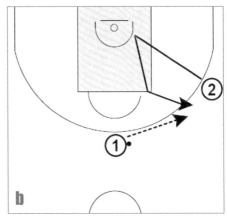

Abb. 7.18a, b: V-cut/Triangle-cut

Der ideale Moment zum Richtungswechsel ist, wenn sich der grundliniennähere Fuß des Angreifers zwischen den Füßen des Verteidigers befindet. Sobald der Verteidiger durch die Richtungsänderung aus seiner optimalen Verteidigungsposition gebracht wurde, bietet sich der Angreifer durch Zeigen der äußeren Hand (also auf der rechten Flügelposition die linke Hand) für das Zuspiel an. Unmittelbar nach dem Ballerhalt dreht er sich frontal zum Korb und bedroht diesen durch einen Wurf oder Durchbruch (Facing). Für diese Drehung zum Korb gibt es drei mögliche Schritt-/Stopptechniken (diese und alle weiteren Beschreibungen gelten für die rechte Flügelposition):

1. Zwei-Kontakt-Stopp, beginnend mit dem Grundlinienbein, also links-rechts-links
Vorteile:
- Das Anspiel auf die Außenhand (links) ist so am einfachsten,
- durch die Drehung um das rechte Bein wird dieses zum Standbein, sodass ein Kreuzschritt-Durchbruch zur Grundlinie als harmonische Anschlussbewegung möglich ist.

Nachteil:
- Gute Distanzschützen bevorzugen oft eine konstante Schrittkombination als Einleitung ihres Wurfs (Rechtswerfer: rechts-links-rechts), kommen also bei der o. g. Schrittkombination auf einer der beiden Flügelpositionen nicht sofort in die optimale Wurfbewegung.

2. Zwei-Kontakt-Stopp mit der gleichen Schrittreihenfolge, gleichgültig auf welcher Spielfeldseite

Vorteile:

- Der Spieler bereitet durch seine bevorzugte Schritttechnik einen unmittelbar folgenden Wurf optimal vor (s. oben),
- Anschlussbewegungen (Durchbruch im Kreuzschritt oder im Passgang) sind immer gleich und deswegen gut zu automatisieren.

Nachteile:

- Durch den immer identischen Bewegungsablauf ist der Spieler weniger flexibel und für die Verteidigung leichter auszurechnen,
- die Festlegung auf eine einzige Bewegungskombination beschränkt den Spieler in seiner koordinativen Entwicklung und Vielseitigkeit, was insbesondere im Kinder- und Jugendtraining nicht erwünscht ist.

3. Sprungstopp mit halber Drehung zum Korb

Vorteil:

- Durch das gleichzeitige Landen in paralleler Stellung ist das Standbein nicht festgelegt, es sind also alle Techniken des Durchbruchs sowohl zur Grundlinie als auch zur Freiwurflinie gleichermaßen möglich, was für die Verteidigung schwer auszurechnen ist.

Nachteil:

- Der Sprungstopp mit halber Drehung beinhaltet eine kurze Phase völliger Instabilität, da beide Beine den Boden verlassen. In Anbetracht der immer körperbetonteren Spielweise auch im Jugendbereich nützt diese Instabilität jedoch der Verteidigung, die den Angreifer durch leichten Kontakt aus dem Gleichgewicht bringen und so die Ballannahme und einen unmittelbaren Wurf erschweren kann.

Gegen einen sehr gut reagierenden Verteidiger reicht die einfache I-cut-Bewegung oft nicht aus, um als Flügelspieler den Ball zu erhalten. Deswegen verwendet der Angreifer die V-cut-Technik. Hierbei drängt der Flügelspieler seinen Verteidiger wie beim I-cut bis in die Zone („touch the colour", s. S. 212), startet jedoch nach dem Abdruck vom rechten Fuß und dem Richtungswechsel (linkes Bein) mit dem zweiten Schritt (rechtes Bein) Richtung Ball (Handlungsanweisung: „zum Korb – zum Ball"). Gleichzeitig werden die rechte Schulter aggressiv vor den Deny-Verteidigung spielenden Verteidiger geschoben und beide Hände zum Passgeber gezeigt, der Laufweg des Verteidigers geschnitten und der Verteidiger dadurch in den Rücken gebracht (Abb. 7.18a). Das Facing nach dem Ballerhalt erfolgt wegen der Schrittregel durch einen Sternschritt um das beim Ballerhalt hintere Bein. Ein Sprungstopp mit halber Drehung ist wegen der harten 1-1-Situation beim V-cut und des dabei kurzzeitig reduzierten Gleichgewichts nicht empfehlenswert.

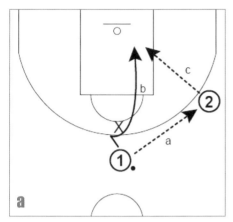 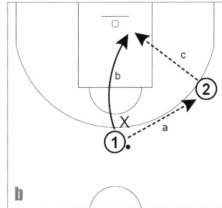

Abb. 7.19a, b: Give-and-go durch (a) Ball-side-cut, (b) Backdoor-cut

Sollte es dem Verteidiger gelingen, dennoch die Deny-Position aufrechtzuerhalten, stößt sich der Angreifer mit einem kräftigen und explosiven Schritt vom Innenbein (rechts) ab und bietet sich nach außen mit der Außenhand (links) an, während der Verteidiger, ähnlich wie beim Posting-up, mit der Innenhand kurz geblockt („Pin") wird. Diese Variante der Befreiungsbewegung heißt entsprechend ihrem Laufweg (von außen → zum Korb → zum Ball → nach außen) Triangle-cut (Abb. 7.18b).

Nach dem Anspiel auf den Flügelspieler eröffnen sich für den Aufbauspieler folgende Möglichkeiten des Zusammenspiels:

- Give-and-go durch Cut zwischen Verteidiger und Flügel (Ball-side-cut): Hierzu läuft der Aufbauspieler auf den Verteidiger zu oder leicht in die ballferne Richtung, um dann explosiv (Tempowechsel) zum Ball zu starten, sich mit beiden Händen zum Anspiel anzubieten und so den Verteidiger in den Rücken zu bekommen (Abb. 7.19a).

- Give-and-go durch Backdoor-cut hinter dem Verteidiger (Technik s. o.) (Abb. 7.19b).

- Cut und Posting-up, wenn ein Anspiel aus dem Give-and-go nicht möglich ist,

Abb. 7.20: Give-and-go zum Posting-up

durch Beenden der Cut-Bewegung auf der Low-post-Position (Abb. 7.20). Hieraus entsteht das 2-2-Spiel Flügel-Center (s. u. Kap. 7.3.3).

- Direkter Block für den ballbesitzenden Flügelspieler: Als *Pick-and-roll* durch Bildung einer „Schere": Der Dribbler (Flügel) greift zunächst Richtung Freiwurflinie an, während der Blocksteller (Aufbau) nach einer kurzen Pin-Phase den Verteidiger des Flügels in den Rücken bringt und sich Richtung Ecke des Spielbretts anbietet. Entscheidend für dieses Zusammenspiel ist das Timing zwischen Dribbling und Abrollen, damit der Pass (oft ein Bodenpass) genau in dem Moment erfolgt, indem der nichtgeblockte Verteidiger nicht mehr beide Angreifer behindern kann (Abb. 7.21a).

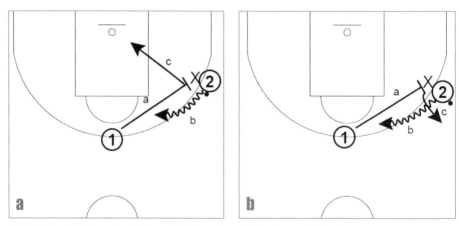

Abb. 7.21a, b: Pick-and-roll (a) und Pick-and-pop (b) Aufbau → Flügel

Als *Pick-and-pop*, durch Abrollen Richtung Drei-Punkte-Linie: Diese Variante ist dann sinnvoll, wenn beide Verteidiger versuchen, zum Korb abzusinken oder wenn der Blocksteller kein starker Innenspieler, aber ein guter Distanzschütze ist (Abb. 7.21b).

7.3.5   Spiel 2 gegen 2 mit Aufbau- und Centerspieler (High-post)

Häufigste Variante des Zusammenspiels Aufbau-High-post ist der direkte Block des Centers für den Aufbau. Hierzu kommt der Centerspieler auf der linken oder rechten Seite in Verlängerung der seitlichen Zonenlinien bis ungefähr zur Drei-Punkte-Linie nach oben und stellt einen passiven Block für den Aufbauspieler. Da zwischen dem Verteidiger des Centers und dem des Aufbauspielers in der Regel ein Größenunterschied besteht, ist das Switchen (s. Kap. 7.4) des Blocks High-post-Aufbau für die Verteidigung meist die ungünstigste Lösung.

Damit das Blockstellen besonders exakt erfolgen kann, greift der Dribbler zunächst Richtung Freiwurflinie an und nutzt den Block dann, wenn der günstigste Winkel zum Blocksteller besteht. Die Verteidigung wird in dieser Situation versuchen, den Block mit Help-and-recover (s. Kap. 7.4) zu bekämpfen. Für das Timing des Angriffs ist es daher wichtig, genau den Zeitpunkt zu erkennen, in dem der Verteidiger des Centers zum „Help" gegen den Dribbler heraustritt. In diesem Moment kann sich der blockende Center zum Korb lösen („gleiten") und sofort den Ball erhalten (Pick-and-slide).

Abb. 7.22: Abschluss des Pick-and-rolls: Durchstecken des Balls zum Blocksteller

Abb. 7.23: Abschluss des Pick-and-rolls: Abstoppen und Sprungwurf

Abb. 7.24: Abschluss des Pick-and-rolls: Durchbruch zum Korb bzw. Assist

Sollte das Pick-and-slide nicht möglich sein, bestehen die Möglichkeiten des Pick-and-rolls und des Pick-and-pops (s. o.). Der Dribbler hat während der gesamten Aktion drei Abschlussvarianten zur Verfügung:

- Das Durchstecken des Balls zum Blocksteller beim Pick-and-slide bzw. beim Pick-and-roll / -pop (Abb. 7.22),
- das Nutzen des Blocks zum Abstoppen und Sprungwurf (Abb. 7.23) und

- das Vollenden des Durchbruchs bis hin zum Korb (Penetration, Abb. 7.24) – eine sehr wirkungsvolle Variante, die gelegentlich unterschätzt wird. Hieraus entstehen nämlich im Spiel 5-5 oft Helferaktionen der Verteidiger, die ein direktes Anspiel auf einen freien Mitspieler unter den Korb ermöglichen (Penetrate-and-pass).

7.3.6 Spiel 2 gegen 2 mit Flügel- und Centerspieler (Low-post)

Das Zusammenspiel zwischen Flügel und Low-post (Two-man-game) ist ein zentraler Baustein vieler Spielsysteme. Es ergeben sich zwei grundsätzliche Möglichkeiten:

- Direkter Block des Low-posts für den Flügel, entweder für den Durchbruch Richtung Freiwurflinie oder für den Durchbruch Richtung Grundlinie mit anschließendem Abrollen oder ggf. Pop-out (Abb. 7.25a, b),
- Posting-up (s. Kap. 7.1) des Low-posts und Give-and-go des Flügels („Banana-cut") (Abb. 7.27b).

Der direkte Block des Centers für den Flügel sollte nur gespielt werden, wenn er entweder im Rahmen eines Spielsystems vereinbart ist oder durch ein Zeichen der Beteiligten angekündigt wurde. Andernfalls besteht die große Gefahr eines Missverständnisses und eines Fehlpasses. Als Signal, ob ein Block gespielt wird oder nicht, kann die Arm- bzw. Handhaltung des Centers gelten: z. B. gekreuzte Arme als Zeichen für einen geplanten Block.

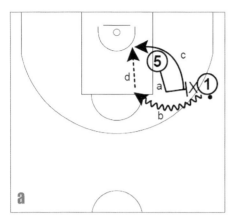 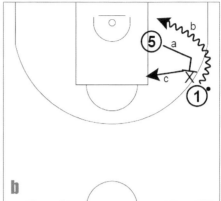

Abb. 7.25a, b: Direkter Block Low-post → Flügel zur Freiwurflinie (a), zur Grundlinie (b)

Obwohl der direkte Block grundsätzlich sowohl Richtung Grundlinie als auch Richtung Freiwurflinie gestellt werden kann, ist der Block Richtung Freiwurflinie günstiger, da für die Anschlussaktionen (Abrollen etc.) mehr Platz zur Verfügung steht als beim Block Richtung Grundlinie, wo die nahe Seiten- und Grundlinie der Verteidigung nützt. Im Spiel 5-5 bietet der Angriff über die Mitte darüber hinaus die besseren Abspielmöglichkeiten, z. B. bei Helferaktionen („Penetrate-and-pass").

Wenn kein direkter Block auf den Flügel gespielt werden soll, befreit sich der Center auf der Low-post-Position durch die Posting-up-Technik (s. Kap. 7.1). Für das Anspiel des Centers muss der Flügelspieler je nach Position des eigenen Verteidigers den Passwinkel durch einen Sternschritt oder durch ein Dribbling verbessern, sodass der Pass sowohl für Flügelspieler als auch für den Center auf der vom Verteidiger abgewandten Seite gespielt wird (Abb. 7.26a, b).

Abb. 7.26a, b: Passwinkelverbesserung durch den Flügel zum Anspiel ins Posting-up

Das Anspiel des Centers im Posting-up ist für diesen eine gute Gelegenheit für das Spiel 1-1. Da der Verteidiger des Flügelspielers deswegen oft als Helfer zum Low-post absinkt („Cover-down"), ist der Flügelspieler in diesem Moment ungedeckt. Daher sucht der Flügelspieler nach seinem Pass sofort eine günstige Position, auf der er den Ball vom Center zurückbekommen und sofort werfen kann. Dieses Two-man-game kann sich mehrfach wiederholen, bis einer der beiden eine Wurf- bzw. Durchbruchmöglichkeit sieht (Abb. 7.27a).

 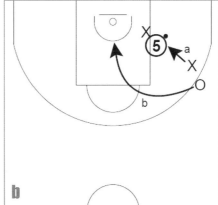

Abb. 7.27a, b: Two-man-game (a), Give-and-go des Flügels mit Banana-cut (b)

Eine weitere Möglichkeit des Zusammenspiels Flügel-Center ist das Give-and-go. Hierzu schneidet der Flügel unmittelbar nach seinem Pass auf den Center explosiv Richtung Freiwurflinie und dann zum Korb (Abb. 7.27b). Es ist wichtig, nicht direkt auf den Center zuzulaufen, sondern Abstand zu halten, damit einerseits der Raum für das 1-1 des Centers nicht zu eng wird und andererseits genügend Platz für einen Pass bleibt.

7.4   Spiel 2 gegen 2 in der Verteidigung

Wie für den Angriff, so eröffnen sich auch in der Verteidigung durch einen weiteren Mitspieler die Möglichkeiten der gegenseitigen Hilfe. Die wichtigste Aufgabe der Verteidiger ist dabei, sich permanent gegenseitig über die tatsächlichen oder vermuteten Angriffshilfen und die entsprechenden Verteidigungsmaßnahmen zu verständigen. Gute Verteidigung im Team fußt also in erster Linie auf dauernder Kommunikation, was in dem prägnanten Ausspruch: *„Good defense is talking defense"* treffend zum Ausdruck kommt. Von den Verteidigern fordert dies ausgeprägtes taktisches Verständnis und ein hohes Maß an Spielübersicht.

7.4.1   Helfen

Um im richtigen Moment aushelfen zu können, muss der ballferne Verteidiger das Spielgeschehen am Ball beobachten. Als wichtigster Grundsatz gilt: *„Immer den Ball sehen!"* Der Verteidigungsspieler muss also seine Aufmerksamkeit zwischen seinem eigenen Gegner und dem Ballbesitzer aufsplitten. Grundsätzlich können drei Situationen unterschieden werden:

- Der Verteidiger spielt in enger Deny-Stellung (zumeist auf der Ballseite und in Korbnähe): In diesem Fall kann der eigene Gegenspieler über taktile Informationen (Unterarmkontakt, Handrücken am Körper des Angreifers) kontrolliert werden, sodass das Geschehen am Ball durch eine entsprechende Kopfhaltung beobachtbar ist.

- Der Verteidiger spielt „halbe Hilfe": Jetzt ist der Verteidiger in Deny-Stellung ungefähr einen Schritt von seinem Gegner zum Ball abgesunken, kann also den Angreifer nicht mehr taktil kontrollieren. Die Beobachtung von Ball und Gegenspieler erfolgt aus den Augenwinkeln durch peripheres Sehen, wobei der eigene Gegenspieler ca. 80 % der Aufmerksamkeit beanspruchen sollte und auf gar keinen Fall aus den Augen verloren werden darf. In dieser Stellung ist es möglich, sowohl mit einem Schritt zurück zum eigenen Gegner in die enge Deny-Verteidigung zu gelangen als auch mit einem oder zwei Schritten bei einem Dribbeldurchbruch auszuhelfen.

- Der Verteidiger spielt in „Pistols-Position" (Kap. 7.4.2): In dieser Position überwiegt die Zielsetzung „Hilfe". Der Verteidiger sinkt auf eine Position in der Mitte zwischen Ballbesitzer und eigenem Gegenspieler ab und zeigt mit den seitwärts gestreckten Armen auf beide. Der Kopf ist gerade nach vorne gerichtet, die visuelle Kontrolle erfolgt durch peripheres Sehen (Abb. 7.28). Zwar ist es in dieser Position gut möglich, am Ballbesitzer auszuhelfen, dafür ist es beinahe unmöglich, bei einem schnellen Anspiel zum eigenen Gegenspieler einen sofortigen Korbwurf zu verhindern. Kriterien für das Absinken in die Helferposition sind also Anspielbarkeit und Entfernung des eigenen Gegners zum Korb sowie seine individuelle Wurfgefährlichkeit.

In dem Moment, in dem der Verteidiger des Ballbesitzers diesen nicht mehr aus eigener Kraft am Dribbeldurchbruch hindern kann, entsteht die Notwendigkeit des Aushelfens. Entweder gibt der überspielte Verteidiger des Ballbesitzers z. B. durch den Ruf „Help" ein Signal für die Helferaktion oder der Helfer greift aufgrund seiner eigenen Beobachtung ein. Im Spiel 2-2 führt eine Helferaktion allerdings zwangsläufig dazu, dass der zweite Angreifer zumindest einen kurzen Moment völlig freisteht. Dies nutzen die Angreifer für das Spiel Penetrate-and-pass (s. Kap. 7.3.1). Deswegen darf die Helferaktion nur so lange andauern, bis der ursprüngliche Verteidiger seine Aufgabe wieder allein erfüllen kann. Sollte dies nicht möglich sein, ist ein Wechsel der Gegenspieler (Switch) möglich. Dieser muss klar kommuniziert werden, ist aber im Spiel 2-2 infolge der langen Laufwege meist nicht Erfolg versprechend (Abb. 7.29).

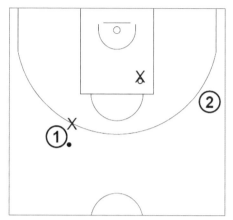
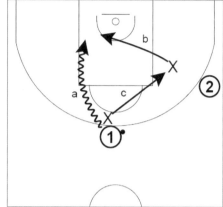

Abb. 7.28: Starke Hilfe durch Absinken in die „Pistols-Position"

Abb. 7.29: Verteidigerwechsel nach Helfer-aktion

Für die Helferaktion gelten folgende Grundsätze:

- „Helfe nur aus, wenn es die Situation wirklich erfordert, dann aber entschlossen!"
- „Schließe den Dribbelweg des Angreifers in frontaler Verteidigungsstellung!"
- „Greife oder schlage nicht nach dem Ball!"
- „Kehre nach dem Aushelfen schnellstmöglich zu deinem Mann zurück (Help-and-recover) oder gib ein eindeutiges Switch-Signal!"

7.4.2 Verteidigung von Schneidebewegungen (Cuts)

Eigentlich ist das Verteidigen von Cuts ein individualtaktisches Verhalten, da es dabei ausschließlich auf das Spiel 1-1 ankommt und keine Partnerhilfe o. Ä. in Anspruch genommen wird. Andererseits setzt die Befreiungsbewegung „Cut" im Spiel mindestens einen weiteren Spieler als Passgeber voraus; daher wird die Cut-Verteidigung hier in Kap. 7.4.2 behandelt.

Cutter wollen ihren Verteidiger durch explosive Beinarbeit überraschen und in eine günstige Position zum Ballerhalt gelangen, im günstigsten Fall direkt zum Korbwurf. Demzufolge muss die Verteidigung genau dies verhindern. Die ersten Handlungsan-weisungen an den Verteidiger lauten daher:

- „Sei jederzeit auf einen Cut gefasst und lasse dich nicht auf den ersten Schritten überlaufen!"
- „Lasse den Angreifer nicht zwischen Ball und dir schneiden!"
- „Schließe immer den Passweg zum Cutter mit deinem Körper und durch Armarbeit!"

- Weitere Verfeinerungen der Verteidigungsarbeit gegen Cuts ergeben sich aus den unterschiedlichen Angriffsfunktionen der Schneidebewegungen (s. Kap. 7.3).

Verteidigung gegen Ball-side-cut/Give-and-go

Beim Give-and-go versucht der Angreifer, unmittelbar nach einem Pass zu einem Mitspieler, auf der Ballseite zum Korb zu schneiden, meist um direkt zu einem Wurf zu kommen. In dieser Situation ist der Verteidiger zunächst im Nachteil, da er bei seiner Verteidigungsbewegung rückwärts starten muss. Wichtigste Maßnahme ist daher, im Moment des Passes, also genau dann, wenn der Ball die Hand des Passgebers verlassen hat, so viel Abstand zum Angreifer zu schaffen, dass man nicht überlaufen werden kann, und so weit zum Ball hin abzusinken, dass der Laufweg zur Ballseite behindert wird. Dies geschieht dadurch, dass der Verteidiger zum Zeitpunkt des Passes einen großen, flachen Verteidigungsschritt nach schräg hinten zur Ballseite macht und so dem Angreifer die Chance nimmt, mit einem Schritt an ihm vorbeizukommen (Abb. 7.30a). Die Handlungsanweisung hierzu lautet: *„Jump with the pass!"*

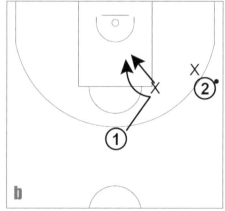

Abb. 7.30a, b: Jump-with-the-pass gegen das Give-and-go (a) und Blockieren des Ballside-cuts (b)

Wenn der Angreifer nun versucht, zwischen Verteidiger und Ball zum Korb zu schneiden, blockiert der Verteidiger diesen Laufweg in Deny-Stellung (s. Kap. 7.2) und zwingt den Angreifer, ballfern weiterzulaufen. Der Verteidiger behält in diesem Fall seine Deny-Stellung zwischen Mann und Ball bei, wechselt aber den Deny-Arm in Richtung des Laufwegs (Abb. 7.30b). Gleichzeitig dreht er den Kopf mit Blickkontakt zum Mann so, dass er wieder den Ball sehen kann. Die Drehung weg vom Mann, also das Öffnen der Verteidigungsstellung (Bauermann, 2016, 305) ist zwar schneller, führt aber bei unerfahreneren Spielern leicht zum Verlust der Kontrolle über den Gegenspieler.

Verteidigung gegen den Weak-side-cut

Typischerweise befindet sich der Verteidiger eines Angreifers auf der ballfernen Seite (Weak-side) nicht direkt bei seinem Gegner, sondern abgesunken mindestens am Zonenrand, abhängig von der Verteidigungskonzeption evtl. auf der Korb-Korb-Linie oder sogar auf der Ballseite. Die Hauptgefahr besteht also, anders als beim Ball-side-cut, nicht darin, auf den ersten beiden Schritten überlaufen zu werden, sondern darin, den mit hohem Tempo zum Ball schneidenden Gegner entweder ganz zu übersehen (z. B. weil man sich auf das Geschehen am Ball konzentriert hat) oder den Cutter infolge einer ungünstigen Position nicht stoppen zu können.

Die ersten Anweisungen an den Verteidiger des Weak-side-cutters lauten daher:

- „Immer den Ball und den Gegenspieler gleichzeitig sehen!"
- „Blockiere den Laufweg des Cutters und dränge ihn ab!"

Das ist möglich durch die sogenannte *Pistols-Stellung*, in der der Verteidiger in einem flachen Dreieck zum Gegner und zum Ball steht und mit einem Arm zum Ball und mit dem anderen zum Gegner zeigt und gleichzeitig ohne Kopfbewegungen beide sehen kann (Abb. 7.31a).

Wenn der Cutter versucht, vor seinem Verteidiger zum Ball zu schneiden, wird er vom Verteidiger nach einem Sternschritt vorwärts mit dem ballnäheren Bein in den Weg des Angreifers in Deny-Stellung aufgenommen und aus seinem Laufweg abgedrängt. Dabei kann es zu einem mehr oder weniger heftigen Zusammenprall der beiden Spieler kommen, weswegen diese Verteidigungstechnik auch *Deny-bump* genannt wird (Abb. 7.31b). Die Aufprallstärke mindert der Verteidiger durch ein Abfedern des Angreifers mit dem angelegten passiven Unterarm. Um dabei kein Foul zu begehen, ist es entscheidend, dass der Verteidiger die Deny-Stellung rechtzeitig und regelgerecht eingenommen hat.

 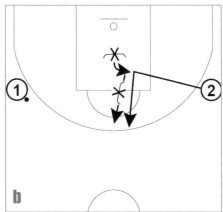

Abb. 7.31a, b: Pistols-Stellung gegen den Cutter von der Weak-side (a) und Deny-bump (b)

7.4.3 Verteidigung des direkten Blocks

Gegen den direkten Block am Ballbesitzer gibt es generell folgende Verteidigungsmaß-nahmen (vgl. Schmidt & Clauss in Hagedorn et al., 1996, S. 204ff.):

- *Switchen* (d. h., die beiden Verteidiger wechseln ihre Gegner),
- über den Block gehen (Over-the-top),
- Durchgleiten (Slide-through) und hinter den Block gehen (Absinken),
- *Help-and-recover* (d. h., der Verteidiger des Blockers hilft so lange gegen den Ballbe-sitzer aus, bis der ursprüngliche Verteidiger den Block überwunden hat),
- Doppeln.

Gemeinsame Grundlage aller Blockverteidigungsvarianten ist eine frühestmögliche Ansa-ge (s. o.) durch den Verteidiger des Blockstellers, dass und wo ein Block zu erwarten ist. Dabei ist es nicht entscheidend, dass der Block tatsächlich schon gestellt wird, sondern dass der Mitspieler bereits vor der Möglichkeit eines Blocks gewarnt wird und entspre-chend reagieren kann. Sobald der Block nämlich stabil gestellt ist, haben die Verteidiger weniger gute Chancen, den Block regelgerecht zu bekämpfen. Da der Blocksteller ver-sucht, durch seine Fußstellung Arme und Beine des Verteidigers ca. im 90°-Winkel einzu-sperren (s. 7.3.3), lautet die Ansage in Abhängigkeit von der betroffenen Schulter/Seite des geblockten Verteidigers „Block – links" bzw. „Block – rechts". Diese Ansage kann auch kontinuierlich, während der gesamten Dauer der Blockbedrohung, wiederholt werden.

Für den Verteidiger des Ballbesitzers bedeutet die Blockansage seines Mitspielers, sich einerseits individuell so gut wie möglich dem Geblocktwerden zu entziehen und ande-rerseits mit dem Verteidiger des Blockstellers eine kollektive Verteidigungsmaßnahme einzuleiten. Auch die Art der geplanten Blockverteidigung wird von den beiden Ver-teidigern durch entsprechende Zurufe kommuniziert (z. B. „Switch!") und bedarf einer eindeutigen mannschaftlichen Vereinbarung und automatisierter Handlungsmuster für Rotationen und Helferaktionen (Bauermann, 2016, S. 354).

Switchen

Beim Switch übernimmt der Verteidiger des Blockers den freigeblockten Angreifer, die Verteidiger tauschen also ihre Gegenspieler (Abb. 7.32a).
Vorteil des Switchens ist, dass die unmittelbare Blockaktion, nämlich das Öffnen eines Durchbruchswegs für den Dribbler, ins Leere läuft, da genau in diesem Korridor der switchende Verteidiger postiert ist.

Diesem Vorteil stehen aber etliche Nachteile gegenüber:

- Das Switchen reduziert die Aggressivität der Verteidigung und die persönliche Ver-antwortlichkeit des einzelnen Verteidigers für seinen Gegenspieler.

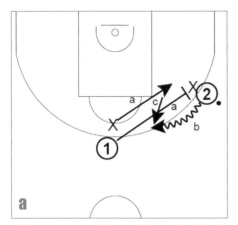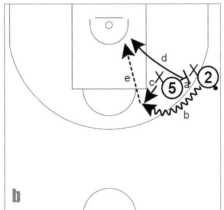

Abb. 7.32a, b: Switch-Verteidigung bei Block auf der Flügelposition (a) und Abrollen des Block-stellers (b)

- Durch das Switchen gelangt der Blocksteller in eine günstige (Innen-)Position und kann beim Abrollen angespielt werden (Abb. 7.32b), was ein umso größeres Problem für die Verteidigung darstellt, je näher am Korb das Switchen stattfindet.

- Beim Switchen können Mismatches entstehen, wenn z. B. ein kleiner Spieler einen deutlich größeren übernimmt und umgekehrt.

Aus diesen Gründen lassen viele Coaches das Switchen nur bei gleichen Spielpositionen (z. B. Flügel-Flügel) oder als letzte Notmaßnahme zu, wenn andere Blockverteidigungs-maßnahmen versagt haben.

Über den Block gehen (Over-the-top)

Bei der Blockverteidigung „Over-the-top" hat der geblockte Spieler die Aufgabe, auf jeden Fall dicht an seinem Gegner zu bleiben und auf demselben Laufweg wie der Dribbler am Block vorbeizukämpfen. Dies soll so aggressiv geschehen, dass die Verteidigungsarbeit am Ball allenfalls für wenige Augenblicke durch den Block verzögert wird. Damit dies gelingt, verändert der Verteidiger des Ballbesitzers im Moment der frühzeitigen Blockansage durch Vorschieben des blockseitigen Fußes seine Stellung so, dass der Fuß nicht mehr vom Blocksteller „eingeschlossen" werden kann. Gleichzeitig hebt er den blockseitigen Arm, um dem „Einklemmen" und Blockieren durch den Blocker zu entgehen, und steigt mit einem großen Schritt und in leichter Hohlkreuzspannung „über den Block", um auf diese Weise eng am Dribbler zu bleiben. Allerdings ist diese Grundtechnik auf höherem Niveau zu langsam, weswegen der geblockte Spieler einen sehr harten Block durch eine Drehung in Richtung des Angreifers und zwei bis drei schnelle Schritte über den Block bekämpfen muss (Bauermann, 2016, S. 353).

Vorteile dieser Blockverteidigungsvariante sind die unverminderte individuelle Verant-wortlichkeit des Verteidigers, die hohe Aggressivität und der beständige Druck auf den Dribbler. Wesentlicher Nachteil ist, dass das Über-den-Block-Gehen umso schwieriger ist, je exakter und härter der Block gestellt wird. Deswegen kann es dabei zu einer Verzögerung oder einem Foul kommen, oder das Überwinden des Blocks kann sogar gänzlich undurchführbar sein.

Durchgleiten (Slide-through) und Hinter-den-Block-gehen (Absinken)

Der o. g. Problematik, dass der Weg über den Block direkt am Dribbler nicht möglich ist, versucht das Durchgleiten zu begegnen. In diesem Fall sinkt der geblockte Spie-ler leicht ab und versucht, evtl. durch eine Drehung (Rolling) hinter dem Blocksteller vorbeizugehen, um dann sofort wieder den Ballbesitzer aufzunehmen. Voraussetzung hierfür ist, dass sein Mitspieler, der Verteidiger des Blockstellers, ihm hierfür eine Lücke lässt oder durch einen Schritt zurück öffnet. Damit dies funktioniert, ist wiederum eine frühzeitige Kommunikation zwischen beiden Verteidigern nötig, z. B. durch den Zuruf „durch!" (Abb. 7.33).

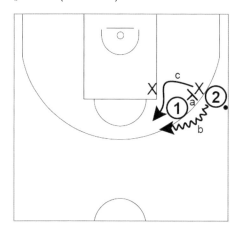
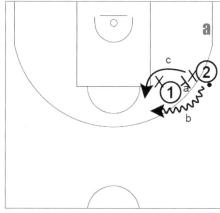

Abb. 7.33: Durchgleiten am direkten Block   Abb. 7.34: Hinter-den-Block-Gehen (Absinken)

Wesentlicher Nachteil dieser Variante ist, dass der Ballbesitzer einige Augenblicke gänzlich ungedeckt ist und unter Ausnutzung des Blockstellers als Wurfschirm frei auf den Korb werfen kann. Diese Problematik wird noch verschärft, wenn es dem geblock-ten Spieler nicht gelingt, unmittelbar hinter dem Blocksteller durch die Lücke zu gleiten, sondern er gezwungen ist, auch noch um seinen eigenen Mitspieler herumzulaufen. Aus diesem Grund ist das komplette Hinter-den-Block-Gehen gegen einen Ballbesitzer in Wurfentfernung nicht geeignet. Möglich ist es allerdings weit vom Korb entfernt, z. B. als Verteidiger des Aufbauspielers im Vorfeld (Abb. 7.34).

Help-and-recover

Den Nachteilen der vorgenannten Verteidigungsvarianten versucht die Help-and-recover-Verteidigung zu begegnen. Sie gilt derzeit als Standardverfahren. Beim Help-and-recover tritt der Verteidiger des Blockstellers aggressiv hinter dem Blocksteller hervor und blockiert seinerseits mit seinem Körper in „großer" Verteidigungsstellung den möglichen Dribbelweg des Ballbesitzers. Das ist umso wirkungsvoller, als es sich dabei oft um eine Hilfe („Help") eines Centerspielers gegen einen Aufbauspieler handelt (z. B. beim Centerblock für den Aufbau im Spielzug „Horns", s. Kap. 7.8.2). Diese Hilfe wird so lange aufrechterhalten, bis der ursprüngliche Verteidiger des Ballbesitzers den Block mithilfe der Technik „Over-the-top" (s. o.) überwunden hat und durch einen Zuruf (z. B. „Back") das Signal zur Rückkehr zu den ursprünglichen Gegenspielern gibt (Abb. 7.35a, b).

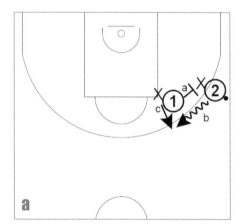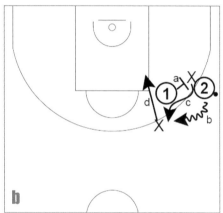

Abb. 7.35a, b: Heraustreten beim Help-and-recover (= help) (a) und Zurücksinken zum ursprünglichen Mann (= recover) (b)

Die Help-and-recover-Verteidigung erfordert von beiden Verteidigern, besonders aber vom Helfer, hervorragendes Spielverständnis und exzellentes Timing. Im Moment des Helfens ist nämlich der Blocksteller ohne Verteidiger und kann diese Gelegenheit nutzen, zum Korb „durchzuschlüpfen" („Pick-and-slip"). Allerdings ist das Anspiel auf den durchschlüpfenden Spieler gegen einen evtl. sogar deutlich größeren Helfer recht schwierig. Um das Pick-and-slip zu verhindern, hält der Helfer solange wie möglich taktilen Kontakt zum Blocksteller, beobachtet ihn peripher aus dem Augenwinkel und sinkt sofort ab, wenn der Blocksteller sich anzubieten versucht. Im Spiel 5-5 kann diese Gefahr durch Nachrücken der übrigen Verteidiger reduziert werden.

Doppeln

Eine besonders aggressive Variante der Verteidigung des direkten Blocks ist das Doppeln, das im Normalfall nicht spontan stattfindet, sondern für bestimmte Situationen und an bestimmten Stellen des Spielfeldes von den Verteidigern vereinbart wird. Anders als beim

Help-and-recover kommt es beim Doppeln nicht zum „Recover", sondern der Verteidiger des Blockstellers bleibt auch dann noch am Dribbler, wenn dessen ursprünglicher Verteidiger den Block überwunden hat. Gemeinsam setzen sie dann durch Doppeln den Ballbesitzer unter Druck. Es liegt auf der Hand, dass diese Variante im Spiel 2-2 nicht Erfolg versprechend ist, da ja hier der zweite Angreifer völlig ungedeckt ist. Sinnvoll ist das Doppeln beim direkten Block erst, wenn weitere Verteidiger im Rahmen einer Pressrotation (vgl. Kap. 7.8.5) nachrücken und die nächsten Passwege schließen können.

7.5   Spiel 3 gegen 3 im Angriff

Das Spiel 3-3 wird von vielen Coaches als die „Seele" des Spiels bezeichnet. Grund dafür ist, dass sich gegenüber dem Spiel 2-2 folgende weitere Möglichkeiten eröffnen:

- Partnerhilfen ohne Ball (indirekter Block, Gegenblock),
- Einbeziehung der ballfernen Seite (Weak-side) durch Cuts und Pässe,
- Möglichkeit eines Angriffskontinuums durch das Prinzip „Fill", das Wiederauffüllen einer freigewordenen Angriffsposition.

Unter Berücksichtigung der im Vergleich zum Spiel 5-5 höheren Spielanteile jedes einzelnen Spielers und des größeren zur Verfügung stehenden Raums für individuelle und kollektive Angriffsaktionen stellt das Spiel 3-3 tatsächlich eine sehr intensive, attraktive und trainingswirksame Spielform dar. Als FIBA 3x3 hat sich eine Variante des Spiels 3-3 mittlerweile als eigenständige Sportart etabliert, die aber aufgrund anderer Regeln teils deutliche Unterschiede zum klassischen Basketball aufweist.

7.5.1   Äußeres Dreieck (Aufbau-Flügel-Flügel)

Für das Dreieck der Außenspieler gibt es zwei Standardmuster: Das Kontinuum aus Ball-side-cut und Auffüllen *(„Cut-and-fill")* und das Kontinuum aus Gegenblock und Pop-out des Blockers.

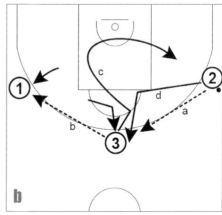

Abb. 7.36a, b: Kontinuum Cut-and-fill

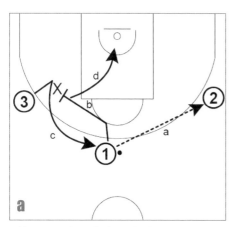

Abb. 7.37a, b: Indirekter Block mit Abrollen zum Korb (a) bzw. Pop-out (b)

Beim Spiel Cut-and-fill schneidet der Aufbauspieler nach seinem Pass auf den Flügel auf der Ballseite zum Korb, um dann auf der ballfernen Seite die Flügelposition einzunehmen. Die frei gewordene Position des Aufbauspielers füllt inzwischen der ballferne Flügel auf (Abb. 7.36a, b). Durch einen Seitenwechsel können alle Spieler in dieses Cut-and-fill-Kontinuum einbezogen werden.

Eine grundlegende Erweiterung der Handlungsmöglichkeiten eröffnet im Spiel 3-3 der indirekte Block *(„Screen away")*. Nach seinem Pass auf einen der Flügel läuft der Aufbauspieler – evtl. nach einer Ball-side-cut-Finte – zum anderen Flügel, um diesen durch einen Block zu befreien. Allerdings wird der Verteidiger dieses Flügels nicht direkt bei seinem Gegner stehen, sondern zum Korb hin absinken, sodass der Blocksteller sich nicht an der Position seines Mitspielers, sondern an der Position des zu blockenden Verteidigers orientieren muss. Der Block wird also **nicht** direkt beim Mitspieler gesetzt, sondern Richtung Korb versetzt. Für das Gelingen der Partnerhilfe ist es nun entscheidend, dass der Flügelspieler seinen Verteidiger durch seinen Laufweg in den Block „treibt". Hierzu greift er zunächst Backdoor an, um dann, wenn der abgesunkene Verteidiger gezwungen ist, wieder eng zu decken, explosiv über den Block zu schneiden und sich anzubieten. Der Blocksteller hat die Möglichkeit, sich zum Korb abzurollen, oder mit einer Pop-out-Bewegung die Flügelposition auszufüllen (Abb. 7.37a, b).

Das Aneinanderreihen der Abfolge „Pass auf den Flügel" → „Screen-away" → „Pop-out" ermöglicht wiederum ein Kontinuumspiel (Abb. 7.38)

Eine weitere Möglichkeit im Spiel 3-3 ist der Weak-side-cut. Hierbei nutzt der Flügelspieler auf der ballfernen Seite eine zu enge Stellung seines Verteidigers und/oder dessen Konzentration auf das Geschehen am Ball, um explosiv und überraschend vor oder hinter ihm in die Zone zu schneiden. Diese Aktion erfordert jedoch gutes Spielverständnis einerseits vom Ballbesitzer, der neben seinen „primären" Aktionen (1-1, Give-and-go des Aufbauspielers) auch diese Option kennen und beachten muss, andererseits aber auch vom Weak-side-Flügel, der keinen Cut in ein mögliches 1-1 seines Mitspielers oder in den Laufweg des zum Korb schneidenden Aufbauspielers machen darf, da er diese sonst bei ihren Aktionen behindern würde (Abb. 7.39).

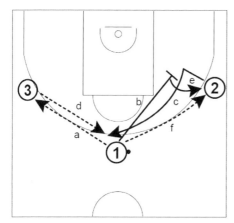 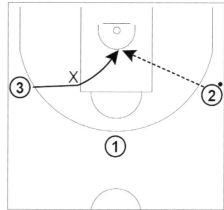

Abb. 7.38: Kontinuum 3-3 mit indirekten Blocks   *Abb. 7.39: Weak-side-cut im Spiel 3-3*

7.5.2   Oberes seitliches Dreieck (Aufbau-High-post-Flügel)

Das obere seitliche Dreieck ergibt sich oft als Variante des unteren seitlichen Dreiecks (s. Kap. 7.5.3), wenn der Low-post seine Position nach oben verändert. Es ergeben sich folgende Möglichkeiten:

- Ball beim Aufbau: Backdoor-Spiel des Flügels (Abb. 7.40a),
- Ball beim High-post: Backdoor-Spiel des Flügels (Abb. 7.40b),
- Ball beim High-post: Gegenblock des Aufbaus für den Flügel (Abb. 7.41a, b),
- Ball beim High-post: Abstreifen am High-post mit Ball (Abb. 7.42a),
- Ball beim Flügel: Abstreifen am High-post ohne Ball (Abb. 7.42b).

Bei aggressiver Verteidigung des Passwegs auf die Flügelposition müssen Ballbesitzer und Flügelspieler immer die Bedrohung des Backdoors berücksichtigen. Sobald die Low-post-Position frei wird, z. B. weil der Low-post auf die High-post-Position wechselt, ist für den Flügelspieler der Backdoor-Bereich bis zum Korb offen (Abb. 7.40a, b).

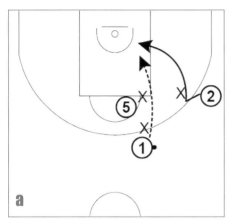 

Abb. 7.40a, b: Backdoor-Spiele des Flügels

Ball beim High-post

Nach einem Anspiel auf den High-post muss der Passgeber verhindern, dass sein Verteidiger als Helfer den High-post bedrängt. Eine Möglichkeit hierfür ist ein Gegenblock auf den Flügelspieler (Abb. 7.41a). Während der geblockte Spieler versucht, in einer Wurfposition anspielbar zu sein, greift der Blocksteller, da – wie oben erwähnt – der Low-post-Bereich offen ist, nach seinem Block durch ein Abrollen zum Korb das Backdoor an. Falls er den Ball dort nicht erhält, füllt er die frei gewordene Flügelposition auf (Abb. 7.41b).

Abb. 7.41a, b: Gegenblock Aufbau → Flügel nach Pass zum High-post

Nach einem Anspiel auf den High-post kann der Aufbauspieler versuchen, seinen Verteidiger durch enges Vorbeischneiden am High-post abzustreifen. Der High-post unterstützt den Aufbau dabei durch einen Sternschritt in den Laufweg des Aufbaus, sodass der Verteidiger an seinem Rücken hängen bleibt (Abb. 7.42a). Der dritte Mitspieler auf der Flügelposition füllt die frei gewordene Aufbauposition auf. Grundsätzlich ist jedoch das Abstreifen am Ballbesitzer gefährlich, da der Raum zum 1-1-Spiel für den Ballbesitzer dadurch sehr eng wird.

 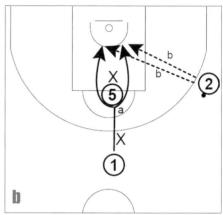

Abb. 7.42a, b: Abstreifen am High-post mit Ball (a) und ohne Ball (b)

Ball beim Flügelspieler

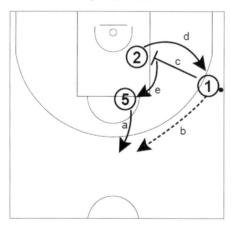

Abb. 7.43: Kontinuumspiel mit High-post

Häufigste Aktion in dieser Situation ist die Nutzung eines Blocks des High-posts durch den Aufbauspieler. Da dieser Block im Rücken des Verteidigers gestellt wird („Back-screen"), muss er, um regelgerecht zu sein, mit zwei Schritten Abstand zum Verteidiger gestellt werden. Es ist also Aufgabe des Aufbauspielers, so geschickt am High-post vorbeizuschneiden, dass sein Verteidiger hängen bleibt (Abb. 7.42b). Damit dieser Block erfolgreich ist, muss der Aufbauspieler nach seinem Pass auf den Flügel explosiv zum Korb starten. Wenn auch der Cut auf der Ballseite die erste Option für den Laufweg des Aufbaus ist, kann der Block, abhängig vom Verteidigerverhalten, auch auf der ballfernen Seite des High-posts genutzt werden. Der High-post bietet sich anschließend durch eine Pop-out-Bewegung Richtung Drei-Punkte-Linie an.

Nach einem Anspiel auf den nach oben frei gewordenen High-post kann der Flügel ein Kontinuumspiel einleiten, indem er zunächst nach seinem Pass nach oben mit einem Block tief den ehemaligen Aufbauspieler für ein Anspiel auf der Flügelposition befreit und dann die High-post-Position einnimmt (Abb. 7.43).

7.5.3 Unteres seitliches Dreieck (Aufbau-Low-post-Flügel)

Das untere seitliche Dreieck (s. Abb. 7.44a) ist ein häufiger Baustein des Spiels 5-5.

Ball beim Aufbauspieler

In dieser Situation gibt es drei Standardmöglichkeiten, das Spiel zu eröffnen:

- Schneiden des Flügelspielers um den Low-post zurück zur Flügelposition („Curl"),
- Block von der Flügelposition zum Low-post,
- Block vom Low-post zum Flügel.

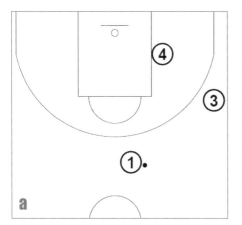 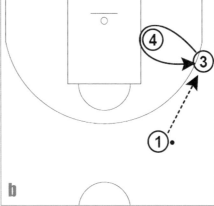

Abb. 7.44a, b: Unteres seitliches Dreieck (a) und Curl des Flügels (b)

Bei der Curl-Bewegung (Abb. 7.44b) versucht der Flügelspieler, seinen Verteidiger am Low-post abzustreifen, indem er den passiven Block des Low-posts nutzt und um diesen herum schneidet. Abhängig vom Verteidigerverhalten müssen sowohl Flügelspieler als auch Low-post ständig bereit sein, im Backdoor den direkten Pass zum Korb zu erhalten. Statt eines Curls kann das Spiel mit dem unteren Dreieck auch durch einen Block von der Flügelposition nach innen eröffnet werden (Abb. 7.45a). Hierbei kann es sinnvoll sein, den Innenspieler (also 4 oder 5) von der Flügelposition starten zu lassen, damit er nach dem Block und Abrollen in der für ihn günstigeren Low-post-Position steht.

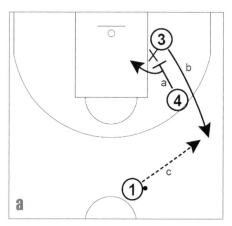

Abb. 7.45a, b: Eröffnung durch Down-screen (a) bzw. Backdoor-screen (b)

Besonders bei sehr aggressiver Verteidigung des Passwegs Aufbau-Flügel bietet sich ein Block des Low-posts in den Rücken (Back-screen) des Flügelspielers an (Abb. 7.45b); nach dem Block bietet der Low-post auf der Flügelposition eine Anspieloption (Pop-out).

Ball beim Flügelspieler

Es eröffnen sich drei grundsätzliche Möglichkeiten:

• Anspiel des Low-posts im Posting-up (Abb. 7.46a),
• direkter Block des Low-posts für den Flügel (Abb. 7.46b),
• indirekter Block des Low-posts für den Aufbau (Back-screen) (Abb. 7.48).

Über die bereits beim Spiel 2-2 beschriebenen Möglichkeiten des Two-man-games (Flügel-Low-post) hinaus (s. Kap. 7.3.3) ist es Aufgabe des dritten Angreifers, also des Aufbauspielers, seinen Verteidiger durch eine Bewegung weg vom Ball davon abzuhalten,

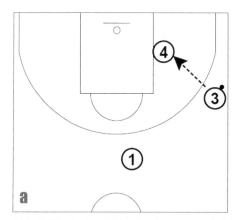
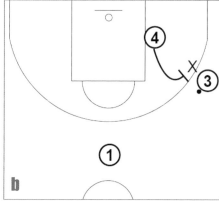

Abb. 7.46a, b: Anspiel ins Posting-up → (a), Block Low-post → Flügel (b)

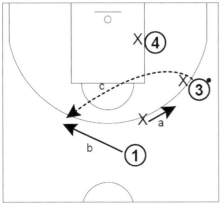

Abb. 7.47: Positionsveränderung des Aufbaus und Anspielmöglichkeiten

Abb. 7.48: Back-screen Lowpost → Aufbau bei Ballbesitz des Flügels

als Helfer in das Two-man-game einzugreifen. Sollte der Verteidiger des Aufbauspielers zu stark zum Ball hin absinken, ermöglicht ein schneller Pass auf den Aufbau einen freien Wurf von diesem (Abb. 7.47).

Bei der dritten Möglichkeit – bei Ballbesitz des Flügelspielers – kommt der Low-post nach oben zur High-post-Position und stellt dort einen Back-screen für den Aufbauspieler (s. Abb. 7.48 und Spiel oberes seitliches Dreieck).

Ball beim Low-post

Aus dieser Situation ergeben sich drei Möglichkeiten:

- Gegenblock des Flügels auf den Aufbauspieler (Abb. 7.49a).

- Gegenblock des Aufbaus auf den Flügelspieler (Abb. 7.49b),

- Banana-cut (s. Kap. 7.3.3) des Flügels über das Freiwurflinieneck und Nachrücken des Aufbauspielers (Abb. 7.50).

Abb. 7.49a, b: Gegenblock Flügel → Aufbau (a) und Aufbau → Flügel (b)

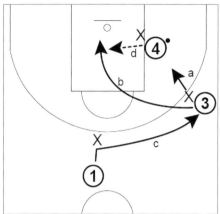

Grundgedanke beider Aktionen ist, den Verteidigern der Außenspieler keine Gelegenheit zu geben, als Helfer in das 1-1 auf der Low-post-Position einzugreifen. Beide Angreifer bieten durch die Pick-and-pop-Aktion eine Anspielstation für einen schnellen Pass mit anschließendem Mitteldistanzwurf.

Abb. 7.50: Banana-cut des Flügels und Nachrücken des Aufbauspielers

7.5.4 Unteres Dreieck (Flügel-Low-post-Low-post)

Hauptvariante des Spiels des unteren Dreiecks ist der Gegenblock der Spieler auf den Positionen 4 und 5 (Screen-across), der auch ein Bestandteil zahlreicher Spielsysteme ist. Um Missverständnisse mit dem ballbesitzenden Flügelspieler zu vermeiden, ist ein eindeutiges Zeichen oder eine generelle Absprache der Beteiligten nötig, wann der Low-post auf der Ballseite das Posting-up-Spiel beendet und den Gegenblock stellt.

Beim Gegenblock des Low-posts ist der geblockte Spieler dafür verantwortlich, seinen Verteidiger in den Block hineinzutreiben. Da der Verteidiger des ballfernen Spielers auf der Position 4/5 zur Ballseite bis zur Korb-Korb-Linie oder sogar noch weiter absinken wird, muss sich der Block an dieser Verteidigerstellung orientieren. Grundregel ist, den Block auf der Korb-Korb-Linie zu stellen. Die Nutzung des Blocks hängt von der Stellung des Verteidigers ab. Daher gelten für den geblockten Spieler folgende Handlungsanweisungen:

- „Steht der Verteidiger tief, bringe ihn noch tiefer und schneide hoch über den Block!" (Abb. 7.51a)

- „Steht der Verteidiger hoch, bringe ihn noch höher und schneide tief über den Block!" (Abb. 7.51b)

Grundsätzlich soll die hohe Nutzung des Blocks zu einem Anspiel im Bereich der seitlichen High-post-Position führen und von dort mit einem Nahdistanzwurf abgeschlossen werden, während nach dem tiefen Schneiden über den Block das Anspiel in unmittel-

barer Korbnähe erfolgen kann und mit Powershot, Jumphook oder Dunking abgeschlossen wird. Falls es zu keinem schnellen Anspiel kommt (Drei-Sekunden-Regel!),
bietet sich dieser Spieler auf der Low-post-Position der Ballseite an.

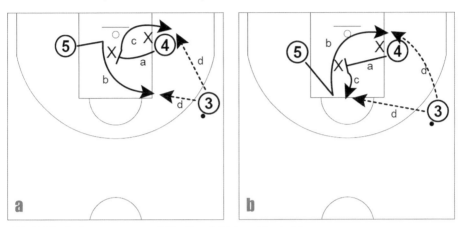

Abb. 7.51a, b: Screen-across und Abrollen tief (a) und hoch (b)

Der blockende Spieler pinnt den Verteidiger mit dem Arm der dem Cutter abgewandten
Seite und rollt dann in die entgegengesetzte Richtung ab, also bei hohem Cut über den
Block nach unten in eine korbnahe Position (Gefahr einer Übertretung der Drei-Sekunden-Regel!) und – wenn er den Ball dort nicht erhält – zur Low-post-Position auf der
Ballseite. Bei einer tiefen Blocknutzung pinnt der Blocker den Verteidiger ebenfalls zunächst mit dem vom Blocknutzer entfernten Arm und bietet sich dann Richtung seitliche High-post-Position an.

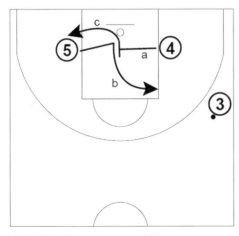

Als Variante, insbesondere wenn das
Low-post-Spiel in ein Spielsystem einge-
bunden ist, kann der geblockte Spieler
sich – gleichgültig, ob der Block hoch
oder tief genutzt wird – zur Low-post-Position anbieten. In diesem Fall verlässt der
Blocker die Zone auf der ballfernen Seite
(„Clear"), wobei auf die Option des Abrollens zum Ball verzichtet wird (Abb. 7.52).

Abb. 7.52: Screen-across und Clear

7.6 Spiel 3 gegen 3 in der Verteidigung

Das Spiel 3-3 stellt für die Verteidigung ebenso wie für den Angriff die „Seele" des Spiels dar. Es kommen alle gruppentaktischen Verfahren des Spiels 2-2 zur Anwendung. Zusätzlich eröffnen sich durch den dritten Verteidiger erweiterte Möglichkeiten des Aushelfens, des Doppelns und des Rotierens.

7.6.1 Verteidigung des indirekten Blocks

Beim indirekten Block wird im Unterschied zum direkten Block nicht der Spieler mit Ball freigeblockt, sondern ein Spieler ohne Ball. Exemplarisch lassen sich drei Varianten des indirekten Blocks nennen:

- der Block unter Außenspielern, z. B. Aufbau-Flügel (Abb. 7.53a),

- der Block unter Innenspielern, z. B. Center-Center (Abb. 7.53b),

- der Block vom Innen- zum Außenspieler (bzw. umgekehrt), z. B. Center-Aufbau (Abb. 7.53c).

Abb. 7.53a, b, c: Block Aufbau → Flügel (a), Center → Center (b), High-post → Aufbau (c)

Die Verteidigung gegen weitere Varianten des indirekten Blocks folgt prinzipiell den gleichen Gesetzmäßigkeiten und taktischen Überlegungen. Als Verteidigungsmaßnahmen stehen die in Kap. 7.4 beschriebenen Verfahren zur Verfügung, nämlich:

- Switchen,
- Über-den-Block-gehen,
- Hinter-den-Block-gehen (Absinken),
- Durchgleiten und
- Help-and-recover.

Ebenso wie bei der Verteidigung des direkten Blocks ist die erste und wichtigste Maßnahme der Verteidiger die frühzeitige Kommunikation in Form der Blockansage und der

Abstimmung des Verteidigungsverhaltens. Unterschiedlich ist allerdings die taktische Gewichtung der Blockverteidigungsvarianten.

Verteidigung des indirekten Blocks Aufbau-Flügel

Diese oft als „Gegenblock" bezeichnete Angriffsvariante gehört zum Standardrepertoire der Außenspieler im Spiel 3-3 und ist ein Baustein vieler Spielsysteme im Spiel 5-5. Da bei der Kombination Aufbau-Flügel-Flügel die an der Korb-Korb-Linie orientierte Längsteilung des Spielfeldes in *„starke Seite"* (Ballseite) und *„schwache Seite"* (Help-side) zum Tragen kommt, sinkt der Verteidiger des ballfernen Flügels von seinem Gegner in die Pistols-Position (s. Kap. 7.4.1) ab, sobald Ball- und Help-side klar definiert sind. Die Tiefe des Absinkens (bis zum Zonenrand bis zur/über die Korb-Korb-Linie) hängt von der jeweiligen Taktik ab.

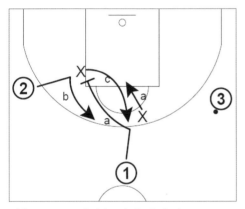

Abb. 7.54: Durchgleiten beim indirekten Block Aufbau → Flügel

Zur Verteidigung des indirekten Blocks eignen sich unterschiedliche Verfahren: Das (automatische) Switchen wird zwischen den Positionen Aufbau und Flügel meist nicht zu einem ausgeprägten Mismatch führen, führen und kann bei entsprechender Aggressivität die Angriffsoptionen nachhaltig stören. Allerdings kann das Switchen im Anfängerbereich auch zu einer passiveren Verteidigungseinstellung und geringerer Verantwortlichkeit verführen. Das Über-den-Block-Gehen ist einerseits sehr aggressiv, birgt andererseits aber die Gefahr eines unmittelbaren Cuts des geblockten Spielers zum Korb („Curl").

Als Standardverfahren gegen den indirekten Block empfiehlt sich daher das *Durchgleiten:* Schon während seiner Blockansage lässt der Verteidiger des Blockstellers zwischen sich und seinem Gegenspieler eine Lücke, durch die der geblockte Mitspieler „gleiten" kann, um dann (ähnlich der Verteidigung des Weak-side-cuts, s. Kap. 7.4.2) seinem Gegenspieler den Weg zum Ball abzuschneiden und ihn mit einem Deny-bump abzudrängen (Abb. 7.54).

Verteidigung des indirekten Blocks Low-post-Low-post

Der indirekte Block Low-Low ist eine der am meisten gespielten Blockvarianten. Wegen der Korbnähe ist ein Anspiel eines der beiden Innenspieler immer mit einer

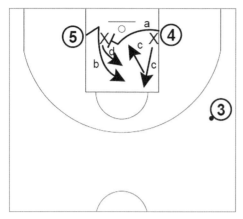

Abb. 7.55: Help-and-recover beim indirekten Block Low-post → Low-post

unmittelbaren Korbbedrohung verbunden. Für die Verteidiger bedeutet das, dass der indirekte Block sehr aggressiv verteidigt und jedes Anspiel möglichst verhindert werden muss. Aus diesem Grund ist das Switchen meist nicht zu empfehlen, da das Abrollen des Blockstellers eine korbnahe Anspielmöglichkeit schafft und bei einem Block des Spielertyps 4 auf 5 ein Mismatch entstehen kann. Die auf der Außenposition bevorzugte Variante des Durchgleitens wiederum lässt den geblockten Center für einen Moment in der Zone frei, was zu einem Anspiel und folgendem Nahdistanzwurf führen kann. Aus diesen Gründen ist das Help-and-recover (oder in der aggressiveren Form das Bump-and-recover beim Center-Center-Block zu bevorzugen. Nach seiner Blockansage versperrt der Verteidiger des Blockstellers dem geblockten Angreifer mit seinem Körper frontal den Weg und verhindert durch entsprechende Armarbeit ein Anspiel. Währenddessen kämpft sein Mitspieler über oder hinter dem Block herum, um möglichst schnell wieder seinen ursprünglichen Gegenspieler zu übernehmen (Abb. 7.55). Das Verfahren Help-and-recover erfordert gute Kommunikation und hervorragendes Timing zwischen den Verteidigern. Begünstigt werden die Verteidiger beim Low-Low-Block aber durch die Drei-Sekunden-Regel, die die Angreifer zum Verlassen der Zone zwingt.

Verteidigung des indirekten Blocks High-post-Aufbau

Abb. 7.56: Help-and-recover beim indirekten Block High-post → Aufbau

Ein Baustein vieler Spielsysteme ist der Block des High-posts auf den Aufbauspieler (s. Kap. 7.5.3). Da mit der Nutzung dieses Blocks meist ein Ball-side-cut verbunden ist (s. Kap. 7.3.4), geht von diesem Angriffsspielzug eine besondere Korbgefahr aus. Erschwert wird die Verteidigung dadurch, dass der geblockte Spieler den Block in seinem Rücken praktisch nicht selbst erkennen kann, also völlig auf die rechtzeitige Ansage und Hilfe seines Mitspielers angewiesen ist, und dass ein Switchen wegen des zwangsläufigen Mismatches Aufbau-Center normalerweise nicht sinnvoll ist. Wegen der ungünstigen Ausgangssituation des geblockten Verteidigers liegt die Hauptverantwortung für die erfolgreiche Abwehr in Form eines Help-and-reco-vers zunächst beim Gegner des Blockstellers. Nach der frühzeitigen Ansage blockiert er den Laufweg des Angreifers auf der Ballseite und verhindert in Deny-Stellung ein mögliches Anspiel. Gleichzeitig kämpft der geblockte Aufbauspieler um den Block herum, um schnellstmöglich das Recover einzuleiten. Dies ist umso entscheidender, als der Blocksteller durch das Abrollen in eine gefährliche Wurfposition gelangen und infolge des Mismatches durch den kleineren Verteidiger des Aufbauspielers nur unzureichend behindert werden kann (Abb. 7.56).

7.6.2 Helfen und Rotieren

Mit der Aufteilung des Spielfeldes in eine Ball- und eine Help-side (s. o.) besteht für die Verteidiger die Möglichkeit, planmäßig bei einem Durchbruch oder bei einem direkten Block auszuhelfen. Hierzu sinkt der jeweils vom Ball entfernteste Verteidiger von seinem Gegner in eine Helferposition auf der Korb-Korb-Linie ab, sodass er seinen Gegner und den Ball gleichzeitig sehen kann (Pistols-Position). Im Falle eines Dribbeldurchbruchs ist es Aufgabe des Helfers, das Dribbling zu stoppen und keinen Korbleger zuzulassen (Abb. 7.57a).

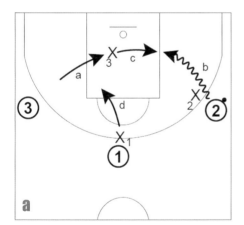 

Abb. 7.57a, b: Helfen bei Durchbruch (a) und Rotation der Verteidiger nach dem Aushelfen (b)

Damit alle Verteidiger wissen, dass eine Helferaktion eingetreten ist, kommt es wieder auf die Kommunikation an. Entweder der Helfer, besser aber der überspielte Verteidiger, gibt das Signal, z. B. durch den Zuruf: „Help!" Durch das Signal zum Helfen wird die Helferrotation ausgelöst. Der nächstpostierte Verteidiger übernimmt den Gegner des Helfers, um ein einfaches Penetrate-and-pass zu verhindern. Der überspielte Verteidiger sinkt sofort in Korbnähe ab, um eventuelle Cuts der Angreifer zu unterbinden.

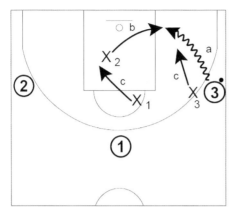

Abb. 7.58: Doppeln nach Pressrotation

Geglückt ist die Helferrotation, wenn jeder Verteidiger wieder einen festen Gegenspieler hat (Abb. 7.57b). Wegen der aus der Rotation möglicherweise entstehenden Mismatches ist es sinnvoll, nach Ende der unmittelbaren Korbgefahr zurück zu den ursprünglichen Gegnern zu rotieren. Hierzu bedarf es wiederum sehr guter Spielübersicht und äußerst klarer Kommunikation.

Eine besonders aggressive Form der Verteidigerrotation ist die *Pressrotation*. In diesem Fall treibt der Verteidiger den Dribbler planmäßig in eine Position, an der der Verteidiger der Help-side zum Doppeln dazukommt. Der verbliebene dritte Verteidiger sichert den korbnahen Bereich gegen Cuts der übrigen Angreifer (Abb. 7.58). Im Spiel 3-3 ist diese Form des Doppelns allerdings im Unterschied zum 4-4 oder 5-5 sehr riskant.

7.7   Spiel 4 gegen 4 im Angriff

(von Armin Sperber)

An der Schnittstelle zwischen den Basketball-Handlungselementen der Gruppentaktik und der Mannschaftstaktik[74] steht das Spiel 4-4. Im Zuge des kontinuierlichen Aufschaltens von technisch-vortaktischen Partnerhilfen vom 1-1 über das 2-2 bis zum 3-3 werden die Basketballspieler mit einem immer größer werdenden Repertoire an Entscheidungsalternativen konfrontiert. Zur einfachen Partnerhilfe (z. B. im Angriff: Give-and-go, Pick-and-roll usw.) kommt die Kooperation mit zwei Helfern (z. B. Screen-away, Back-screen), das Wahrnehmen vieldeutiger Situationen rückt in den Mittelpunkt.

Dies erfordert spezielle koordinative Fähigkeiten, die in der komplexen Mannschaftssportart Basketball mit seinem kleinen Spielfeld, der direkten gegnerischen Einwirkung und den engen Foul- und Zeitregeln ausgebildet werden müssen (s. Kap. 3.2).

Das Spiel 4-4 schafft die nötige Komplexität, um dem Athleten im Training Herausforderungen zu bieten hinsichtlich

- räumlicher Orientierungsfähigkeit,
- motorischer Umstellungsfähigkeit,

---

74   Vgl. Schröder & Bauer, 2001, S. 30 und Barth & Bauer, 2010, S. 153.

- komplexer Reaktionsfähigkeit,
- kinästhetischer Differenzierungsfähigkeit,
- motorischer Kopplungsfähigkeit.

Das hier beschriebene Kooperationstraining wird demnach über das Koordinationstraining (s. Kap. 3.2.2) und Techniktraining (s. Kap. 3.2.5) hinausweisen. „Spielübersicht, ja Spielwitz, taktische Cleverness und hohe Effektivität auch bei gegnerischer Bedrängung, bei hohem Tempo und unter Zeitdruck haben letztlich auch viel zu tun mit Wahrnehmungsleistungen, mit Informationsverarbeitungsprozessen, mit Entscheidungsoptimierung" (Konzag & Konzag, 1991, S. 7).

Kuhn und Hagedorn (in Hagedorn et al., 1996, S. 110ff.) fassen dies wie folgt zusammen: „Zur Ausbildung spielspezifischer kognitiver Fähigkeiten muß der Spieler im Training mit komplexen, spielnahen Übungsformen konfrontiert werden, die in hohem Maße die parallelen Verarbeitungskapazitäten beanspruchen." Aufgabe des Coaches ist es demnach, die kognitiven Fähigkeiten der Spieler zu schulen, damit die Wahrnehmungs-, Antizipations- und Entscheidungsprozesse schneller und fehlerärmer ablaufen können. Daraus folgt: „Erfolgreiches Spielhandeln hängt nicht nur von den kognitiven Fähigkeiten der Spieler, sondern letztlich auch von denen des Trainers ab, da er für die Ausbildung und Kontrolle individueller und kollektiver Handlungen eine zentrale Stellung einnimmt" (Kuhn & Hagedorn, in Hagedorn et al., 1996, S. 111).

Die vom Coach auszuwählenden Spielformen des 4-4 reduzieren die Entscheidungsvielfalt für den Spieler gegenüber dem 5-5-Zielspiel in gewissem Maße, bieten aber genügend Freiheitsgrade, um die dominanten Faktoren der Spielfähigkeit herauszubilden (Konzag & Konzag, 1991, S. 13):

- Antizipationsfähigkeit,
- Entscheidungsfähigkeit,
- Risikobereitschaft,
- Handlungsschnelligkeit,
- ballbezogene Mobilität,
- Kooperationsfähigkeit.

Für die Grundprinzipien der technisch-taktischen Ausbildung heißt das, dass die erste Ebene der bloßen Technikvermittlung alsbald verlassen werden muss, um die Ebene der sinnvollen Spielhandlungen zu erreichen (s. Kap. 3.2.1 und Kap. 7.1.8). Die individuelle „Zirkusnummer" Dribbeln in diversen Übungsreihen beispielsweise muss beizeiten von der zielgerechten „Handlung" in möglichst offenen Spielsituationen abgelöst werden, was aber nicht bedeutet, dass das reine Ballhandling-Training nicht weiterhin seinen Platz hätte im Rahmen der Schulung koordinativer Fertigkeiten oder anlässlich des Aufwärmens ohne Gegner.

Für den Trainierenden geht es um das Finden von Alternativlösungen und Ausstiegen, um die Chance, kreative Entscheidungen zu fällen und vielfältige Situationen zu antizipieren. Oder anders formuliert: „Es sind Lernsituationen so zu gestalten, Lernaufgaben so zu stellen, daß auf der Basis vorhandener Erfahrungen Wahrnehmungsschemata ausgewählt werden können, die eine adäquate Situationslösung ermöglichen, auf deren Grundlage eine optimale Situationslösung ausgewählt werden kann" (Loibl in Hagedorn et al., 1996, S. 116).

Die im Folgenden ausgewählten 4-4-Situationen scheinen besonders geeignet, um bei den Spielern den Erwerb der notwendigen spieltaktischen Grundmuster zu unterstützen.

7.7.1 Transition, Secondary-break und Early-offense im 4 gegen 4

Geschult wird hier lediglich die letzte Phase des Schnellangriffs, der Abschluss. Ballsicherung und Ballvortrag werden nicht betrachtet, können aber beliebig vorgeschaltet werden.

Die Bewegungsmuster können in viele Übungsreihen zur Technikvermittlung eingebaut werden oder können als Aufwärmübungen dienen und sind bald auch mit 1-2 (halbaktiven) Verteidigern durchführbar. Die technischen Voraussetzungen sollten bereits geschaffen sein bzw. in dieser Situation geschaffen werden.

Wichtig ist, dass die Spieler von den Aktionen der Mitspieler ablesen lernen, welches ihre eigenen nächsten Handlungen innerhalb des vorgegebenen Konzepts sein sollten.

Vorstufe 1: 2-2

(a) Einfaches Give-and-go: Der Pass 1 → 2 kommt idealerweise bereits aus dem Mittelkreis. 2 hat als erste Fastbreak-Option einen Korbleger, als zweite den Pass auf den zum Korb schneidenden 1 (Abb. 7.59).

(b) Wie (a): Wenn 1 aber nicht zum Korb schneidet, bedeutet das für 2, dass er nach einem Rückpass zu 1 Backdoor zum Korb geht und von 1 angespielt wird (Abb. 7.60).

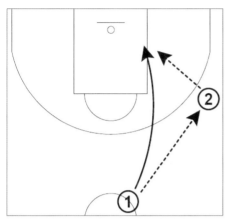

Abb. 7.59: Give-and-go zwischen Aufbau und Flügel

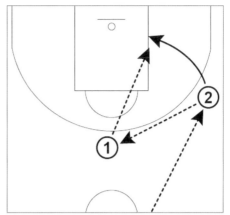

Abb. 7.60: Rückpass zum Aufbau und Back-door-cut vom Flügel

Vorstufe 2: 3-3

(a) Give-and-cut and Fill (vgl. Kap. 7.5.2): Nach dem Pass 1 → 2 schneidet 1 zum Korb. 3, der den ersten Pass nicht erhalten hat, füllt sofort die Position von 1 auf (Abb. 7.61).

(b) Swing-Pass 2 → 1 → 3: Nach dem Pass 1 → 2 bleibt 1 stehen, 2 passt zurück, attackiert den Korb (wie oben), 1 swingt den Ball schnell zu 3. Dieser hat die Option, 2 am Brett anzuspielen oder selbst über die Mitte zum Korb zu ziehen (Abb. 7.62).

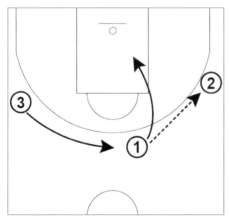

Abb. 7.61: Cut-and-fill nach Pass zum Flügel

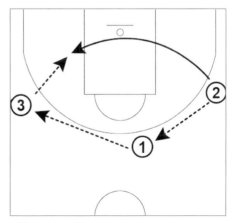

Abb. 7.62: Swing-Pass

Endstufe 4-4

(a) Nach dem Pass 1 → 2 curlt 1 Richtung Korb und zurück auf die gegenüberliegende Angriffsseite (Abb. 7.63).

(b) Der vierte Spieler (Trailer) füllt die Position von 1 auf, erhält den Ball von 2. 4 passt den Ball zu 1, während 3 die Ballseite von 1 freimacht (Abb. 7.64).

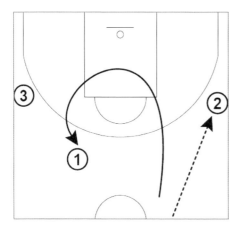

Abb. 7.63: Curl vom Aufbauspieler

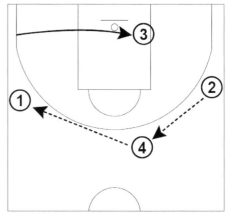

Abb. 7.64: Passfolge über Trailer

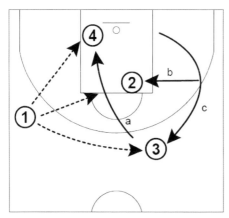

Abb. 7.65: Cuts zum Korb und Fill des Flügelspielers

(c) Nun schneiden nacheinander 4 und 2 zum Brett, als Letztes füllt 3 auf (Abb. 7.65).

Die hier progressiv aufgeschalteten Ausstiegsoptionen sollten immer wieder einzeln thematisiert werden. Je fortgeschrittener die Spieler sind, umso offener wird die Spielsituation gestaltet. Möglichkeiten der Variation sind das Tempo (Zeit bis zum Abschluss), die „erlaubten" Optionen, die Anzahl der aktiven Verteidiger, die zugelassenen Korbwurfaktionen (Korbleger, Sprungwurf nach Pass, Sprungwurf nach Dribbling, Powershot), des werfenden Spielers.

Am Ende steht eine 4-4-Transition-Spielform in vollem Tempo, evtl. auch mit mehreren Teams gleichzeitig als Kontinuum. Auch eine Durchführung „mit Gegenverkehr", also ohne Verteidiger, aber mit gleichzeitig in die andere Richtung spielender Gruppe, schult das Wahrnehmungsvermögen der Spieler und die laufende Anpassung an die wechselnde Spielsituation.

Mit der Hinzunahme des fünften Spielers und die Anbindung an gängige Set-play-Muster wäre schließlich der Übergang zur Mannschaftstaktik (Kap. 7.8) fließend angelegt.

7.7.2 Set-play gegen Mann-Mann-Verteidigung im 4 gegen 4

Um den Einstieg in die 5-5-Mannschaftstaktik zu erleichtern, werden im 4-4 die wesentlichen Elemente vorweggenommen. Die Verteidigung hat mit vier Spielern weniger Möglichkeiten des Helfens und die Angreifer haben dank reduzierter Komplexität der Spielsituation bessere Chancen, die relevanten Spielszenen zu erleben, zu erkennen und in das eigene taktische Handlungsrepertoire aufzunehmen. Um die Basis für die Handlungsmuster zu legen, sind die entsprechenden 2-2- und 3-3-Elemente vorzuschalten[75].

Die Trainingsformen sehen so aus, dass der Trainer (oder ein fünfter Spieler, ggf. ohne Verteidiger, oder der Aufbauspieler) den Ball ins Spiel bringt und so einen vereinfachten Einstieg in die Situation ermöglicht. Als zusätzliches Element kann man anstatt der Ballbesitzoptionen „make it take it" oder „loser's ball" auch „possession on rebound" wählen, das heißt, das nächste Angriffsrecht bekommt dasjenige Team, das den Rebound (auch bei Korberfolg!) erobert. So wird verhindert, dass die Optionen nur durchlaufen werden, ohne sich um die Anschlussaktion Rebound zu kümmern.

Spezielle Angriffsoptionen im Spiel 4 gegen 4

Gegenüber dem Spiel 3-3 ermöglicht das Spiel 4-4 die Möglichkeit, Varianten des Blockspiels miteinander zu kombinieren (vgl. Schröder & Bauer, 2001, S. 115ff.), u. a.:

* Down-screen und Back-screen[76] (Abb. 7.66a, b),
* Double-screen (Abb. 7.67),
* Staggered-screen (Abb. 7.68),
* Screen-the-screener (unmittelbar nach einem indirekten Block wird dem Blocksteller ein weiterer Block gestellt).

Ein Beispiel für die Vorbereitung eines komplexen, mannschaftstaktischen Angriffsmusters im 4-4 gegen die Mann-Mann-Verteidigung ist das sogenannte „Wheel"[77], ein Kontinuum unter Nutzung verschiedener Block- und Cut-Varianten mit variablen Ausstiegsoptionen aus der DBB-Spielkonzeption 2008 (Blümel, 2008):

---

75 Für die Prinzipien des „Cut-and-fill" und Weiteres siehe Kap. 7.5.1. Die Standardmuster in ihren verschiedenen Ausprägungen sind in Kap. 7.5.2ff. zu finden.

76 An beiden Varianten sind direkt nur drei Spieler beteiligt, weshalb auch eine Zuordnung zu den indirekten Blocks des Spiels 3-3 erfolgt. Sie werden jedoch bevorzugt in der Konstellation 4-4 (Viereckaufstellung mit definierter Strong- und Weak-side) eingesetzt.

77 Dieses vereinfachte Set-play hat sich auch gegen Ball-Raum-Verteidigungen bewährt. Der Vorteil solcher Mehrzweck-Angriffsmuster liegt in der Zeitersparnis bei der Vermittlung gegenüber kompletten Systemen im 5-5.

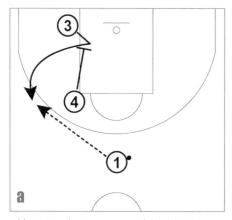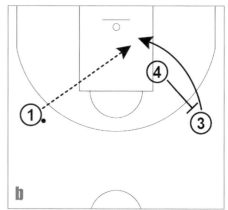

Abb. 7.66a, b: Down-screen (a) und Back-screen (b)

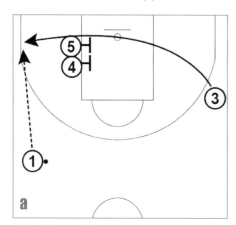

Abb. 7.67: Double-screen   *Abb. 7.68: Staggered-screen*

- 1 passt auf 2 und schneidet eng an 4 vorbei auf die gegenüberliegende Flügelposition. Unmittelbar darauf schneidet 3 ebenfalls eng an 4 vorbei auf die tiefe Post-Position auf der Ballseite (Abb. 7.69a).

- Anschließend tritt 4 zurück auf die Dreierlinie, lässt sich von 2 anspielen und swingt den Ball sofort auf 1. Währenddessen schneidet 2 über die Freiwurflinie auf die tiefe Post-Position auf der neuen Ballseite (Abb. 7.69b).

- Nun stellt 4 einen Down-screen für 3, der von der tiefen Post-Position auf die Position des Point Guards hoch schneidet und von 1 angespielt wird (Abb. 7.69c).

- 4 stellt einen weiteren Block, diesmal für 2, der von 3 auf der Flügelposition angespielt wird, falls ihm der Verteidiger eng folgen kann. Andernfalls schneidet 3 hart zum Korb für das Anspiel (Abb. 7.69d).

- Als Anschluss für einen zweiten Durchgang für dieses Set-play kommt 4 zurück auf High-post, 2 und 1 schneiden eng an der 4 vorbei, usw.

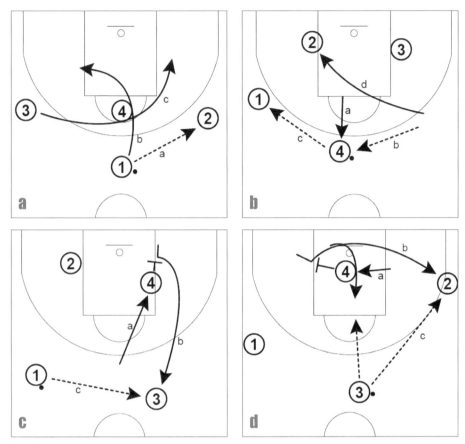

Abb. 7.69a, b, c, d: Wheel

7.7.3 Set-play im 4 gegen 4 als Vorstufe des Angriffs gegen Ball-Raum-Verteidigung

Das Prinzip eines Angriffs gegen die Ball-Raum-Verteidigung ist es, mithilfe von Pässen über beide Seiten, von Innen- und Außenspielern und von tiefen und hohen Positionen die Verteidiger bei der Rotation und beim Herauslaufen zur Verhinderung von Korbwürfen zu Fehlern zu verleiten. Mit geeigneten Blocks soll das Ziehen zum Korb für die Mitspieler erleichtert werden, zumindest werden freiere Wurfpositionen ermöglicht.

Gegen jede Art von Aufstellung der Ball-Raum-Verteidigung hat sich als Beispiel folgendes *„Multifunktions-Set-play"* bewährt:

* Der Aufbauspieler 1 leitet mit einem Dribbling auf die Seite den Angriff ein, spielt, wenn möglich, den nunmehr tiefen Flügel 2 an (oder signalisiert ihm, dass der Spielzug jetzt startet), erhält den Ball zurück und swingt ihn sofort zu 3 (Abb. 7.70a).

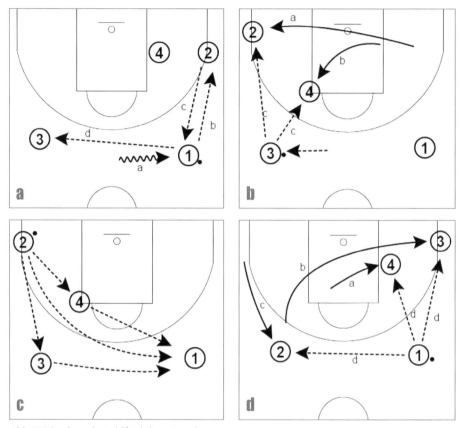

Abb. 7.70a, b, c, d: Multifunktions-Set-play

- 2 läuft nun in die Spielfeldecke auf der anderen Seite, 5 wechselt von der tiefen Post-Position auf die hohe Post-Position auf der neuen Ballseite. Diese Bewegung wird „First Swing" genannt, um als komplexes Handlungsmuster von den Spielern erkannt und unterschieden werden zu können. 2 erhält den Ball von 3, der aber auch die Option hat, 4 anzuspielen (Abb. 7.70b).

- „Second Swing": Der Ball wandert von 2 wieder auf die gegenüberliegende Flügel- position zu 1, entweder über den High-Post 4, zurück über den Flügelspieler 3 oder als Skip-Pass direkt von 2 auf 1 (Abb. 7.70c).

- Nun wechseln 4 und 5 wieder die Seite und die Position High-post/Low-post, gleichzeitig wechselt der hohe Flügel 3 auf die tiefe Flügelposition gegenüber. 2 füllt seinen Platz auf. 1 hat die Optionen, 3 oder 4 anzuspielen (Abb. 7.70d).

- „Middle-penetration": Nachdem einmal der First Swing und 1-2 x der Second Swing durchgeführt wurden, ohne dass freie Wurfpositionen erarbeitet werden konnten, ist es an der Zeit, mit geeigneten Blocks ein Ziehen zum Korb frei zu sperren. 4 tritt zwei oder drei Schritte nach außen, die ballbesitzenden Flügel nutzen den angebotenen Block, penetrieren mit zwei Dribblings und schließen ab oder spielen den Ball an der Deckung vorbei auf die Distanzschützen gegenüber (Abb. 7.71a, b).

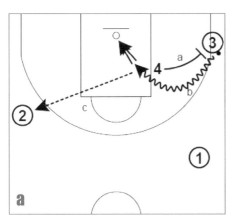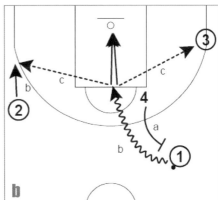

Abb. 7.71a, b: Middle-penetration im Multifunktions-Set-play

7.7.4 Automatics

Neben den relativ eng vorgezeichneten Lauf- und Passwegen der klassischen Positionsangriffsmuster haben sich in jüngster Vergangenheit sogenannte *Automatics* etabliert, die einen weiter gefassten Handlungsrahmen für die Spieler vorsehen[78].

Für eine selbst erarbeitete 4-4-Konzeption sind einfach mehrere der unten stehenden 2-2-Automatics zu kombinieren.

In den Übungsformen ist, wie oben beschrieben, vorzugehen, das heißt, die Komplexität des Handlungsangebots ist schrittweise zu erhöhen und über das 4-4 bis zum 5-5 aufzuschalten.

Flügel-Flügel

Wenn der ballführende Flügelspieler entscheidet, über die Mitte den Korb zu attackieren, dann greift der andere Flügelspieler ebenfalls den Korb an, indem er zum Korb schneidet, also quasi die „Brettspitze erobert". Diese synchrone Bewegung soll einen etwaigen Helfer ausschalten (Abb. 7.72a).

---

78 Die hier vorgestellte Auswahl an Bewegungsmustern entstammt den DBB-Spielkonzeptionen (Menz, 2010 und Blümel, 2007).

Wenn der ballführende Flügelspieler hingegen entscheidet, über die Seiten- und Grundlinie den Korb zu attackieren, dann besetzt der andere Flügelspieler die Position in der
Ecke. Mit dieser Bewegung wird ein Drei-Punkte-Wurf (die neue Drei-Punkte-Linie ist in
der Ecke dem Korb am nächsten!) herausgespielt, die helfende Verteidigung kann ihn
in der Regel nicht vereiteln (Abb. 7.72b).

Abb. 7.72a, b: Automatic Flügel-Flügel bei Penetration über die Mitte (a) und Seiten-/Grundlinie (b)

Center-Center

Attackiert der ballführende Brettcenter über die Grundlinie, dann bewegt sich der andere Brettcenter Richtung Freiwurfkreis (Abb. 7.73a).

Attackiert der ballführende Brettcenter die Mitte, dann „verschwindet" der andere
Brettcenter „hinter dem Brett und besetzt die andere Brettspitze" (Abb. 7.73b).

Abb. 7.73a, b: Automatic Center-Center bei Penetration über die Grundlinie (a) und Mitte (b)

Flügel-Center

Nachdem 2 den aufpostenden 5 angespielt hat, schneidet er entweder knapp an ihm vorbei auf die Gegenseite (Abb. 7.74a) oder auf kurzem Weg über die Freiwurflinie auf die Gegenseite (Abb. 7.74b).

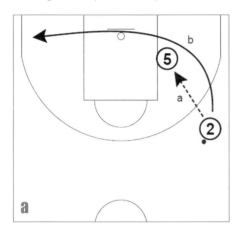 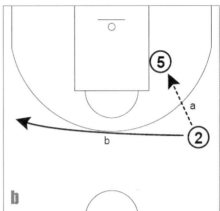

Abb. 7.74a, b: Automatic Flügel-Center: Cut am Center vorbei (a) und über die Freiwurflinie (b)

Aufbau-Flügel

Zieht der Flügelspieler über die Mitte zum Korb, so bewegt sich der Aufbauspieler in seinem Gesichtsfeld, um anspielbar zu sein, ohne jedoch seine Aufgaben der Korbsicherung zu vernachlässigen (Abb. 7.75a).

Wählt der Flügelspieler die Seiten- bzw. Grundlinie, dann füllt der Aufbauspieler den Platz auf, den jener soeben verlassen hat (Abb. 7.75b).

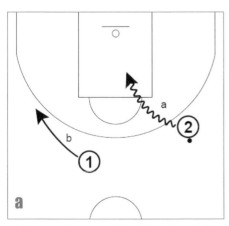 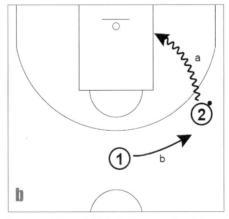

Abb. 7.75a, b: Automatic Aufbau-Flügel: Bieten einer Anspielmöglichkeit bei Penetration (a) und Auffüllen durch den Aufbauspieler (b)

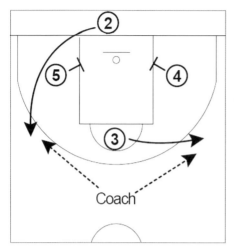

Ein 4-4-Automatic-Drill könnte wie folgt aussehen: Aufstellung als Raute[79], Auslösen des Spielzugs auf Signal und Zuspiel des Trainers, anschließend Lösen der Spielsituation (unter Berücksichtigung etwaiger Vorgaben) bis zur „Possession-on-rebound" (Abb. 7.76).

Abb. 7.76: Automatic-Drill

7.8   Spiel 5 gegen 5

7.8.1   Mann-Mann-Verteidigung

Die Mann-Mann-Verteidigung (MMV) ist die wichtigste und am häufigsten gespielte Verteidigungsvariante. Da die individuellen technischen und taktischen Angriffs- und Verteidigungsfähigkeiten nur im Spiel 1-1 optimal entwickelt werden können, ist die MMV in vielen Jugendligen, z. B. in der JBBL (Jugend-Basketball-Bundesliga), zwingend vorgeschrieben. Nicht nur für Kinder und Jugendliche ist die eindeutige Aufgabenzuordnung und die klare Verantwortlichkeit der Manndeckung unmittelbar einleuchtend. Ebenso gilt, dass ein Spiel dann gewonnen wird, wenn jeder weniger Punkte seines Gegners zulässt, als er selbst im Angriff macht. Da sich bei der Mann-Mann-Verteidigung im Grunde niemand vor der Verantwortung für seinen direkten Gegenspieler verstecken kann, wird die Manndeckung von vielen Coaches als die „ehrlichste" Verteidigung bezeichnet.

Die meisten erfolgreichen Coaches sind darüber hinaus der Überzeugung, dass die Verteidigung der entscheidende Schlüssel zum langfristigen Erfolg ist und jeder Spieler einer Mannschaft hierzu beitragen kann und muss. Diese Auffassung spiegelt sich in „Coachingweisheiten" wider, wie: „Angriff ist Formsache, Verteidigung ist Willenssache" oder: „Angriff gewinnt Spiele, Verteidigung gewinnt Meisterschaften".

---

79   Alternative: Einige oder alle Angreifer und / oder Verteidiger starten den Drill an der Grundlinie und sprinten nach Signal in die vereinbarte Aufstellung, von wo aus der Spielzug initiiert werden soll.

Gerade junge Spieler können in der Verteidigung einen wertvollen Beitrag zum Erfolg der Mannschaft leisten, lange bevor sie zu einem entsprechenden Beitrag im Angriff in der Lage sind. Ebenso richtig ist die Erkenntnis, dass im Angriff nur ein Ball für fünf Angreifer zur Verfügung steht, aber in der Verteidigung für fünf Verteidiger auch fünf Angreifer, in der Verteidigung also jedes Teammitglied gleichermaßen zum Erfolg der Mannschaft beitragen kann.

Voraussetzung für erfolgreiche kollektive Manndeckung im Spiel 5-5 ist eine möglichst optimale Zuteilung der Verteidiger zu den jeweiligen Angriffsspielern, das sogenannte *Match-up* (engl. to match = zusammenpassen). Erste Kriterien hierfür sind die Körpergröße, die Schnelligkeit und allgemein die Spielstärke und Spielposition (also Center gegen Center, Flügel gegen Flügel, Aufbau gegen Aufbau). Allerdings kann es auch gute Gründe geben, von dieser Standardzuordnung abzuweichen. Z. B. ist es oft sinnvoll, einen guten Distanzschützen, der aber nicht sehr schnell im Durchbruch ist, durch einen deutlich größeren Spieler verteidigen zu lassen (also in Bezug auf die Körpergröße ein Mismatch herzustellen), um dadurch den Angreifer zu zwingen, seinen gewohnten Bewegungsablauf beim Werfen zu modifizieren. Oder anstelle eines sehr großen Spielers deckt ein sehr sprungstarker, kleinerer Spieler den gegnerischen Innenspieler. Die Fähigkeit, die Match-ups unter Berücksichtigung aller individuellen Fähigkeiten der eigenen und der gegnerischen Mannschaft optimal festzulegen und bei einem Spielerwechsel entsprechend anzupassen, zeichnet einen guten Coach aus.

Erste Handlungsanweisungen für die Mann-Mann-Verteidigung sind (vgl. Hagedorn et al., 1996, S. 219; Schröder & Bauer, 2001, S. 144):

- „Bewege dich zwischen deinem Mann und dem verteidigten Korb, in Korbnähe aber zwischen dem Ballbesitzer und dem Gegenspieler!"
- „Beobachte immer deinen Mann und den Ball und sei bereit, einem überspielten Mitspieler zu helfen!"
- „Dränge den Dribbler zur Seitenauslinie!"
- „Versuche, einen Pass zu deinem Gegner immer mit einem Arm im Passweg zu verhindern!"
- „Behindere Pässe deines Gegenspielers durch Armarbeit!"
- „Lasse deinen Gegenspieler nie vor dir zum Ball schneiden!"
- „Halte deinen Gegenspieler durch Ausblocken vom Rebound fern!"

Ausgehend von diesen individuellen Prinzipien, wird das kollektive Mann-Mann-Verteidigungskonzept einer Mannschaft entwickelt. Hierbei wird unterschieden zwischen der

- Verteidigung am Ballbesitzer und der
- Verteidigung am Spieler ohne Ball.

Bei der *Verteidigung am Spieler ohne Ball* spielt in weiterer Differenzierung die Entfernung zum Ballbesitzer eine Rolle: entweder orientiert an der Anzahl der Pässe, die der Verteidiger vom Ballbesitzer entfernt ist (also ein, zwei oder mehr Pässe) oder orientiert an einer Spielfeldaufteilung, z. B. der Längslinie Korb-Korb (s. u.).

Da moderne Manndeckung grundsätzlich – wenn auch in unterschiedlicher Intensität – über das gesamte Spielfeld gespielt wird, müssen sich die Verteidiger unmittelbar nach dem Ballbesitzwechsel (z. B. nach einem eigenen Korbwurf) nicht nur zurück zum eigenen Korb, sondern sofort auch zu ihren jeweiligen Gegenspielern orientieren.

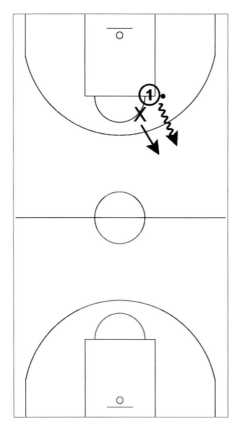

Abb. 7.77: Ballverbotszone

Der *Verteidiger des Ballbesitzers* hat die Aufgabe, den Dribbler zu einer der beiden Seitenauslinien abzudrängen und möglichst nicht wieder zurück in den Mittelstreifen oder auf die andere Spielfeldlängshälfte zu lassen. Röder und Clauss (in Hagedorn et al., 1996, S. 225) nennen den so auf dem gesamten Spielfeld entstehenden Korridor „Ballverbotszone" (Abb. 7.77). Gleichzeitig muss der Verteidiger so viel Abstand zum Dribbler halten, dass er nicht überspielt werden kann. Sobald der Dribbler das Dribbling beendet und den Ball aufnimmt, kommt der Verteidiger eng heran und versucht, durch intensive Armarbeit einen Pass zu be- oder verhindern.

Durch das Abdrängen des Dribblers auf eine Spielfeldseite entstehen, orientiert an der Korb-Korb-Linie, eine *starke Seite* (die Ballseite) und eine *schwache Seite* (die ballferne Seite).

Verteidiger ohne Ball auf der starken Seite haben einerseits die Aufgabe, Anspiele auf ihren Gegenspieler zu be- oder verhindern, andererseits bei einem Dribbeldurchbruch auszuhelfen (Abb. 7.78a, b).

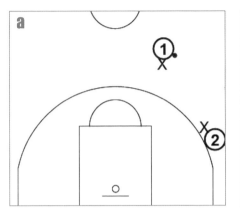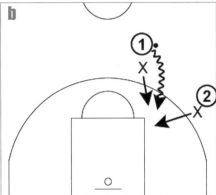

Abb. 7.78a, b: Verteidiger ohne Ball auf der starken Seite

Verteidiger ohne Ball auf der schwachen Seite müssen immer sowohl ihren Gegner als auch das Geschehen auf der Ballseite beobachten und sinken – abhängig von der Aggressivität der Verteidigung und den taktischen Vorgaben – bis zum Zonenrand, bis zur Korb-Korb-Linie oder sogar darüber hinaus zum Ball hin ab, um bei Durchbrüchen oder Pässen in den korbnahen Bereich aushelfen zu können (Abb. 7.79a, b).

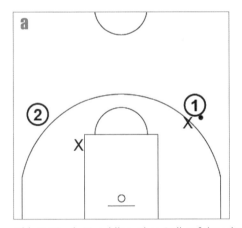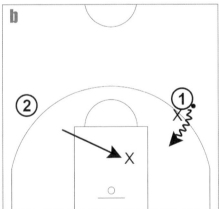

Abb. 7.79a, b: Verteidiger ohne Ball auf der schwachen Seite

Sobald der Ballbesitzer sein Dribbling beendet und somit keine Hilfe bei einem eventuellen Durchbruch mehr nötig ist, schließen alle Verteidiger die Passwege zu ihren Gegnern (Abb. 7.80).

Abb. 7.80: Schließen der Passwege nach dem Ende des Dribblings

Im Rahmen der kollektiven Mann-Mann-Verteidigung wird auf sämtliche individuelle und gruppentaktische Verteidigungselemente zurückgegriffen (s. Kap. 7.2, 7.4, 7.6):

- die Verteidigung des Posting-ups,
- das Cover-down,
- die Verteidigung von Ball-side-cuts,
- die Verteidigung von Weak-side-cuts,
- die Verteidigung direkter und indirekter Blocks.

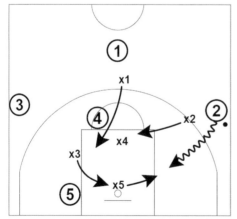

Abb. 7.81: Beispiel einer Helferrotation nach Durchbruch auf der Flügelposition

Die Verwirklichung dieser Verteidigungselemente im Spiel 5-5 erfordert große Spielübersicht und hervorragende Kommunikation zwischen den Verteidigungsspielern.

Besondere Bedeutung bekommen im Spiel 5-5 die Helferaktionen, bei denen die Verteidiger planmäßig rotieren, um den Gegner eines überspielten Angreifers zu übernehmen (Abb. 7.81)

Vorteile:

- individuelle Verantwortlichkeit jedes Spielers,
- günstige Reboundposition,
- Erschweren von Weitwürfen,
- Stören sämtlicher Angriffsaktionen (Pass, Dribbling, Wurf),
- Provozieren von Passfehlern,
- Fernhalten des Angreifers vom Korb,
- Tempokontrolle.

Nachteile:

- Anfälligkeit gegen schnelle Mitteldistanzwürfe,
- Anfälligkeit gegen Schneidebewegungen,
- erhöhtes Foulrisiko,
- Anfälligkeit gegen Durchbrüche,
- Gefahr durch Angriffshilfen (z. B. Blocks),
- Schwierigkeit des Aushelfens,
- schwierig gegen überragende Einzelspieler.

7.8.2 Angriff gegen Mann-Mann-Verteidigung

Ziel der Angriffsmaßnahmen gegen die Mann-Mann-Verteidigung ist es, die Komplexität des Spiels so weit zu reduzieren, dass kollektive Hilfen erschwert werden, und der Angriff durch gruppentaktische Maßnahmen zu einem freien Wurf, zu einer Überzahl oder zu einer 1-1-Situation führt. Folgende grundlegende Handlungsanweisungen gelten daher für die Angreifer (vgl. Schröder & Bauer, 2001, S. 153f.):

Als Ballbesitzer:

- immer gefährlich sein und den gegnerischen Korb durch Facing, Wurf oder Durchbruch bedrohen,
- nicht direkt auf die Position eines Mitspielers dribbeln,
- immer bereit sein, einen besser postierten Mitspieler anzuspielen, besonders wenn Verteidiger aushelfen,

- durch Blickkontakt und/oder weitere Signale gruppentaktische Hilfen wie Blocks einleiten,
- nach einem Pass immer eine Anschlussaktion starten (z. B. Give-and-go).

Als Spieler ohne Ball:

- immer den eigenen Gegenspieler beschäftigen, um das Aushelfen zu erschweren,
- immer bereit sein, sich zum Korb anzubieten und den Ball zu erhalten,
- außer beim direkten Block Abstand zum Ballbesitzer halten, damit dieser 1-1 spielen und nicht durch einen zweiten Verteidiger gedoppelt werden kann,
- durch Blickkontakt bzw. andere Signale mit dem Ballbesitzer und den anderen Mitspielern kooperieren, z. B. beim Backdoor-Spiel oder beim Blocken.

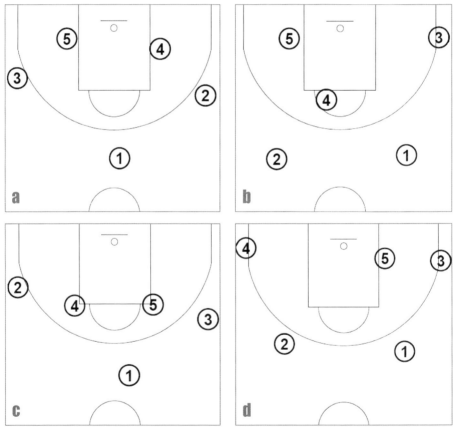

Abb. 7.82a, b, c, d: Angriffsaufstellungen 1-2-2 (oben links), 2-1-2 (oben rechts), 1-4 (unten links) und 2-3 (unten rechts)

Als Team:

* das Spielfeld, abhängig von der Grundaufstellung, gleichmäßig besetzen (Floorbalance),
* frei gewordene Positionen durch Rotation wieder besetzen (Fill),
* auf gegenseitige Angriffshilfen (Blocks, Cuts) achten,
* immer durch mindestens einen Spieler den Rückraum für den Fall eines Ballverlusts und Gegenangriffs sichern.

Auf der Grundlage dieser Prinzipien wird, abhängig vom eigenen Spielerpotenzial und den Stärken und Schwächen der eigenen und der verteidigenden Mannschaft, eine Grundaufstellung gewählt. Am häufigsten sind die folgenden Aufstellungen (Abb. 7.82a, b, c, d):

Angriffssysteme beginnen mit einem Eröffnungsspielzug, dem sogenannten *Entry*, mit dem der Ball aus der neutralen Aufbauposition in eine für den weiteren Angriffsverlauf günstige Position gebracht wird, oft auf die Flügelposition. Die folgenden Abbildungen zeigen zwei einfache Entries auf der Flügelposition, einmal durch einen Seitenwechsel der Flügelspieler (Swing) mit Nutzung der Centerblocks (Abb. 7.83a) und einmal durch ein Abstreifen (Curl) am Low-post (Abb. 7.83b).

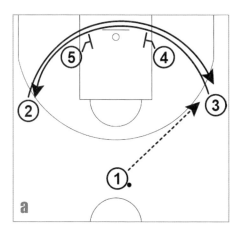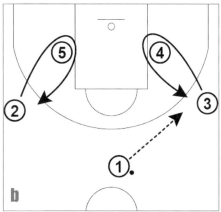

Abb. 7.83a, b: Eröffnungspass auf den Flügel nach Swing (a) und nach Curl (b)

Angriffsspielsysteme können grundsätzlich danach unterschieden werden, ob sie frei, nach allgemeinen Regeln ablaufen oder ob sie feste Lauf- und Passwege für die Spieler vorsehen. Eine weitere Unterscheidung ergibt sich daraus, ob es sich um einen einzelnen, meist kürzeren Spielzug handelt (Play), nach dessen Ende der Angriff gegebenenfalls neu von vorne beginnen muss, oder ob das Spielsystem so konstruiert ist, dass es theoretisch endlos, bzw. nur durch die 24-s-Regel begrenzt, weiterlaufen kann (Kontinuum).

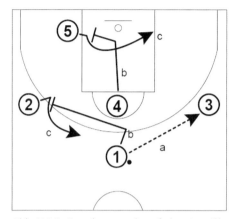

Abb. 7.84: Grundmuster eines freien Angriffsspiels

Exemplarisch für das *freie Spiel* ist ein Angriff aus der Aufstellung 1-3-1: Der Ballbesitzer entscheidet, was er nach seinem Pass macht, entweder zum Korb schneiden oder einen Block stellen; die beiden anderen Außenspieler füllen die frei gewordene Position. Die beiden Innenspieler besetzen, abhängig von der Spielposition, die Low- und High-post-Position und blocken sich gegenseitig frei (Abb. 7.84).

Als Beispiel eines kurzen Eröffnungsspielzugs kann der beliebte Angriff „Horns" gelten: Beide Center stellen in Höhe der Drei-Punkte-Linie einen Block für den dribbelnden Aufbau und rollen anschließend zum Korb bzw. zum Passerhalt ab. Es ergeben sich hintereinander vier Korbwurfmöglichkeiten:

- der Dribbler nutzt den Block und zieht zum Korb (Korbleger) (Abb. 7.85a),
- der Dribbler nutzt den Block, stoppt und wirft (Abb. 7.85b),
- der Dribbler nutzt den Block und passt zum abrollenden Blocksteller (Abb. 7.85c),
- der Dribbler nutzt den Block und passt zum ballfernen Center, der seinerseits den abrollenden Center der Ballseite anspielt (Abb. 7.85d).

Ausstiegsmöglichkeiten ergeben sich z. B. durch Pässe auf die bisher noch nicht einbezogenen Flügelspieler. Wenn alle Möglichkeiten erfolglos durchgespielt wurden, muss der Angriff neu in der Grundaufstellung gestartet werden, was allerdings Zeit kostet und evtl. innerhalb der 24-s-Begrenzung keinen weiteren komplexen Spielzug mehr erlaubt.

Universell einsetzbar sind Angriffskonzepte, bei denen die Spieler innerhalb festgelegter Laufwege immer wieder in dieselbe Grundaufstellung kommen, sodass dieses Spielsystem theoretisch unbegrenzt ablaufen kann. Derartige Spielsysteme nennt man *Kontinuum*. Obwohl es denkbar ist, alle fünf Angreifer in ein Kontinuum einzu-

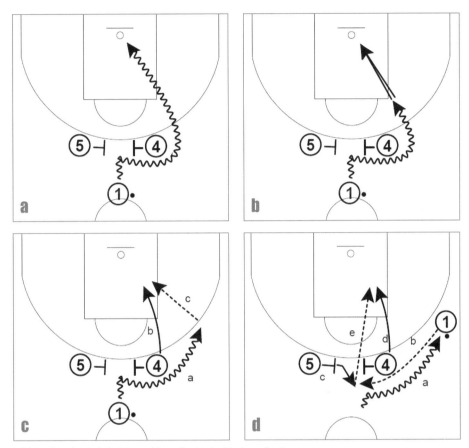

Abb. 7.85a, b, c, d: Spielzug „Horns" mit vier Korbwurfoptionen

binden, ist es wegen der unterschiedlichen individuellen Fähigkeiten und Spielpositionen sinnvoll, zwischen Außen- und Innenspielern zu unterscheiden, z.B. vier Außen-, ein Innenspieler, eine Diffenzierung, die insbesondere im Jugendbereich sinnvoll ist (Bauermann, 2016, S. 195).

Ein einfaches Kontinuumspiel kombiniert z. B. eine Rotation der Außenspieler (Flügel, Aufbau) mit den Optionen Ball-side-cut und Back-screen (Abstreifen am High-post mit einer Gegenblockrotation der Innenspieler) (Abb. 7.86a, b, c, d).

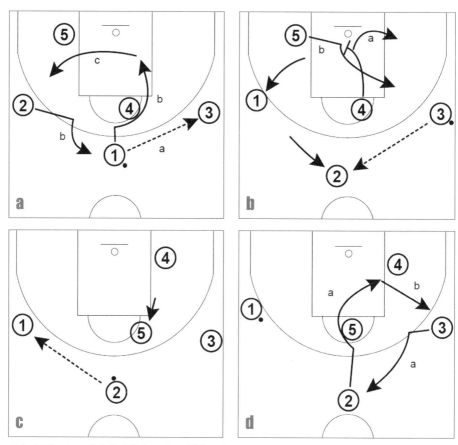

Abb. 7.86a, b, c, d: Beispiel eines Angriffskontinuums

7.8.3 Ball-Raum-Verteidigung (Zonenverteidigung)[80]

Während bei der Mann-Mann-Verteidigung das Spiel 1-1 dominiert und daher individuell sehr starke Angriffsspieler nur schwer einzuschränken sind, versucht die Ball-Raum-Verteidigung auf der Basis ausgeprägter individueller Verteidigungsfähigkeiten, den Nachteil des 1-1-Spiels durch kollektive Maßnahmen auszugleichen. Vorrangige Ziele sind dabei:

- Verhinderung von Dribbeldurchbrüchen (Penetration) zum Korb,
- Behinderung freier Würfe,

---

80 Wenn auch die Bezeichnung dieser Verteidigungsvariante als „Ball-Raum-Verteidigung" aufgrund ihrer Funktionsweise die exaktere ist, ist dennoch im deutschen wie im englischen Sprachbereich die Bezeichnung „Zone" verbreiteter. Im vorliegenden Buch werden deshalb die Bezeichnungen *Ball-Raum-Verteidigung, Zonendeckung* und *Zonenverteidigung* unterschiedslos synonym verwendet.

- Verhinderung von Pässen in den korbnahen Bereich,
- gegenseitiges Aushelfen, besonders gegen individuell überragende Angreifer,
- Reboundsicherung.

Im Unterschied zur Manndeckung ist bei der Ball-Raum-Verteidigung jeder Spieler zunächst für die Verteidigung in dem ihm durch die Grundaufstellung (s. u.) zugewiesenen Raum verantwortlich. Während der Ballbesitzer von dem zuständigen Verteidiger immer eng gedeckt wird und insbesondere Durchbrüche verhindert werden sollen, verteidigen die übrigen Spieler so, dass der Raum zwischen Ball und Korb geschlossen wird. Dabei müssen die Verteidiger immer wieder Angreifer, die sich durch den eigenen Verteidigungsraum bewegen, an den nächsten zuständigen Verteidiger übergeben und bei einer zahlenmäßigen Unterlegenheit in einem Verteidigungsraum planmäßig als Helfer dorthin rotieren. Die Koordination dieser Verteidigungsaktionen erfordert große Spielübersicht und exzellente Kommunikation zwischen den Verteidigern. Aus diesem Grund ist die Ball-Raum-Verteidigung für Teams in den ersten Lernjahren nicht geeignet.

Weitere Vorteile der BRV gegenüber der MMV sind (vgl. Schröder & Bauer, 2001, S. 146):

- eine geringere Verletzbarkeit durch Cuts und Blocks,
- die bessere Planbarkeit der eigenen Stärken und Schwächen,
- die leichtere Planbarkeit der Reboundsituation und des organisierten Schnellangriffs,
- die Möglichkeit, foulbelastete Spieler zu „verstecken" und generell die Foulbelastung zu reduzieren,
- die Planbarkeit des Doppelns an bestimmten Stellen des Spielfelds, z. B. in den Ecken (s. Kap. 7.8.5).

Den Vorteilen der BRV steht aber auch eine Reihe von Nachteilen gegenüber. Zu nennen sind hier insbesondere:

- die Anfälligkeit gegen schnelles Passspiel, Überlagerungen und Seitenwechsel,
- die Schwierigkeit, sich bei und nach Schnellangriffen zu formieren,
- die geringere individuelle Verantwortung der einzelnen Spieler,
- die meist geringere Aggressivität, die mit einer geringeren Initiative und Tempokontrolle einhergeht,
- das Problem, exzellente Distanzwerfer wirkungsvoll einzuschränken.

Die häufigsten Formen der Ball-Raum-Verteidigung sind die 2-1-2-, die 2-3-, die 3-2-, die 1-2-2- und die 1-3-1-Grundaufstellungen. Abhängig von den Stärken und Schwächen der Angreifer erlauben diese Formationen, bestimmte Bereiche, z. B. den korbnahen Raum, besonders intensiv zu verteidigen, was allerdings immer mit einer relativen

Schwäche in einem anderen Raum einhergeht. Auch hier ist es die Kunst des Coaches, die Verteidigungsaufstellung optimal an die eigenen Stärken und Schwächen und die des Gegners anzupassen.

Vor- und Nachteile der Ball-Raum-Verteidigung 2-1-2 (Abb. 7.87)

Vorteile:

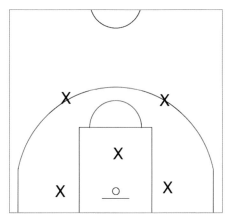

- gute Sicherung des korbnahen Bereichs,

- gute Voraussetzungen für den Defensivrebound,

- schwer durch Dribbeldurchbrüche zu überwinden,

- gute Voraussetzungen für einen organisierten Schnellangriff,

Abb. 7.87: Schwachstellen der Ball-Raum-Verteidigung 2-1-2

- starke Sicherung des High- und Low-post-Bereichs.

Nachteile:

- eher passiv und weniger aggressiv,

- weniger effektiv gegen Distanzschützen aus der Ecke und von den Flügelpositionen,

- Anfällig gegen schnelle Seitenwechsel und Überlagerungen.

Vor- und Nachteile der Ball-Raum-Verteidigung 1-2-2 (Abb. 7.88)

Vorteile:

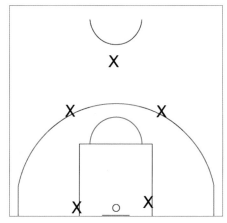

- hohe Aggressivität gegen den gegnerischen Spielaufbau und die Flügelpositionen,

- gute Möglichkeit des Doppelns an der Mittellinie und in den Ecken,

- starke Verteidigung gegen Distanzwerfer auf der Flügelposition und auf der Aufbauposition.

Abb. 7.88: Schwachstellen der Ball-Raum-Verteidigung 1-2-2

Nachteile:

- schwach im korbnahen Bereich und beim Rebound,
- sehr gefährdet durch Anspiele auf High-post oder auf in die Zone schneidende Spieler,
- anfällig gegen Distanzwürfe aus den Ecken,
- schwierige Koordination des Nachrückens bei Überlagerungen des Angriffs.

Vor- und Nachteile der Ball-Raum-Verteidigung 3-2 (Abb. 7.89)

Vorteile:

- starke Sicherung der Flügel- und der High-post-Position,
- gute Helferpositionen gegen Dribbeldurchbrüche des Aufbauspielers,
- relativ gute Ausgangslage für den Defensivrebound,
- Möglichkeit des Doppelns in den Spielfeldecken.

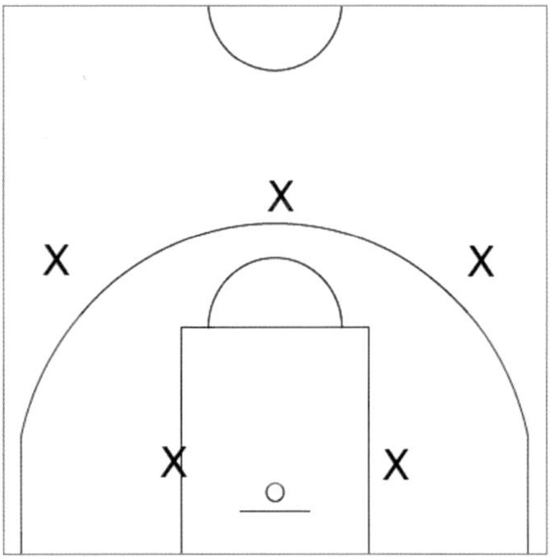

Nachteile:

- geringe Aggressivität gegen den Aufbauspieler,
- Anfälligkeit gegen Distanzschützen aus den Ecken,
- numerische Unterlegenheit im korbnahen Bereich,
- schwierige Kontrolle des Weak-side-Rebounds,
- schwieriges Nachrücken und lange Laufwege bei Überlagerungen im Bereich Low-post-Ecke.

Abb. 7.89: Schwachstellen der Ball-Raum-Verteidigung 3-2

Vor- und Nachteile der Ball-Raum-Verteidigung 2-3 (Abb. 7.90)

Vorteile:

- sehr gute Sicherung des korbnahen Bereichs,
- gute Ausgangssituation für den Defensivrebound,
- gute Ausgangslage für einen organisierten Schnellangriff,
- sehr gute Deckung der tiefen Flügel- und Eckposition.

Nachteile:

- geringe Aggressivität gegen den Spielaufbau,

- schwieriges Abschirmen der High-post-Position,

- hohe Anfälligkeit gegen Distanzwürfe von Außen- und Aufbauspielern,

- sehr anfällig gegen Durchbrüche und Mitteldistanzwürfe von vorne,

- sehr schwierige Koordination und lange Laufwege bei Überlagerungen mit Überzahl auf der High-post- und Außenposition.

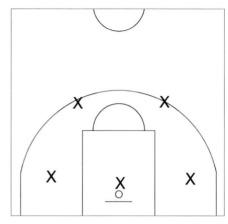

Abb. 7.90: Schwachstellen der Ball-Raum-Verteidigung 2-3

Vor- und Nachteile der Ball-Raum-Verteidigung 1-3-1 (Abb. 7.91)

Vorteile:

- sehr hohe Aggressivität gegen den Spielaufbau und die Flügelspieler,

- stark gegen gute Dribbler und Werfer auf der Aufbauposition,

- sehr gute Möglichkeit des Doppelns an der Mittellinie und in den Spielfeldecken und die Eignung als Trap-zone (s. Kap. 7.8.5),

- starkes Abschirmen der High-post- und der Flügelposition.

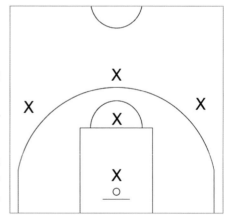

Abb. 7.91: Schwachstellen der Ball-Raum-Verteidigung 1-3-1

Nachteile:

- schwache Sicherung des korbnahen Raums,

- sehr schwache Sicherung der Grundlinie,

- schwierige Sicherung des Defensivrebounds, besonders auf der Weak-side,

- sehr anfällig gegen Würfe von der tiefen Flügelposition und aus den Spielfeldecken,

- lange Laufwege und schwierige Koordination des Nachrückens.

7.8.4 Angriff gegen Ball-Raum-Verteidigung

Ungeachtet des jeweiligen Spielsystems gelten für den Angriff gegen eine Ball-Raum-Verteidigung einige Grundregeln, die sich aus der Struktur dieser Deckungsvariante ableiten lassen.

Prinzip 1: „Die Zone durch Schnellangriff schlagen!"

Eine Ball-Raum-Verteidigung entfaltet ihre volle Wirkung erst, wenn alle Verteidiger die ihnen zugewiesene Position eingenommen und miteinander die Verteidigungsarbeit aufgenommen haben. Dies dauert allerdings meist etwas länger als das Aufnehmen der jeweiligen Gegner in eine Manndeckung. Deswegen bietet sich den Angreifern die Chance, durch ein optimales Transitionspiel (s. Kap. 7.9), durch Schnellangriff oder Early-offense zum Korberfolg zu kommen, bevor die Ball-Raum-Verteidigung aufgestellt werden konnte.

Prinzip 2: „Geduld!"

Da die Ball-Raum-Verteidigung explizit das individuelle Angriffsspiel einschränken will und dafür kollektive Maßnahmen ergreift, muss auch der Angriff entsprechend auf kollektives Spiel setzen. Hier eine schnelle 1-1-Lösung gegen die Hilfen der BRV zu suchen, wäre genau der Fehler, den die Verteidigung sich wünscht. Dies müssen die Spieler verstehen und lernen, die Zone als Team auszuspielen.

Prinzip 3: „Immer eine Gegenaufstellung zur Ball-Raum-Verteidigung einnehmen!"

Nach diesem Grundsatz besetzen die Angreifer durch ihre Grundaufstellung die Lücken zwischen den Verteidigungsbereichen und zwingen die Verteidiger somit allein durch die Grundaufstellung zu einer Anpassungsaktion. Schmidt (in Hagedorn et al., 1996, S. 269) schlägt exemplarische Angriffsaufstellungen vor (Abb. 7.92a, b).

Abb. 7.92a, b: Ball-Raum-Verteidigungen 2-1-2 (a) und 1-3-1 (b) mit Gegenaufstellungen

Abb. 7.93: Überlagerung gegen eine 2-1-2-Ball-Raum-Verteidigung durch eine Schneidebewegung des angreifenden Flügelspielers

Prinzip 4: „Überlagerung und Überzahl auf einer Seite!"

Da alle Ball-Raum-Verteidigungen das Spielfeld symmetrisch aufteilen, können Angreifer durch entsprechende Gegenaufstellungen eine Überzahl auf einer Seite erzeugen (Overload) und nötigen damit die Verteidiger zu mehr oder weniger schwierigen Nachrückaktionen (Abb. 7.93).

Prinzip 5: „Zuständigkeitsprobleme unter den Verteidigern provozieren!"

Da bei der Ball-Raum-Verteidigung die Zuordnung der einzelnen Angreifer zu den jeweiligen Verteidigern nicht fix ist, sondern je nach Verteidigungsbereich wechselt, stellt die Koordination der Zuständigkeiten und die Weitergabe von Angriffsspielern an den nächsten Verteidiger für die Ball-Raum-Verteidigung eine große Herausforderung dar.

Dies machen sich die Angreifer dadurch zunutze, dass sie die Schnittstellen zwischen den Verteidigungsbereichen gezielt attackieren durch:

* die Gegenaufstellung (s. Prinzip 3),
* Überzahlbildung in bestimmten Verteidigungsbereichen (s. Prinzip 4),
* Dribbeldurchbruch (Penetration) an der Schnittstelle (Abb. 7.94a),
* Dribbling über die Schnittstellengrenzen (Abb. 7.94b),
* Cuts durch die Zone (Abb. 7.94c).

  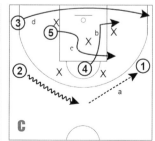

Abb. 7.94a, b, c: Penetration gegen BRV (a), Überschreiten der Schnittstelle durch Dribbling (b) und Cuts durch die BRV (c)

Prinzip 6: „Schnelle Seitenwechsel!"

Da eine Überlagerung auf einer Spielfeldseite die Zonenverteidigung zwingt, sich nach mehr oder weniger komplizierten Gesetzmäßigkeiten an die Angriffsaufstellung anzupassen und die einzelnen Verteidigungsaufgaben zuzuordnen, wird die Verteidigung durch einen Seitenwechsel vor das Problem gestellt, den gerade durchgeführten Koordinationsprozess schnellstmöglich auf der anderen Spielfeldseite zu wiederholen. Weil dabei alle fünf Verteidiger in kürzester Zeit zusammenarbeiten und neue Gegenspieler finden müssen, liegt genau hierin die Chance der Angreifer, die Ball-Raum-Verteidigung auszuspielen. Dabei gelten folgende Grundsätze:

* in jedem Angriff mindestens einen Seitenwechsel spielen und nicht vorschnell auf der Eröffnungsseite einen evtl. schlechten Wurf nehmen (s. Prinzip 2: „Geduld"),
* beim Seitenwechsel immer versuchen, einen Skip-Pass zu spielen, also eine Passstation zu überspringen, sofern das gefahrlos möglich ist (Abb. 7.95a),
* beim Seitenwechsel als Passgeber nicht individuell den Korb angreifen (Facing, Penetration), sondern den Ball so schnell wie möglich weiterleiten (Abb. 7.95b).

Abb. 7.95a, b: Skip-Pass zum Seitenwechsel (a) und schnelles Passen (b)

Angriffsmuster gegen eine Ball-Raum-Verteidigung 2-1-2

Die folgenden Schritte zeigen exemplarisch, wie die o. g. Prinzipien des Angriffs gegen eine Ball-Raum-Verteidigung in ein Angriffskonzept umgesetzt werden können.

* Grundaufstellung 1-3-1 (Abb. 7.96) und Überlagerung durch Low-post-Cut (hinter der Verteidigung) und kurz danach Flügel-Cut (3) in die Spielfeldecke (Abb. 7.97). Pass von 1 zu 2. 1 bewegt sich anschließend zur Weak-side.

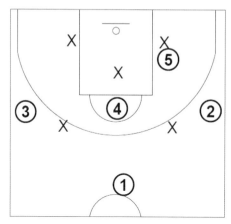

Abb. 7.96: Grundaufstellung gegen 2-1-2 BRV

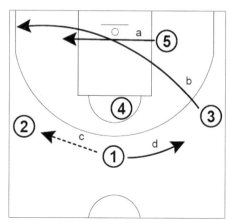

Abb. 7.97: Überlagerung gegen 2-1-2 BRV durch Cuts

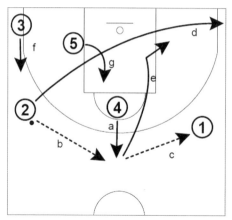

Abb. 7.98: Seitenwechsel gegen 2-1-2 BRV

- Einleiten des Seitenwechsels durch Heraustreten des High-posts bei Ballbesitz 2. 2 passt zu 4 und cuttet sofort in die gegenüberliegende Ecke; 4 passt sofort weiter zu 1 und cuttet zum Korb (und nimmt danach die Low-post-Position ein). 3 rückt auf die Flügelposition nach, 5 auf die High-post-Position (Abb. 7.98).

- Da die Angriffsaufstellung jetzt spiegelverkehrt auf der anderen Spielfeldseite angekommen ist, kann derselbe Spielzug hier wiederholt werden (Kontinuumangriff).

7.8.5 Pressverteidigung

Die Pressverteidigung ist die intensivste Form der Verteidigung. Alle Pressverteidigungen verfolgen das Ziel, auf die Angreifer größten Druck auszuüben, um so Fehler im Spielaufbau bis hin zum Ballverlust zu provozieren. Charakteristisch für Pressverteidigungen ist, im Unterschied zu anderen aggressiven Verteidigungsformen, das Doppeln des Ballbesitzers. Grundsätzlich ist zu unterscheiden zwischen

- Mannpressverteidigung und
- Zonenpressverteidigung.

Eine weitere wichtige Unterscheidung betrifft die Ausdehnung der Pressverteidigung, nämlich über das ganze, Dreiviertel- oder halbe Spielfeld. Taktisch werden Pressverteidigungen meist aus den folgenden Gründen eingesetzt:

- um durch hohen Druck auf die Gegner, besonders die Aufbauspieler, die Fehlerquote der Angreifer im Spielverlauf zu erhöhen;
- im Rahmen einer Aufholjagd bei einem Rückstand gegen Ende der Spielzeit, um einen schnellen Ballgewinn zu erreichen;
- zur Störung und damit zur Verlangsamung des gegnerischen Spielaufbaus, um die Zeit der Angreifer für einen Positionsangriff zu verringern und um die Angreifer zu einem schnelleren und schlecht vorbereiteten Wurfversuch zu verleiten; dies kann auch der Sicherung eines knappen Vorsprungs dienen;
- zur Stärkung des Team- und Kampfgeistes und des Wir-Gefühls, wenn es gelingt, mehrere Ballgewinne hintereinander zu erzielen;
- zur Demoralisierung des Gegners, insbesondere des Aufbauspielers, infolge unnötiger und wiederholter Ballverluste;
- zum „Wachrütteln" der eigenen Mannschaft;
- zur Emotionalisierung des Publikums.

Auf der anderen Seite bringen Pressverteidigungen aber auch Risiken mit sich:

- sie fordern eine hohe mannschaftliche Abstimmung und Geschlossenheit und damit einen großen Trainingsaufwand;
- Pressverteidigung setzt ausgeprägte individualtechnische, -taktische und konditionelle Fähigkeiten voraus und kann daher leicht die Möglichkeiten des Spielerkaders überfordern;
- das Verhältnis von Aufwand (z. B. im konditionellen Bereich) zu Nutzen (z. B. Ballgewinne) kann ungünstig sein;
- die Foulgefahr ist erhöht;
- durch das Doppeln des Ballbesitzers entsteht auf dem Restfeld eine Überzahl der Angreifer, die von einem routinierten Team mit wenigen Pässen zu einem leichten und demoralisierenden Korberfolg genutzt werden kann.

Pressverteidigungen bieten für die verteidigende Mannschaft eine große Chance, die Initiative im Spiel zu übernehmen, das Tempo zu bestimmen, den gegnerischen Spielrhythmus zu stören und somit dem Spielverlauf eine entscheidende Wende zu geben. Infolge der o. g. Risiken eignen sich jedoch Pressverteidigungen nicht als Standardverteidigung, sondern entfalten ihre größte Wirksamkeit, wenn es gelingt, die Angreifer zu überraschen. Daher wird eine Pressverteidigung meist im Wechsel mit anderen Verteidigungsvarianten eingesetzt.

Günstige Situationen für ein Umschalten auf Pressverteidigung sind:

- nach einem eigenen Korberfolg,
- nach einem erfolgreichen letzten Freiwurf,
- nach einer Auszeit, besonders nach einer Auszeit des Gegners,
- nach der Halbzeit oder einer Viertelpause.

Damit es bei einem Umschalten auf Pressverteidigung bzw. zurück zu einer Standardverteidigung nicht zu Missverständnissen unter den Verteidigern kommt, benötigt die Verteidigungsmannschaft klare Signale, z. B. Signalworte oder Zeichen. Ebenso muss eindeutig festgelegt werden, wer die entsprechenden Signale gibt (z. B. Trainer oder Aufbauspieler).

Allgemeine Prinzipien

Ein Kernelement der Pressverteidigung ist das Doppeln des Ballbesitzers. Dabei sind folgende Phasen zu unterscheiden:

- vor dem Dribbling,
- während des Dribblings,
- nach dem Dribbling.

Solange der Angreifer noch nicht gedribbelt hat, ist das Doppeln nicht ratsam, da der Ballbesitzer dem Double-team relativ leicht durch ein Dribbling ausweichen und oft sogar ein Foul provozieren kann.

Ziel ist es vielmehr, den Ballbesitzer zum Dribbling zu verleiten und ihm dazu eine Richtung bzw. Seite anzubieten. Je besser es den Verteidigern gelingt, den Dribbler Richtung Seitenauslinie zu drängen, desto günstiger ist es für die Verteidigung, da durch die Seitenlinie der Bewegungsspielraum des Dribblers eingeschränkt wird. Das Dribbling Richtung Seitenlinie eröffnet zwei Varianten des Doppelns:

- Trap-on-drive und
- Trap-on-turn.

Beim *Trap-on-drive* verleitet der Verteidiger den Ballbesitzer durch eine zur Seite geöffnete Fußstellung zum Dribbling zur nähergelegenen oder zur definierten Seitenlinie. Entscheidend dabei ist, dass es dem Verteidiger durch seine Fußarbeit gelingt, eine Drehung zurück oder einen Seitenwechsel des Dribblers zu verhindern. Während des Dribblings springt der nächstpostierte oder ein eigens definierter Verteidiger dem Dribbler entgegen, schneidet ihm den weiteren Laufweg ab und zwingt ihn dadurch idealerweise zum Aufnehmen des Balls (Abb. 7.99a). Allerdings kann es beim Stoppen des Dribblers zu einem Foul kommen und es besteht die Gefahr, dass es dem Dribbler, sei es durch Dribbling, sei es durch einen Sternschritt, gelingt, zwischen den beiden Dopplern durchzuschlüpfen („Split") und so einen freien Pass spielen zu können und/oder ein Foul der Verteidiger zu provozieren (Abb. 7.99b).

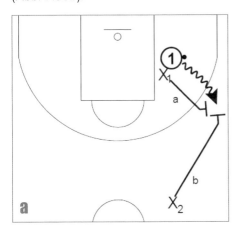

Abb. 7.99a, b: Trap-on-drive (a), Split des Double-teams (b)

Bei der zweiten Variante des Doppelns, dem *Trap-on-turn*, versucht der Verteidiger des Dribblers, diesen so lange zur Seitenauslinie zu drängen, bis er dem Dribbler schließlich den weiteren Weg abschneidet, sodass dieser seine Richtung ändern muss. In diesem Moment kommt der nächstpostierte Verteidiger aus dem Mittelstreifen zum Doppeln und verhindert, dass der Dribbler durch ein Drehdribbling (Turn) wieder in die Spielfeldmitte zurückgelangt (Abb. 7.100a, b).

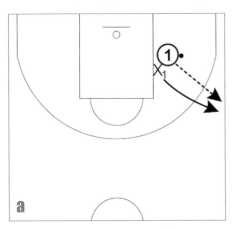
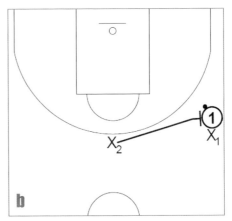

Abb. 7.100a, b: Trap-on-turn: Abdrängen zur Seitenlinie (a) und Doppeln aus der Mitte (b)

Im Idealfall schneidet der zum Doppeln gekommene Helfer dem drehenden Dribbler so rechtzeitig in korrekter Verteidigungsposition den Rückweg ab, dass dieser ein Offensivfoul begeht. Der günstigste Ort für diese Form des Doppelns ist unmittelbar hinter der Mittellinie, da diese dem Angreifer auch die Möglichkeit nimmt, sich durch ein Back-up-Dribbling aus der Doppelsituation zu befreien. Die größte Gefahr für die Verteidiger besteht auch bei dieser Variante des Doppelns darin, ein Foul zu begehen, oder dass es dem Dribbler gelingt, das Doubleteam zu splitten (s. o.).

Gelingt der Verteidigung das Doppeln, ist sie auf dem übrigen Feld in Unterzahl und muss folgende Ziele verfolgen:

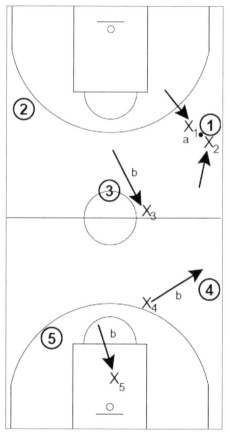

- Großer Druck auf den Ballbesitzer, um diesen zu einem schlechten Pass zu verleiten, aber ohne im Übereifer ein Foul am Ballbesitzer zu begehen oder zu versuchen, ihm den Ball aus der Hand zu reißen. Hierzu sind insbesondere emotionale Balance und Armarbeit nötig (Aggressivität nicht gegen Ball oder Mann, sondern optimales Abdecken und Stören der Passwege).

- Verhindern eines langen Passes auf einen freien Spieler der übrigen Angreifer, insbesondere Verhindern eines Korblegers.

- Schließen der nächstgelegenen Passwege durch geschicktes Nachrücken (Pressrotation) der weiteren Verteidiger (Abb. 7.101)

Mannpressverteidigung

Die Mannpressverteidigung wird oft als letztes Mittel zum Aufholen eines knappen Rückstandes am Spielende eingesetzt. Ziel ist es daher, durch äußerst aggressive Deckung sämtlicher Passwege und maximalen Druck auf den Ballbesitzer zu einem schnellen Ballgewinn zu

Abb. 7.101: Doppeln und Pressrotation

kommen, ohne dabei ein Foul zu begehen. In diesem Fall wird die Verteidigung immer über das gesamte Spielfeld gespielt und es wird versucht, bereits einen Einwurf abzufangen (s. u.). Eine exakte Zuordnung der Gegenspieler ist in dieser Situation nur dann möglich, wenn das Spiel z. B. aufgrund einer Auszeit oder von Freiwürfen unterbrochen ist. In allen anderen Fällen, die sich aus dem laufenden Spiel ergeben, muss jeder Verteidiger unmittelbar nach dem Ballbesitzwechsel den nächstpostierten Angreifer übernehmen, wobei zumindest die Zuordnung Innenspieler-Außenspieler eingehalten werden sollte und der gegnerische Aufbauspieler auf jeden Fall von einem dafür aufgrund seiner Verteidigungstechnik und Schnelligkeit geeigneten Spieler verteidigt werden muss.

Das schnelle Umschalten auf eine Ganzfeld-Mannpressdeckung erfordert von den Verteidigern höchsten Einsatzwillen und hervorragende Kommunikation. Außerdem müssen die Verteidiger durch geschickte Raumaufteilung und Rotationen die Passwege des gesamten Spielfeldes kontrollieren und sich, wenn sie überspielt werden, schnellstens neu orientieren und die nächste Aufgabe in der Verteidigung übernehmen.

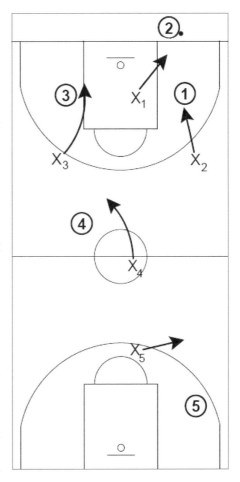

Aufgrund dieser Komplexität und der hohen Ansprüche an die individuellen und kollektiven Verteidigungsfähigkeiten ist die Mannpressverteidigung nicht als spontane Taktikvariante geeignet, sondern muss gründlich trainiert und erprobt werden.

Einwurfpresse

Die Pressverteidigung gegen einen Einwurf kann in den folgenden Situationen gespielt werden:

- im Rahmen einer Ganzfeldpressverteidigung bei Einwürfen überall auf dem Feld, insbesondere aber beim Grundlinieneinwurf der Gegner nach eigenem Korberfolg (Abb. 7.102),

Abb. 7.102: Pressdeckung
über das ganze Feld nach Korberfolg

- bei Grundlinieneinwürfen in der eigenen Spielfeldhälfte (Abb. 7.103a),

- bei Einwürfen von der Seitenlinie, vorzugsweise in der eigenen Spielfeldhälfte (Abb. 7.103b).

Abb. 7.103a, b: Pressdeckung gegen Grundlinieneinwurf (eigene Hälfte, a) und Seiteneinwurf (eigene Hälfte, b)

Kerngedanke der Einwurfpresse ist die Nutzung der numerischen Überzahl auf dem Spielfeld und der 5-s-Regel, nach der der Einwerfer den Ball innerhalb von 5 s nach Übergabe durch den Schiedsrichter ins Feld spielen muss.

Eine Schlüsselrolle bei der Einwurfpresse übernimmt der Gegenspieler des Einwerfers. Grundsätzlich gibt es für ihn zwei Verteidigungsvarianten:

- frontal zum Einwerfer mit der Aufgabe, durch seine Armarbeit einen einfachen und schnellen Einwurf zu verzögern oder zu verhindern; dies ist besonders dann Erfolg versprechend, wenn der Verteidiger des Einwerfers deutlich größer ist als der Einwerfer und dadurch das Gesichtsfeld und die Passwinkel des Einwerfers einschränken kann;

- mit dem Rücken zum Einwerfer, um einen sich zum Ball anbietenden Spieler von vorne zu verteidigen, einen potenziellen Ballempfänger (z. B. den Aufbauspieler) zu doppeln oder nach einem gelungenen Einwurf sofort den Ballempfänger im Spielfeld zu doppeln. Dies erfordert vom Verteidiger ein hohes Maß an Spielübersicht und Spielverständnis sowie herausragende Schnelligkeit und Verteidigungstechnik.

Die übrigen vier Verteidiger haben bei der Einwurfpresse die Aufgabe, die Passwege komplett zu überspielen und Cut-Bewegungen zum Ball zu blockieren. Gleichzeitig müssen sie sowohl den Einwerfer als auch ihre Gegenspieler dauernd im Blick haben, um einen möglich Lobpass zu einem Backdoor schneidenden Angreifer vorherzusehen und zu verhindern. Besonders beim Einwurf von der gegnerischen Grundlinie besteht das größte Risiko der Pressverteidigung darin, dass die Angreifer einen langen Pass über die gesamte Verteidigung spielen und dadurch zu einem 1-0-Korbleger kommen.

Da der Einwurf aber meist nicht vollständig verhindert werden kann, ist es für die Verteidiger ein Erfolg, wenn der Einwurf nicht zum gegnerischen Aufbauspieler bzw. dem vom Spielsystem vorgesehenen Angreifer gespielt werden kann und somit den Angreifern Zeit genommen wird, ihr Angriffsspiel planmäßig zu organisieren.

Zonenpressverteidigung – Prinzipien

Mithilfe der Zonenpressverteidigung wird versucht, einerseits die Vorteile einer Pressverteidigung zu nutzen, andererseits durch die festgelegten Positionen und Aufgaben der Verteidiger sowie die besser plan- und trainierbaren Verteidigungssituationen die Nachteile und Risiken der Mannpressverteidigung zu vermeiden. Es gelten folgende Regeln:

- Da das Aufstellen einer Zonenpressverteidigung mit ihren festgelegten Verteidigerpositionen Zeit kostet, wird eine Zonenpressverteidigung nur dann gespielt, wenn diese Zeit zur Verfügung steht, z. B. nach eigenem Korberfolg, nach dem letzten Freiwurf oder bei einem Einwurf der gegnerischen Mannschaft.

- Generell wird der Einwurf oder ein Eröffnungspass zugelassen bzw. nur auf einer Seite verhindert, um eine klare Spielfeldaufteilung zu erreichen.

- Gedoppelt wird an vorher definierten Stellen (z. B. knapp hinter der Mittellinie) und in vorher festgelegter Anzahl (vom Grundsatz „one and done", also 1 x doppeln und dann Abbruch der Pressverteidigung, über „höchstens 1 x an der Mittellinie" bis zur Vorgabe „immer in den Spielfeldecken" bei der Halbfeldpresse).

- Der letzte, korbnächste Spieler verlässt seine Position in der Zone nie und hat die Aufgabe, einen einfachen Korbleger der Gegner zu verhindern.

- Überspielte Verteidiger müssen grundsätzlich zurücklaufen und innerhalb einer Pressrotation die nächste Aufgabe übernehmen.

- Nach der vereinbarten Zahl von Doppelversuchen oder nach einer klar definierten Angriffsaktion (z. B. dem Überschreiten der Mittellinie) wechselt die Pressverteidigung zur Standardverteidigung; hierzu eignen sich Zonenverteidigungen wegen der festgelegten Verteidigungspositionen eher als eine Manndeckung (s. Kap. 7.8.7).

Zonenpressverteidigung 1-2-1-1 (Dreiviertelfeld)

Die 1-2-1-1-Zonenpressverteidigung operiert mit einer Spitze über nahezu das gesamte Spielfeld, ist also die aggressivste Form der Zonenpressverteidigung. Aufgrund dieser räumlichen Ausdehnung sollte die 1-2-1-1-Presse mindestens 2 x versuchen, den Ballbesitzer zu doppeln, nämlich 1 x im Vorfeld und 1 x im Bereich der Mittellinie (Abb. 7.104).

Folgende Eigenschaften der Verteidigungsspieler sind typisch:

- **Position 1:** Ein sehr schneller Verteidiger mit guter Beinarbeit, also oft der Aufbauspieler oder ein sehr großer Spieler mit sehr guter Beinarbeit, der durch seine körperliche Überlegenheit die Passoptionen des gegnerischen Aufbauspielers einschränken kann.
- **Position 2 und 3:** Meist die Flügelspieler.
- **Position 4:** Ein schneller Spieler mit sehr gutem Spielverständnis und guter Übersicht sowie guter individueller Verteidigungstechnik.
- **Position 5:** Meist ein Center, also ein großer Spieler, der als letzter Mann durch seine körperliche Überlegenheit die kleineren Angreifer ohne Foul an einem Korbleger hindern kann.

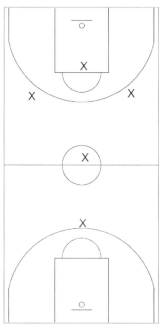

Abb. 7.104:
Zonenpressverteidigung 1-2-1-1

Als Handlungsanweisungen für die einzelnen Verteidiger können bei einem Grundlinieneinwurf der Gegner beispielhaft genannt werden (Abb. 7.105):

- **Nr. 1:** Zulassen des Einwurfs auf die linke Verteidigungsseite (bei einem rechtshändigen gegnerischen Aufbauspieler), Verhindern eines Rückpasses auf den Einwerfer, wenn dieser nach dem Einwurf das Feld betritt. Behindern eines Querpasses zum Seitenwechsel sowie besonders eines langen Passes durch Armarbeit. Beobachten der Verteidigungssituation beim Dribbler und rechtzeitiges Erscheinen zum Trap-on-turn (s. o.) mit Verteidiger Nr. 2.
- **Nr. 2:** Zulassen des Einwurfs auf die linke Verteidigungsseite (s. o.). Übernahme des Ballbesitzers, anschließend Schließen des Dribbelwegs zur Mitte und Anbieten des Dribbelwegs Richtung Seitenlinie. Schließen der Seitenauslinie zum Trap-on-turn mit

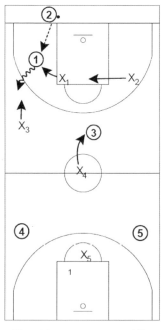

Abb. 7.105: Zonenpressverteidigung
1-2-1-1 – Aufgaben der Spieler

Verteidiger Nr. 1. Im Falle eines Passes zur anderen Seite absinken und Übernahme eines freien Angreifers auf der ballfernen Seite oder im Mittelstreifen.

- **Nr. 3:** Behindern eines Einwurfs auf die rechte Verteidigungsseite. B hindern eines Querpasses zum Seitenwechsel. Verhindern eines Passes in den Mittelstreifen, wenn Nr. 1 mit Nr. 2 Trap-on-turn spielt oder wenn Nr. 4 bereits durch einen Angreifer gebunden ist.

- **Nr. 4:** Verhindern eines Passes in den Bereich der Mittellinie bzw. des Mittelkreises. Verhindern eines langen Passes über die erste Verteidigungslinie hinweg. Evtl. zweites Doppeln an der Mittellinie, wenn die Angreifer einen Seitenwechsel spielen.

- **Nr. 5:** Schnellstmögliches Zurücklaufen in den Bereich der eigenen Zone. Verhindern eines langen Passes. Kein Verlassen der korbnahen Position, sondern Verhindern eines einfachen Korbwurfs.

Zonenpressverteidigung 2-2-1 (Dreiviertelfeld)

Im Unterschied zur Aufstellung 1-2-1-1 ist die Zonenpressverteidigung 2-2-1 etwas weniger aggressiv, dafür aber durch die stärkere Besetzung der mittleren Verteidigungslinie stabiler im Bereich der Mittellinie (Abb. 7.106).

Aufgaben der einzelnen Spieler (Abb. 7.107):

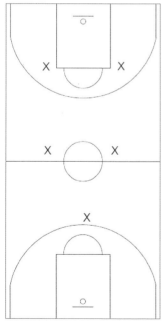

Abb. 7.106:
Zonenpress-
verteidigung 2-2-1

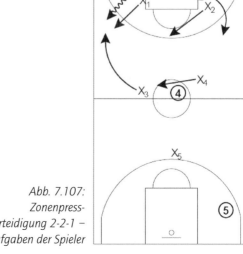

Abb. 7.107:
Zonenpress-
verteidigung 2-2-1 –
Aufgaben der Spieler

- **Nr. 1 und 2** forcieren den Einwurf auf die linke Verteidigungsseite. Anschließend drängt 1 den Ballbesitzer zum Trap-on-drive (s. o.) mit Verteidiger 3. Verteidiger 2 verhindert den Rückpass auf den Einwerfer im Mittelstreifen.

- **Nr. 3 und 4** verhindern einen Pass in den Bereich der Mittellinie und einen langen Pass über die Mittellinie. Anschließend spielt 3 mit 1 ein Trap-on-drive an der Seitenauslinie, während 4 einen Pass in den Mittelstreifen im Bereich der Mittellinie verhindert.

- **Nr. 5** läuft schnellstmöglich zurück in den Bereich der eigenen Zone und verhindert einen langen Pass. 5 bleibt in der korbnahen Position (Zone), um einen einfachen, nahen Korbwurf zu verhindern.

Zonenpressverteidigung 1-3-1 (Halbfeld)

Die Zonenpressverteidigung 1-3-1 (Trap-zone) über das halbe bzw. Zwei-Drittel-Feld ist die aggressivste Form der Zonenverteidigung, da sie einerseits versucht, an günstigen Stellen, also Mittellinie und Spielfeldecken, unter Zuhilfenahme der Spielfeldlinien zu doppeln, andererseits aber aufgrund der im Vergleich zur Ganzfeld-Zonenpresse kürzeren Laufwege über die gesamte Angriffszeit aufrechterhalten werden kann (Abb. 7.108a, b).

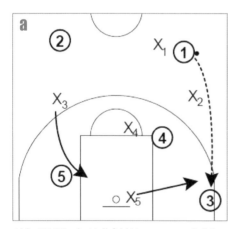 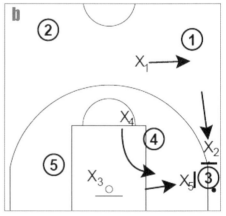

Abb. 7.108a, b: Halbfeld-Zonenpresse 1-3-1

7.8.6 Angriff gegen Pressverteidigung

Ein erfolgreicher Angriff gegen Pressverteidigung setzt voraus, dass die Angreifer die Funktionsweise der Pressdeckung kennen. Dies ist dann eher der Fall, wenn die angreifende Mannschaft selbst in der Lage ist, eine Pressverteidigung zu spielen. Daher sollte jedes Team zumindest im Training das Pressen üben, um mit den Gegenmaßnahmen gegen Pressdeckung vertraut zu werden.

Die Grundregeln des Angriffs gegen Pressverteidigung ergeben sich zum einen aus den Funktionsprinzipien dieser Deckung, zum anderen aus den spezifischen Zielsetzungen der Presse, die zu einem großen Teil im psychischen Bereich liegen (vgl. Schröder & Bauer, 2001, S. 159; Bracht in Hagedorn et al., 1996, S. 281):

- Pressverteidigung will überraschen, also: „Auf Pressverteidigung gefasst sein!" – besonders nach Freiwürfen oder Korberfolg des Gegners und Auszeiten.
- Pressverteidigung will Druck aufbauen, also: „Ruhe bewahren!"
- Pressverteidigung wird als Mann- oder Zonenpresse gespielt, also: „Verteidigungsprinzip erkennen und Gegenaufstellung einnehmen!"
- Pressverteidigung will (meist) überhastete Würfe und Pässe erzwingen, also: „Keine riskanten Pässe, keine schnellen Würfe (außer Korbleger)!"
- Pressverteidigung will den Spielrhythmus kontrollieren, also: „Tempo kontrollieren und Positionsangriff spielen!"

Aus Sicht der Angreifer kann eine Pressverteidigung immer geschlagen werden, denn:

- Pressverteidigung fordert Willen und Ausdauer; außerdem müssen die Verteidiger lange Wege laufen; daher macht jeder erfolgreiche Pass der Angreifer das Gelingen der Pressdeckung unwahrscheinlicher.
- Bei der Pressverteidigung doppeln zwei Verteidiger den Ballbesitzer; also ist ein Mitspieler frei.
- Das Doppeln der Verteidiger erfolgt (meist) beim Dribbler; Fintieren und Passen statt Dribbeln lassen die Pressverteidigung ins Leere laufen.
- Wenn das Double-team der Verteidiger geschlagen ist, sind die Angreifer in der Überzahl.
- Pressverteidigung lebt von sichtbaren Erfolgen wie Ballverlusten der Angreifer, Steals und schnellen Körben. Wenn diese vermieden werden, lassen die Motivation der Verteidiger und die Stimmung im Publikum nach.

Im Folgenden werden exemplarische Handlungsanweisungen gegen eine Ganzfeldpresse bei Grundlinieneinwurf dargestellt:

„Grundaufstellung einnehmen!" (Abb. 7.109a): Dreierreihe der Spieler 1, 2 und 3 in Höhe der Freiwurflinie, um zu erkennen, welche Art von Pressverteidigung gespielt wird (Stellen sich die Verteidiger raum- oder mannorientiert auf?). Einwurf durch einen Spieler der Position 3 oder 4 links oder rechts neben der Korbanlage, damit einerseits ein langer Pass möglich ist, andererseits die besten Dribbler (Spieler 1 und 2) im Spielfeld anspielbar sind. Freiblocken und/oder Cutten von 1 und 2, um den Ball zu erhalten (Abb. 7.109b).

Bei Mannpressverteidigung:

- „Ballvortrag durch den Aufbauspieler!"
- Mitspieler: „Großen Abstand zum Dribbler halten!", um das Doppeln zu erschweren oder unmöglich zu machen, und „Passmöglichkeiten schaffen!" (durch Cuts und Blocks).

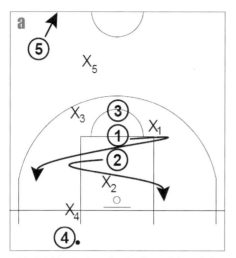 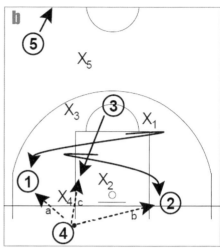

Abb. 7.109a, b: Grundaufstellung (a) und Einwurfoptionen (b) gegen Ganzfeld-Pressverteidigung

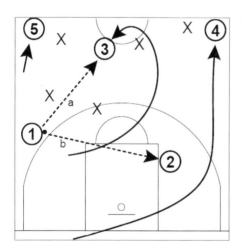

Bei Zonenpressverteidigung:

* „Nicht sofort dribbeln! Fintieren und passen!"

* „Anspielmöglichkeiten hinter der Ballposition und im Bereich der Mittellinie schaffen!" (Abb. 7.110).

Abb. 7.110: Passoptionen im Rückfeld gegen Zonenpressverteidigung

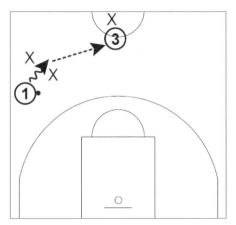

Als Dribbler:

- „Nicht zur Seitenauslinie drängen lassen!"
- „Tempo wechseln!"
- „Back-up-Dribblings verwenden!"
- „Kein Drehdribbling!"
- Beim Doppeln: „Double-team splitten!" (Abb. 7.111).

Abb. 7.111: Splitten des Double-teams

7.8.7 Kombinierte Verteidigung

Von einer kombinierten Verteidigung spricht man, wenn Elemente der Grundformen Manndeckung, Zonendeckung und Pressdeckung gleichzeitig in einem Verteidigungs-konzept verwirklicht werden. Zu unterscheiden ist, ob nur einzelne Spieler Elemente ei-nes anderen Verteidigungstyps spielen, oder ob die gesamte Mannschaft automatisch in bestimmten Situationen oder auf bestimmte Signale hin die Verteidigung ändert. Im letztgenannten Fall wird auch die Bezeichnung *wechselnde Verteidigung* verwendet.

Allen kombinierten Verteidigungen gemeinsam ist der Versuch, den Angriffsfluss und die Anpassung der Angreifer an die Verteidigung durch die ungewohnte und oftmals nicht leicht zu identifizierende Verteidigungsformation zu stören. Allerdings stellt diese Art der Verteidigung nicht nur die Angreifer vor erhöhte taktische Herausforderungen; auch die Verteidigungsspieler müssen über fortgeschrittene taktische Fähigkeiten, sehr gute Übersicht und hervorragendes Spielverständnis verfügen sowie die zugrunde lie-genden Verteidigungskonzepte perfekt beherrschen.

Kombination der BRV mit Manndeckungselementen gegen einzelne Spieler

Diese Variante versucht, die Vorteile beider Deckungsvarianten zu bündeln und wird gegen Teams mit ein oder zwei herausragenden Spielern (meist Außenspieler) ange-wandt. Dabei werden ein oder zwei Gegenspieler in enger Manndeckung verteidigt, während die verbliebenen Verteidiger eine Vierer- oder Dreierzone spielen. Gegen einen überragenden Angreifer sind die Varianten *Box-and-one* (ein Manndecker und eine 2-2-Zone, Abb. 7.112a) und *Diamond-and-one* (ein Manndecker und eine 1-2-1-Zone, Abb. 7.112b) gebräuchlich. Für die Stärken und Schwächen der beiden Zonenvarianten gilt das oben in Kap. 7.8.3 Ausgeführte. Demzufolge wird man die „Box" wählen, wenn

Abb. 7.112a, b: Box-and-one-Verteidigung (a), Diamond-and-one-Verteidigung (b)

zusätzlich der Innenbereich der Zone und der Rebound besonders gesichert werden sollen, den „Diamant", wenn Distanzschützen kontrolliert werden sollen. Im korbnahen Bereich ist diese Verteidigungsform anfälliger als die Box, insbesondere auch bei der Sicherung des Defensivrebounds, was entsprechende Planung und Absprachen erfordet.

Die Weiterentwicklung der gerade beschriebenen Verteidigungsstrategie führt zur Kombinationsvariante *Triangle-and-two*, bei der zwei Angreifer in enge Manndeckung genommen werden, und die übrigen drei Verteidiger eine 1-2-Zone spielen (Abb. 7.113).

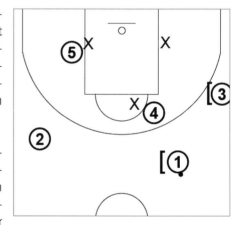

Allerdings ist bei dieser Kombination die Koordination der einzelnen Verteidigungsaufgaben schwierig, da eine Dreierzone wegen der langen Laufwege und sehr großen Verantwortungsbereiche der einzelnen Spieler nur einen beschränkten Bereich der Zone verlässlich abdecken kann und daher sehr verletzlich durch Seitenwechsel, Cuts und Distanzwürfe ist.

Abb. 7.113: Triangle-and-two-Verteidigung

Kombination der BRV mit Manndeckungselementen, abhängig von der Spielfeldposition

Diese *Match-up-Zone* genannte Variante der kombinierten Verteidigung ist dadurch gekennzeichnet, dass aus einer der klassischen Formationen der Ball-Raum-Verteidigung heraus am

Ball und auf der Ballseite enge Manndeckung gespielt wird, also eine mannorientierte Verteidigerzuordnung eingenommen wird (evtl. erst nach dem ersten Pass), und auf der ballfernen Seite ähnlich der Help-side bei der Mann-Mann-Verteidigung raumorientiert abgesunken wird (Abb. 7.114a, b). Für den Verteidiger des Ballbesitzers bedeutet das, dass er an seinem Gegner bleibt, auch wenn dieser die Nahtstellen der Zone überschreitet, während Blocks und Cuts an vereinbarten Positionen des Spielfelds automatisch geswitched werden.

Ziel der *Match-up*-Zone ist, die Angreifer über den wahren Charakter der Verteidigung zu täuschen und die Angriffsmechanismen der Zonenangriffe (s. Kap. 7.8.4) ins Leere laufen zu lassen.

Abb. 7.114a, b: Match-up-Zone

Kombination Mann-Mann-Verteidigung – Pressverteidigung

Durch diese relativ leicht zu spielende Kombinationsverteidigung können individuell sehr starke Einzelspieler wirkungsvoll eingeschränkt werden. Dabei wird aus einer Standard-Mann-Mann-Verteidigung (sinkend, helfend) heraus ein einzelner Angriffsspieler meist über das ganze Feld von seinem Verteidiger gepresst. Die Aufgabe des Verteidigers ist also, seinen Gegner ununterbrochen unter Druck zu setzen und ihm möglichst keinen Ballbesitz zu erlauben bzw. ihn zu zwingen, sich jeden Ballbesitz hart zu erkämpfen. Kollektiv gesehen, steht der pressende Verteidiger dem Team in diesem Fall nicht mehr als Helfer zur Verfügung und muss entsprechend ersetzt werden.

Wechselnde Verteidigung: Mann-Mann-Verteidigung – Zonenverteidigung – Pressverteidigung

Ziel der wechselnden Verteidigung ist es, die Angreifer zu überraschen, ihre Gewöhnung an die Verteidigung zu verhindern und den Spielrhythmus zu beeinflussen. Da die Angreifer sich bei jedem Angriff neu orientieren müssen, gegen welchen Verteidigungstyp sie spielen, besteht für sie die Gefahr, dass sie ein ungeeignetes Angriffssystem wählen, zumindest aber Zeit verlieren, bis die richtige Angriffsformation aufgestellt ist.

Von den Verteidigern erfordert die wechselnde Verteidigung ein hohes Maß an taktischer Reife und an Konzentration, da Zeitpunkt und Art des Wechsels von allen Verteidigern gleichermaßen erkannt und umgesetzt werden müssen. Deswegen werden für den Verteidigungswechsel häufig Standardsituationen gewählt, die für alle Verteidiger ein eindeutiges Signal darstellen. Je standardisierter und eindeutiger die Wechselsituationen sind, desto leichter sind sie allerdings auch für die Angreifer erkenn- und planbar.

Folgende Verteidigungswechsel bieten sich an:

- Wechsel von Zonenpressverteidigung im Vorfeld auf Ball-Raum-Verteidigung im Rückfeld;
- Wechsel zu Zonenpressverteidigung nach erfolgreichem eigenem letztem Freiwurf;
- Wechsel von Manndeckung auf Zonendeckung nach eigenem Korberfolg;
- Wechsel der Verteidigung nach (vorzugsweise gegnerischer) Auszeit;
- Wechsel infolge eines Signals durch den Coach oder einen vorher bezeichneten Spieler.

Die letztgenannte Variante ist allerdings sehr störanfällig, da der Coach am Spielfeldrand evtl. nicht von allen Feldspielern rechtzeitig wahrgenommen wird. Kommt das Signal von einem Feldspieler, bietet sich ein Vorderspieler an, z. B. der Aufbau, da Handzeichen von diesem von allen Mitspielern gesehen werden können. Akustische Signale sind wegen des Lärmpegels in der Halle generell problematisch.

7.8.8　Angriff gegen kombinierte Verteidigung

Angriff gegen Mann-Mann-/Ball-Raum-Kombinationen (Box-and-one, Diamond-and-one, Triangle-and-two)

Diese kombinierten Verteidigungen haben das Ziel, einen oder zwei herausragende Angriffsspieler einzuschränken. Die Angreifer müssen daher versuchen, einerseits ihre Topscorer weiter im Spiel zu behalten, andererseits aber nicht nur auf diese Spieler fixiert zu sein, sondern auch über weitere Spieler erfolgreich zu sein. Zur Anwendung kommen dabei Prinzipien gegen beide Verteidigungsvarianten (s. Kap. 7.8.2 und 7.8.4). Die Zonenelemente der kombinierten Verteidigung sind wegen der geringeren Spielerzahl grundsätzlich verletzbarer als bei einer Fünferzone, da die Verantwortungsbereiche der Verteidiger größer und die Laufwege der Helfer länger sind. Deswegen finden folgende Angriffsmaßnahmen Verwendung:

- Cuts,

- Überlagerungen,

- Erzeugen von Mismatches (groß-klein) bei der Gegenaufstellung,

- Erzeugen von 1-1- und Überzahlsituationen (vgl. Clauss & Röder in Hagedorn et al., 1996, S. 301).

Maßnahmen aus dem Bereich des Angriffs gegen Mann-Mann-Verteidigung sind:

- direkte und indirekte Blocks der nicht manngedeckten Spieler, um bei den Verteidigern Kompetenzprobleme zu provozieren (Clauss & Röder, a. a. O.),

- direkte und vor allem indirekte Blocks für den manngedeckten Spieler.

Angriff gegen Mann-Mann-/Mann-Press-Kombinationen

Grundsätzlich greifen gegen diese Verteidigungsvariante alle Spielzüge eines Konzepts gegen Mann-Mann-Verteidigung. Um den gepressten Spieler ins Spiel und in Ballbesitz zu bringen, bieten sich indirekte Blocks und Mehrfachblocks an (Abb. 7.115).

Abb. 7.115: Mehrfachblocks
für einen manngepressten Angreifer

Angriff gegen Match-up-Zonen

Entsprechend der Funktionsweise der Match-up-Verteidigungen sind die Schwachstellen dieser Verteidigung der Übergang zwischen Ball- und Help-side, die Kommunikation unter den Verteidigern und die Zu- bzw. Neuzuordnung der Match-ups. Daher bieten sich folgende Angriffsmaßnahmen an (vgl. Clauss & Röder, a. a. O):

- Cuts durch die Zone, die zu Überlagerungen führen (Abb. 7.116a),

- direkte und indirekte Blocks, durch die Überzahlsituationen und Mismatches provoziert werden (Abb. 7.116b).

 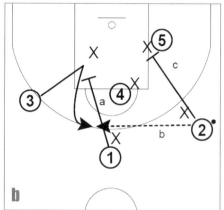

Abb. 7.116a, b: Cuts (a) und Blocks (b) gegen Match-up-Verteidigung

Angriff gegen wechselnde Verteidigung

Da der Verteidigungswechsel in definierten Situationen bzw. auf definierte Signale hin stattfindet, müssen die Angreifer diese Wechselanlässe durchschauen. Schon bei der Spielvorbereitung können die Spieler mit den entsprechenden Signalen der Verteidiger vertraut gemacht werden, sodass der Überraschungseffekt des Verteidigungswechsels im Spiel geringer ist. Generell erfordert die Anpassung des Angriffs an wechselnde Verteidigung eine gewisse taktische Reife, die am besten dadurch geschult wird, dass man selbst zumindest im Training immer wieder wechselnde Verteidigungen spielt. Hilfreich sind auch sogenannte *Multi-purpose-Angriffssysteme* (vgl. Kap. 7.7.2), die zumindest gegen Mann-Mann-Verteidigung und Ball-Raum-Verteidigung gleichermaßen erfolgreich gespielt werden können.

7.9 Transition und Schnellangriff

7.9.1 Grundlagen

Unter *Transition* versteht man das möglichst schnelle Umschalten von der Rolle des Verteidigers zum Angreifer und umgekehrt. Hierbei kommt es in erster Linie auf kognitive und mentale Fähigkeiten an. Neben der *Umstellungsfähigkeit* (vgl. Kap. 3.2.2) ist vor allem die *Antizipationsfähigkeit* ausschlaggebend, d. h., die durch Spielerfahrung erworbene Fähigkeit, Spielsituationen zu interpretieren und wahrscheinliche Folgeaktionen, in diesem Fall also den Wechsel des Ballbesitzes, vorherzusehen sowie die antrainierte Bereitschaft und Fähigkeit, in einer Transitionsituation unmittelbar zu reagieren (z. B. passen, loslaufen).

Grundsätzlich gibt es folgende Situationen des Ballbesitzwechsels als Voraussetzung eines Transitionangriffs oder der Transitionverteidigung:

- nach einem Korberfolg,

- nach einem Rebound,

- nach einem Steal bzw. Ballverlust und

- (in weiterem Sinne) nach einer Schiedsrichterentscheidung, z. B. Foul oder Regelübertretung.

7.9.2 Vom 1 gegen 0 zum 4 gegen 3

Als *Schnellangriff* wird der Gegenangriff verstanden, der auf eine (defensive) Transitionsituation folgt. Ziel des Schnellangriffs ist es, eine *Überzahlsituation* zu erspielen und so den Angriff mit einem „leichten" Korbwurf (Korbleger, Powershot, Dunking) abzuschließen, bevor die Verteidigung sich formiert hat und alle Verteidiger eingreifen können. Schnellangriffe können in unterschiedlicher Weise kategorisiert werden:

Organisatorisch in

- *improvisierte Schnellangriffe*, die sich meist aus einem Steal im Vor- oder Mittelfeld ergeben, und

- *organisierte Schnellangriffe*, die aus gut planbaren Situationen wie dem Defensivrebound oder dem Grundlinieneinwurf entwickelt werden;

bezüglich der zeitlich-räumlichen Struktur in

- *Phasen* (Ballsicherung – Ballvortrag – Abschluss),

- *Wellen* (erste Welle (Primary-break) – zweite Welle/Trailerspiel (Secondary-break) – Early-offense[81]) und

- *Spuren* (Aufteilung des Spielfeldes in 3-5 Spuren (Abb. 7.117).

Nach einem Ballgewinn (z. B. Rebound) und mit dem Erkennen der Transitionsituation (vgl. 7.9.1) ergeben sich prinzipiell drei Möglichkeiten, einen Schnellangriff einzuleiten, die von den taktischen Vereinbarungen des Teams und den individuellen Voraussetzungen der Spieler abhängen:

- Ein langer erster Pass, der bis ins Vorfeld gespielt wird zu einem Mitspieler, der dort frei anspielbar ist, z. B. weil er von Reboundaufgaben freigestellt war und daher

---

81 Mit der Early-offense wird versucht, eine minimale numerische Überlegenheit und ein anfängliches Organisationsdefizit der Verteidigung durch einen unmittelbar aus dem Schnellangriff entwickelten, automatisierten Spielzug zu nutzen.

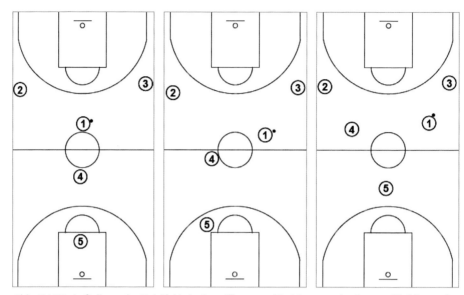

Abb. 7.117: Aufteilung des Spielfelds in Angriffsspuren (drei Spuren, vier Spuren, fünf Spuren)

früher loslaufen konnte. Dieser Langpass-Schnellangriff erfordert allerdings entsprechende Passfähigkeiten, die im Kinderbereich nicht gegeben sind, sowie Übersicht und schnelle Reaktion aller Beteiligten.

- Ein kürzerer, sog. Outlet-Pass zu einem oder einem von mehreren definierten Ballempfängern, der den Ball in der Vorwärtsbewegung erhält (Bauermann, 2016, 255). Im Anfänger-/Nachwuchsbereich geht dieser Outlet-Pass meist zum Aufbauspieler, da dieser in der Regel am besten dribbeln und passen kann. Zur Beschleunigung dieses ersten Passes und zur besseren Orientierung des Ballbesitzers gibt der Aufbauspieler ein akustisches Signal, indem er z. B. „Ball" ruft, und sich freiläuft.
- Sofern der Rebounder über entsprechend gute Dribbelfähigkeiten verfügt, kann er den Schnellangriff auch durch ein sofortiges aggressives Dribbling einleiten. Dabei entscheidet er selbst, ob er die Mittelspur oder eine Seitenspur nutzt; die anderen Mitspieler müssen entsprechend reagieren und die offenen Spuren füllen.

Angriff 1 gegen 0

Einfachste Möglichkeit, einen Transitionangriff abzuschließen, ist die Option 1-0. Diese Situation entsteht fast ausschließlich nach einem abgefangenen Pass oder einem Steal beim Dribbler. Da jedoch die Verteidiger, besonders der Spieler, der für den Ballverlust verantwortlich ist, alles daran setzen werden, den 1-0-Angriff zu verhindern, ist die wichtigste Erfolgsvoraussetzung die Fähigkeit, bei höchstmöglichem Tempo und unter maximalem psychischen Druck erfolgreich abschließen zu können. Beides (Tempo und Druck) muss im Training immer wieder unter verschiedenen Bedingungen trainiert und simuliert werden. Um den Entscheidungsdruck zu reduzieren und Entscheidungsinterferenzen im Wettkampf zu vermeiden, ist es im Anfängerbereich sinnvoll, zunächst für diese Spielsituation nur eine Technik vorzugeben (z. B. den Powershot).

Da das Ziel eines Transitionangriffs das Herausspielen einer Überzahl ist, müssen alle Spieler auf die Transitionsituation reagieren:

- der Ballbesitzer mit der ersten Option, einen besser postierten, bereits nach vorne laufenden Spieler anzupassen (der dann evtl. 1-0 abschließen kann),
- die Nicht-Ballbesitzer, indem sie so schnell wie möglich lossprinten und eine günstige Anspielposition schaffen bzw. durch Antizipation des Ballgewinns bereits geschaffen haben.

Beide Aktionen müssen im Training konsequent immer mit maximalem Tempo geschult werden.

Angriff 2 gegen 1

Ziel eines Überzahlangriffs 2-1 ist es, durch geschickte Raumaufteilung zu erreichen, dass der Verteidiger nur einen der beiden Angreifer übernehmen kann, und dann der andere Angreifer den Ball erhält und per Korbleger (Powershot, Dunking) abschließen kann. Hierzu bringen die beiden Angreifer nach der Transitionsituation den Ball aus der Mittelspur und nehmen zwei parallele Spuren in ca. 4 m Abstand voneinander ein. Häufige Querpässe zwischen den Angreifern werden vermieden, da sie einerseits Zeit kosten und damit die verbliebenen Verteidiger leichter eingreifen können und andererseits die Gefahr eines Fehlpasses besteht. Ziel eines 2-1-Angriffs ist immer ein Korbleger (Powershot, Dunking).

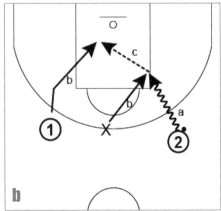

Abb. 7.118a, b: 2-1: schneller Pass (a), Verteidiger zur Entscheidung zwingen, dann Pass (b)

Handlungsanweisungen für den Ballbesitzer sind:

- „Wenn dein Mitspieler den Verteidiger komplett überlaufen hat (also näher am Korb ist als dieser): PASS!" (aber kein Lobpass über den Verteidiger) (Abb. 7.118a).

- Sonst: „Ziehe konsequent zum Korb und zwinge den Verteidiger, sich zu entscheiden!"

- „Wenn der Verteidiger sich bis zum Zonenrand nicht entschieden hat, gehe energisch zum Korbwurf!"

- „Wenn der Verteidiger sich aber entscheidet, den Durchbruch zu stoppen: Pass!" (besonders im Kinder- und Jugendbasketball: Bodenpass) (Abb. 7.118b).

- Für den zweiten Angreifer gilt entsprechend:

- „Versuche, den Verteidiger zu überlaufen!"

- Wenn du, nachdem der Verteidiger sich entschieden hat, den Ball erhältst, gehe energisch zum Korbwurf!"

- „Sollte der Verteidiger doch noch einmal dazwischenkommen: (Boden) Pass!"

Angriff 3 gegen 1 bzw. 3 gegen 2

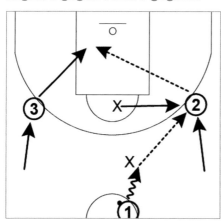

Abb. 7.119: Binden der Verteidigung durch Penetration in der Mittelspur und anschließender Pass nach außen

Der Schnellangriff 3-1 bzw. 3-2 entsteht meist im Mittel- oder Rückfeld und wird normalerweise mit einem Korbleger (Powershot, Dunking) oder Nahdistanzwurf abgeschlossen. Grundsätzlich wird beim Angriff 3-1 bzw. 3-2 das Spielfeld in drei Spuren (Seite-Mitte-Seite) aufgeteilt (Abb. 7.117). Ob der Ball in der Mittelspur (bessere Passoptionen) oder in einer der Seitenspuren (frühzeitige Festlegung der Ballseite) nach vorne gebracht wird, hängt einerseits von der Taktik des Trainers ab und wird andererseits durch die Spielsituation, besonders die Position der Verteidiger, bestimmt. Grundlage – vor allem im Jugendbereich – ist der Ballvortrag in der Mittelspur, nicht genau auf der Korb-Korb-Linie, sondern nach links oder rechts versetzt. Sofern nicht ein Angreifer auf der Seitenspur in einer günstigeren Position ist, versucht der Ballbesitzer, durch entschlossenes Penetrieren in der Mittelspur einen Verteidiger zu binden (Abb. 7.119).

Handlungsanweisungen sind:

• „Seitenspuren nahe der Seitenlinie besetzen!"

• „Mit Ball penetrieren, Verteidiger binden!"

Sobald der Ball nach außen gepasst wird, muss der zweite Verteidiger die Mittelspur verlassen und eröffnet so die Möglichkeit, Angreifer 3 anzuspielen (Abb. 7.119).

Falls der direkte Pass zum Korbleger durch Spieler 3 nicht möglich sein sollte, wird durch einen Rückpass zu 1 in der Mittelspur, der als Verteilerstation fungiert, die Seite gewechselt und so erneut eine Überzahl geschaffen, da die Laufwege für die Verteidiger letztlich zu lang werden (Abb. 7.120).

Abb. 7.120: Seitenwechsel mit 1 in der Mittelspur als Verteiler

Damit der gerade beschriebene Seitenwechsel über die Verteilerposition in der Mittelspur stattfinden kann, muss 1 sich dort anbieten und darf die Freiwurflinie nicht überschreiten, außer, wenn er selbst zum Korbleger geht.

Angriff 4 gegen 2 bzw. 4 gegen 3 und Übergang zur Early-offense

Um das Ziel einer möglichst großen Überzahl zu erreichen, müssen sich alle fünf Spieler am Schnellangriff beteiligen. Bedingt durch die vorhergehende Spielsituation, z. B. den

Verteidigungsrebound, werden aber nicht alle Spieler gleichzeitig starten können, sodass der vierte Angreifer nur mit einem kleinen Rückstand (sogenannte *zweite Welle* oder *Secondary-break*) in den Schnellangriff eingreifen kann. Hierzu nimmt er die nicht vom Aufbauspieler besetzte Seite der Mittelspur ein und sprintet zum gegnerischen Korb. Da die vor ihm angreifenden Spieler der ersten Welle ihn nicht sehen können, muss er ihnen ein Signal geben, indem er z. B. „Trailer" ruft. Wenn der Ball bereits auf eine der Flügelpositionen gepasst wurde,

Abb. 7.121: Trailer-cut im Schnellangriff

schneidet der Trailer auf der Ballseite zum

Korb, um entweder selbst den Ball zu bekommen oder einen Verteidiger zu binden und damit den übrigen Mitspielern ein Überzahlspiel zu ermöglichen (Abb. 7.121).

Aus diesem Trailer-cut kann sich anschließend ein standardisierter Eröffnungsspielzug entwickeln (Early-offense), für den keine weitere Ansage oder Neuformation der Angreifer nötig ist. Ziel ist es, einen schnellen Korberfolg herauszuspielen, bevor die Verteidigung sich komplett organisieren kann.

7.9.3 Transition- und Unterzahlverteidigung

Da es das Ziel der offensiven Transition ist, den Umschaltprozess möglichst schnell zu realisieren und durch gezielte Maßnahmen eine Überzahl zu erspielen, muss es das Ziel der Verteidigung sein, die Organisation des Schnellangriffs zu behindern, eine Unterzahlsituation entweder zu vermeiden oder schnellstmöglich zu beenden und die eigene Verteidigung entsprechend der taktischen Vorgaben zu organisieren. Maßnahmen hierfür sind z. B.:

- das Sichern des Rückfeldes durch entsprechende Angriffsaufstellungen schon während des eigenen Angriffs;
- die unmittelbare Reaktion (Zurücksprinten oder Stören) aller Spieler nach dem Ballbesitzwechsel;
- das Stören des gegnerischen Outlet-Passes, z. B. durch den oder die in nächster Nähe postierten Center;
- das Ver- oder Behindern des Outlet-Passes durch enge Deckung des gegnerischen Aufbauspielers;
- das Bekämpfen des gegnerischen Ballvortrags durch druckvolle Verteidigung am Dribbler und Abdrängen des Dribblers zur Seite;
- klare Kommunikation zwischen den Verteidigern (Wer übernimmt wen?).

Entscheidende Voraussetzung für eine erfolgreiche Transitionverteidigung ist die mentale Bereitschaft, bei jedem Ballbesitzwechsel sofort zu reagieren und feststehende oder spontane Verteidigungsaufgaben zu übernehmen und nicht z. B. einem vergebenen Wurf, einem Fehlpass oder einer Schiedsrichterentscheidung nachzutrauern oder mit dem Schiedsrichter zu diskutieren.

Unterzahlverteidiger müssen wissen, dass ihre Erfolgschancen gering sind, und sich daher darauf konzentrieren, die wenigen verbliebenen Chancen optimal zu nutzen.

In allen Unterzahlsituationen werden zwei Ziele verfolgt:

- Verhindern eines leichten Gegenkorbs, z. B. durch Korbleger,

- Zeitgewinn, bis die übrigen Verteidiger eingreifen können und damit die Unterzahl beendet wird.

Aus taktischen und psychologischen Gründen (z. B. Verhindern eines für die Angreifer und Zuschauer motivierenden Dunkings) kann es sinnvoll sein, einen leichten Korbwurf der Angreifer durch ein Foul zu unterbinden und den Angreifer so zu Freiwürfen zu zwingen. Dies ist aber allenfalls bei hochprozentigen Nahdistanzwürfen sinnvoll („Lay-up ever, Jumpshot never!").

Abgesehen von der zumindest im Jugendbereich pädagogischen Fragwürdigkeit dieser Taktik ist jedoch sicherzustellen, dass einerseits ein Korberfolg auch tatsächlich verhindert wird und keine „And-one"-Situation (d. h. Korberfolg und Freiwurf) entsteht, und andererseits kein unsportliches Foul begangen wird.

Unterzahlverteidigung 1 gegen 2

In dieser Situation weicht der Verteidiger in der Mittelspur zurück und bleibt solange wie möglich zwischen Korb und Gegner. Auf keinen Fall darf er darauf spekulieren, den Ball abzufangen, da die Angreifer sonst völlig freien Weg zum Korb hätten. Um die Angreifer möglichst lang aufzuhalten, versucht der Verteidiger, durch Täuschungen die Angreifer zu irritieren und zu Querpässen zu verleiten. Erfolgreich ist die 1-2-Unterzahlverteidigung schon dann, wenn es gelingt, die Angreifer zu einem möglichst weit vom Korb entfernten Sprungwurf zu zwingen.

Unterzahlverteidigung 2 gegen 3

Es gelten dieselben Grundsätze wie bei der Unterzahlverteidigung 1-2. Allerdings sind die Chancen erheblich größer, zumindest einen Korbleger zu verhindern. Dies gelingt mithilfe der Tandemverteidigung (Abb. 7.122a). Einer der beiden Verteidiger attackiert den Ballbesitzer und versucht so, das Angriffstempo zu drosseln. Der zweite Verteidiger sinkt im Mittelstreifen auf die Linie Ball-Korb ab, um von dort im Falle eines Passes den neuen Ballbesitzer zu übernehmen. Bei einem Pass wechseln die jeweiligen Aufgaben der beiden Verteidiger.

Unterzahlverteidigung 3 gegen 4

Bei der Unterzahlverteidigung 3-4 bestehen gute Aussichten, den Angriff so lange zu bremsen, bis die übrigen Verteidiger eingreifen können. Die Verteidiger bilden dazu ein Dreieck mit der Spitze zum Ballführer (Triangle), um so einen Durchbruch und einen freien Wurf zu verhindern, während die beiden anderen Verteidiger die Pässe zu den nächststehenden Angreifern stören und im Falle eines Anspiels sofort einen Durchbruch oder Wurfversuch behindern. Mit jedem Pass verschiebt sich so die Spitze des Dreiecks zum neuen Ballbesitzer (Abb. 7.122b).

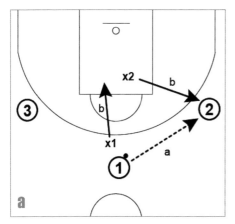

Abb. 7.122a, b, c:
Unterzahlverteidigung:
Tandem im 2-3 (a),
Triangle im 3-4 (b)
und Diamond im 4-5 (c)

Unterzahlverteidigung 4 gegen 5

Die Unterzahlverteidigung 4-5 funktioniert nach denselben Prinzipien wie die Triangle-Verteidigung, nur dass jetzt ein Rechteck (Diamond) gebildet wird, das mit einer Ecke auf den Ballbesitzer gerichtet ist. Bei einem Pass verschiebt sich der „Diamant" entsprechend (Abb. 7.122c).

8 Leistungssteuerung in Training und Wettkampf

Die Aufgabe der *Leistungssteuerung* ist die Entwicklung der sportlichen Leistungsfähigkeit bis zu einem Optimum im Verlauf eines definierten Zeitabschnitts[82]. Sie vollzieht sich als Rückkopplungsprozess aus dem kontinuierlichen Abgleich von Planungs-, Vollzugs- und Kontrollmaßnahmen im Sinne eines Regelkreises (Abb. 8.1). In den Sportspielen wird sie durch die Mehrdimensionalität der Spielleistung und mitunter ganzjährige Wettkampfkalender (nationale und internationale Meisterschaften) erschwert. Daraus resultiert für Topathleten eine durchgängige Spieltätigkeit mit nur minimalen Pausen für Regeneration und Rehabilitation, die einen substanziellen Leistungsaufbau über längere Zeiträume unmöglich macht und bestenfalls den Erhalt der sportlichen Leis-

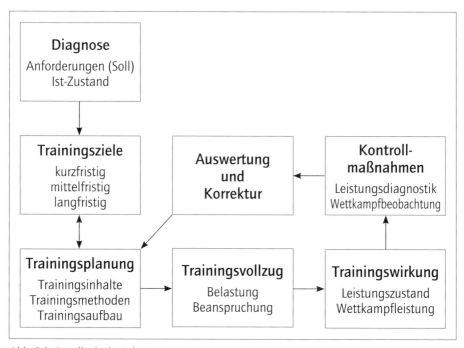

Abb. 8.1: Regelkreis der Leistungssteuerung

---

82 Dabei sind sowohl langfristige (Olympiazyklus, Trainingsjahr) als auch mittel- und kurzfristige (Hinrunde, Trainingswoche, Trainingseinheit) Zeitabschnitte zu berücksichtigen (s. Kap. 8.1.2).

tungsfähigkeit erlaubt[83]. Im unteren und mittleren Leistungsbereich herrscht dagegen eine klare Aufteilung in Wettkampfsaison (etwa September bis März/April) und spielfreier Zeit (etwa April/Mai bis August).

8.1 Trainingsplanung

Die Trainingsplanung ist sowohl Teil des gesamten Steuerungsprozesses als auch dessen unverzichtbare Voraussetzung. Ohne begründete Planungsannahmen ist es nicht möglich, Wirkungen von Trainingsmaßnahmen auf die sportliche Leistungsfähigkeit hin zu überprüfen bzw. entsprechende Feedbackinformationen sinnvoll zu nutzen. Die Formulierung von verbindlichen Trainingszielen geht der Planung voraus. Zielsetzungen wiederum erfordern eingehende Analysen des sportart- und niveauspezifischen Anforderungsprofils (s. Kap. 2.2) sowie des aktuellen Leistungsvermögens (Soll-Ist-Vergleich).

Planungsannahmen für den eigentlichen Trainingsprozess berücksichtigen das „Was?" (Trainingsinhalte), das „Wie?" (Trainingsmethoden) und das „Wann?" (Trainingsaufbau) des Trainings. Je nach Entwicklungsphase oder Leistungsniveau der Spieler sind dabei unterschiedlichste Bedingungen und Gesetzmäßigkeiten zu berücksichtigen.

8.1.1 Langfristiger Trainingsaufbau

Die Formung eines Spielers von internationalem Leistungsniveau erfordert ein langjähriges, systematisches Training: Rahmentrainingskonzeptionen in den Sportspielen weisen einen (idealisierten) kontinuierlichen Trainings- und Entwicklungsprozess von bis zu 15 Jahren und mehr aus (Blümel et al., 2007 und 2016; Brand et al., 2009; Steinhöfer, 2008). Erst dann wird die maximal erreichbare physische und psychische Leistungsfähigkeit erreicht. Diese sehr langen Zeiträume sind einerseits erforderlich, um die anlagebedingten Ressourcen optimal zur Geltung zu bringen, andererseits muss die Steigerung von Trainingsumfängen und -intensitäten bis hin zu den im Hochleistungssport üblichen und notwendigen Belastungen behutsam und kontinuierlich erfolgen. Der Organismus passt sich im Laufe seiner Entwicklung stetig an höhere Belastungsanforderungen an, ist jedoch insbesondere im Kindes- und Jugendalter auch empfindlich gegenüber Fehlbelastungen. Neben den technischen und taktischen Zielen besteht somit im Prozess des Nachwuchstrainings das Hauptziel darin, den jugendlichen Organismus auf stetig steigende Anforderungen vorzubereiten und dem entsprechend belastungsverträglicher zu machen.

Ein langfristig-perspektivisches Training, das nicht die Produktion maximaler Höchstleistungen in den jeweiligen Stufen des Nachwuchsalters zum Ziel hat, ist von beson-

---

83 Beispiele sind deutsche Nationalspieler(innen) wie Marlies Askamp, die von 1997 bis 2002 sowohl in der deutschen Bundesliga als auch im Sommer in der WNBA spielte, oder Dirk Nowitzki, der zwischen 1999 und 2011 während der NBA-Off-Season absoluter Leistungsträger der Nationalmannschaft bei großen Turnieren war.

derer Bedeutung für die sportliche Karriere. (Zu) viele Kinder und Jugendliche steigen bereits frühzeitig aus dem leistungsorientierten Sport aus, wenn sich physische und psychische Überlastungserscheinungen verfestigen. Nicht übersehen werden darf dabei, dass dies häufig auch in mittleren Leistungsbereichen ein Problem darstellt. Viele Trainer nutzen unreflektiert Teile von Trainingskonzepten aus dem Hochleistungsbereich, da sie die Prinzipien und Inhalte eines langfristig ausgelegten Trainings zur behutsamen Heranführung ihrer Spieler an den Leistungsbasketball nicht kennen oder aber in ihrem Vereinsumfeld nicht durchsetzen können. Verstärkend wirkt hier auch die Problematik der persönlichen Trainerkarriere, die im Sportsystem hauptsächlich über nachgewiesene Erfolge, wie Meisterschaften oder Platzierungen, befördert wird.

Die Sportwissenschaft gliedert den langfristigen Trainingsaufbau in unterschiedliche Abschnitte mit inhaltlichen Schwerpunktsetzungen, die hier nur grob umrissen werden können:

1. **allgemeine Grundausbildung:** vielseitige, unspezifisch-allgemeine Ausbildung motorischer Grundfertigkeiten und sportlicher Motivierung;

2. **Grundlagentraining:** Entwicklung sportartspezifischer Basisfähigkeiten und Erlernen grundlegender Bewegungstechniken;

3. **Aufbau- und Anschlusstraining:** Heranführung an das sportartspezifische Leistungsoptimum durch Entwicklung der komplexen Belastungsverträglichkeit, Vervollkommnung des spezifischen Technik- und Taktikrepertoires und Teilnahme am Wettkampfsystem;

4. **(Hoch-)/Leistungstraining:** gezielte Ausschöpfung sämtlicher Ressourcen zur Entwicklung maximaler sportlicher Leistungen und Stabilisierung eines möglichst hohen Leistungsniveaus.

Die Anpassungen an die Strukturen des Basketballs (Altersklassen, Trainingszeiträume) wurden bereits in Kap. 3.2.1 (Abb. 3.18, s. S. 94) dargestellt. Die der aktuellen Rahmentrainingskonzeption des DBB entnommene Tab. 8.1 gibt zusätzlich einen Überblick über die in den einzelnen Altersklassen zu realisierenden Ziele der allgemeinen Ausbildung und die für die Perspektive „Nationalspieler" notwendigen Trainings- und Athletikeinheiten pro Woche sowie die Anzahl der zu absolvierenden Spiele pro Saison. Ergänzt werden diese Rahmenvorgaben durch eine detaillierte Zuordnung technischer und taktischer Ausbildungsinhalte im Altersverlauf (Blümel et al., 2016). Wenngleich die genannten Umfänge international in sämtlichen Altersklassen noch höher liegen (Holst et al., 2009), sind solche Trainingsbelastungen für die meisten „durchschnittlich" trainierenden Nachwuchssportler kaum zu realisieren. Ohne besondere inhaltliche und strukturelle Förderung durch Vereine, Schulen und Verbände ist eine parallele leistungssportliche und schulische Karriere auf höchstem Niveau nur für die wenigsten zu meistern. Aktuelle Entwicklungen im Bildungsbereich wie der flächendeckende Ausbau der Ganztagsschule lassen nur da Raum für leistungssportliche Belange, wo sinnvolle

Tab. 8.1: Trainingsinhalte und Ausbildungsabschnitte der allgemeinen Ausbildung im DBB (Blümel et al., 2016, S. 14)

Trainingsinhalte/Ausbildungsabschnitte	AGA U10		GLT U12		GLT U14		ABT U16		ABT U18		AST U20	
	1	2	1	2	1	2	1	2	1	2	1	2
Anzahl der Trainingseinheiten pro Woche	bis 3		bis 4		bis 5		bis 6		bis 7		bis 9	
Anzahl der Athletiktrainingseinheiten pro Woche					1		1-2		2-3		2-3	
Anzahl der Spiele pro Saison (incl. Vorbereitung und Turniere)	15-30		20-40		25-45		25-50		25-55		30-60	
Allgemeine Ausbildung												
-> Umfassende Bewegungsschulung	X	X	X									
-> Technisch-spielerische Vielseitigkeitsschulung	X	X	X	X								
-> FUNdamentals (Grundlagentraining durch Spaß)	X	X	X	X	X							
-> Basketballspezifisches Grundlagentraining			X	X	X	X						
-> Trainieren lernen					X	X	X	X				
-> Beginnendes Spezialisierungstraining							X	X				
-> Belastungsgerechtes Übergangstraining in den Erwachsenenbereich									X	X	X	X

Förderstrukturen existieren, auch wenn die 8-jährige Gymnasialzeit („G8") bundesweit wieder auf dem Rückzug ist. Wo entsprechende Kooperationen von Leistungssport und Schule fehlen, bleibt ein mehr als zweimaliges regelmäßiges Training für Kinder und Jugendliche in Zukunft die Ausnahme.

8.1.2   Periodisierungsmodelle und Trainingszyklen

Die zeitliche Einteilung von Trainingszeiträumen in inhaltliche Schwerpunktphasen wird *Periodisierung* oder auch *Zyklisierung* genannt. Im Leistungsbereich des (Erwachsenen-) Basketballs sind heute die größtmöglichen Planungsabschnitte die jeweiligen Spielzeiten, da die hohe Fluktuation von Spielern und Trainern und das kurzfristige Streben nach Erfolg eine längerfristige Vorausplanung in der Regel verhindern. Mehrjährige Trainingszyklen sollten besonders im Nachwuchsleistungsbasketball Berücksichtigung finden (s. Kap. 8.1.1), ansonsten spielen noch die vierjährigen Olympiazyklen oder die Zweijahreszyklen zwischen Weltmeisterschaften im Bereich der Nationalmannschaften eine planerische Rolle.

Das Trainings- und Wettkampfjahr bzw. die Saison wird traditionell in Zeitabschnitte der Vorbereitung, des Wettkampfs und des Übergangs unterteilt. Die entsprechenden Perioden entstammen der klassischen Trainingstheorie, erfüllen heute in den Sportspie-

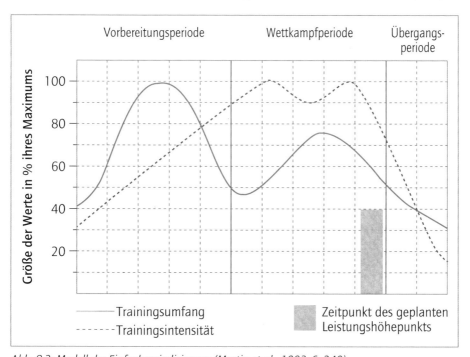

Abb. 8.2: Modell der Einfachperiodisierung (Martin et al., 1993, S. 249)

Woche	Jahr	AstroStars Bochum (RL)			ALBA Berlin (BBL)		
		MS	Pokal	internat.	MS	Pokal	internat.
26							
27							
28							
29							
30							
31							
32							
33							
34			•				
35							
36		•					
37		•					
38		•			•		
39	2008	••			•		
40		•			•		
41		•	•		•		
42		•			•		
43		•					•
44		•			•		•
45		•					•
46		•	•		•		•
47		••			•	•	
48		•			•		•
49		•			•		•
50		•			•		•
51			•				•
52					•		
1					•		
2		•			•		•
3		•					•
4		•	•		•	•	
5		•			•		•
6		•			•		•
7		•					•
8					•		
9		•				••	•
10		•			•		•
11		•			•		•
12		•			••		
13	2009	•			••		
14					•		
15					••		
16					••		
17					••		
18							
19					••		
20					•		
21							
22					••		
23					•••		
24					••		
25					••		
Anzahl der Spiele		28 + 5 = 33			44 + 4 + 16 = 64		

Abb. 8.3: Absolvierte Spiele im Basketball am Beispiel der Regionalliga (RL) und Bundesliga (BBL) der Saison 2008/2009 (MS = Meisterschaft; jeder Punkt steht für ein absolviertes Spiel)

len aber nicht mehr den ihnen ursprünglich zugedachten Zweck. Vor 30-40 Jahren gab es in vielen Individualsportarten nur wenige Wettkampfhöhepunkte im Jahr, was die Trainingstheoretiker zu modellhaften Annahmen langer Vorbereitungszeiträume auf relativ eng eingrenzbare Zeitabschnitte wichtiger Wettkämpfe (z. B. Weltmeisterschaften, Olympische Spiele) veranlasste. Die Grundannahme solcher Periodisierungsmodelle war dabei, dass die sportliche Höchstleistung durch eine lange, umfangsbetonte Trainingsphase mit vornehmlich allgemein-konditionellen Inhalten vorbereitet und in der meist kürzeren Wettkampfperiode durch zunehmend intensitätsbetontes, spezifisches Training bis hin zum Wettkampfhöhepunkt realisiert wird (Abb. 8.2). Die Übergänge zu nachfolgenden Jahreszyklen wurden durch regenerative Übergangsperioden gestaltet.

In den Sportspielen konnten diese Periodisierungsmodelle nie erfolgreich umgesetzt werden, wenngleich eine unkritische Übernahme der Saisoneinteilung in Vorbereitungs-, Wettkampf- und Übergangsperiode auch hier populär geworden ist. Im Ergebnis wurde oft versucht, sämtliche Ziele einer (konditionellen) Saisonvorbereitung innerhalb einer nur sechs- bis achtwöchige Vorbereitungsperiode zu realisieren, der eine bis zu achtmonatige Wettkampfperiode ohne allgemein-vorbereitende Trainingsinhalte folgte. Damit war jedoch die Grundidee der frühen Periodisierungsmodelle (s. o.) auf den Kopf gestellt. Eine regelmäßige Wettkampftätigkeit über lange Zeiträume verlangt stattdessen grundsätzlich andere Herangehensweisen mit Abfolgen zeitlich kürzerer Perioden, die längst auch in den Individualsportarten mit ihren zum Teil ganzjährigen Wettkampfkalendern (z. B. Tennis) notwendig sind.

Abb. 8.3 zeigt exemplarisch die im Laufe einer Spielzeit absolvierten Spiele zweier Männer-Basketballteams unterschiedlicher Leistungsklassen aus der Saison 2008/09. Die aktuelle Spieldichte ist für ein auch auf europäischer Ebene aktives Team wie ALBA Berlin ähnlich hoch, in der Saison 2017/18 wurden insgesamt 67 Pflichtspiele in BBL, Pokal und Eurocup absolviert (ALBA Berlin Basketballteam GmbH, 2018). In der europäischen Topliga, der Euroleague, müssen sogar mindestens 30 Spiele allein in der Hauptrunde bestritten werden. Besonders auf hoher Leistungsebene wird deutlich, dass die spielfreie Zeit nicht zur Entwicklung einer stabilen allgemein-konditionellen Basis ausreichen kann[84] und dass die Formerhaltung über die langen Wettkampfzeiträume andere Strategien verlangt. Je höher die Spielklasse, desto deutlicher wird dieses Problem.

Daraus müssen Konsequenzen gezogen werden, insbesondere die Abkehr vom bei den Individualsportarten entliehenen tradierten Grundgedanken (s. o.) einer ausreichenden konditionellen Vorbereitung innerhalb weniger Wochen vor der eigentlichen Spielsaison. Steinhöfer (2008) fordert daher von einer modernen Trainingsperiodisierung nicht nur im Spitzenbereich:

- Sämtliche Komponenten der Sportspielleistung müssen ganzjährig und akzentuiert trainiert werden.

---

84 Vgl. dazu auch die Ausführungen zu notwendigen Trainingszeiträumen im Ausdauer- und Krafttraining in Kap. 3.1.1 und 3.1.2.

- Die inhaltlichen Schwerpunktsetzungen folgen einem wellenförmigen Verlauf. Ein komplettes Aussetzen einzelner Inhalte ist im Zeitverlauf ebenso zu vermeiden wie eine durchgängige Belastung.

- Konditionell-koordinative Trainingsinhalte dürfen in den Wettkampfphasen nicht ausgesetzt werden. Die koordinative und konditionelle Schulung erfolgt im Jahresverlauf in zyklischen Wellen zwischen hauptsächlich allgemein-entwickelndem und zielgerichtet-spezialisiertem Grundlagentraining (s. Abb. 8.4).

- Zum Formaufbau und -erhalt sind Blocksetzungen im Konditions- und Koordinationstraining erforderlich. Insbesondere das Training von Ausdauer und Kraft muss in umfangreicher Form im Rahmen mehrerer „Blöcke" von ca. 4-6 Wochen forciert werden (s. Abb. 8.4)[85],

- Je nach Spielniveau, Spielertyp und individuellen Stärken/Schwächen ist das Training zu individualisieren und zu spezialisieren.

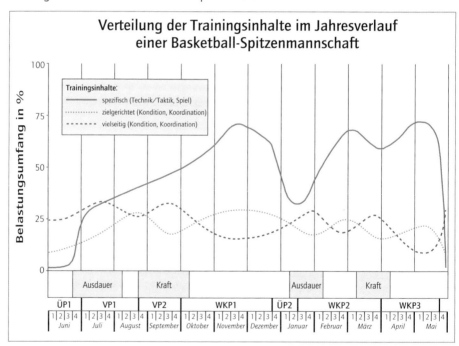

Abb. 8.4: Idealtypisches Periodisierungsmodell für Spitzenmannschaften im Basketball (mod. nach Steinhöfer, 2008, S. 369)

---

85 Beim Blocktraining wird der „langfristig verzögerte Trainingseffekt" genutzt (Martin et al., 1993). Man geht davon aus, dass das besonders umfangreiche Training eines Schwerpunkts aus dem Bereich Ausdauer und Kraft zwar innerhalb des betreffenden Trainingsblocks zu gesteigerter Ermüdung und kurzzeitigen Leistungseinbußen führt, die Formkurve aber im Anschluss daran bei entsprechender Regeneration (Schwerpunktverschiebung auf andere Trainingsinhalte) deutlicher nach oben zeigt als bei kontinuierlich erhöhten Trainingsbelastungen. Insbesondere Topathleten benötigen derartig massierte Trainingsreize, um positive Veränderungen ihres Leistungszustands herbeizuführen. Im Spitzenbereich mit seinen knappen Vorbereitungszeiträumen wäre ein langfristig-kontinuierlicher Formaufbau wie im Nachwuchstraining teilweise gar nicht möglich.

Ein wichtiges Element der traditionellen Periodisierungsmodelle ist dennoch als allgemeines Trainingsprinzip erhalten geblieben und wird auch in modernen Konzepten mit ihren kurzfristigen systematischen Schwankungen der Belastungsgestaltung berücksichtigt. Zur Steigerung der Trainingsbelastung wird immer zunächst der Umfang, dann erst die Intensität erhöht. Abb. 8.4 verdeutlicht entsprechende Trendlinien der vielseitig-allgemeinen, zielgerichteten und speziellen Trainingsbelastung: Einer Anhebung der spezifischen Belastung geht immer eine Steigerung des vielseitig-umfangsbetonten Trainings voraus. Im Jahresverlauf sind zudem die Kurven bis auf die akuten Vorbereitungsphasen, in denen die Trainingsumfänge der Intensität vorauslaufen, beide aber auf ein höheres Niveau gesteigert werden, immer gegenläufig.

Mehrjahreszyklus	2-4 Jahre (EM-, WM-, Olympiazyklus)
Jahreszyklus	Trainingsjahr (Saison)
Perioden	Monate/Wochen
Makrozyklen	4-8 Wochen
Mikrozyklen	1 Woche
Trainingseinheiten	60-150 min
Trainingsabschnitte	5-45 min

Abb. 8.5: Trainingszyklen

Die relativ groben Planungsvorgaben der Vorbereitungs-, Wettkampf- und Übergangsperioden werden mithilfe kleinerer Planungszyklen inhaltlich präzisiert und operationalisiert. *Makrozyklen* kennzeichnen Trainingsabschnitte von 4-8 Wochen, manchmal auch kürzeren Zeiträumen. In ihnen werden aufeinander aufbauende Teilziele des längerfristigen Trainings angesteuert. *Mikrozyklen* umfassen in der Regel eine Trainingswoche und geben den Belastungs- und Erholungsrahmen für die Abfolge der einzelnen Trainingseinheiten vor (Abb. 8.5). Ein stetiger Wechsel von Belastungs- und Erholungsphasen ist dabei sowohl kurzfristig auf der Ebene der Trainingseinheiten und Mikrozyklen als auch mittelfristig auf der Ebene der Makrozyklen zu gewährleisten.

So ist beispielsweise nach einem konditionell akzentuierten Trainingsblock (s. Abb. 8.4) unbedingt ein Wechsel der Hauptbelastung mit einer regenerativen Phase für die betreffende Fähigkeit einzuplanen, in der die Anpassungen im Organismus ablaufen können. Erschwert wird die Planung von Regenerationsphasen im Sportspiel durch die Komplexität der Anforderungen, da unterschiedliche Beanspruchungen grundsätzlich unterschiedliche Erholungszeiträume erfordern (s. Tab. 8.2).

Tab. 8.2: Regenerationszeiträume im Konditionstraining (mod. nach Steinhöfer, 2008, S. 47)

Regene-rations-prozesse	mit aerober Energie-bereitstellung (Laufen, Schwimmen, Rad)	mit gemischt aerob-anaerober Energie-bereit-stellung (Laufen u. a.)	mit anaerob-alaktazider und laktazider Energiebereit-stellung (Schnellig-keits-, Kraft-übungen)	mit anaboler Wirkung (Maximal-kraft)	mit Wirkung auf das neuro-muskuläre System (Schnelligkeit, Technik)
laufende Regeneration	bei einer Intensität von 60-70 % findet laufende Regeneration statt				bei kurzen Be-lastungen nach der Wiederho-lungsmethode mit großen Pausen
Schnell-regeneration (sehr unvollständig)		nach ca. 1,5-2 h		nach ca. 2-3 h	
90-95 % Regeneration (unvollständig mit guter Leistungs-fähigkeit)	bei einer Intensität von 75-90 % nach ca. 12 h	nach ca. 12 h	nach ca. 12-18 h	nach ca. 18 h	nach ca. 18 h
vollständige Regeneration des Gleich-gewichts der Stoffwechsel-prozesse (erhöhte Leistungs-fähigkeit)	bei einer Intensität von 75-90 % nach ca. 24-36 h	nach 24-28 h	nach 48-72 h	nach 72-84 h	nach 72 h

8.1.3 Trainingswoche und Trainingseinheit

In den Trainingseinheiten werden die geplanten Inhalte mit spezifischen Trainings-methoden umgesetzt. In der Regel umfassen Trainingseinheiten mit der kompletten Mannschaft (Teamtraining) 90-120 min, Einheiten des Komponententrainings, vor al-lem des Ausdauer- und Krafttrainings, orientieren sich in ihrer Dauer an den individu-ellen Notwendigkeiten. Wichtig ist auf der Ebene der Trainingswochen und -einheiten die Berücksichtigung einer ausgewogenen Belastungsgestaltung. Innerhalb der Spiel-zeit sollten die physisch belastenderen Trainingseinheiten so gelegt werden, dass die Mannschaft am Spieltag optimal ausgeruht ist. Wie komplex eine solche Planung ist, verdeutlichen die in Tab. 8.2 angegebenen Richtwerte zu Regenerationszeiten nach unterschiedlichen Trainingsmaßnahmen. Nachfolgend wird daraus die Belastungsgestaltung einer Trainingswoche innerhalb der Saison für mittleres Leistungsniveau (Regionalliga) abgeleitet. Bei zwei Spielen pro Woche muss anders vorgegangen werden, in der Vorbereitungszeit sind auch Blockbelastungen denkbar (s. Kap. 8.1.2).

- **Tag nach dem Spiel:** Regeneration der aktiven Spieler (30-40 min Regenerationslauf). Wenn möglich, Individualtraining mit hoher konditioneller Belastung für nicht oder nur sporadisch eingesetzte Spieler.

- **Tag 2:** Teamtraining mit individual- und gruppentaktischen Schwerpunkten. Koordinations- und Schnelligkeitstraining bei mittlerer Gesamtbelastung. Zusätzliche individuelle, umfangsbetonte Krafttrainingseinheit.

- **Tag 3:** Teamtraining mit taktischen Schwerpunkten. Spezifische Ausdauer mit hoher Gesamtbelastung (auch kombiniert mit Wurftraining).

- **Tag 4:** Mittelintensiver Ausdauerlauf (20-25 min). Individuelles Wurftraining.

- **Tag 5:** Teamtraining mit individual- und gruppentaktischen Schwerpunkten. Koordinations- und Schnelligkeitstraining bei mittlerer Gesamtbelastung. Zweite individuelle, intensitätsbetonte Krafttrainingseinheit.

- **Tag 6:** Teamtraining mit Schwerpunkten Taktik und Werfen bei geringer Gesamtbelastung (Spielvorbereitung).

Eine Trainingseinheit gliedert sich in der Regel in die Abschnitte *Aufwärmen* (Warm-up), *Hauptteil* und *Schluss* (Cool down). Jeder Abschnitt unterliegt Prinzipien, deren Beachtung zur Erreichung der spezifischen Zielsetzungen notwendig ist.

Während des Aufwärmens soll einerseits eine allgemeine Aktivierung und Erwärmung stattfinden, andererseits kann/soll bereits auf die eigentlichen Trainingsschwerpunkte hingearbeitet werden (spezielles Aufwärmen). Je nach Altersstufe und Zielsetzung können hier spielerische, läuferische, koordinative und technisch-taktische Inhalte angeboten werden. Ziel der Aufwärmphase ist die optimale psychische und physische Einstimmung auf die im Hauptteil folgenden Trainingsschwerpunkte.

Traditionell wurde zum Ende der Aufwärmphase gestretcht. Aufgrund vieler aktueller Hinweise auf die negativen Akutwirkungen von Stretching auf den Bewegungsapparat[86] sollte jedoch davon abgesehen werden. Wer dehnen möchte, sollte aktiv-dynamische Methoden („Schwunggymnastik") bevorzugen. Grundsätzlich gilt, dass eine basketballspezifische Erwärmung mit den spieltypischen Bewegungsmustern ausreichend

---

86   Eine kurze Abhandlung zum Beweglichkeitstraining im Basketball findet sich bei Remmert (2007).

auf die Erfordernisse des Trainings oder Spiels vorbereitet (s. auch Kap. 3.1.4). Zu beachten sind die allgemeinen Grundprinzipien des Aufwärmens:

* allgemeine vor speziellen Inhalten,
* behutsame Intensitätssteigerung,
* hinreichende Dauer zur Herstellung der psychophysischen Leistungsbereitschaft (mindestens 15-20 min).

Der Hauptteil ist der längste Trainingsabschnitt und kann im Seniorenbereich bis zu 90 min dauern. Neben notwendigen, immer wiederkehrenden Standards (Technikdrills, Transitionübungen, Verteidigungsdrills etc.) sollten in der Regel nicht mehr als zwei technisch-taktische Inhaltsschwerpunkte gesetzt werden, die jeweils etwa 15-30 min der Trainingszeit beanspruchen. Insbesondere im Kinder- und Jugendbasketball besteht sonst leicht die Gefahr der kognitiven Überforderung. Ergänzt werden die technisch-taktischen Schwerpunkte gegebenenfalls um Inhalte des Athletiktrainings (zur Reihung konditioneller Inhalte siehe Abb. 8.6). Wichtig ist vor allem im Nachwuchstraining die kontinuierliche Beschäftigung mit technisch-taktischen Schwerpunkten über einen längeren Zeitraum. Solche Trainingsreihen sollten mindestens 4-6 Trainingseinheiten umfassen, um nachhaltige Fortschritte bei den Spielern zu erzielen.

Der Schlussteil einer Trainingseinheit dient dem kontrollierten Zurückfahren des auf Leistung eingestellten Organismus und leitet die Regeneration ein. Inhalte sind meist wenig intensive, aerobe Laufbelastungen (Auslaufen), die aber durchaus mit lockeren Spielfor-

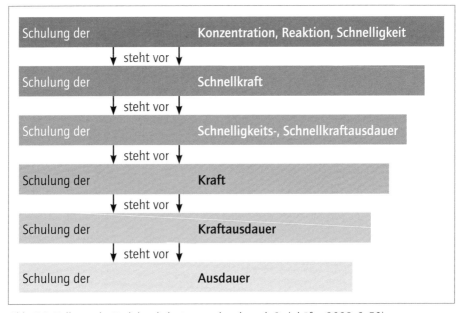

Abb. 8.6: Reihung der Trainingsbelastungen (mod. nach Steinhöfer, 2008, S. 59)

men zur Wahrnehmungsschulung kombiniert werden können (Nummernpassen mit Zusatzaufgaben etc.). Abzuraten ist vom verbreiteten ziellosen „Zocken" im 5-5. Erstens ist hier die Verletzungsgefahr unverhältnismäßig hoch, zweitens ist ein solches Spiel aus taktischer Sicht vergeudete Trainingszeit. Besser sollten zielgerichtete Spiele im Verlauf des Hauptteils durchgeführt werden. Ein „Ausdehnen" kann die Trainingseinheit abschließen, hier ist dann auch das zu Beginn einer Einheit wenig sinnvolle Stretching anwendbar. Besonders nach hohen konditionellen Beanspruchungen ist jedoch auf vorsichtige Durchführung und das Vermeiden extremer Dehnpositionen zu achten.

8.1.4 Trainingssteuerung auf mittlerem Leistungsniveau

Für Mannschaften auf unterem und mittlerem Leistungsniveau sind die Möglichkeiten der Trainingsplanung und -steuerung begrenzt. Die Anzahl der im professionellen Basketball üblichen 10 und mehr Trainingseinheiten pro Woche, die eine differenzierte Verfolgung unterschiedlicher Teilziele erlauben, wird hier nicht annähernd erreicht. Selbst in den höchsten Verbandsspielklassen Deutschlands, den Regionalligen, wird selten mehr als 4 x pro Woche mit dem gesamten Team trainiert, was häufig die weitgehende Vernachlässigung des konditionellen und koordinativen Grundlagentrainings zugunsten des spezifischen Technik-Taktik-Trainings zur Folge hat. Dies ist jedoch unter dem Aspekt der Sicherung der Belastungsverträglichkeit und damit der Verletzungsprophylaxe nicht nur nachlässig, sondern auch gefährlich. Folgende Möglichkeiten und Maßnahmen sollten zur produktiven Gegensteuerung genutzt werden:

- Das allgemeine Athletiktraining kann außerhalb des Mannschaftstrainings mit individuellen Trainingsplänen verfolgt werden. Ein jeweils ein- bis zweimaliges Ausdauer- und Krafttraining sowie ein mehrmaliges Körperstabilisierungstraining pro Woche sollten für leistungswillige Spieler selbstverständlich sein.

- Auch bei nur 2-3 Trainingseinheiten pro Woche muss nicht komplett auf die grundlegenden Inhalte eines ergänzenden Athletiktrainings für die gesamte Mannschaft verzichtet werden. Unter Beachtung einfacher Grundsätze können auch im Rahmen einer Trainingseinheit unterschiedliche Inhalte des Konditionstrainings angeboten werden (s. Abb. 8.6).

- Die Zeiträume ohne Wettkämpfe sind auf mittlerem Leistungsniveau deutlich größer als in der absoluten Spitze (s. Abb. 8.3). Das heißt, dass im Rahmen der Saisonvorbereitung längere Zeiträume für das allgemein-entwickelnde Training zur Verfügung stehen und dazu auch intensiv genutzt werden sollten. Ein Periodisierungsvorschlag dazu liefert Abb. 8.7.

In der Regel beeinflussen die Schulferien während der Sommermonate das Training erheblich. Je nach konkreter Lage in der Vorbereitungszeit (eher früh oder spät) können hier jedoch individualisierte Trainingspläne zu Ausdauer- und Krafttrainingsinhalten absolviert werden. Je näher die Urlaubszeit dabei an den Saisonbeginn heranrückt, desto spezifischer muss die individuelle Trainingsarbeit in den Bereichen Ausdauer und Kraft sein.

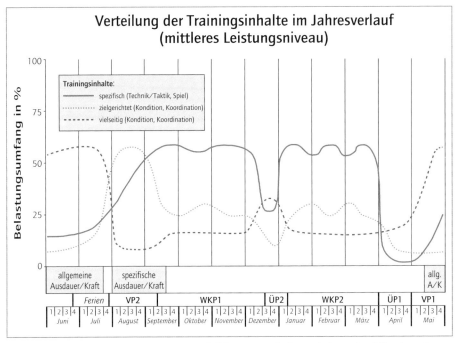

Abb. 8.7: Idealtypisches Periodisierungsmodell für Mannschaften mittleren Qualifikationsniveaus im Basketball

8.2   Diagnostik und Analyse der Spielleistung

Ein zentraler Bestandteil der Leistungssteuerung im Basketball ist die Diagnose und Kontrolle der Spiel(er)leistung. Informationen über die komplexe Spielleistungsfähigkeit lassen sich dabei unmittelbar beobachtend aus dem Wettkampf gewinnen, während Daten über die konditionellen „Zubringerleistungen" am besten durch sportmotorische Testverfahren (s. Kap. 8.4) ermittelt werden. Eine besondere Rolle spielt in diesem Kontext das Beurteilungsvermögen des Trainers. Dessen häufig in der Kritik stehendes, subjektives Urteil muss oft aufgrund struktureller Unzulänglichkeiten[87] die in diesem Kapitel beschriebenen Kontrollverfahren ersetzen. Auf der anderen Seite muss er in der Lage sein, objektiv erhobene Daten angemessen zu interpretieren und sinnvoll für den Trainingsprozess zu nutzen.

---

87 Auf unterem Leistungsniveau geschieht dies häufig zwangsläufig, wenn finanzielle und zeitliche Ressourcen den Einsatz objektiver Kontrollverfahren nicht zulassen. Allerdings ist auch auf höherem Niveau oftmals eine ablehnende Haltung gegenüber wissenschaftlich fundierten Leistungskontrollen anzutreffen.

8.2.1 Methoden der Spielbeobachtung

Trainer erhalten über motorische Testverfahren genauen Aufschluss über die konditionellen Leistungsvoraussetzungen ihrer Spieler, benötigen aber zur Gesamtbeurteilung des tatsächlichen Leistungszustands – der technisch-taktischen „Spielfähigkeit" im Wettkampf – unbedingt Informationen über deren konkretes Wettkampfverhalten. Hier sind in Ergänzung zum Expertenurteil (Trainer) die Methoden der Spielbeobachtung gefragt, die zum Teil sogar zur Diagnostik konditionell bedeutsamer Parameter geeignet sind (s. Kap. 2.2).

Lames (1994) strukturiert die Verfahren der Spielbeobachtung in *Subjektive Eindrucksanalyse, Scoutingverfahren* und *Systematische Spielbeobachtung*. Ergänzt wird dieses Spektrum um die sogenannte *Qualitative Spielbeobachtung* (Hansen, 2003), die von Trainern zur Vor- und Nachbereitung von Spielen benutzt wird.

Tab. 8.3: Methoden der Spielbeobachtung

Subjektive Eindrucksanalyse	Scoutingverfahren	Systematische Spielbeobachtung	Qualitative Spielbeobachtung
Qualitative Daten:	Qualitative und quantitative Daten:	Quantitative Daten:	Qualitative Daten:
Eindrücke	Eindrücke und Beobachtungen	Beobachtungen	Beobachtungen
flexible Merkmale	festgelegte und flexible Merkmale	genau festgelegte Merkmale	grobe Merkmalsklassifizierung
ohne systematische Datenfixierung	teilweise Datenfixierung	systematische Datenfixierung	Erstellung von Videoschnitten

Hinsichtlich ihrer Bedeutung für eine angemessene Analyse der komplexen Spielleistung ergänzen sich die genannten Methoden, jede einzelne hat besondere Stärken und Schwächen. Insbesondere bei den quantitativen Datenerhebungsmethoden der Systematischen Spielbeobachtung und auch der Scoutingverfahren ist zu beachten, dass die generierten Daten das beobachtete Spielverhalten nur beschreiben und keinesfalls (quasi aus sich selbst heraus) erklären. Während subjektive Analysen auch Informationen über Begründungen für das Beobachtete enthalten („Spieler A wurde permanent im Passweg verteidigt und bei Ballerhalt gedoppelt"), liefert z. B. das Standardscouting nur die reine Wurfquote des Spielers (4 von 11: 36,4 %). Diese Informationen müssen also vom Trainer interpretiert werden, bevor sie in konkrete Trainingsziele überführt werden können. In den betreffenden Problemkreisen der Beschreibung, Diagnose und trainingspraktischen Umsetzung (Abb. 8.8) muss auf die entscheidende Rolle des Trainers hingewiesen werden. Verfahren der Spielbeobachtung, meist von Assistenten oder sogar von wissenschaftlichen Beratern durchgeführt, ersetzen nicht die Fachkompetenz des Trainers, sondern unterstützen diese (Lames, 1994). Vor allem im Steuerungsschritt der Diagnose obliegt es dem Trainer, beobachtetes Spielverhalten auf Stärken und Schwächen im komplexen Leistungsgefüge zu beziehen und ggf. in Trainingsinterventionen umzusetzen.

Abb. 8.8: Generierung von Trainingszielen aus dem Wettkampf (mod. nach Lames, 1994, S. 30)

Bei der *Subjektiven Eindrucksanalyse* handelt es sich um die Nutzung des bereits angesprochenen (subjektiven) Expertenurteils zur Beobachtung von Spielgeschehen. Dabei notieren sich Trainer in schriftlicher Form Stärken und Schwächen, z. B. bei der Beobachtung kommender Gegner und auch der eigenen Mannschaft.

Die *Systematische Spielbeobachtung* gilt dagegen als weitgehend objektives Datenerhebungsverfahren. Beobachtetes Spielverhalten wird hier mittels vorher genau festgelegter Merkmale klassifiziert und systematisch fixiert. Entsprechende Computerprogramme (s. Kap. 8.3) unterstützen dabei sowohl die Reproduzierbarkeit des Videomaterials als auch die meist sehr umfangreiche Datenfixierung, -speicherung und -aufbereitung (Statistiken). Systematische Spielbeobachtungen werden in der Regel unter wissenschaftlichen Fragestellungen und zur Aufklärung von Anforderungsprofilen durchgeführt (s. Kap. 2.2).

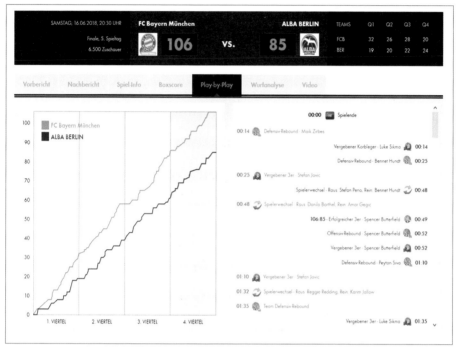

Abb. 8.9: Beispielhaftes Spielverlaufsprotokoll der easyCredit BBL (BBL GmbH, 2018)

Abb. 8.10: Beispielhafte Wurfskizze der easyCredit BBL (BBL GmbH, 2018)

Scoutingverfahren bedienen sich sowohl subjektiver Eindrücke als auch objektiver Beobachtungen und machen sich so die Vorteile beider Verfahren zunutze. In der Praxis sind sie aber meist auf einfache und spielbegleitend zu erhebende Merkmale begrenzt, wie am Beispiel der in den Bundesligen verbindlich zu erstellenden Spielstatistiken zu sehen ist (Schmidt, 1996). Diese verzichten zugunsten einer schnellen Datenpräsentation (Viertel- und Halbzeit-Sofortinformationen für Medien und Trainer) allerdings auf die Komponenten einer möglicherweise begleitenden Eindrucksanalyse (Abb. 8.9-8.11).

Die *Qualitative Spielbeobachtung* zur zielgerichteten Analyse taktischer Spielabläufe ist durch die Möglichkeiten moderner Spielbeobachtungssoftware erheblich vereinfacht worden (s. Kap. 8.3). Heute ist das Zusammenstellen von Spielsequenzen zur taktischen Schulung der Spieler mithilfe entsprechender Programme automatisiert möglich. Das Rohmaterial wird dazu je nach konkretem Analyseinteresse grob klassifiziert und in einer Videodatenbank gespeichert. Das Abrufen verschiedener Schnittlisten (inklusive Ausgabe auf CD, DVD, Stick etc.) nimmt danach nur noch die notwendige Rechnerzeit in Anspruch.

8.3 Digitale Medien

(unter Mitarbeit von Michael Bühren)

Die Nutzung unterschiedlichster digitaler Medien ist aus dem Sport nicht mehr wegzudenken. Dabei ist die alleinige Kenntnis alltäglich genutzter Softwareprodukte zur Texterstellung, Tabellenkalkulation und Präsentation längst nicht mehr ausreichend, um heutzutage die vielfältigen Aufgaben eines Trainers effektiv zu erfüllen. Trotzdem ist aber die Nutzung der jeweils neuesten Technologien kein Garant, sondern allenfalls notwendige Voraussetzung für erfolgreiches Handeln als Trainer.

8.3.1 Internet

Das Internet bietet Trainern eine Vielzahl von Möglichkeiten, zu lernen und neue Impulse bezüglich taktischer Konzepte, trainingsmethodischer Aspekte etc. zu bekommen. Internetportale wie „www.hooptactics.com" oder „www.dbb-trainer.de" regen an oder helfen bei der Vertiefung bereits vorhandenen Wissens.

Zunehmend wichtiger wird die Kommunikation: Abfahrtszeiten, Trainingsbeginn, Spielverlegungen etc. können über E-Mail oder Instant Messaging-Dienste wie WhattsApp® effizient mitgeteilt werden. Gerade im Bereich „Social Networking" werden Trainer vor die Frage gestellt, ob sie sich solchen Plattformen anschließen sollen. Das Tagesgeschäft eines Trainers, unabhängig vom spielerischen Niveau der Mannschaft, wird hierdurch mehr und mehr beeinflusst.

SAMSTAG, 16.06.2018, 20.30 UHR

Finale, 5. Spieltag
6.500 Zuschauer

FC Bayern München 106 vs. 85 **ALBA BERLIN**

Vorbericht | Nachbericht | Spiel-Info | **Boxscore** | Play-by-Play | Wurfanalyse | Video

TEAMS	Q1	Q2	Q3	Q4
FCB	32	26	28	20
BER	19	20	22	24

FC Bayern München (Coach: Dejan Radonjic)

NR.	SPIELER / TEAM	S5	MIN	PTS	M	A	2P%	M	A	3P%	M	A	FG%	M	A	FT%	DR	OR	TR	AS	ST	TO	BS	PF	EF	+/-	DBL
14	DIEDOVIC N. (SG)		17:05	19	4	4	100.0%	3	5	60.0%	7	9	77.8%	2	2	100.0%	2	0	2	2	0	0	0	2	21	16	0
9	CUNNINGHAM J. (SG)	S5	19:38	16	2	2	100.0%	1	6	16.7%	3	8	37.5%	9	10	90.0%	1	0	1	5	1	1	1	1	17	15	0
31	BOOKER D. (C)	S5	17:37	14	6	10	60.0%	0	1	0.0%	6	11	54.5%	2	2	100.0%	2	3	5	1	1	0	0	3	16	14	0
11	LUCIC V. (SF)	S5	25:41	12	3	3	100.0%	2	5	40.0%	5	8	62.5%	0	0	0.0%	3	2	5	0	0	2	0	4	12	1	0
22	BARTHEL D. (PF)	S5	19:14	12	4	4	100.0%	1	1	100.0%	5	5	100.0%	1	3	33.3%	3	2	5	2	0	0	0	4	17	5	0
15	REDDING R. (SF)		18:50	11	2	4	50.0%	1	3	33.3%	3	7	42.9%	4	6	66.7%	2	0	2	0	1	0	0	2	14	9	0
7	KING A. (SF)		21:47	8	1	1	100.0%	2	3	66.7%	3	4	75.0%	0	0	0.0%	4	0	4	1	1	1	0	3	11	27	0
16	JOVIC S. (PG)	S5	25:20	5	1	2	50.0%	1	4	25.0%	2	6	33.3%	0	0	0.0%	1	0	1	6	4	1	0	2	14	-2	0
33	ZIRBES M. (C)		17:42	5	2	2	100.0%	0	0	0.0%	2	2	100.0%	1	2	50.0%	0	0	0	0	0	1	1	2	5	0	0
25	GAVEL A. (SG)		14:46	4	1	1	100.0%	0	0	0.0%	1	1	100.0%	2	2	100.0%	0	0	0	6	0	0	0	2	10	23	0
10	GEGIC A. (PG)		00:48	0	0	0	0.0%	0	0	0.0%	0	0	0.0%	0	0	0.0%	0	0	0	0	0	0	0	0	0	0	0
35	JALLOW K. (SG)		01:32	0	0	0	0.0%	0	0	0.0%	0	0	0.0%	0	0	0.0%	0	0	0	0	0	0	0	0	0	-3	0
	Coach/Team																2	2	4								
	Totals			**106**	**26**	**33**	**78.8%**	**11**	**28**	**39.3%**	**37**	**61**	**60.7%**	**21**	**27**	**77.8%**	**22**	**10**	**32**	**29**	**8**	**6**	**2**	**25**	**141**	**21**	**0**

Abb. 8.11: Beispielhafte Spielstatistik der easyCredit BBL (BBL GmbH, 2018)

Auch die Informationssuche zur Spielvorbereitung findet mittlerweile zum großen Teil mithilfe des Internets statt. Hompages und Foren des kommenden Gegners, Tageszeitungen mit Onlineauftritt und Portale wie „www.schoenen-dunk.de" liefern notwendige administrative und inhaltliche Hinweise zum nächsten Wettkampftag: Anfahrtspläne, aktuelle Meldungen, Spielstatistiken und noch vieles mehr sind heute bequem vom eigenen Schreibtisch oder Handy aus zu recherchieren. Sogar die organisatorische und inhaltliche Trainingsplanung ist heute über das Internet möglich, wenn man beispielsweise die Angebote von „coaching.fibaeurope.com" oder „www.dbb-trainer.de" nutzt.

8.3.2 Organisationssoftware

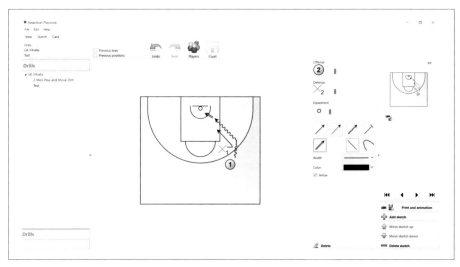

Abb. 8.12: Benutzeroberfläche „playbook" (http://www.jes-soft.com/playbook/index.html)

Jeder Coach hat seine persönliche Sammlung von offensiven und defensiven Systemen, Trainingsdrills und Grundregeln. Diese lassen sich heute mit geeigneter Softwareunterstützung einfach und effektiv digitalisieren, archivieren und auch weiterverteilen (inklusive Animationseffekten). So gibt es z. B. unter „playbook"[88] bereits eine große Sammlung von Dateien, die in regelmäßigen Abständen erweitert wird. Das ursprünglich für Windows-PCs entwickelte „playbook" kann mittlerweile auch von Mac-Nutzern und auf Smartphones/Tablets betrieben werden. Linux-Nutzer können sich der Wrapper-Software „Wine" (Freeware) bedienen, um „playbook" zu nutzen.

---

88   Unter „www.jes-basketball.com" kann sowohl eine freie (unregistrierte) Version als auch eine kostengünstige Vollversion von „playbook" erworben werden.

Eine weitere gute und plattformunabhängige, aber kostenpflichtige Alternative ist „FastDraw". Aktuelle Versionen können jeweils unter http://fastmodelsports.com getestet werden. „FastDraw" bietet für Coaches, die viel Zeit in den taktischen Bereich investieren, eine Menge Arbeitserleichterungen.

8.3.3 Digitales Video

Vor zwanzig Jahren benötigte man zur Spielanalyse und zum Videofeedback noch eine Ausrüstung im Wert von einigen tausend Euro. Heute kann man für verhältnismäßig wenig Geld weitaus professionelleres technisches Equipment erwerben. Eine Videokamera oder ein Handy mit Videofunktion in Kombination mit einem durchschnittlichen PC oder besser Notebook sind ausreichend, um in Kombination mit kostengünstiger Software eine qualitativ ausreichende Unterstützung für den Traineralltag zu ermöglichen: Aufzeichnung, Wiedergabe, Bearbeitung und Selektion von Videosequenzen. In der Regel werden Kamera und Computer über USB- oder den schnelleren Firewire-Anschluss verbunden. Wer im professionellen Bereich arbeitet, kann auch erhebliche finanzielle Mittel in hochwertige Hard- und Software investieren, z. B. in komplexe Analyseprogramme wie „Dartfish" oder „utilius", die unterschiedliche Funktionen bieten. Wer jedoch sowohl für das Technik- als auch für das Taktiktraining mit einer „kleinen Lösung" anfangen möchte, ist mit einem kostengünstigen Videoplayer mit Zusatzfunktionen, z. B. mit „utilius fairplay 5", gut beraten (Abb. 8.13). Auch einfache Videoschnittprogramme von ULEAD oder PINNACLE bieten diesbezüglich eine Menge Funktionen, sind aber nicht direkt für sportliche Anwendungsfelder entwickelt worden.

Bei der Bearbeitung sind die Video-Codecs zu beachten, da aufgrund der verschiedenen Komprimierungsmethoden die Videoaufzeichnungen nicht von jeder Wiedergabesoftware erkannt werden. Gängige Codecs sind „mpg", „mpeg", „mp4", „avi" oder „vob". Je nach Betriebssystem lassen sich im Internet kostenlose und komplette Pakete verschiedener Video-Codecs zum Download finden. Besonders geeignet für die praktische Trainingsarbeit sind Applikationen für Smartphone und Tablet wie „Coach's Eye", die im Techniktraining ein schnelles Videofeedback mit einfachen grafischen Zusatztools erlauben.

Videoeinsatz im Techniktraining

Beim Videofeedback im Techniktraining geht es vor allem darum, dem Athleten optimale Rückmeldungen zum gezeigten Bewegungsablauf zu geben. Während des Erlernens neuer Bewegungen sollte das Zeitfenster zwischen Ausführung und Konfrontation mit dem aufgezeichneten Videobild möglichst die Zeitspanne von 60 s nicht überschreiten, damit die Innensicht des Athleten bei der Betrachtung der objektiven Bildsequenzen noch präsent ist (Schnellinformation; Krombholz, Kimmeskamp & Wesner, 2017). Entsprechende Softwarelösungen ermöglichen die weitgehend automatisierte

Abb. 8.13: Synchronisierte und markierte Videos in „utilius fairplay 5"

Wiedergabe aufgenommener Videosequenzen nach voreingestellter Zeitverzögerung (Delay) und die schnelle Synchronisierung mehrerer Videos zum direkten Vergleich. Die zeitlich aufwendigeren, dafür detaillierteren Nachbearbeitungen gewinnen bei erfahrenen Athleten an Bedeutung, da sie die Überlagerung des Videobildes mit unterstützenden Grafikmarkierungen bis hin zur Übereinanderlegung mehrerer Videosequenzen erlauben und so eine Fülle von Bewegungsdetails bieten.

Kamera, Smartphone oder Tablet sollten bei jeder Form des Videofeedbacks auf einem Stativ oder einer anderen geeigneten Unterlage platziert werden und den Aktionsradius des Athleten vollständig erfassen.

Videoeinsatz im Taktiktraining

Für die Spielbeobachtung gibt es zahlreiche Programme, die Analysen in Echtzeit (z. B. spielbegleitendes Scouting) oder per Nachbearbeitung ermöglichen. Bei aufwendigeren Spielanalysen wird die Aufnahme in einzelne Szenen, z. B. Angriffe, unterteilt und nach einem vorher definierten System aus Beobachtungskategorien und -merkmalen analysiert (s. Kap. 8.2.1). Die Erstellung eines Kategoriensystems folgt dabei den jeweiligen Interessen des verantwortlichen Trainers: Von der Erfassung einfach zu beobachtender Spielereignisse, wie Würfe oder Ballgewinne, bis hin zu komplexen taktischen Verhaltensweisen (Blockvarianten, Systeme) können z. B. folgende Parameter eines Angriffs festgehalten werden: Abschluss durch Nummer 5, erfolgreich, nach Assist von Nummer 7, aus dem System Horns, gegen MMV, aus der Gruppentaktik Pick-and-roll.

So gewonnene Datensätze werden zusammen mit den zugehörigen Videosequenzen in der Datenbank des Systems abgelegt und können jederzeit wieder abgerufen werden. Je nach Analyseziel werden so pro Mannschaft und Spiel in der Regel 50-100 Spielszenen aufgezeichnet. Anschließend lassen sich einfache und komplexere Abfragen über ein gesamtes Spiel oder auch mehrere Spiele erstellen (z. B. sämtliche erfolgreiche Szenen der Nummer 7 nach Pick-and-roll). Diese Szenen werden automatisiert in einer Schnittliste zusammengestellt und können per E-Mail oder über das Internet an die Spieler weitergegeben werden.

8.4 Tests konditioneller Leistungsfaktoren

Die konditionellen Leistungsfaktoren lassen sich mit sportmotorischen Testverfahren und medizinischer Leistungsdiagnostik überprüfen. Der Nutzen derartiger Kontrollen besteht darin, dass objektive Daten über den Leistungszustand von Spielern generiert werden und so auch der unmittelbare Effekt von Trainingsmaßnahmen überprüft werden kann.
An dieser Stelle sollen Vor- und Nachteile trainingspraktisch leicht einsetzbarer Testverfahren vorgestellt werden, da die Nutzbarkeit der medizinischen Leistungsdiagnostik in der Regel auf höchste Leistungsklassen beschränkt ist. Zu Daten und Verfahren medizinischer Leistungsdiagnostik wird auf Kap. 2.2 zum Anforderungsprofil Basketball und Kap. 3 zum Konditionstraining verwiesen.

8.4.1 Sportmotorische Tests

Ein sportmotorischer Test ist ein wissenschaftliches Prüfverfahren sportmotorischer Merkmale unter standardisierten Bedingungen mit dem Ziel einer möglichst genauen Quantifizierung des Testergebnisses. Dabei nehmen Unabhängigkeit, Verlässlichkeit und Gültigkeit[89] von sportmotorischen Tests mit dem Grad ihrer Komplexität ab. Will beispielsweise ein Test mehrere Teilkomponenten der sportlichen Leistung gleichzeitig überprüfen (z. B. Kondition und Technik bei vielen „spielnahen" Tests), so ist das Endergebnis kaum auf die einzelnen, die Testleistung beeinflussenden Merkmale zurückzuführen. Damit entfällt jedoch die Möglichkeit, solche Daten für Entscheidungen im Rahmen der Trainingssteuerung zu nutzen (Steinhöfer, 2008).

Sportmotorische Tests sind demnach dann besonders aussagekräftig, wenn sie die zu testende Fähigkeit oder Fertigkeit möglichst isoliert messen. Aufgabe des Trainers bleibt es, den jeweiligen Einfluss der Testkriterien auf die komplexe Spielfähigkeit des Spielers zu beurteilen.

---

89 Leistungskontrollverfahren sind dann aussagekräftig, wenn sie den sogenannten „wissenschaftlichen Gütekriterien" Objektivität (Unabhängigkeit), Reliabilität (Verlässlichkeit) und Validität (Gültigkeit) hinreichend entsprechen. Häufig nimmt mit steigender Güte die Praktikabilität und damit die problemlose Anwendbarkeit im Trainingsbetrieb ab (Kosten und Aufwand steigen unangemessen).

Tests müssen unter standardisierten Bedingungen durchgeführt werden, damit Vergleiche verschiedener Spieler (Querschnittsvergleich) oder Messzeitpunkte (Längsschnittvergleich) möglich sind. Äußere Bedingungen, wie Temperatur, Luftfeuchtigkeit, Tageszeit und Bodenbeschaffenheit, beeinflussen Testergebnisse genauso wie Ermüdungsgrad oder Motivation der zu testenden Spieler.

Beachtet werden müssen zudem mögliche Einflüsse der eingesetzten Messtechnik auf das Ergebnis. Eine hinreichende Leistungsdifferenzierung muss möglich sein, was z. B. im Fall der 5-m-Sprint-Messung mit der Handstoppuhr nicht der Fall ist. Der durch Wahrnehmungs- und Reaktionsleistungen des Testers provozierte Messfehler ist in diesem Fall größer als die möglichen Leistungsdifferenzen der getesteten Spieler. Dagegen genügen zur Erfassung von Sprungleistungen im Jump & Reach-Test (s. Kap. 3.1.2) ein an der Wand angebrachtes Maßband und Kreide vollauf und machen eine technisch aufwendige Kontaktmatte entbehrlich.

In Kap. 3 sind am jeweiligen Schluss der Ausführungen zum Ausdauer-, Kraft-, Schnelligkeits- und Beweglichkeitstraining praxisnahe Einzeltests (zum Teil mit Vergleichsdaten von Basketballkollektiven) beschrieben. Tab. 8.4 fasst diese noch einmal in einer Übersicht zusammen.

Test	Fähigkeit	Konditionelle Teilkomponenten
Multistage Fitness Test (MFT) 30-15 Intermittend Fitness Test	Ausdauer	allgemeine aerobe Ausdauer
2-min-Wendelauf		komplexe aerob-anaerobe Ausdauer
45-m-Richtungswechsellauf		spezifische anaerobe Ausdauer
Jump & Reach-Test, Squat Jump, Counter Movement Jump	Kraft	vertikale Schnellkraft (Sprungkraft)
Drop Jump		Reaktivkraft im DVZ
Standweitsprung		horizontale Schnellkraft
Medizinballstoß		Schnellkraft der Arme
20-m-Sprint (5-m Teilzeit)	Schnelligkeit	Beschleunigungsfähigkeit
20-m-Agility-Drill		positive und negative Beschleunigungsfähigkeit
A-Movement		basketballspezifische Bewegungsschnelligkeit

Tab. 8.4: Auswahl sportmotorischer Testverfahren im Basketball

Die aufgelisteten Tests eignen sich sowohl aus trainingspraktischer als auch wissenschaftlicher Sicht zu folgenden Zwecken:

- Leistungsdiagnose des Ist-Zustands,
- Entwicklungsdiagnose von Merkmalsveränderungen im Zeitverlauf,
- Überprüfung der Wirksamkeit von Trainingsmaßnahmen im Rahmen der Trainingssteuerung.

Zusammenfassend ist zu betonen, dass sportmotorische Tests die konditionellen Leistungsvoraussetzungen im Basketball ausreichend gut erfassen können. Stehen darüber hinaus apparative Methoden der sportmedizinischen Leistungsdiagnostik zur Verfügung, sind differenziertere Erhebungen von Beanspruchungsreaktionen auf Belastungsreize möglich.

8.4.2 Komplexe Basketballtests

Neben den sportmotorischen Einzeltests haben im Basketball komplexere Testbatterien eine längere Tradition (Bös et al., 1987; Krüger & Niedlich, 1985; Steinhöfer, 1983 und 1996). Mehrere spezifische Technik- und/oder Konditions-Einzeltests werden miteinander kombiniert, um eine vergleichsweise komplexe Messung der basketballspezifischen Fähigkeiten mit der beabsichtigten Annäherung an die tatsächliche Spielfähigkeit zu ermöglichen (z. B. maximal erreichbare Korbwürfe, Korbleger oder Pässe in einer bestimmten Zeit). Die Ergebnisse der Einzeltests werden durch statistische Rechenverfahren vergleichbar gemacht („transformiert") und ergeben in aufsummierter Form eine Maßzahl für die Leistungsfähigkeit der Spieler.

Die Einzeltests verlieren im Rahmen von Testbatterien zwar nicht ihre wissenschaftliche Gültigkeit, die Verwertbarkeit der komplexen Testbatterie-Ergebnisse wird jedoch aus heutiger Sicht in Frage gestellt. Die Spielleistung hängt neben den durch Tests überprüfbaren Faktoren letztendlich von zu vielen personinternen und -externen Faktoren ab, als dass eine Ansammlung von noch so sinnvoll zusammengestellten Tests eine Annäherung erlauben würde. Allerdings bieten die genannten Testbatterien in der Trainingspraxis abwechslungsreiche und motivierende Kontrollmöglichkeiten des technomotorischen Leistungszustands von Spielern gerade im Nachwuchs- und Breiten- und Schulsport eignen sich auch größtenteils als Trainingsübungen (Laios & Ioannis, 2001; Uhrmeister & Remmert, 2017).

8.5 Coaching

Die Wettkampfvorbereitung und -betreuung gehört zu den zentralen Aufgaben eines Trainers (engl. Coach). Er ist mit seinem Verhalten und seinen Entscheidungen in hohem Maße dafür mitverantwortlich, dass die Mannschaft ihr gesamtes Leistungsvermögen abrufen und den sportlichen Gegner besiegen kann. Unter *Coaching* im engeren Sinn werden also jene Aktivitäten des Trainers verstanden, die unmittelbar im Zusammenhang mit der Wettspielsteuerung (auch Wettkampflenkung) stehen. Wettkampflenkung bezeichnet die Gesamtheit aller Maßnahmen, Mittel und Wege der den Wettkampf vorbereitenden Planung, seiner Durchführung und Auswertung. Sie ist immer auf ein konkretes Spiel ausgerichtet, schließt aber auch die Entwicklung mittel- und langfristiger Organisations- und Verhaltensmuster ein.

8.5.1 Ablauf und Maßnahmen der Wettspielsteuerung

Auch wenn das Training bereits auf die erwartbaren Anforderungen des nächsten Spiels ausgerichtet sein kann, so unterliegt das Team in der Wettspielsituation Anforderungen und Bedingungen, die im Training nur teilweise simuliert werden können. Die Unvorhersehbarkeit des Spielverlaufs, Überraschungen und Zufälligkeiten, die sich insbesondere aus dem Verhalten der Gegner und Schiedsrichter ergeben, erzeugen einerseits die typische Wettspielspannung und andererseits die Notwendigkeit, das Spielverhalten schnell und richtig umzustellen bzw. an die neuen Bedingungen anzupassen. Jeder Trainer muss sich auch in der Wettkampflenkung bewähren, da er über eine relativ lange Zeit und in oft sehr emotionsgeladenen Situationen das Coaching seines Teams übernimmt. Das heißt auch: Nicht jeder gute Trainer muss auch ein guter Coach sein! Grundsätzlich lassen sich drei Phasen unterscheiden, die Wettkampfvorbereitung, -durchführung und -auswertung.

Wettkampfvorbereitung

Diese Phase wird durch die zeitliche Abfolge und Gestaltung von Ereignissen zwischen entweder dem letzten Training und dem nächsten Spiel oder zwischen zwei Spielen eines Turniers bestimmt. Es empfiehlt sich, möglichst vorab bewährte Abläufe in einer Zeit- und Checkliste festzuschreiben. Dabei müssen organisatorische und verhaltensorientierte Festlegungen für die Spieler, den Trainer und gegebenenfalls die Teamhelfer (Ordner, Hallenwart, Fanclub etc.) Berücksichtigung finden. Die vereinsinternen und örtlichen Bedingungen können sehr verschieden sein, deshalb werden hier nur einige Aspekte exemplarisch aufgelistet, die möglicherweise in der Phase der Wettkampfvorbereitung zu regeln bzw. zu vereinbaren sind. Bei jeder Maßnahme oder Festlegung sind der zutreffende Personenkreis, die Verantwortlichkeit und der Zeitpunkt der Umsetzung genau zu bestimmen. Folgende Punkte sollten bedacht werden:

- Gestaltung der letzten Trainingseinheit vor dem Spiel (Zielsetzung, Motivation, Analyse des Gegners, Mannschaftsaufstellung, strategische Entscheidungen etc.);

- Informationssicherheit zur An- und Rückreise (Reiseroute und -mittel, Abfahrtszeit und -ort, Verpflegung, Unterkunft etc.);
- Bereitstellung notwendiger Materialien und Dokumente (Fahrkarten, Bälle, Spielerpässe bzw. Spielberechtigungsnachweise, Trainerlizenz, Spielberichts- und Scoutingbögen, Ausrüstung des Kampfgerichts, Ergebnisanzeige- und Audioanlage, Pausengetränke, Erste-Hilfe-Tasche etc.);
- Absicherung notwendiger personaler Ressourcen (Schiedsrichter, Kampfrichter, Ordner, Fahrer, Arzt, Physiotherapeut u. a.);
- Planung der Öffentlichkeitsarbeit (Spielankündigung, Plakatierung, Pressemitteilung, Pressekonferenz etc.);
- Betreuung des Gegners, der Schiedsrichter und auswärtiger Fans;
- Festlegen einer Vorbereitungsroutine für das eigene Team am Spielort ab x – 90 min (Zeit zum Umziehen, Tapen, individuelles und mannschaftliches Warm-up, Teambesprechung und Teamrituale).

Die Zeit- und Checkliste für Heimspiele kann sich von der für Auswärtsspiele unterscheiden. Jeder Trainer sollte daran interessiert sein, an seine Spieler und weitere zuverlässige Helfer Verantwortung zu übertragen. Eine komplikationslos und routiniert ablaufende Wettkampfvorbereitungsphase vermittelt dem Coach und Team das Gefühl der Sicherheit und bietet allen die optimalen Bedingungen für eine positive physische und mentale Einstimmung auf das Spiel.

Wettspielsteuerung

Die Führung und Betreuung des Teams unmittelbar vor Spielbeginn, während der Spielperioden, der Spielunterbrechungen und in den Spielpausen sind die für den Erfolg wohl bedeutsamsten Phasen des Coachings. Dem Coach stehen zur Lenkung seines Teams folgende Maßnahmen zur Verfügung: Mannschaftsgespräch, Einzelgespräch, Ansprache, Anweisungen während des Spiels, Auszeit, Spielereinsatz und Spielerwechsel. Darüber hinaus hat er begrenzte Möglichkeiten, regelgerecht Einfluss auf andere am Spiel beteiligte Personen auszuüben: Interview, (non-)verbale Attacken, Schiedsrichterkonsultation und den Protest.

Mannschaftsgespräch

Das Team und der Trainer ziehen sich in die Umkleidekabine zurück und führen unter Ausschluss der Öffentlichkeit ein Gespräch. Nach anfänglichem Gedankenaustausch über das aktuelle Wohlbefinden und die Stimmung im Team werden der Trainer und ggf. der Kapitän zunehmend aktiver und versuchen, vor allem die Einstellung zum Spiel, Motivation und Kampfbereitschaft der Spieler einzufordern. Ziel ist es, einen optimalen Erregungs- und Spannungszustand aufzubauen. Ferner werden Informationen gegeben zur Anfangsformation, zur eigenen Taktik und ggf. zum erwartbaren Spielverhalten der

gegnerischen Mannschaft. Trainer und Spieler haben gleichermaßen die Möglichkeiten, Fragen zu stellen, um eine einheitliche Auffassung zur Spielgestaltung sicherzustellen, individuelle und kollektive Aufgaben und Ziele abzustimmen und somit den Teamzusammenhalt und das kollektive Selbstvertrauen zu fördern.

Einzelgespräch

Im Einzelgespräch kann der Trainer gezielt auf die jeweiligen Belange des Spielers eingehen. Es ist das wichtigste Kommunikationsmittel in der Trainer-Spieler-Interaktion, da es die Wertschätzung des Trainers gegenüber der Spielerpersönlichkeit aufzeigt und gleichzeitig seine Bereitschaft signalisiert, sich mit dem Spieler auszutauschen. Das Einzelgespräch sollte mit Bedacht geführt und gezielt eingesetzt werden, wenn der Spieler dies ausdrücklich wünscht, oder individuelle Aufgaben und Probleme besprochen werden, die keine unmittelbaren Auswirkungen auf die anderen Mannschaftsmitglieder haben. Das heißt auch, dass im Einzelgespräch der Trainer Bewertungen und Bezüge zu anderen Spielern vermeiden sollte. Diese Kommunikationsregeln zum Führen von Einzelgesprächen sollten auch im Team bekannt sein, damit keiner befürchten muss, dass über ihn gesprochen oder „verhandelt" wird, wenn er nicht dabei ist.

Das Einzelgespräch kann insbesondere genutzt werden, um das Selbstvertrauen des Spielers zu stärken. Der Coach ermutigt den Spieler, zeigt ihm seine Stärken auf und überzeugt ihn davon, dass er fest daran glaubt, dass er seine Aufgaben erfüllen kann. Ferner können dem Spieler Informationen gegeben werden, die sich auf seine Erfolge (Verstärkung, Lob) oder Misserfolge bzw. sein Fehlverhalten (Tadel, Kritik) beziehen. Aber auch neue Aufgaben und Rollen im Team können im Einzelgespräch vorab analysiert werden, bevor man damit das Team konfrontiert. Regelmäßige Einzelgespräche, die nicht immer einen fachlichen Hintergrund haben müssen (Small Talk), tragen zum gegenseitigen Verständnis, zur Entstehung von Sympathie und zur Vertiefung menschlicher Beziehungen bei. Seltene oder fehlende Gesprächsbereitschaft erzeugt eher Unsicherheit, Irrtümer und Distanz. Ort und Zeit für ein Einzelgespräch sollten so gewählt werden, dass es ohne Druck erfolgen kann.

Wettkampfdurchführung

Ansprache

Bei der Ansprache hat ausschließlich der Coach das Wort, eine Diskussion ist nicht erwünscht. Die Ansprache erfolgt in aller Regel frontal und vor der gesamten Mannschaft. Der Trainer nimmt in kurzen und verständlichen Sätzen Bezug auf im Vorfeld vereinbarte Verhaltensweisen, Maßnahmen und Regeln. Die Informationen sind nicht neu, sondern werden auf die jeweilige Situation hin präzisiert bzw. die Spieler daran erinnert. Die Ansprache kann auch eine kurze Zusammenfassung einer abgeschlossenen Diskussion sein. Eine Ansprache sollte stets eine psychologische Wirkung beabsichtigen. Die Ansprache durch den Coach muss inhaltlich verständlich sein, konkrete Anforderungen bzw. Erwartungen formulieren und den Spielern klare Handlungsrichtlinien vorgeben. So erzeugt eine Ansprache Sicherheit im Handeln, verbreitet Optimismus, motiviert, fördert das positive Denken und stärkt das Selbstvertrauen der Spieler. Eine Ansprache ist kurz vor dem Spielbeginn und in den Auszeiten bzw. Spielpausen zweckmäßig.

Anweisungen während des Spiels

Hierunter fallen alle taktischen Informationen zur Spielgestaltung oder Verhaltensänderungen auf dem Feld, die der Coach im laufenden Spiel verbal und nonverbal kommuniziert. Dabei sollte er das Geschehen nicht kommentieren, sondern möglichst knapp und klar Handlungsanweisungen geben, die den Spielern bekannt sind und zu denen sie auch praktisch fähig sind. Vor allem die Kommunikation mit dem Führungsspieler erfolgt über diese Form des Coachings.

Auszeit

Ein weiteres Mittel zur Wettspielsteuerung ist die Auszeit, deren Zahl begrenzt ist. Daher sollte sie nicht übereilt oder grundlos beansprucht werden. Der jeweilige Anlass bestimmt die Gestaltung der Auszeit, sodass jeder Trainer sich vorher Gedanken machen sollte, was er mit der Auszeit bezwecken will und wie er dieses Ziel in der kurzen Zeit optimal den Spielern vermitteln kann. Folgende Gründe sprechen für eine Auszeit:

- Umstellen der Mannschaftstaktik,
- Spielfluss des Gegners unterbrechen,
- Erholungspause,
- Wachrütteln und Aktivierung,
- Korrektur taktischer Fehler,
- Absprache spezieller taktischer Mittel zum Spielende.

In der Praxis hat sich ein relativ stabiles Muster zur Gestaltung einer Auszeit herausgebildet: 10-15 s allgemeine Beruhigung, Getränke, Handtuchgebrauch, Spielergespräche untereinander → Signal zum Treff → 30-40 s Ansprache durch den Coach (kurze, konstruktive Informationen) → 10-15 s positive Verstärkung, Wir-Gefühl erzeugen, Teamritual oder Teamspruch (Neumann & Mellinghoff, 2001). Dieses prinzipielle Vorgehen kann auch in den Viertelpausen angewandt werden.

Spielereinsatz und Spielerwechsel

In einem leistungsfähigen Team wollen alle Spieler möglichst lange spielen. Andererseits geben die Spielregeln dem Coach umfangreiche Möglichkeiten des Spielerwechsels. Der Spielereinsatz und -wechsel stellen sehr wichtige und taktisch bedeutsame Lenkungsmaßnahmen des Trainers dar. Jeder Coach ist also gut beraten, hierfür sein Konzept zu entwickeln und dieses auch im Team zu kommunizieren: Wer bildet die Starting Five, wer wechselt für wen und wann in welchen Situationen? Je klarer die Regeln für den Spielerwechsel im Vorfeld sind, desto reibungsloser und effektiver können sie im Spiel ablaufen und „falsche Hoffnungen" bei den Bankspielern verhindern. Meist wird auf Spielerpositionen (z. B. Center für Center) gewechselt, um dem Spieler kurze Erholungspausen zu gönnen, den Gegenspieler vor eine neue Aufgabe zu stellen oder um Spieler mit einer hohen Foulbelastung aus dem Spiel zu nehmen. Davon abweichend kann aus taktischen Erwägungen z. B. auch ein Außenspieler gegen einen Innenspieler gewechselt werden. Der Spielerwechsel ist ebenso aus erzieherischen Gründen möglich (unduldbares Verhalten), um den Spieler zu schützen (Verletzung, starke Muskelkrämpfe) oder das Team vor Nachteilen zu bewahren. Der Wechsel kann auch bei Zwistigkeiten zwischen Spielern, einem Spieler und dem Schiedsrichter bzw. Spieler und Zuschauern sinnvoll sein.

Insgesamt gibt es keine belastbaren Hinweise darauf, dass die Wechselhäufigkeit oder der Wechselzeitpunkt in einem Zusammenhang mit dem Spielerfolg stehen. Die Wechselstrategie muss vielmehr auf die Spielstrategie abgestimmt und zugleich auch variabel sein.

Dem einzuwechselnden Spieler sollte rechtzeitig vor dem Spielerwechsel diese Absicht signalisiert werden, damit er genügend Zeit für seine psychophysische Einstimmung zur Verfügung hat. Wenn notwendig, gibt der Coach kurze Aufgabeninstruktionen bzw. taktische Hinweise, in jedem Fall schickt er ihn mit einer positiven Bekräftigung zum Wechseln. Ebenso ist der Spieler, der vom Feld kommt, vom Trainer und den Bankspielern in Empfang zu nehmen. Ihm sollte ein motivationsförderndes Feedback zu seinem Spieleinsatz und der gezeigten Leistung gegeben werden. Viele Teams entwickeln dazu eigene Rituale. Der Wechsel einzelner Spieler wird in der Regel bevorzugt, um so Brüche im Zusammenspiel zu vermeiden.

Wettkampfauswertung

Hierbei sind zwei grundlegende Formen zu unterscheiden, die Zwischen- oder vorläufige Auswertung in der Halbzeitpause bzw. unmittelbar nach dem Spielende und die abschließende Wettspielauswertung, die im ersten Training oder in einer dazu anberaumten Teamberatung nach dem Spiel erfolgt. Die Situation zur Zwischenauswertung ist vor allem dadurch geprägt, dass außer dem konkreten Spielstand nur subjektive und von Emotionen stark beeinflusste Eindrucksanalysen zu den erbrachten individuellen und kollektiven Leistungen vorliegen. Der Coach sollte also in seiner ersten Reaktion in der Einschätzung von Fakten vorsichtig sein und daher allgemeiner, aber durchaus emotional beteiligt das vorliegende Zwischenergebnis aus dem Blickwinkel der Zielstellung für das Spiel bewerten. Dabei sollte er sich an den motivationsfördernden Regeln in der Ursachenzuschreibung (Kausalattribuierung, vgl. Kap. 5.5.3) orientieren.

Der Charakter einer Spielauswertung in der Halbzeitpause ist vor allem durch das Halbzeitergebnis (Soll-Ist-Vergleich) beeinflusst. Es bleibt die Feststellung: Ein Spiel gewinnt oder verliert man in der zweiten Halbzeit. Zu hohe Siegesgewissheit und emotionale Lockerheit in der Pause führen bei manchen Teams dazu, dass die Konzentration und der „letzte Biss" in der zweiten Hälfte abhanden kommen („Wir führen ja, da kann man sich auch mal einen Fehler leisten!"). Coaches, deren Teams in der Pause zurückliegen, investieren in der Regel mehr in die Motivation und taktische Instruktion ihrer Teams, was nicht selten dazu führt, dass ein Team „wie verwandelt aus der Kabine kommt".

Folgende Aspekte sollte ein Coach bei der Zwischenauswertung beachten:

- realistische Bewertung des Spielstands,
- Klärung des aktuellen psychophysischen Zustandes der Spieler,
- Bewertung der Effektivität des eigenen Spielhandelns,
- Begründung von Veränderungen in der Taktik und/oder Aufstellung,
- Verweis auf die Stärken des Teams,
- Formulierung konkreter Instruktionen und Erwartungen an das Spielverhalten,
- Motivation und emotionale Aktivierung.

Fehler eines Teams, das in Rückstand geraten ist, kann der Coach sehr wohl bewerten („Ich bin enttäuscht darüber, wie oft wir Schnellangriffe zugelassen haben"), aber er sollte dies nicht ausschließlich bzw. immer wieder tun. Vielmehr muss der Trainer seine Kompetenz und Energie darauf verwenden, dem Team handlungs- und zukunftsorientierte Informationen und Hilfen zu geben, die es zur Fortsetzung des Spiels benötigt und im Übrigen auch erwartet.

Zur Gestaltung der Halbzeitpause empfehlen sich folgende Phasen:

- emotionale Reaktion zulassen (Jubel, Dampf ablassen etc.),
- Beruhigung und individuelle Bewältigung der Situation (Coping),
- Ansprache durch den Coach (Information, Instruktion),
- Konzentration (mentale Techniken, Selbstverstärkung),
- Motivierung und Aktivierung (Neumann & Mellinghoff, 2001).

Die abschließende Wettkampfauswertung findet in einer gänzlich anderen Situation statt. Das Spielergebnis steht fest, die Emotionen haben sich gelegt und jeder Spieler hatte genügend Zeit, sich mit seiner Leistung sachlich-rational auseinanderzusetzen. Zudem liegen dem Coach objektive Leistungsparameter für jeden Spieler bzw. das

Team vor (Spielprotokoll, Scoutingdaten, Videoaufzeichnung, vgl. Kap. 8.2). Der Coach sollte alle ihm zur Verfügung stehenden Mittel zur Wettspielanalyse nutzen, um gut vorbereitet in dieses Auswertungsgespräch zu gehen.

Umfang und Detailliertheit der Auswertung ist letztlich von der Gesamtsituation im Team abhängig (Erfolg oder Misserfolg, zeitlicher Umfang, Datenmenge, Saisonzeitpunkt, technisch-räumliche Ausstattung etc.), aber idealisiert empfiehlt sich folgender Ablauf. Das Team trifft sich in einem Raum mit ruhiger Atmosphäre und steht nicht unter Zeitdruck. Fand vorher ein intensives Training statt, könnten die Spieler ein Entspannungsverfahren (vgl. Kap. 5.5.3) durchführen. Zu Beginn erhalten die Spieler die Möglichkeit (ggf. für alle verbindlich), ihre persönliche Leistung und das Spiel der Mannschaft selbst zu reflektieren. Der Trainer notiert sich Schwerpunkte, um später darauf Bezug nehmen zu können. Anschließend präsentiert er, evtl. mithilfe von Videoausschnitten oder Spielstatistiken, seine Spielanalyse, also die Ursachen für den Erfolg oder Misserfolg, Stärken und Schwächen Einzelner und/oder des Teams. Daran kann sich eine Diskussionsphase anschließen, die nach festgelegten Kommunikationsregeln abläuft und beispielsweise nicht zu gegenseitigen Schuldzuweisungen führen darf. Sollten gravierende Konflikte auftreten (z. B. konträre Ansichten zur Spieltaktik oder zum Spielereinsatz), empfiehlt sich eine Vertagung auf eine zusätzliche Teamsitzung. Zum Abschluss des Auswertungsgesprächs fasst der Coach die wesentlichen Ergebnisse zusammen und gibt einen Ausblick auf Ziele, Konsequenzen und Erwartungen, die er für das Team zur Vorbereitung auf das nächste Spiel ableitet. Maßnahmen zur Förderung des Teamgeistes beschließen die Beratung.

8.5.2 Trainerverhalten

Da der Trainer als Persönlichkeit einen großen Einfluss auf die Entwicklung des Einzelnen und des Teams besitzt, werden im Folgenden ausgewählte Aspekte seines Verhaltens beschrieben.

Anspruch und Coachingkompetenz

Der Trainer (Coach) hat stets sein Verhalten darauf auszurichten, dass die Leistung und Zufriedenheit aller Spieler gefördert wird. Dazu muss er sich als Persönlichkeit selbst einbringen, darf aber nicht die individuellen Besonderheiten seiner Spieler (Alter, Geschlecht, sozialer Status etc.) und die Umfeldbedingungen (z. B. Trainingsumfang, Finanzen, Vereinsinteressen) außer Acht lassen. Er muss sein Fachwissen, seine soziale Kompetenz und Vermittlungskompetenz anwenden (vgl. Tab. 8.5). Er setzt seinen gesamten Erfahrungsschatz als Trainer ein, um die sportliche Karriere und Persönlichkeitsentwicklung des Sportlers zu unterstützen.

Darüber hinaus sollte er zur Selbstreflexion des eigenen Verhaltens und zur Weiterbildung bereit sein. Effektives Coaching in diesem Sinne führt zur Leistungsverbesserung (individuelle Leistungsentwicklung, Wettkampferfolge, Erfolgsbilanzen) und/oder zu positiven Reaktionen des Athleten auf persönlicher Ebene (z. B. erhöhtes Selbstbewusstsein, Freude am Sport, intrinsische Motivation, Kompetenzerleben), aber auch zu einem Wir-Gefühl, verbunden mit einer stärkeren Bindung der Spieler an das Team.

Tab. 8.5: Kompetenzen des Trainers

Fachkompetenz	Soziale Kompetenz	Vermittlungskompetenz
• Trainingslehre • Theorie und Praxis des Basketballspiels (Technik, Taktik) • Trainingssteuerung • Leistungsdiagnostik und Talenterkennung • Spielphilosophie • Wettspielanalyse und Entwicklungsprognose	• Fertigkeiten, die für die soziale Interaktion in einer Gruppe und/oder mit den Athleten nützlich sind • Empathie • Kommunikationsfähigkeit • Führungsstile	• Methodik und Didaktik der Spielvermittlung • pädagogische Erfahrungen • Demonstrationsfähigkeit

Trainerverhalten

Systematische Beobachtungen von Trainerverhalten im Kinder- und Jugendsport haben gezeigt, dass es letztlich drei Verhaltenskategorien gibt, die es insbesondere in der Abstimmung des gezeigten Spielerverhaltens zu optimieren gilt: Ermutigung und emotional-soziale Unterstützung, aufgaben- und zielorientierte Instruktion sowie Formen der Bestrafung. Dabei verhält sich der Trainer einerseits reaktiv, wenn er lediglich auf das Verhalten der Spieler reagiert, und andererseits aktiv (spontan), wenn er die Initiative ergreift und versucht, auf ein bestimmtes Verhalten der Spieler hinzuwirken. Im Training ergeben sich zwangsläufig und wiederholt bestimmte Situationsmuster:

a) Spieler zeigen das gewünschte Verhalten und gute sportliche Leistungen;

b) Spieler erbringen nicht die erwarteten Leistungen oder haben Misserfolge und

c) Spieler zeigen ein Fehlverhalten (Disziplinmangel, Unaufmerksamkeit, Aggressionen).

In jedem Fall hängt es nun von der Angemessenheit und Richtigkeit der Reaktion (des Verhaltens) des Trainers ab, inwieweit sich die Situation förderlich bzw. gewinnbringend verändern lässt. Neumann und Mellinghoff (2001) haben einige Verhaltensrichtlinien für Trainer zusammengefasst (Tab. 8.6).

Kommunikation

Im Sport müssen alle Beteiligten ständig miteinander kommunizieren. Die Kommunikation ist dabei als ein Prozess zu verstehen, der den Informationsaustausch zwischen Interaktionspartnern sicherstellt. Einige Kommunikationsregeln können dabei helfen, dass die Kommunikation gelingt und Missverständnisse minimiert werden. Hierfür sind der Sender und der Empfänger gleichermaßen verantwortlich, denn gesendete Nachrichten müssen vom Empfänger auch richtig (wie vom Sender beabsichtigt) entschlüsselt werden, damit er anschließend eine passende Antwort geben kann. Der Informationsaustausch erfolgt dabei auf zwei Ebenen, der verbalen (Sprache, Stimmlage) und der non-verbalen Kommunikation (Gestik, Mimik). Daher muss der Trainer sowohl Nachrichten und Botschaften für alle nachvollziehbar senden können, aber auch ein guter Zuhörer sein.

Tab. 8.6: Richtlinien zum Trainerverhalten

Generelles Verhalten	
richtig	*falsch*
• präzise und verständliche Anweisungen zu Technik und Taktik • konstruktive Kritik • Erklärungen in ermutigender Weise • an Fertigkeiten und Bedürfnissen der Spieler ausrichten • konzentriert und vorbereitet sein (Vorbildfunktion)	• abwehrende und sarkastische Kommentare • persönliche, destruktive Kritik • feindselige und entmutigende Atmosphäre
Kritik nach Fehlverhalten, Aufmerksamkeitsmangel	
richtig	*falsch*
• Disziplin und Aufmerksamkeit durch präventive Maßnahmen sichern • klare Regeln aufstellen • Ordnungsrahmen sichern • Betonung auf Teamgeist	• ständiges Nörgeln und Schimpfen wegen Disziplinlosigkeit • unklare Anweisungen und Regeln
Gute Spielerleistung	
richtig	*falsch*
• Lob für Einsatz/Anstrengung • positive Verstärkung • Wertschätzung der Anstrengungen und Bemühungen	• Anstrengungen und Leistung(en) als gegeben bzw. selbstverständlich ansehen
Konstruktive Kritik nach Fehler/schlechter Leistung	
richtig	falsch
• direkt nach Fehler ermutigen • Korrekturen und Hinweise für richtige Ausführung geben • Spielern das Gefühl vermitteln, dass sie sich verbessern und es schaffen werden	• über Fehler schimpfen, indigniert sein • falsches Verhalten herausstellen

Weinberg und Gould (2007) fassen folgende Ratschläge für Trainer zusammen:

- Sei direkt in der Ansprache deines Gesprächspartners!
- Formuliere Ich-Botschaften – own your message!
- Drücke dich klar, spezifisch und vollständig aus!
- Vermittle deine eigenen Bedürfnisse und Gefühle!
- Trenne Tatsache und eigene Meinung!
- Konzentriere dich auf eine Sache!
- Vermittle Nachrichten sofort!
- Sei unterstützend und übe konstruktive Kritik!
- Sorge dafür, dass deine verbale Information mit deiner non-verbalen Kommunikation übereinstimmt!
- Verstärke deine Botschaft mit Wiederholungen!
- Sei authentisch und vermeide Übertreibungen!

Ein Vier-Seiten-Modell einer Nachricht (Schulz von Thun, 2010) geht davon aus, dass jede Nachricht

1. einen *Sachbezug* aufweist (Worum geht es?),

2. Auskunft über die *Beziehung* zwischen den beiden Interaktionspartnern gibt (Wie stehen wir zueinander?),

3. einen *Appell* an den anderen richtet (Das erwarte ich von dir!) und

4. im Sinne einer *Selbstoffenbarung* etwas von sich selbst preisgibt (Was ist mir wichtig, wer bin ich?).

Vom Trainer als Empfänger von Nachrichten erwartet man ein aktives, bewusstes und unterstützendes Zuhören. Folgende Regeln sollen beachtet werden (Weinberg & Gould, 2007):

- Gib ein positives Feedback!
- Halte Blickkontakt und nutze non-verbale Kommunikation (z. B. Nicken)!
- Toleriere und akzeptiere die Meinung des anderen!
- Reagiere besonnen in der Bewertung und vermeide persönliche Angriffe!
- Lasse den anderen ausreden und unterbreche ihn nicht unnötig!
- Frage nach, wenn du etwas nicht verstanden hast!
- Hole dir Bestätigung für bedeutsame Informationen!
- Sei wachsam für Barrieren und Störungen!

Foto: © picture alliance

Letztlich hat sich gezeigt, dass es von Zeit zu Zeit notwendig wird, sich darüber zu verständigen, wann und wie Kommunikation stattfinden soll. Durch diese gezielte Kommunikation über Kommunikation (man spricht auch von *Metakommunikation*) werden Kommunikationsregeln vereinbart oder präzisiert, die für alle Beteiligten gelten. Hierfür lassen sich auch gezielt Übungen und Rollenspiele einsetzen, die zur Verbesserung der Kommunikation beitragen können.

9 Sportmedizinische Grundlagen

9.1 Sportverletzungen

Grundsätzlich ist jede Verletzung, die sich bei der Ausübung sportlicher Aktivitäten ereignet, eine *Sportverletzung*. Dabei führen externe (von außen auf den Körper einwirkende) oder interne (im Körper selbst entstehende) hohe Kräfte zu einer akuten Überforderung der Belastbarkeitsgrenzen des Gewebes und somit zu dessen Zerstörung. Eine Sportverletzung führt zu einer abrupten Unterbrechung eines dynamischen Bewegungsablaufs und grenzt sich vom durch chronische Überbelastung entstehenden *Sportschaden* ab, der die körpereigenen Reparaturmechanismen auf Dauer überfordert und zu belastungsabhängigen Schmerzzuständen führt, die letztlich zur Einschränkung oder zum Abbruch der sportlichen Tätigkeit zwingen.

Die häufigsten Sportverletzungen im Basketball sind der Muskelkater und der Muskelkrampf. Ursache für den Muskelkater sind kleine Risse im Muskelgewebe, die bei Überbelastung entstehen können. Die Entzündungen, die durch die Risse entstehen, können durch Eindringen von Wasser auch zum Anschwellen des Muskels führen. Die Symptome sind Muskelschmerzen bei Muskelanspannung und auf Druck etwa 8-24 h nach der sportlichen Betätigung. Der Muskelkater ist in der Regel völlig ungefährlich und vergeht auch nach kurzer Zeit ohne Behandlung. Der Heilungsprozess kann durch Wärmebehandlung unterstützt werden.

Ein Muskelkrampf tritt plötzlich mit heftig einsetzenden Schmerzen auf. Meistens geschieht das während oder nach einer extremen Belastung, oft auch nachts. Am häufigsten sind die Wadenmuskeln und die Oberschenkelmuskulatur betroffen. Zur Lösung des Krampfs sollte der betroffene Muskel 10-20 s kräftig in Gegenrichtung des Krampfs gedehnt werden. Dadurch entsteht ein Reflex, der zu einer automatischen Entspannung der verkrampften Muskulatur führt, danach sollten Lockerungsübungen, leichte Massage und Wärmebehandlung folgen.

Unterschieden werden leichte Sportverletzungen, die mithilfe kühlender, schonender Maßnahmen folgenlos ausheilen, und schwere Sportverletzungen, die möglichst schnell ärztlich behandelt werden müssen:

Leichte Sportverletzungen:

- Prellungen von Muskeln oder Knochen durch stumpfen Aufprall,
- Zerrungen von Muskeln und Bändern,
- leichte Verstauchungen (Distorsionen) von Gelenken mit geringem Belastungsschmerz.

Schwere Sportverletzungen:

- Ausrenkungen (Luxationen) von Gelenken (z. B. Schulter, Finger),
- Bänderrisse mit schwerem Belastungsschmerz und Gelenkinstabilität (z. B. Knöchel),
- große Blutergüsse (Hämatome) nach Anprallverletzungen,
- Knochenbrüche (verbunden z. B. mit Schmerzen, Fehlstellung, Schwellung, Bewegungsverlust),
- Sehnenrisse (z. B. Achillessehne oder Bizepssehne).

Allgemeine Hinweise

- Verletzte sollten grundsätzlich das Training/das Spiel unterbrechen.
- Schonhaltungen des Verletzten, die Schmerzen lindern, sollten unterstützt werden.
- Verletzte immer warm halten.
- Abschätzen, ob es sich um eine schwere oder eher leichte Verletzung handelt. Nie eine exakte Diagnose stellen. Dies ist Sache von Ärzten. Im Zweifel immer den Rettungsdienst rufen!

Erstversorgung von leichten Sportverletzungen

Bei leichten Verletzungen gilt die „P-E-C-H"-Regel (**P**ause – **E**is – **C**ompression – **H**ochlagern):

- **Pause:** Bei einem Verletzungsverdacht sollte das Training/das (Wettkampf-)Spiel immer abgebrochen werden.
- **Eis:** Die lokale Anwendung von Eis soll das Anschwellen des Gewebes verringern und die Schmerzleitfähigkeit der Nerven vermindern. Es können Eisstücke oder „Coolpacks" verwendet werden. Diese sollten niemals direkt auf die Haut gelegt werden, da es sonst zu Erfrierungen der Haut kommen kann. Die Kühlung sollte auf einen Kompressionsverband oder in ein Handtuch eingeschlagen aufgebracht werden.
- **Compression:** Mithilfe z. B. einer breiten elastischen Binde soll das Anschwellen des Gewebes reduziert und damit die Kühlung unterstützt werden. Nach einigen Bindegängen kann die Kühlung über der Verletzungsstelle fixiert werden. Den Kompressionsverband immer von körperfern nach körpernah wickeln. Die Binde sollte ausreichend breit sein und der Druck nicht zu stark.
- **Hochlagerung:** Die Extremität soll erhöht gelagert werden (soweit es der Verletzte toleriert), damit die Schwellung möglichst gering bleibt.

Erste-Hilfe-Set

Zur Erstversorgung leichter Verletzungen ist in der Regel ein Erste-Hilfe-Set sinnvoll. Eine Liste der jeweils aktuellen Standardausrüstung findet sich im Internet unter DIN 13157.

Erstversorgung schwerer Sportverletzungen

Schwere Sportverletzungen bedürfen schneller ärztlicher Hilfe, damit sie möglichst vollständig und ohne bleibende Einschränkungen ausheilen. Auch Schmerzmittel dürfen ausschließlich von Ärzten verabreicht werden. Anzeichen für schwere Sportverletzungen können sein:

- Knochen-/Gelenkschwellung,
- schmerzhafte Bewegungseinschränkung,
- Hautblässe/Hautkälte,
- Taubheitsgefühl,
- Lähmung/Bewegungsverlust,
- spürbares Knochenreiben,
- ggf. sichtbare Knochenenden.

Maßnahmen bei schweren Sportverletzungen

- Den Verletzten am Unfallort lassen!
- Die verletzte Extremität mit Decken, Kleingeräten oder Schienen ruhigstellen.
- Schnell den Rettungsdienst anfordern!
- Wunden mit sterilem Verbandsmaterial abdecken.
- Kein Einrichten von Knochenbrüchen oder ausgerenkten Gelenken!
- Kein Verabreichen von Getränken, Speisen oder Medikamenten!

Verletzungen der Körperoberfläche

Im Basketball kommen auch Schürf-, Platz-, Schnitt- oder Risswunden häufig vor. Diese Wunden sollten wie folgt erstversorgt werden:

- **Schürfwunden:** Durch tangentiale Kräfte entstandene, oberflächliche Hautschürfungen, oft mit Verschmutzung durch Fremdkörper. Vorsichtige Reinigung mit einer antiseptischen, zur Wundreinigung vorgesehenen Lösung, in Ausnahmefällen mit sauberem Wasser. Bei andauernder Blutung Abdeckung mit sterilem Verband. Größere Fremdkörper in der Wunde belassen und vom Arzt entfernen lassen.

- **Platz-, Riss-, Schnittwunden:** Diese Wunden müssen häufig vom Arzt genäht werden. Nach Anlegen eines sterilen Verbandes schnell zum Arzt bringen. Ist eine Schlagader verletzt (pulsierendes, spritzendes, hellrotes Bluten) muss die Stelle schnell steril abgedeckt und ein Druckverband angelegt werden. Ist der Verband durchgeblutet, einen zweiten noch festeren Druckverband um diesen herum anlegen.

Herz-Kreislauf-Stillstand

Akute Beeinträchtigungen oder Stillstände des Herz-Kreislauf-Systems können einen schweren Sauerstoffmangel für Herz und Gehirn zur Folge haben. Bereits nach 3-5 min nach dem Stillstand des Herz-Kreislauf-Systems sind bleibende Hirnschäden zu erwarten. Daher ist ein sofortiges Handeln notwendig!

Wird eine plötzliche Bewusstseinstrübung oder Bewusstlosigkeit beobachtet, sind folgende Maßnahmen notwendig:

- Sofort einen Notruf absetzen!
- Bei Herz-Kreislauf-Stillstand sofort mit Wiederbelebungsmaßnahmen beginnen!
- Einen vorhandenen Automatischen Externen Defibrillator (AED) unmittelbar vor der Herz-Lungen-Wiederbelebung zum Einsatz bringen!

Notruf

Jeder Trainer muss wissen, wo er an der Trainingsstätte ein Notfalltelefon findet. Eine gute Alternative ist das eigene Mobiltelefon. Die Notfallnummer ist die 112.

Herz-Lungen-Wiederbelebung

Bei dringendem Verdacht auf Herz-Kreislauf-Stillstand (fehlende Ansprechbarkeit, fehlende Reaktion und unzureichende Atmung) wird die bewusstlose Person auf eine harte Unterlage gelegt. Durch Überstreckung des Kopfs und Anheben des Kinns werden die Atemwege geöffnet. Der Brustkorb wird entkleidet und der Druckpunkt in der Mitte der Brust gesucht. Es werden 30 Herzdruckmassagen (Frequenz 100 Kompressionen/min, Kompressionstiefe 4-5 cm) durchgeführt. Ist der Ersthelfer nicht in der Lage, eine Atemspende durchzuführen, sollte die Herzdruckmassage bis zum Eintreffen des Rettungsdienstes fortgesetzt werden.

Automatische Externe Defibrillation (AED)

Die Ursache für einen Herz-Kreislauf-Stillstand bildet in den meisten Fällen eine schwere Herzrhythmusstörung, das Kammerflimmern. Die einzige Therapiemöglichkeit besteht in einem möglichst zeitnahen elektrischen Schock („Defibrillationsimpuls"). Ein AED-Gerät erkennt die Herzrhythmusstörung und beendet das Kammerflimmern mit einem doppelphasigen Elektroschock. Ist ein AED-Gerät verfügbar, ist dieses vor Beginn einer Herz-Lungen-Wiederbelebung einzusetzen, ansonsten ist sofort mit der Herz-Lungen-Wiederbelebung zu beginnen.

Wichtig: Unverzichtbar ist die regelmäßige Teilnahme an Fortbildungsmaßnahmen zur Ersthilfe!

Vorbeugende Maßnahmen

- Im Training wie im Wettkampfspiel sind die Regeln zu beachten. Fairplay ist unverzichtbar.
- Bei jeder sportlichen Betätigung sollte man sich auf- und abwärmen.
- Das Training sollte regelmäßig stattfinden und langfristig angelegt sein.
- Die Belastung muss dem Leistungsniveau und dem Lebensalter angepasst sein.
- Das Training sollte vielseitig sein (keine Monobelastung nur bestimmter Muskelgruppen).
- Die Koordinationsfähigkeit ist im Training angemessen zu berücksichtigen.
- Die Übungen sind technisch exakt durchzuführen.
- Bei extremen Belastungen sollte das Sprunggelenk durch einen Tapeverband geschützt/verstärkt werden, wenn Vorschädigungen vorliegen.
- Das Schuhmaterial sollte dem Belastungsniveau angemessen sein (Hallenschuhe!)
- Keine Selbstmedikation: Um einen schnellen und sicheren Heilungsprozess zu erreichen, muss die Medikation durch einen im Sport erfahrenen Arzt erfolgen. Dieser kennt auch die zu beachtenden Anti-Doping-Regularien (Kap. 9.3).
- Nach Verletzungen nicht zu früh mit Training unter voller Belastung beginnen; eine geplante Rehabilitation ist notwendig.

9.2   Aspekte der Ernährung

(von Wolfgang Friedrich)

Auch die Ernährung kann über Sieg oder Niederlage entscheiden. Viele Basketballspiele werden in den letzten Minuten des Spiels entschieden, wenn die Ermüdung ein bestimmender Faktor wird. Wie groß z. B. der Schweißverlust werden kann, beschreibt der langjährige NBA-Trainer Phil Jackson folgendermaßen: *„Wenn ein Spieler ungefähr 35 min in einem Spiel gespielt hat, hat er ungefähr 4.000 Kalorien verbraucht und ist fast ausgetrocknet."*

Basketball ist aufgrund seiner Zeit- und Belastungsstruktur (lang andauernde Ausdauer- und Kraftanforderungen, siehe Kap. 2.2) eine stark die Glykogenspeicher entleerende Sportart. Die Kohlenhydrate stellen das Superbenzin für den Basketballspieler dar, da die Sprints und Sprünge z. B. ausschließlich über die Kohlenhydratspeicher laufen. Ungefähr 80-90 % der Gesamtenergie für ein Basketballspiel bezieht der Spieler aus den Kohlenhydraten. Die Ernährung ist aber nicht nur während der Spiele wichtig.

Die Basisernährung

Grundsätzlich sollte der Basketballspieler sich abwechslungsreich und ausgewogen ernähren, was aber häufig leider nicht der Fall ist, was z. B. Doc Rivers für seine Celtics-Spieler in der NBA bestätigte: *„Meine Spieler kaufen sich teure Goldketten, sind aber zu* *geizig, im Hotel für das gute Essen zu bezahlen. Vor dem Spiel sitzen sie in der Kabine und futtern billige Cheeseburger."* Fast Food ist jedoch ein absolutes „No Go" in der Sporternährung! Für die Basisernährung gilt im Basketball folgende Zusammensetzung:

- Kohlenhydrate: 55 % (– 60 %),
- Fette: 25 % (bei 60 % KH: 20 % Fette),
- Eiweiße: 20 %.

Wenn die Basisernährung stimmt, trägt dies entscheidend dazu bei, dass die Leistung des Spielers im Training energetisch abgesichert ist. Es ist hierbei zu berücksichtigen, dass jeder Basketballspieler, gleichgültig welcher Klasse, wesentlich mehr trainiert, als er Saisonspiele hat. Die Coaches müssen sich – vor allem auch bei den ausländischen Spielern – verstärkt um diesen Bereich kümmern und dürfen die meist noch jungen Spieler nicht sich selbst überlassen.

Zum Flüssigkeits- und Mineralstoffhaushalt

Basketballer neigen dazu, sehr stark während der Spiele zu schwitzen, wobei die Flüssigkeitsmenge zwischen 1 und 2 l/h betragen kann. Die meisten Spieler trinken nicht genug, um diese Verluste zu kompensieren. Das Basketballendspiel der BBL fand z. B. im Jahr 2004 in Bamberg vor einer Kulisse von 5.000 Zuschauern und bei einer Hallentemperatur von über 30° C statt. Mit dem Schweiß gehen für den Basketballspieler wichtige Mineralstoffe verloren (Tab. 9.1).

Tab. 9.1: Bestandteile des menschlichen Schweißes (Friedrich, 2008)

Bestandteil	Gehalt in mg/l (ca.)
Natrium	400-1.200
Chlorid	500-1.500
Kalium	120-300
Kalzium	13-160
Magnesium	4-36

Zusammenhang zwischen Abnahme der Körperflüssigkeit und Leistungsfähigkeit

Bei einer Gewichtsabnahme von 3 % durch Schwitzen ist die Ausdauerleistungsfähigkeit wesentlich beeinträchtigt. Für einen 70 kg schweren Mann sind dies 2,1 l Wasserverlust. Bei einer hohen Umgebungstemperatur tritt dieselbe Leistungseinschränkung schon bei 2 % Gewichtsverlust ein. Der Grund dafür ist in der Einschränkung der Temperaturregulation zu sehen, denn sie führt zu einer stärkeren Erhöhung der Körpertemperatur, die zusätzlich leistungsmindernd wirkt.

Die Rosbach-Studien haben eindrücklich gezeigt, dass das Gehirn des Menschen ebenfalls auf einen ausgeglichenen Flüssigkeitshaushalt angewiesen ist. Informationsaufnahme sowie Konzentrationsfähigkeit sinken, wenn der Mensch zu viel Wasser durch Schwitzen verloren hat. Bei Frauen liegen die kritischen Gewichtsverluste niedriger, sofern ihr Körperfettgehalt höher ist als jener der Männer (Moeller & Niess, 1997). Sie können demnach einen etwas erhöhten Flüssigkeitsbedarf haben.

Folgerung: Während sportlicher Belastung sollte die Abnahme der Körperflüssigkeit minimiert werden, um die Leistungsfähigkeit zu erhalten.

Kinder entwickeln ungefähr ab dem 10./11. Lebensjahr die Fähigkeit, über das Schwitzen ihren Körper so zu kühlen wie Erwachsene. Erwachsenenwerte erreichen sie mit ca. 15 Jahren. Kinder schwitzen absolut und auch relativ weniger als Erwachsene. Häufig wird daraus die irreführende Schlussfolgerung gezogen, dass die Belastung die Kinder dann wohl auch nicht so sehr anstrengen würde. Kinder müssen bei heißer Witterung dazu aufgefordert werden, zu trinken! Auch und gerade bei den Hallensportarten wie Basketball.

Folgerung: Eine gute Rehydratation (Wiederauffüllen der Wasserspeicher) während sportlicher Belastung ist die Voraussetzung für eine gute Temperaturregulation.

Trinken vor, während und nach dem Wettkampfspiel bzw. -training

Eine entscheidende Frage ist, wie viel Flüssigkeit getrunken werden sollte. Ideal wäre natürlich ein vollständiger Ersatz der verloren gegangenen Flüssigkeit. Die Praxis zeigt jedoch oft, dass dies nicht immer möglich ist. Empfohlen wird:

- **Vor dem Spiel/Training (etwa 15-20 min):** Sinnvoll ist, ca. 200-250 ml eines Sportgetränks und/oder Mineralwasser zu trinken. Durch ein mit schnell verwertbaren Kohlenhydraten angereichertes (Sport-)Getränk lässt sich zu Beginn des Spiels Glykogen einsparen, da die Muskeln zur Energiegewinnung zuerst auf den im Blut gelösten Zucker zurückgreifen.
- **Während des Spiels sollte alle 15 min**, sofern dies möglich ist, ca. 100-250 ml getrunken werden. Im Spiel nur stilles Mineralwasser, da kohlensäurehaltiges Mineralwasser die Ausdauerleistungsfähigkeit einschränkt. Im professionellen Bereich wäre ein Sportgetränk ratsam, da es den Cortisolspiegel tief hält und so vor dem Abbau von Muskelproteinen schützt. In der Halbzeitpause ist das Trinken eines Sportgetränks wichtig. Das Sportgetränk kann übrigens auch verdünnt getrunken werden. Ab einer Einzelportion von ca. 600 ml lässt der Magen keine Flüssigkeit mehr in den Darm durch. Man bekommt einen „*Wasserbauch*". Mehr als 1,0 l/h sollte nicht getrunken werden, da der Organismus nicht mehr als 0,8-1,0 l Flüssigkeit pro Stunde absorbieren kann.

- **Nach dem Spiel** wäre eine Substitution von ca. 500 ml eines Sportgetränks sinnvoll, da dies entscheidend die Regeneration beschleunigt. Im professionellen Bereich sind die Regenerationsgetränke oder Recoverydrinks zu empfehlen, welche eine Mischung aus 70 % Kohlenhydraten und 30 % Aminosäuren enthalten. Diese Getränke führen zu einer um 38 % beschleunigten Glykogenresynthese nach der Belastung. Wenn „englische Wochen" anstehen, ist dies unerlässlich.

Ein „gutes" Mineralwasser sollte mehr als 1.500 mg an gelösten Teilchen enthalten. Der übermäßige Konsum von Billigwässern, z. B. von Discountern, muss abgelehnt werden.

Durst ist ein schlechter Ratgeber für eine optimale Rehydratation!
Wenn man sich ausschließlich vom Durstgefühl leiten lässt, gerät man bei längeren Belastungen in einen ungewollten und unbemerkten Zustand des zu starken Körperflüssigkeitsverlusts. Daher gilt:

Der Sportler sollte lernen zu trinken, auch wenn er keinen Durst hat!
Damit kann man einen zu starken, die Leistung evtl. negativ beeinflussenden Verlust an Körperflüssigkeit verhindern. Während der sportlichen Belastung werden die Getränke langsamer vom Körper aufgenommen als in Ruhe. Je höher der Grad des Verlusts an Körperflüssigkeit ist, umso geringer ist die Magenentleerung. Diese Tatsache spricht dafür, regelmäßig Flüssigkeit nachzutrinken.

Bei einer im Fußball durchgeführten Untersuchung konnte gezeigt werden, dass diejenigen Spieler, welche in der Pause ein kohlenhydrathaltiges Getränk bekamen, durchschnittlich weitere Strecken zurücklegten als Spieler, die nur Wasser tranken. Kinder oder Jugendliche sowie breiten-/freizeitsportlich orientierte Sportler benötigen im Training im Prinzip keine zuckerhaltigen Getränke zum Flüssigkeitsausgleich. Hier genügt auch Mineralwasser. Tab. 9.2 gibt noch einmal allgemeine Trinkempfehlungen wieder.
Abb. 9.1 zeigt den prozentualen Gewichtsverlust eines männlichen Top-Bundesliga-

Tab. 9.2: Allgemeine Trinkempfehlungen (vgl. Schek, 2008)

Allgemeine Trinkempfehlungen
Ein kühles Getränk (ca. 15° C) verwenden, welches gut schmeckt und Kohlenhydrate liefert.
Das Spiel bzw. Training nicht „trocken" beginnen, sondern mit einem ausgeglichenen Flüssigkeitshaushalt (Vortrinken).
Früh anfangen zu trinken und regelmäßig alle 10-15 min 100-200 ml Flüssigkeit trinken.
Nach dem Spiel bzw. Training schnellstmöglich den Flüssigkeitshaushalt ausgleichen.
Alkohol und Leistungssport gehören nicht zusammen!

teams. Der durchschnittliche Körpergewichtsverlust der Spieler 11, 33, 14, 12 und 24 liegt bei 2,6 %. Ab einem Körpergewichtsverlust von über 2 % ist mit Leistungseinbußen zu rechnen. Das kann gewährleistet werden, wenn der Coach die Spieler dazu auffordert, bei entsprechenden Möglichkeiten auch zu trinken, wie z. B. Timeouts, nach Auswechslungen und in der Halbzeitpause.

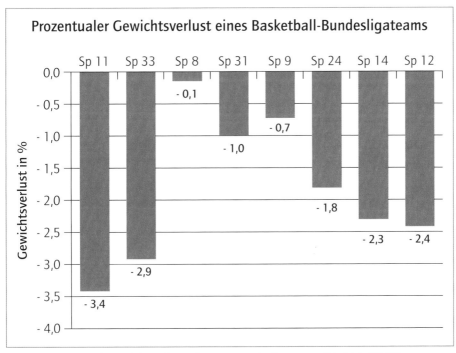

Abb. 9.1: Prozentuale Gewichtsverluste eines Top-Bundesligateams (Friedrich, 2008).

Feste Nahrungsmittel

Die Basisernährung für den Basketballer wird durch einen erhöhten Konsum von *Kohlenhydraten* bestimmt. Diese sind enthalten in sämtlichen Pastas, Kartoffeln, Kartoffelpüree, Vollkornbrot, Mischbrot, Reis, Risotto, Pizza (selbst gemacht), Haferflocken, Rührkuchen, Bananen, Sportriegel, Fruchtschnitten. Für die Energiegewinnung bzw. ATP-Gewinnung im Muskel spielen die Verfügbarkeit von Glukose sowie die Glykogenspeicher (als Speicherform der Glukose) des Körpers eine wichtige Rolle. Stehen sie nicht in ausreichender Menge zur Verfügung, reagiert der Organismus mit Schwindel, Übelkeit, Desorientierung sowie Ermüdungssymptomen.

Die *Fette* spielen bei der Energiebereitstellung im Basketball eine untergeordnete Rolle. Bei der täglichen Ernährung wäre darauf zu achten, dass der Sportler zur Zubereitung der Speisen die richtige Fettart wählt: Rapsöl, Olivenöl, Speiseleinöl, Sonnenblumenöl sowie Walnussöl. Generell wird zu einem sparsamen Umgang mit Fetten geraten. Da fettreiche Speisen sehr lange im Magen liegen und dadurch die Leistungsfähigkeit behindern können, muss man sich am Spieltag betont fettarm ernähren.

Der Konsum von *Eiweiß* ist vor allem für die Muskeln sehr wichtig. Besonders in der Regeneration, also in den ersten 45-60 min nach einem Training oder Spiel, sollte man – wenn möglich – Aminosäuren und Kohlenhydrate in Kombination essen oder trinken. Für Kinder/Jugendliche sowie Freizeitspieler gilt, dass man abends nach dem Training immer Kohlenhydrate und Proteine zusammen essen sollte; z. B. Fruchtjoghurt, Fruchtmilch oder Früchtequark mit einem Brot mit Truthahn- oder Hähnchenschinken. Zusätzliches Eiweiß als Nahrungsergänzungsmittel ist einer eiweißbetonten Ernährung nach bisherigem Wissensstand nicht überlegen. Innerhalb der letzten 20 Jahre hat sich die Empfehlung mehr als halbiert und liegt zur Zeit bei Kraftsportlern bei ca. 1,7-2,0 g Eiweiß pro Tag und kg Körpergewicht. Besonders in der Saisonvorbereitung, in der Krafttraining im Vordergrund steht, sollte man sich eiweißbetont – aber gleichzeitig fettarm – ernähren.

Mikronährstoffe und Nahrungsergänzungsmittel

Bei Leistungssportlern ist der Bedarf einiger Vitamine und Mineralstoffe erhöht: ß-Carotin, Vitamin C, Vitamin E, B-Komplex, Magnesium, Zink. Eisen. Bei einer ausgewogenen und abwechslungsreichen Ernährung stellen diese Nährstoffe – selbst bei Leistungssportlern – eigentlich kein Problem dar. Bevor man sich also zur Supplementierung – und dies nur bei Erwachsenen – entschließt, muss man sich zuvor über den Status des Sportlers informieren. Häufig genügt es aber schon, die Ernährungsgewohnheiten der Spieler zu verbessern. Besonders Vitamin C spielt im Bereich des Immunschutzes als Antioxidans eine wichtige Rolle. In der kalten Jahreszeit ist eine Vitamin-C-reiche Ernährung wichtig.

Im Bereich der Nahrungsergänzungsmittel gibt es eine Reihe von Produkten, die nachgewiesen positive Effekte auf die Leistungsfähigkeit oder das Erreichen von Ernährungszielen haben. Für Sportler empfohlene Supplemente sind nach Schek (2008): Sportgetränke, Sportgele, Sportriegel, Elektrolyte, Kalzium, Eisen, Multivitaminpräparate, Mineralstoffpräparate. Die Entscheidung, ob zusätzlich supplementiert wird, sollte jedoch nicht der Sportler treffen, sondern nur der betreuende Sportarzt in Absprache mit Trainer und Physiotherapeuten.

9.3 Bekämpfung des Dopings

9.3.1 Abgrenzung zwischen Doping und Medikamentenmissbrauch

Wenn man die Begriffe *Doping* und *Medikamentenmissbrauch* definieren möchte, muss man zunächst überlegen, aus welcher Richtung man sich dem Thema nähert. Betrachten wir den Begriff zunächst aus Sicht des „Nicht-Leistungssportlers", so fällt eine einfache Begriffsdefinition sehr schwer. Dies liegt vor allem an den „Grauzonen" im Bereich von Schmerz- und Nahrungsergänzungsmitteln. Man muss hier zunächst klarstellen, dass aus dieser Sicht nicht von Doping, sondern von Medikamentenmissbrauch gesprochen werden muss. Einzelne Sportler versuchen auf allen Leistungsebenen, über die körpereigenen Möglichkeiten hinaus mithilfe von Medikamenten und Aufputschmitteln z. B.:

- die Muskelkraft zu erhöhen,
- die Sauerstoffversorgung der Muskulatur und die Ausdauer zu verbessern,
- Ängste zu reduzieren,
- über Ermüdung und Überlastung hinwegzutäuschen,
- Schmerz zu unterdrücken.

Aus leistungssportlicher Sicht ist der Begriff *Doping* klar definiert. Die Definition ist im Anti-Doping-Regelwerk (NADA[90]-Code 09) erfasst und wird im weiteren Verlauf näher erläutert.

9.3.2 Warum und in welchem Bereich wird gedopt?

Wer zu Dopingsubstanzen oder -methoden greift, tut dies nicht plötzlich und unvermittelt. Die Ursachen und Hintergründe für eine solche Entscheidung sind vielfältig und reichen vom Erfolgsdruck, der im Hochleistungssport vorherrscht, bis hin zu Lernerfahrungen in der Kindheit, die die Entwicklung einer sogenannten *Dopingmentalität* begünstigen können.

Leistung und Erfolg prägen die Faktoren, die Doping auslösen können. Sportler wollen Erfolg haben, sie wollen die Grenzen der eigenen Leistungsfähigkeit hinausschieben. Durch die zunehmende Kommerzialisierung in Verbindung mit hoher Medienpräsenz des Sports verdient man in bestimmten Sportarten auch sehr viel Geld. Daher versuchen Einzelne, sich durch Doping im Spitzensport den kleinen Vorsprung zu verschaffen, der den Sieg ermöglicht. Dieser kleine Vorsprung kann zum einen durch eine Steigerung

---

90 NADA = Nationale Anti Doping Agentur. Die Nationale Anti Doping Agentur (NADA) ist die maßgebliche Instanz für die Dopingbekämpfung in Deutschland. Die Aufgaben der NADA umfassen Dopingkontrollen, Prävention, medizinische und juristische Beratung sowie internationale Zusammenarbeit (http://www.nada-bonn.de/nada/).

der Leistung auf höchstem Niveau, zum anderen aber auch durch eine schnellere Regenerationsfähigkeit erreicht werden.

Ein weiteres wichtiges Motiv ist das Streben nach sozialer Anerkennung. Viele Sportler versprechen sich aufgrund von Erfolgen oder auch nur einer guten Figur ein hohes Ansehen. Dies kann für Sportler in Fitnessstudios genauso gelten wie für ältere Sportler bei Seniorenmeisterschaften.

Weitere Gründe finden wir in sportlichen Krisen. Ausbleibende Erfolge, die Angst, nicht mithalten zu können, das Gefühl, den Anforderungen und Erwartungen nicht gerecht zu werden, aber auch Misserfolge, Trainingspausen durch Verletzungen oder die Sorge, finanzielle und private Zuwendung zu verlieren, können als Auslöser für Doping gewertet werden. Hinzu kommen als mögliche Auslöser auch private Krisen. Gedopt wird also nicht nur im Leistungssport, auch im Breitensport wird zu Substanzen gegriffen, die die körperliche Leistungsfähigkeit steigern sollen.

9.3.3 Maßnahmen des DBB zur Bekämpfung des Dopings

In der Satzung des DBB wird Doping als „schwerwiegender Verstoß gegen die ethischen Grundprinzipien des Sports" bezeichnet. Auch ein Anti-Doping-Code wurde erarbeitet und der Satzung angefügt. Er ist auf der Homepage des DBB unter http://www.basketball-bund.de/basketball-bund/de/news_und_aktuelles/anti_doping/19474.html abrufbar.

In einer Broschüre der Deutschen Sportjugend, die der DBB im Rahmen von zentralen Maßnahmen schon an die Nachwuchsspieler verteilt, wird eine Position formuliert, die das Präsidium und alle weiteren im und für den DBB tätigen Personen teilen: „Doping widerspricht den grundlegenden Prinzipien des Sports. Es kann der Gesundheit der/des Dopenden schaden und verletzt die Gebote der Chancengleichheit und der sportlichen Fairness" (Deutsche Sportjugend, 2004, S. 12).

Alle im Zuständigkeitsbereich des DBB ehren- und hauptamtlich tätigen Personen, hierzu gehören auch alle Trainer und Schiedsrichter, verpflichten sich durch ihre Unterschrift zur Einhaltung der in einem Ehrenkodex verfassten Richtlinien zum Umgang mit Kindern und Jugendlichen. Dort heißt es u. a.: „Insbesondere übernehme ich eine positive und aktive Vorbildfunktion im Kampf gegen Doping und Medikamentenmissbrauch sowie gegen jede Art der Leistungsmanipulation."

Bereits bei der ersten zentralen Sichtung der unter 15-Jährigen werden alle Aktiven über die Gefahren des Dopings informiert. Daneben stellt der DBB Broschüren und Aufklärungsmaterial der NADA und der Deutschen Sportjugend (dsj) zur Verfügung.

Die Bekämpfung des Dopings durch den DBB erfolgt in enger Zusammenarbeit mit der NADA. Alle Kaderathleten sind bei der NADA gemeldet und unterliegen deren Regularien für die Teilnahme an internationalen Wettbewerben (s. unten).

9.3.4 Dopingdefinition aus Sicht des Leistungssports

Bezogen auf den Leistungssport kann Doping klar definiert werden. Einfach ausgedrückt ist Doping alles das, was auf der aktuellen Verbotsliste steht. Aber auch darüber hinaus gibt es Punkte, die als Verstoß gegen die Anti-Doping-Bestimmungen gewertet werden. Im Regelwerk der NADA (NADA-Code) wird der Begriff Doping, bezogen auf den Leistungssport, in Artikel 2.1 bis 2.8 klar definiert. Als Verstöße gegen Anti-Doping-Bestimmungen gelten:

2.1 Das Vorhandensein einer verbotenen Substanz, ihrer Metaboliten oder Marker in der Probe eines Athleten.

2.2 Der Gebrauch oder der Versuch des Gebrauchs einer verbotenen Substanz oder einer verbotenen Methode durch einen Athleten.

2.3 Die Weigerung oder das Unterlassen ohne zwingenden Grund, sich nach entsprechender Benachrichtigung einer gemäß anwendbaren Anti-Doping-Bestimmung zulässigen Probenahme zu unterziehen, oder jede anderweitige Umgehung einer Probenahme.

2.4 Der Verstoß gegen anwendbare Vorschriften zur Verfügbarkeit des Athleten für Trainingskontrollen, einschließlich Meldepflichtversäumnisse und versäumte Kontrollen, die auf der Grundlage von Bestimmungen festgestellt wurden, die dem Internationalen Standard for Testing entsprechen. Jede Kombination von drei versäumten Kontrollen und/oder Meldepflichtversäumnissen innerhalb eines Zeitraums von 18 Monaten stellt einen Verstoß gegen Anti-Doping-Bestimmungen dar.

2.5 Die unzulässige Einflussnahme oder der Versuch der unzulässigen Einflussnahme auf irgendeinen Teil des Dopingkontrollverfahrens.

2.6 Der Besitz verbotener Wirkstoffe und Methoden.

2.7 Das Inverkehrbringen oder der Versuch des Inverkehrbringens von einer verbotenen Substanz oder einer verbotenen Methode.

2.8 Die Verabreichung oder der Versuch der Verabreichung an Athleten von verbotenen Substanzen oder verbotenen Methoden.

Die verbotenen Substanzen und Methoden werden in der Verbotsliste der WADA[91] aufgeführt, der sogenannten *Prohibited List*, die mindestens 1 x jährlich, am 01.01. eines

---

91   WADA = World Anti-Doping Agency.

jeden Jahres, aktualisiert wird. Diese steht auf der WADA-Homepage, wie auch auf der NADA-Homepage (www.nada-bonn.de) zum Download bereit. Eine beispielhafte Übersicht über die verbotenen Substanzen gemäß der Verbotsliste zeigt Tab. 9.3.

Tab. 9.3: Übersicht über verbotene Substanzen

Substanzklasse	Nebenwirkung	Verbot
nicht zugelassene Substanzen (nicht durch staatliche Gesundheitsbehörden für therapeutische Anwendungen beim Menschen zugelassen)	nicht kalkulierbare Nebenwirkungen	
anabole Substanzen	u. a. Akne, Ödeme, Schädigung der Leber, Arterienverkalkung, Herz-Kreislauf-Erkrankungen, Herzinfarkt, Menstruationsstörungen, Vergrößerung der Klitoris, verstärkte Körperbehaarung, Veränderung der Stimme, Brustbildung, Gefühlsschwankungen, Aggressivität, Konzentrationsstörungen	jederzeit inner- und außerhalb des Wettkampfs verboten
Peptidhormone, Wachstumshormone und verwandte Substanzen	u. a. Verdickung des Blutes, Blutdrucksteigerung, Thrombosen, tödlicher Gefäßverschluss, krankes Wachstum an knöchernen Körperstrukturen, Erhöhung des Blutzuckerspiegels, Unterzuckerung bei Insulineinnahme	jederzeit inner- und außerhalb des Wettkampfs verboten
Beta-2-Agonisten	u. a. Erhöhung der Herzschlagfrequenz, Schwächung des Herzmuskels, Herzrhythmusstörungen, Angina pectoris, Muskelzuckungen, Überzuckerung	jederzeit inner- und außerhalb des Wettkampfs verboten
Hormon-Antagonisten	u. a. Sehstörungen, Übelkeit, Erbrechen, Menstruationsstörungen, Zysten, Blutgerinnsel	jederzeit inner- und außerhalb des Wettkampfs verboten
Diuretika und andere Maskierungsmittel	u. a. Störungen des Elektrolythaushalts, akuter Blutdruckabfall, Muskelkrämpfe, Magen- und Darmprobleme	jederzeit inner- und außerhalb des Wettkampfs verboten
Stimulanzien	u. a. schwere Erschöpfungszustände, Blutdruckanstieg, Herzrhythmusstörungen, Herzinfarkt, Krampfanfälle, Atemlähmung, Kreislaufkollaps, psychische Nebenwirkungen, Schlafstörungen, Halluzinationen, Angstzustände, Wahnvorstellungen, Psychose	im Wettkampf verboten

Substanzklasse	Nebenwirkung	Verbot
Narkotika	u. a. Übelkeit, Erbrechen, Kopfschmerzen, Benommenheit, Atemlähmung, Kreislaufschock, Abhängigkeit, Depressionen, Psychosen	im Wettkampf verboten
Cannabinoide	u. a. Unruhe, Angst, Panikattacken, Verwirrtheit, Psychosen, Depressionen, Abhängigkeit, Schädigung der Atemwege	im Wettkampf verboten
Glukokortikoide	u. a. Schwächung des Immunsystems, Umverteilung des Körperfetts	im Wettkampf verboten
Alkohol und Betablocker	Alkohol: u. a. Wahrnehmungs- und Aufmerksamkeitsstörungen, Beeinträchtigungen von Urteilskraft, Koordinationsfähigkeit, Sprache und Müdigkeit, Übelkeit, Abhängigkeit, Schädigung der Organe; Betablocker: u. a. Blutdruckabfall, Herzrhythmusstörungen, Gewichtszunahme, Müdigkeit, Schwindel, Depressionen	verboten bei Wettkämpfen in bestimmten Sportarten; Betablocker sind im Schießsport auch außerhalb von Wettkämpfen verboten

Bei speziellen Problemen oder Fragen sollten sich Athleten und deren Umfeld immer an die NADA wenden. Informationen und Kontaktdaten finden Sie auf den Internetseiten der NADA unter www.nada-bonn.de.

9.3.5 Wie erfolgt eine Dopingkontrolle?

Bei Dopingkontrollen wird generell zwischen Wettkampf- (in competition) und Trainingskontrollen (out of competition) unterschieden. Die Kontrollen werden von speziell dafür ausgebildeten Fachkräften vorgenommen. Bei einer Kontrolle in Deutschland haben Athlet und Kontrolleur das gleiche Geschlecht.

Die zu kontrollierenden Athleten im Wettkampf werden im Basketball durch Los bestimmt. Die Sportler werden unmittelbar nach Wettkampfende informiert und müssen sich dann umgehend zur Dopingkontrollstation begeben. Bei Wettkämpfen können grundsätzlich alle Teilnehmer kontrolliert werden.

Für die Kontrollen außerhalb des Wettkampfs (Trainingskontrollen) werden Sportler auf Basis unterschiedlicher sportwissenschaftlicher Parameter für eine Kontrolle von der NADA ausgewählt. Trainingskontrollen können generell überall und zu jeder Zeit stattfinden, also nicht nur im Training. Deshalb müssen Kaderangehörige (A-D/C) die zuständige Anti-Doping-Organisation (in Deutschland die Nationale Anti Doping Agentur = NADA) über ihren Aufenthaltsort informieren. Die Athleten werden dafür in Testpools eingeteilt und unterliegen je nach Testpool einer bestimmten Meldepflicht.

Registered Testing Pool der NADA (RTP):

- Athleten der internationalen Testpools (Registered Testing Pool),
- A-Kader-Athleten und Perspektivathleten der Sportarten der Gefährdungsstufe I.

Nationaler Testpool (NTP):

- A-Kader-Athleten und Perspektivathleten der Sportarten der Gefährdungsstufe II und III sowie B-Kader-Athleten der Gefährdungsstufe I.

Allgemeiner Testpool (ATP):

- Alle anderen Athleten.

Athleten des DBB werden in die Gefährdungsstufe II eingeordnet. Wer an internationalen Meisterschaften teilnehmen will, muss Mitglied in einem der aufgeführten Testpools sein!

Die Dopingkontrolle kann am Wettkampf- oder Trainingsort, aber auch außerhalb dieser Bereiche stattfinden (z. B. zu Hause, am Arbeitsplatz, in der Schule). Die Kontrolle erfolgt ohne Vorankündigung. Dadurch soll verhindert werden, dass im Körper vorhandene Dopingsubstanzen verschleiert werden, wozu häufig nur wenige Minuten erforderlich sind. Außerdem würde bei längerer Ankündigungsfrist die Möglichkeit bestehen, Manipulationen bei der Urinabgabe vorzubereiten (z. B. Einführen von Fremdurin in die Blase). Wird eine Dopingkontrolle verweigert, wird das mit einem positiven Befund gleichgesetzt und führt zu einer Regelsperre von zwei Jahren. Aktuell werden mehr als 8.000 unangekündigte Trainingskontrollen pro Jahr von der NADA durchgeführt.

Bei einer Dopingkontrolle weisen sich Kontrolleur und Athlet zunächst aus. Bei Kontrollen der NADA ist dies ein von der NADA erstellter Ausweis, der in Kombination mit dem Personalausweis gezeigt wird. Bei Wettkampfkontrollen kann es auch ein entsprechender Ausweis der jeweiligen Kontrollorganisation sein.

Wenn der Kontrollbeauftragte bei einer Kontrolle außerhalb eines Wettkampfs eintrifft, hat der Athlet das Recht, eine begonnene Tätigkeit zu beenden. Dies sollte immer unter gegenseitiger Rücksichtnahme erfolgen und in einem zeitlich verhältnismäßigen Rahmen bleiben. Zudem sollten gerade junge Athleten, bei denen zum ersten Mal eine Dopingkontrolle durchgeführt wird, darauf achten, dass sie eine Vertrauensperson zur Kontrolle hinzuziehen dürfen. Bei einer Wettkampfkontrolle darf z. B. eine Pressekonferenz, eine Siegerehrung oder eine medizinische Behandlung abgeschlossen werden. Allerdings bleibt der Athlet vom Zeitpunkt der Kontaktaufnahme unter der Aufsicht des Kontrollpersonals, bis die Kontrolle beendet ist.

Wie genau eine Kontrolle nach dem aktuellen Standard für Dopingkontrollen durchgeführt werden muss, hat die NADA in einem Film detailliert dokumentiert. Dieser Film kann auf der Homepage der NADA abgerufen werden.

Für jeden Athleten ist es wichtig zu wissen, welche Rechte und Pflichten er bei einer Dopingkontrolle hat. Dies hilft ihm, sich optimal auf eine Kontrolle vorzubereiten.

Der Athlet hat das Recht,

- eine Vertrauensperson zur Dopingkontrolle hinzuzuziehen,
- bei Urinproben auf einem Kontrollbeauftragten des gleichen Geschlechts zu bestehen (in Deutschland),
- sich den Ausweis des Kontrollbeauftragten zeigen zu lassen,
- bei unangemeldetem Eintreffen des Kontrollbeauftragten das Training zu beenden, wenn sich dies in verhältnismäßigem Rahmen bewegt,
- im Falle einer positiven A-Probe eine Untersuchung der B-Probe zu verlangen,
- im Falle einer positiven A-Probe mit einem Vertrauten seiner Wahl bei der Analyse der B-Probe anwesend zu sein,
- im Falle eines Verfahrens rechtliches Gehör vor dem zuständigen Verbands- oder Schiedsgericht in Anspruch zu nehmen,
- im Falle eines Verfahrens einen Rechtsbeistand und/oder einen Dolmetscher hinzuzuziehen.

Der Athlet hat die Pflicht,

- die Dopingkontrolle nach entsprechender Aufforderung durchzuführen,
- die Meldepflichten einzuhalten – eine detaillierte Übersicht über die Meldepflichten findet man auf der Homepage der NADA,
- der NADA oder dem Verband das Karriereende anzuzeigen,
- die notwendigen Voraussetzungen zu erfüllen, wenn er nach dem Karriereende wieder in den Leistungssport zurückkehren will,
- sich gegenüber dem Kontrollbeauftragten auszuweisen,
- die in den letzten sieben Tagen eingenommenen Medikamente auf dem Protokoll der Dopingkontrolle anzugeben,
- sich einer zweiten Probe zu unterziehen, sofern bei der Bestimmung der Urindichte Grenzwerte unterschritten werden oder der Kontrolleur aus anderen Gründen eine zweite Probe anordnet,
- bei der notwendigen Einnahme von Medikamenten mit verbotenen Substanzen zur Behandlung rechtzeitig eine medizinische Ausnahmegenehmigung zu beantragen und bei der Kontrolle auf die erstellte Ausnahmegenehmigung hinzuweisen.

9.3.6 Was ist bei einer ärztlichen Behandlung zu beachten?

Sportler müssen den jeweiligen Arzt bei einer Behandlung darauf aufmerksam machen, dass sie hinsichtlich der Einnahme von Medikamenten Einschränkungen unterliegen. Nur so kann ausgeschlossen werden, dass ein Arzt aus Unwissenheit oder Nachlässigkeit Medikamente verschreibt, die auf der Verbotsliste stehen. Sie sollten unbedingt die genaue Zusammensetzung des Medikaments, die auf dem Beipackzettel genannt ist, überprüfen und sich im Zweifelsfall bei einer kompetenten Stelle vergewissern. Auch bei gleichnamigen Medikamenten aus dem Ausland ist Vorsicht geboten, da sich die Zusammensetzung der Medikamente teilweise unterscheiden kann.

Die NADA bietet die Möglichkeit, über die Medikamentendatenbank NADAmed® (www.nada-bonn.de/nadamed) herauszufinden, ob ein Medikament erlaubt oder verboten ist. Diese Medikamentendatenbank steht jedem Sportler auch mobil unter www.nada-mobil.de zur Verfügung.

Aktueller Hinweis

Infusionen gelten nach dem Dopingreglement als verbotene Methode, sofern sie nicht im Vorfeld durch eine Medizinische Ausnahmegenehmigung (TUE) beantragt oder im Rahmen eines Krankenhausaufenthalts verabreicht wurden. Das gilt auch für Infusionen in kleinen Dosen (sogenannte *Kurzinfusionen*), auch wenn die Menge unter 50 ml liegt und die Substanz grundsätzlich erlaubt ist. Die Welt Anti-Doping Agentur (WADA) weist in diesem Zusammenhang explizit darauf hin, dass weiterhin nur intravenöse Injektionen mit einer Spritze über eine Nadel oder über Butterfly zugelassen sind. Generell darf dabei die Gesamtmenge 50 ml auch bei erlaubten Substanzen nicht überschritten werden.

9.3.7 Informationsmöglichkeiten bei der NADA

NADAmobil

Mit der Plattform NADAmobil für mobile Endgeräte, wie das iPhone und andere internetfähige Handys, bietet die NADA zu jeder Zeit allen Sportlern und interessierten Personen aktuelle Informationen rund um das Thema Anti-Doping. Neben allgemeinen Auskünften, beispielsweise zu ADAMS[92] und zu aktuellen Dopingpräventionsmaßnahmen, dem Dopingkontrollfilm und der Verbotsliste, ist auch die Medikamenten-Datenbank NADAmed® über die Plattform abrufbar. Sie bietet Ihnen die Möglichkeit, schnell und unkompliziert zu prüfen, ob ein Medikament erlaubt oder verboten ist. Zur Nutzung geben Sie in Ihren Handybrowser www.nada-mobil.de ein.

---

92 ADAMS = Anti-Doping Administration & Managing System.

Dopingkontrollfilm

Die NADA hat zu Beginn des Jahres 2011 zusammen mit dem Dopingkontroll-Dienstleister PWC einen Film über den Ablauf einer Dopingkontrolle gedreht. In vier jeweils 11-minütigen Filmen werden eine Urinkontrolle, eine Blutkontrolle, eine Zwischenversiegelung und eine Kombikontrolle (Abnahme von Blut und Urin) gezeigt. Die Filme können auf der Homepage der NADA angesehen werden. Die wichtigsten Schritte einer Dopingkontrolle sind als Filmausschnitte über NADAmobil erreichbar. Ebenso ist der Dopingkontrollfilm Teil der E-Learning-Plattform.

E-Learning-Plattform

Mit der E-Learning-Plattform hat NADA ihr Repertoire an Aufklärungsmaßnahmen erweitert und bietet Alternativen zu traditionellen Lehrmethoden. Die Plattform bereitet das Thema für junge Athleten und deren Umfeld interaktiv auf und liefert umfassende Informationen. Der Kurs setzt sich aus mehreren Modulen zusammen, in denen z. B. der Ablauf einer Dopingkontrolle detailliert erklärt wird. Wissensfragen und ein abschließender Onlinetest ermöglichen Selbstreflexion und dokumentieren das Gelernte. Nach Abschluss des Kurses und erfolgreich bestandenem Test erhält jeder Teilnehmer ein Zertifikat. Auf den Kurs kann über die Internetseite der NADA zugegriffen werden, eine einmalige Anmeldung ist hierbei erforderlich.

Internetportal für Jugendliche sowie die Jugendbroschüre „HighFive"(www.highfive.de)

Die Jugendbroschüre „HighFive" wie auch die gleichnamige Internetseite bereiten das Thema „Anti-Doping" in ansprechender Form auf und sollen Jugendlichen helfen, sich besser in der Thematik zurechtzufinden. Neben allgemeinen Informationen gibt es spezielle Informationen zu den Nebenwirkungen von Substanzen. Des Weiteren wird das Thema Nahrungsergänzungsmittel (NEM) und die Verbesserung der Leistungsfähigkeit durch Optimierung der Ernährung angesprochen.

Trainerplattform (www.trainer-plattform.de)

Die Trainerplattform bereitet das Thema „Anti-Doping" speziell für im Leistungssport tätige Trainer auf. Neben allgemeinen Informationen finden Trainer spezielle Informationen zu den Ursachen von Doping sowie spezielle Tipps für die Dopingprävention im Trainingsalltag.

Zusätzlich zu den Printmaterialien und den Internetplattformen bietet die NADA zielgruppengerechte Seminare und Workshops für Athleten, Schüler, Trainer, Lehrer, Eltern, Ärzte und weitere Personengruppen, die zum Umfeld des Athleten gehören.

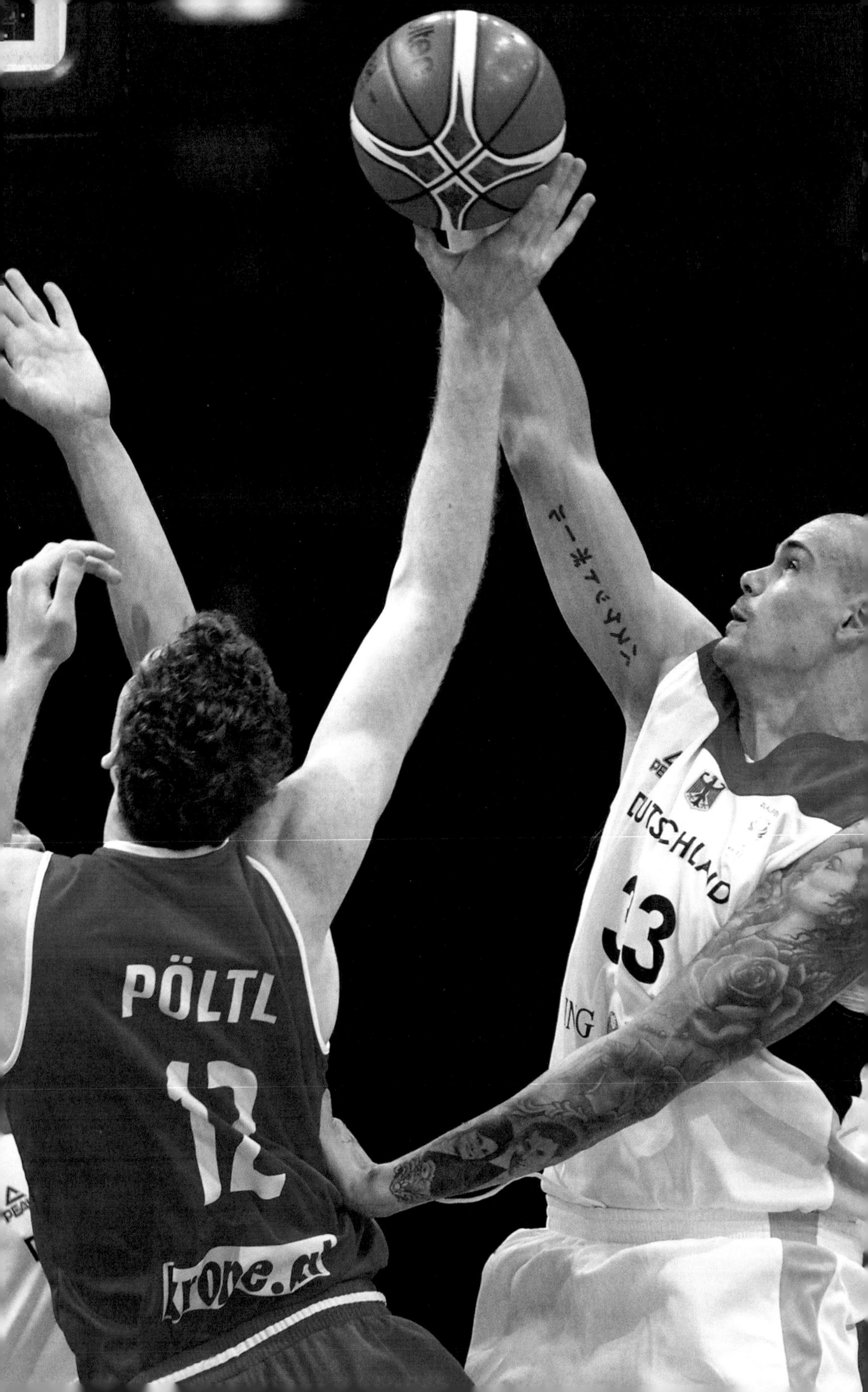
PÖLTL
12
33

10 Sportorganisation

10.1 Deutscher Basketball Bund (DBB)

Der Deutsche Basketball Bund ist der Spitzenverband für den Basketballsport in Deutschland. Er wurde 1949 in Düsseldorf gegründet und hat heute seinen Sitz in Hagen (Westfalen). Der DBB, Dachverband der 16 Landesverbände (identisch mit den Bundesländern) mit rund 2.000 organisierten Vereinen/Abteilungen und mehr als 190.000 Aktiven, ist zuständig für alle Belange des Leistungs- und Breitensports. Ihm steht ein ehrenamtliches Präsidium (1 Präsident, 5 Vizepräsidenten in den Ressorts Leistungssport, Jugend-, Breiten- und Schulsport, Finanzen, Spielorganisation und Bildung) vor, zusätzlich verfügt die hauptamtlich besetzte Geschäftsstelle über ca. 20 Mitarbeiter mit dem Generalsekretär an der Spitze. Zu seinen wesentlichen Aufgaben gehört die Veranstaltung von Wettbewerben wie den Deutschen Meisterschaften. Er ist verantwortlich für die Förderung des Leistungssports, damit verbunden auch für die Beteiligung deutscher Mannschaften an internationalen Meisterschaften. Die Ausbildung und Förderung von Trainern und Schiedsrichtern wie des Breiten- und Freizeitsports sind ebenso Aufgabenfelder wie die Förderung des Jugend- und Schulsports, des Streetballs und seines Nachfolgers, des „BB33". Die Bekämpfung des Dopings und Medikamentenmissbrauchs trat als wichtige Aufgabe in den letzten Jahren immer mehr in den Vordergrund. Aktuelle Informationen des DBB sind auf der Homepage www.basketball-bund.de zu finden.

Basketball Werbe Agentur GmbH (BWA)

Die Basketball Werbe Agentur GmbH (BWA) ist eine hundertprozentige Tochtergesellschaft des DBB mit Sitz in Hagen. Sie verfügt über fünf feste Mitarbeiter und hat den Schwerpunkt ihrer Tätigkeit in der Organisation und Durchführung der DBB-Events wie zum Beispiel der Länderspiele. Außerdem betreut die BWA unter anderem die Partner des DBB wie den Hauptsponsor ING-DiBa, für den sie auch bestimmte Projekte entwickelt (Talente mit Perspektive). Die Adresse der Homepage lautet www.bwa-basketball.com.

Bundesakademie des Deutschen Basketball Bundes GmbH (BAK)

Die Bundesakademie des DBB GmbH (BAK)ist die Bildungseinrichtung des DBB. Auch diese Gesellschaft ist eine hundertprozentige Tochter des DBB mit Sitz in Hagen. Die Planung, Organisation und Durchführung von Coach Clinics sowie von Lehrgängen für die Traineraus- und fortbildung (A- und B-Lizenzen) und für die Schiedsrichteraus- und -fortbildung gehören zu den zentralen Aufgaben der BAK. Außerdem werden durch die BAK Lehrmaterialien entwickelt und vermarktet. Aktuelles findet man unter www.bak-basketball.de.

Wettkampfsystem

Das Wettkampfsystem im DBB umfasst folgende Wettbewerbe:

- Auf Landesverbandsebene gibt es für Männer wie Damen ein Ligensystem von der Kreisliga über Bezirks-, Landes- und Oberliga bis zur Regionalliga.
- Auf Bundesebene spielen die Männer in den bundesweit eingleisigen Ligen Pro B und Pro A der 2. Basketball-Bundesliga. Der Erstplatzierte der Basketball-Bundesliga (BBL) wird mit dem Titel „Deutscher Meister" ausgezeichnet.
- Die Damen spielen auf Bundesebene in der zweiteiligen (Nord und Süd) 2. Basketball-Bundesliga. Den Titel „Deutscher Meister" erringt die erstplatzierte Mannschaft der Damen-Basketball-Bundesliga (DBBL).
- Daneben wird der Deutsche Pokalsieger bei den Damen und Herren ermittelt.

Im männlichen Jugendbereich werden folgende Wettbewerbe veranstaltet:

- Deutsche Jugend-Meisterschaft U-19 (Nachwuchs-Basketball-Bundesliga, NBBL),
- Deutsche Jugend-Meisterschaft U-16 (Jugend-Basketball-Bundesliga JBBL),
- Deutsche Jugend-Meisterschaft U-14/-15,
- Deutscher Jugend-Pokal U-18.

Wettbewerbe im weiblichen Jugendbereich:

- Deutsche Jugend-Meisterschaft U-17 (Weibliche Nachwuchs-Basketball-Bundesliga, WNBL),
- Deutsche Jugend-Meisterschaft U-14/-15,
- Deutscher Jugend-Pokal U-19.

Im Seniorenbereich werden bei den Herren Deutsche Meisterschaften in den Altersklassen Ü-35, Ü-40, Ü-45, Ü-50 und Ü-55 ausgetragen, bei den Damen in den Altersklassen Ü-35 und Ü-45. Daneben gibt es noch Bundesbestenspiele der Ü-60 und Ü-65 bei den Herren und einen Mixed-Wettbewerb Damen Ü-55 + Herren Ü-63.

10.2 Verband Deutscher Basketballtrainer (VDBT)

Der Verband Deutscher Basketballtrainer (VDBT) wurde am 05. Oktober 1980 gegründet. Zentrales Ziel des Verbandes war und ist die Bildung einer Interessengemeinschaft für Basketballtrainer. Der Verband hat sich nie als Gewerkschaft verstanden, sondern er versuchte, die Nahtstelle zwischen DBB und Trainerschaft mit Leben zu füllen. Die Idee für eine solche Interessenvertretung entstand bei einem Fortbildungslehrgang für Trainer mit der A-Lizenz am 15.06.1980 in Heidelberg. Die konstituierende Versammlung bereiteten vor: Prof. Dr. Günter Hagedorn, bis 1995 Präsident des Verbandes, Gerhard Schmidt, langjähriger Vizepräsident und Präsident von 1995 bis 2008, sowie Jörg Trapp und Roland Geggus, damals beide Vizepräsidenten im DBB.

Ein wichtiges Anliegen war und ist dem Verband, die Kommunikation zwischen Trainern zu verbessern. Bis heute wird versucht, dieses Ziel durch die Schaffung von Kontaktmöglichkeiten, z. B. bei Fortbildungsveranstaltungen, zu verfolgen.

Nachdem anfangs eigene Trainerfortbildungen mit namhaften Referenten angeboten wurden, werden nun Fortbildungsangebote inhaltlich und organisatorisch in konstruktiver Partnerschaft zusammen mit dem DBB gestaltet.

Gemeinsam mit dem DBB wurde auch die Partnerschaft mit dem Fachbereich Rollstuhl-Basketball des Deutschen Rollstuhl-Sportverbandes vertieft. So können Kandidaten der Rollstuhl-Basketballer für die Trainerlizenz B mittlerweile an Ausbildungslehrgängen des DBB teilnehmen.

Eine wichtige Maßnahme zur Förderung der Trainer in der Öffentlichkeit war der jährlich vergebene Titel „Trainer des Jahres". Zu den Titelträgern gehörten u. a. Peter Krüsmann, Ulf Mehrens, Svetislav Pesic, Ralph Klein, Bernd Röder, Dieter Brauner, Toni di Leo, Oswald Brozio oder Dirk Bauermann.

In enger Kooperation mit dem DBB wurde eine Konzeption für die Aus- und Fortbildung von Trainern erarbeitet, die die Lizenz A und die Lizenz B erlangen wollen. Sie ist eingeflossen in die „Rahmenrichtlinien für die Aus- und Fortbildung von Trainern im DBB" und ist auf der Homepage des DBB einsehbar.

Weitere Informationen über den vdbt erhält man auf der Homepage des Verbandes unter http://www.basket-trainer.de.

10.3 Fédération Internationale de Basketball (FIBA)

Die FIBA ist der Weltverband für den Basketballsport. Sie wurde am 18. Juni 1932 in Genf zunächst mit der Bezeichnung FIBB (Fédération Internationale de Basket Ball) gegründet. Seit 1935 steht die Abkürzung FIBA für Fédération Internationale de Basketball Amateur. Das Wort Amateur wurde 1986 auf dem 13. Basketball-Weltkongress aus dem Titel gestrichen.

Basketball wurde international bis 1934 durch den Handball-Weltverband (IAHF) vertreten, in dem sich eine Kommission um Basketball kümmern sollte. Diese konnte oder wollte Basketball jedoch nicht weiterentwickeln. In einer Übereinkunft mit der IAHF wurde 1934 der FIBA das alleinige internationale Vertretungsrecht für Basketball übertragen. Der Basketball-Weltverband bemühte sich seit 1933 um die Aufnahme in das Programm der Olympischen Spiele. 1936 war Basketball dann erstmals olympische Sportart. Seit 1950 organisiert die FIBA die Basketball-Weltmeisterschaft der Herren und seit 1953 die der Damen.

Die FIBA wird politisch geleitet vom Präsidenten und den 22 Mitgliedern des Central Boards. Der Präsident wie auch die Mitglieder des Central Boards werden für vier Jahre vom obersten Organ, dem Basketball-Weltkongress, gewählt, der alle zwei Jahre tagt. Verwaltungschef ist der Generalsekretär.

Sitz der FIBA war zunächst Genf, wechselte von 1940 bis 1956 nach Bern, dann von 1956 bis 2002 nach München und seit 2002 wieder nach Genf.

Die „FIBA-Familie" besteht aus 213 nationalen Basketballverbänden, die seit 1989 in fünf Zonen organisiert sind (FIBA Africa, FIBA Americas, FIBA Asia, FIBA Europe, FIBA Oceania).

10.4 Deutscher Olympischer Sportbund (DOSB)

Der Deutsche Olympische Sportbund (DOSB) ist die Dachorganisation des deutschen Sports. Er wurde am 20. Mai 2006 durch den Zusammenschluss des Deutschen Sportbundes und des Nationalen Olympischen Komitees für Deutschland gebildet. Der DOSB ist ein gemeinnütziger eingetragener Verein mit Sitz in Frankfurt am Main. Er hat mehr als 27,5 Millionen Mitglieder in mehr als 91.000 Sportvereinen. Mitgliedsorganisationen des DOSB sind aktuell die 16 Landessportbünde, 34 olympische Spitzenverbände, 28 nicht-olympische Spitzenverbände, 20 Sportverbände mit besonderen Aufgaben sowie 15 persönliche Mitglieder. Die sportpolitische Führung erfolgt durch das Präsidium unter der Leitung des Präsidenten. Die administrative Leitung liegt beim Direktorium unter der Leitung des Generaldirektors.

Ziel des DOSB als Dachverband eines der größten gesellschaftlichen Bereiche der Bundesrepublik Deutschland ist es, die Interessen seiner Mitglieder zu vertreten und sie besser durchzusetzen. Nähere Einzelheiten findet man auf der Homepage des DOSB unter http://www.dosb.de.

In enger Zusammenarbeit mit seinen Mitgliedsorganisationen nimmt der DOSB eine Vielzahl von Aufgaben wahr. Er fördert den Sport für alle Altersgruppen, wie Kinder und Jugendliche, Erwachsene und Ältere. Weitere Ziele sind die Förderung der ganzheitlichen Persönlichkeitsentwicklung sowie die Bildung im und durch Sport. Der DOSB kooperiert mit allen Institutionen, die mit Sport in Beziehung stehen, auf nationaler wie auch internationaler Ebene. Ein besonderes Anliegen ist die Förderung der olympischen Grundprinzipien und der olympischen Erziehung. Auch die Sportwissenschaft mit allen ihren Teilgebieten erfährt Unterstützung durch den Dachverband. Neben dem Bewegungs- und Sportangebot für Gesunde wird der Sport von Behinderten gefördert. Ein nachhaltiger und bedarfsgerechter Sportstättenbau gehört ebenso zu seinen Zielen wie ein umweltgerechtes Sporttreiben im Einklang mit Umwelt, Natur und Landschaft.

„Der DOSB bekennt sich zu einem humanistisch geprägten Menschenbild, er dient der Wahrung und Förderung der ethischen Werte im Sport und fördert das bürgerschaftliche Engagement. Er vertritt den Grundsatz religiöser und weltanschaulicher Toleranz sowie parteipolitischer Neutralität. Er tritt rassistischen, verfassungs- und fremdenfeindlichen Bestrebungen entschieden entgegen. Er pflegt die Verbindungen zu den großen gesellschaftlichen Gruppen, Kirchen und politischen Parteien" (DOSB, 2012, S. 1).

Foto: © picture alliance

11 Basketball für spezielle Zielgruppen

(unter Mitarbeit von Tim Brentjes)

Das Basketballspiel wird im Sportverein zum größten Teil von Mannschaften mit dem Ziel betrieben, regelmäßig am offiziellen Wettspielbetrieb des Landesverbandes oder des DBB teilzunehmen. Neben diesen leistungsorientierten Wettkampfmannschaften betreiben weitere Gruppen im und außerhalb eines Vereins das Basketballspiel. Mit ihrem Spiel verfolgen sie andere Ziele und Zwecke als die Umsetzung verbands- oder vereinsbezogener Leistungsziele. Gleichgültig, ob nach offiziellen Spielregeln oder selbst vereinbarten Regeln gespielt wird, es stehen bei diesen vielfältigen Formen des Basketballspiels andere Bedürfnisse im Fokus der Spielenden, wie zum Beispiel: Freunde treffen, Fitness erhalten, Spielfreude ausleben u. Ä. Hierin bestehen große Chancen, mit Basketball speziellen Zielgruppen ein Angebot zur körperlich-sportlichen Entwicklung und zur aktiven Freizeitgestaltung zu unterbreiten sowie im Sinne einer breitensportlichen Wirkung die Zahl der Basketballaktiven zu erhöhen. Als Basketballvariationen werden u. a. Einrad-Basketball, Wasser-Basketball, Korfball, Korbball, Netball und Slamball gespielt. Ausgewählte Zielgruppen und Basketballspielformen werden im Folgenden näher vorgestellt.

11.1 Mini-Basketball

Nach seiner Vorstellung in Amerika durch Jay Archer 1948 („Biddy Basketball") und seiner Einführung in Europa (Spanien, 1962) hielt Mini-Basketball in den 1970er Jahren auch Einzug in Deutschland. Der DBB veröffentlichte 1978 seine ersten „Offiziellen Mini-Basketball-Regeln".

Mini-Basketball bildet die Grundlage für den Basketball als Leistungssport ebenso wie für den Breitensportbereich. Es soll die Kinder für den Sport allgemein, die Sportspiele, aber auch speziell für die Sportart Basketball begeistern. Bedingt durch den demografischen Wandel und die Veränderungen in der Schullandschaft (Ganztagsschule, G8) ist es für alle Sportarten elementar, Kinder bereits früh und besonders auch schon in der Grundschule zu erreichen und für den Sport zu mobilisieren. Neben der allgemeinen Gewinnung von Mitgliedern für die Sportvereine gilt es auch schon früh, Talente zu erkennen und diese an die Sportart zu binden. Diese frühe Talentsichtung und Spezialisierung der Kinder im U-12-Bereich ist allerdings nicht unumstritten und wird durchaus kontrovers diskutiert. Der DBB und seine Landesverbände motivieren und unterstützen ihre Vereine bei der Zusammenarbeit mit Grundschulen und bieten Weiterbildungsmaßnahmen für Lehrkräfte an.

Mini-Basketball ist für die Zielgruppe der 6-11-jährigen Jungen und Mädchen konzipiert worden, einem Alter, das für das Erlernen von Bewegungen sehr günstig ist. Kinder dieser Altersgruppe zeichnen sich durch einen großen Bewegungs- und Spieldrang sowie durch Neugier und Wissbegierde aus (Nicklaus, 1991). Im Mittelpunkt des Trainings mit dieser Altersgruppe steht die Ausbildung von koordinativen und motorischen Grundfertigkeiten, die allgemeine Spielfähigkeit und natürlich auch ballsport- und basketballspezifische Fertigkeiten. Nahezu alle Autoren weisen darauf hin, dass die Inhalte in den Altersklassen unter 12 Jahren möglichst spielerisch vermittelt werden sollten. Die Kinder sollen in diesem Alter möglichst wenige Drills laufen, sondern immer auch Spaß an der Bewegung haben und positive Erfahrungen sammeln. Primäres Ziel ist es, die Kinder spielerisch und altersgerecht an das regelmäßige Sporttreiben heranzuführen und dies zur Gewohnheit werden zu lassen. Dabei können durch das Minibasketballspielen im biologischen, motorischen und psychosozialen Bereich wertvolle Entwicklungsreize gesetzt werden.

Mini-Basketball übernimmt, gleichgültig ob im Schulsport (vgl. Kap. 11.2) oder im Sportverein, die Funktion einer körperlich-sportlichen Grundlagenausbildung. Als Entwicklungs- und Ausbildungsziele sind dabei zu nennen:

* Motivation zum sportlichen Leisten,
* Entwicklung der sportlichen Spielfähigkeit,
* Ausbildung allgemeiner und ballbezogener motorischer Fähigkeiten und Fertigkeiten,
* Förderung allgemeiner Kondition und Koordination,
* Entwicklung sozialer Kompetenzen.
* Grundstein für eine sportliche Biografie

Mini-Basketball kann mehrmals pro Woche gespielt werden. In Übungsgruppen können Mädchen und Jungen entwicklungsbedingt gemeinsam spielen. Es sollte angestrebt werden, dass die Kinder an Mini-Basketballspielen bzw. -turnieren teilnehmen. Dort können sie ihre erworbenen Fähigkeiten und Fertigkeiten anwenden, sich mit anderen messen lernen und erste Wettspielerfahrungen sammeln.

Die vom DBB herausgegebenen Informationen zu Trainingsinhalten und Trainingszielen für die U12 Minibasketball (Leitfaden Minibasketball, U 12 DVD etc.) machen deutlich, dass die individuelle sportliche Ausbildung der Kinder im Mittelpunkt steht. Erfolge von Mannschaften werden diesem Ziel untergeordnet, was in Einzelfällen durchaus auch zu Konflikten führen kann.

Das ab 2019 einheitliche Regelwerk für Minibasketball unterstützt dieses Ziel nachhaltig. Gespielt wird mit kleineren, für die Hände der Kinder geeigneten Mini-Bällen (Größe 4 oder 5) und auf eine reduzierte Korbhöhe von 2,60 Metern. Die Spieleranzahl ist reduziert und die Regeln sind vereinfacht und kindgerecht:

- Die Schiedsrichter sollen deren Durchsetzung an das jeweilige Leistungsniveau anpassen.
- Jeder erfolgreiche Korbwurf innerhalb der Zone zählt zwei Punkte, einer von außerhalb der Zone zählt drei Punkte. Ein Freiwurf zählt einen Punkt.
- Die Rückspielregel und weitere Zeitregeln sind außer Kraft (Ausnahmen teilweise für U 12)
- Die Mann-Mann-Verteidigung ist vorgeschrieben.
- Fouls werden streng geahndet. Die Schiedsrichter haben vor allem eine pädagogische Funktion und sollen gemeinsam mit den Trainern entsprechend der Entwicklung der Kinder und deren jeweiligen Fähigkeiten handeln.

Das aktuell gültige Regelwerk kann vom DBB bezogen werden.

Minis dürfen nicht als kleine Erwachsene angesehen werden, Mini-Basketball ist keine vereinfachte Version des Basketballspiels, sondern vielmehr ein eigenes Spiel mit ganz speziellen Anforderungen und Bedürfnissen (Vogt in Hagedorn et al., 1996, S. 325). Dementsprechend hoch sind die Anforderungen an die Trainer, Betreuer und Schiedsrichter. Kinder im Mini-Alter lernen sehr stark von Vorbildern und durch Imitation (Holst et al., 2009, S. 8). Es ist für den Trainer also elementar, dass er innerhalb und außerhalb der Halle ein gutes Vorbild ist. In der Halle bedeutet das neben dem technisch einwandfreien Demonstrieren von Bewegungen und Übungen eine hohe soziale Kompetenz. Die altersgerechte Aufbereitung der Inhalte ist dabei ebenso wichtig wie Geduld und das regelmäßige und gleichmäßige Verteilen und Vermitteln von Lob und Erfolgserlebnissen für alle Kinder sowie das Verzichten auf persönlichen Ehrgeiz hinsichtlich der Wettkämpfe. Das gemeinsame Erleben und Verarbeiten von Erfolgen und Misserfolgen ist Teil der Ausbildung der sozialen und psychischen Fähigkeiten der Kinder. Außerhalb der Halle zählen Auftreten, Pünktlichkeit, Freundlichkeit und insbesondere Zuverlässigkeit zu den wichtigsten Anforderungen. Auch der Elternarbeit kommt im Mini-Basketball nicht nur wegen der organisatorischen Zusammenarbeit (Fahrdienste, Kindersitz, Auswärtsspiele etc.) eine große Bedeutung zu, da es dem Trainer hilft, wenn die Eltern seine Motivation verstehen und die Kinder auch bei Misserfolgen weiter positiv unterstützen und sich gegenüber gegnerischen Mannschaften fair verhalten.

Auch die im Mini-Basketball eingesetzten Schiedsrichter müssen besondere pädagogische Fähigkeiten mitbringen. Sie müssen die Trainer dabei unterstützen, die Spiel- und Entwicklungsphilosophie umzusetzen. Dazu müssen sie einerseits in der Lage sein, die Auslegung der Regeln an die Spielstärke beider Mannschaften anzupassen, andererseits sollen die Kinder sie quasi als zusätzliche Betreuer wahrnehmen, die ihre Entscheidungen und Zeichen geduldig erklären. Trainer und Schiedsrichter sollten im

Mini-Basketball also als Team im Sinne der Entwicklung der Kinder zusammenarbeiten (z. B. Pre-game-Gespräch) und speziell vor den Kindern auch entsprechend miteinander kommunizieren (z. B. Unterlassen von Kritik an Entscheidungen vor den Kindern).

11.2 Schulsport Basketball

Basketball gehört zu den etablierten Sportspielen im Schulsport. Wissenschaftliche Untersuchungen belegen, dass Basketball eine der beliebtesten Schulsportarten ist[93]. An Schulen wird es gern angeboten, da es in relativ kurzer Zeit zu einer hohen Belastungsintensität führt. Durch methodische und organisatorische Variationen können auch größere Klassen in einer Sporthalle unterrichtet und belastet werden. Es wurde in die Rahmenrichtlinien bzw. Lehrpläne aller Bundesländer als eine Wahloption im Stoffgebiet Sportspiele bzw. Spielen aufgenommen. Das Basketballspiel ist demnach ein Mittel zur Erfüllung der Bildungs- und Erziehungsziele des Sportunterrichts in den jeweiligen Schulformen. Die in den Plänen empfohlenen Ziele, Inhalte, Umfänge und Unterrichtsformen sind sehr vielfältig und fallen mitunter in ihrer Akzentuierung unterschiedlich aus. Die konkrete Umsetzung des Basketballunterrichts an den Schulen ist letztlich von den örtlichen Rahmenbedingungen und der Qualifikation des Sportlehrers abhängig. Da aber sehr viele Schüler im Sportunterricht das erste Mal mit der Sportart Basketball in Berührung kommen, unterstützt der DBB ausdrücklich die Aufnahme von Basketball in das Unterrichtsprogramm und engagiert sich in der Qualifikation von Sportlehrern. Neben Ausstattungs- und Ausbildungsinitiativen werden vor allem schulbezogene Unterrichtsmaterialien und Medien zur Verfügung gestellt (vgl. Literaturverzeichnis). Zur Unterstützung von Lehrern bei deren Vorbereitung von Basketball für den Sportunterricht wie auch für weitere Gelegenheiten wurde vom DBB 2011 die Datenbank „Basketball-in-der-Schule" eingerichtet. Hier können sich Lehrer aller Schulformen kostenfrei online anmelden und einzelne Übungsformen bis hin zu kompletten Stundenbildern herunterladen.

Der DBB und die Schulsportreferenten in den Landesverbänden koordinieren die Zusammenarbeit zwischen den Schulen, den Ländern und Kommunen sowie dem Fachverband. Sie treten dafür ein, dass folgende Leitideen im Basketballunterricht Berücksichtigung finden:

- Basketball soll das Interesse an der sportlichen Aktivität wecken und zur Ausdrucksform eines sportlichen Lebensstils werden.
- Basketball ist hervorragend geeignet, die körperlich-sportliche Bildung der Schüler umfassend zu fördern.

---

93 König & Zentgraf, 1999.

- Basketballunterricht sollte die Entwicklung der Spielfähigkeit als Ziel verfolgen.
- Basketball als Mannschaftssportspiel entwickelt im Besonderen die sozialen Kompetenzen der Schüler.
- Basketball wird nach festen Regeln für alle gespielt und verlangt von den Schülern Disziplin und Fairness. Dazu sind Spielregelkenntnisse zu vermitteln.
- Die Vermittlung von Basistechniken und einfacher taktischer Inhalte soll das Spielenlernen unterstützen.
- Die Mann-Mann-Verteidigung sollte primär geschult werden.
- Bis zur sechsten Klassenstufe sollte Mini-Basketball und ab der siebten Klasse das Zielspiel Basketball im Unterricht gespielt werden.
- Die Wahl der Vermittlungsmethode ist auf die Zielgruppe, das Unterrichtsziel und die verfügbare Zeit abzustimmen.

Außerunterrichtlicher Schulsport

Basketball hat auch im außerunterrichtlichen Schulsport einen festen Platz. Häufig besteht die Möglichkeit, sich in den Pausen auf dem Schulhof an Freiluftkorbanlagen oder unter Aufsicht in der Sporthalle aktiv zu betätigen. Dort finden sich Schüler zum Spiel 3-3 ein oder werfen einfach auf den Korb. Schulpolitische Initiativen und Konzepte, wie u. a. „Die bewegte Schule" und zur Ganztagsschule, unterstützen solche freien und vielfältigen Bewegungs- und Sportaktivitäten. Auf Initiative der Schule und oft als Ergebnis einer in vielen Bundesländern geförderten Kooperationsvereinbarung von „Schule und Verein" bestehen Schulsport-Arbeitsgemeinschaften. Engagierte Sportlehrer, Eltern oder Vereinsübungsleiter bieten hier am Nachmittag in der Schule Basketballtraining für Jungen und Mädchen an. Ziel dieser Initiative ist es, Schüler zur sportlichen Freizeitgestaltung zu animieren, aber auch für eine Vereinsmitgliedschaft zu werben. Um diesen Schulsportmannschaften ein attraktives Spielangebot zu machen, wurde 1969 der Schulwettbewerb JUGEND TRAINIERT FÜR OLYMPIA (JtfO) ins Leben gerufen. Basketball gehört zum Standardprogramm des jährlich stattfindenden Wettbewerbs. Über Stadt-, Kreis- und Landesausscheidungsturniere qualifizieren sich die 16 besten Schulmannschaften in den jeweils ausgeschriebenen Altersklassen für Mädchen und Jungen für das Bundesfinale. Schulmeisterschaften, Schulligen (oft von Schülern selbst organisiert) und Einladungsturniere örtlicher und regionaler Vereine und Sponsoren ergänzen die vielfältigen Startmöglichkeiten für diese Schulsport-AGs. Der internationale Bekanntheitsgrad und die verschiedenen Spielformen des Basketballspiels verleihen Basketball ein hohes Potenzial zur Integration von Schülern mit Migrationshintergrund.

An vielen Bundesligastandorten werden Grundschulen dabei unterstützt, Vorformen des Basketballspiels und Übungen sowie Spielformen zur Förderung der Koordination in ihrem Unterricht zu verankern. Dies geschieht sowohl durch Sachleistungen als auch durch Trainer und Übungsleiter, die an den Schulen den Unterricht oder auch Arbeitsgemeinschaften mitgestalten. Sehr häufig werden in der Folge lokale Grundschulturniere veranstaltet. Der DBB unterstützt diese Projekte mit Nachdruck.

Insbesondere an den weiterführenden Schulen wird Basketball im Rahmen von Schulsporttagen ebenso angeboten wie bei schulinternen Meisterschaften.

Spielabzeichen-Programm des DBB

Weitere Möglichkeiten bietet das Spielabzeichen-Programm des DBB. Das Spielabzeichen Basketball ist eine Auszeichnung für eine sportliche Leistung, die Kinder und Jugendliche motivieren soll, die Sportart Basketball aktiv auszuprobieren. In der Schule, im Verein wie in der Freizeit stellt das Spielabzeichen ein Erfolgserlebnis und eine Anerkennung der eigenen Leistung dar. Die Prüfung kann jeder Lehrer, Trainer, Übungsleiter oder Betreuer problemlos abnehmen. Folgende gestufte Anforderungen werden an den Erwerb des Spielabzeichens gestellt:

- **Bronze:** Das erste Spielabzeichen kann unter anderem bei einem Spieltreff, einem Schnuppertraining, einer Übungsstunde im Basketballkurs (Arbeitsgemeinschaft, Ganztagsangebot) oder im Rahmen einer einführenden Unterrichtsreihe erworben werden. Es ermöglicht gerade Anfängern schon im Grundschulalter ein Erfolgserlebnis.

- **Silber:** Nach einer mehrstündigen Trainings- oder Unterrichtsreihe im Basketball kann das silberne Basketballabzeichen im Verein oder in der Schule erworben werden. Es eignet sich auch gut für den Einsatz in Trainings- oder Feriencamps.

- **Gold:** Das goldene Spielabzeichen kann im Basketballkurs eines Vereins oder im Rahmen einer weiterführenden Unterrichtsreihe in der Schule erworben werden. Es eignen sich z. B. Vereinsaktionen außerhalb des Spielbetriebs, wie Sommer- oder Weihnachtsfest, Saisonabschluss etc.

Mit der Unterstützung bei der Organisation von Spieltreffs fördert der DBB vielfältige außerunterrichtliche Aktivitäten in den Schulen und Vereinen. Der Spieltreff Basketball kann von allen Mitgliedsorganisationen, also Vereinen, Abteilungen und allen Basketballverbänden auf Kreis-, Bezirks- oder Landesebene sowie von allen Schulen und sonstigen nicht-organisierten Sportgruppen durchgeführt werden. Jeder Veranstalter ist in der Wahl der sportlichen Inhalte seiner Veranstaltung frei. Grundsätzlich gilt: Offene und situationsgemäße, dem Alter und dem Könnensstand der Teilnehmer angepasste Inhalte erhöhen die Bereitschaft der Teilnehmer zum Mitmachen. Die Leistungsanforderungen sollen bewusst so niedrig angesetzt sein, dass jeder Teilnehmer ein Erfolgserlebnis hat und motiviert ist, sich auch weiterhin im Basketball zu betätigen. Weitere Aktionen und Maßnahmen des DBB werden an aktuellen Anlässen und Erfordernissen ausgerichtet, so zum Beispiel zur Förderung des Mädchenbasketballs.

11.3 Streetball, FIBA 3x3

Neben seiner Bedeutung in der Ausbildung und Schulung von Vortaktik und Gruppentaktik hat sich das Spiel 3-3 auch zu einer eigenständigen Spielform entwickelt. Am bekanntesten ist Streetball, das heute ein wesentlicher Baustein des Breiten- und Freizeitsports im Basketball ist. Bereits kurz nach der Etablierung des Spiels 5-5 suchten vor allem Jugendliche nach Gelegenheiten, außerhalb der üblichen Sporthallen und ohne Kontrolle durch Trainer frei Basketball zu spielen. Die Spielmöglichkeiten waren allerdings begrenzt. Meist gab es nur einen Korb an einem Spiel- oder Sportplatz, sodass 1-1, 2-2 oder eben 3-3 auf einen Korb gespielt wurde (Niedlich, 1995). Der Trend breitete sich, ausgehend von den Vereinigten Staaten, weltweit aus.

Streetball in Deutschland

Auf Initiative eines großen Sportartikelherstellers wurde in Deutschland mit einem ersten großen Turnier (22./23.08.1992) ein Streetballboom ausgelöst. Die Einführung des Namens *Streetball* für das Spiel 3-3 wurde von einer großen Kampagne für eine eigene Sportkollektion begleitet. Der DBB und weitere Sportartikelhersteller unterstützten diesen Trend. Für mehrere Jahre gab es Streetball-Mega-Events mit Hunderten von Spielern aller Altersklassen. Die allgemein größer werdende Bekanntheit von Basketball (Dream-Team USA in Barcelona 1992, EM-Titel der deutschen Herren-NM 1993) führte sogar zu einem großen Mitgliederzuwachs im Vereinsbasketball. Diese Entwicklung hielt jedoch nicht lange an.

Mit dem sportlichen Trend hielten auch seine amerikanischen „Begleiterscheinungen" Einzug in die deutsche Jugendkultur. Mit Rap und Hip-Hop-Musik, Graffiti oder Break Dance wurden die Streetballszene und Events ergänzt und erweitert. Weitere freie Sportarten wie Skateboard- oder BMX-Radfahren fanden im Umfeld von Streetball-Events eine Plattform. Immer mehr setzte sich in der Streetballszene und generell in der Basketballszene auch die dazugehörige Mode mit weit geschnittenen Kleidungsstücken (Baggy Look) durch.

Der DBB führte bereits 1994 die erste offizielle Deutsche Meisterschaft im Streetball durch, an der über 100 Mannschaften teilnahmen (Schröder & Bauer, 2001). In der Mitte der 1990er Jahre zählte der vom DBB geführte Streetballkalender über 200 Streetballturniere in Deutschland pro Jahr. Immer größere Sponsorenevents mit attraktiven Preisen und enormer öffentlicher Aufmerksamkeit führten dazu, dass halbprofessionelle Streetballteams entstanden, die für bestimmte Marken, die sich in diesem Umfeld positionieren wollten (z. B. Kickz, Mazine oder And1), antraten.

Mit dem Ausstieg der Sportartikelhersteller und weiterer Sponsoren ebbte der Boom zu Beginn der 2000er Jahre ab. Es gab nur noch vereinzelte Großveranstaltungen von

Sponsoren, die teilweise bereits auch im Spiel 4-4 und 5-5 stattfanden. Jedoch wird Streetball weiterhin als Landestour im Angebot vieler Landesverbände, Landessport-bünde oder der Landessportjugend genutzt, um für die Sportart Basketball zu werben, aber auch, um soziale Projekte zu unterstützen. Diese Touren enden bis heute meist mit einem Landesfinale, was wiederum als Qualifikationsturnier für die weiterhin vom DBB ausgerichtete Deutsche Meisterschaft dient.

Heute ist die Streetballszene in Deutschland relativ konstant und ein fester Bestandteil der Jugendkultur. Gleichzeitig ist ein deutlich gestiegener Anteil an Vereinsspielern bei den Tur-nieren zu beobachten. Über die Zahl der Freizeitsportler, die Streetball außerhalb der Tur-niere spielen, gibt es keine zuverlässigen Zahlen, aber ein Basketballkorb oder -feld gehört heute auf vielen Schulhöfen, Sport- oder Spielplätzen in Deutschland zum Standard.

Spieler, Motivation und pädagogischer Aspekt

Streetball als Freizeitsport zeichnet sich durch eine hohe Unverbindlichkeit aus. Die Spieler treffen sich spontan oder verabredet an einem Spielort, vereinbaren selbst Teams und Regeln und können vollständig selbstreguliert ihrem Sport nachgehen. Die Teilnahme dieser Teams an organisierten Turnieren, die meist an einem Tag oder einem Wochenende stattfinden und die einer offiziellen Anmeldung bedürfen, bildet eine Aus-nahme. Diese Individualisierung des Sporttreibens entspricht einem generellen Trend in der Gesellschaft, der vor allem bei Jugendlichen immer mehr zunimmt (u. a. Hurrel-mann, 2006). Streetball wird hauptsächlich von der Altersgruppe der 14-25-Jährigen betrieben. Bei offiziellen Turnieren findet man allerdings auch Ü-30-Teams und Mixed-Teams mit älteren Spielern, die dann aber meist Vereinsspieler sind. Auffällig ist der deutlich geringere Anteil an Mädchen und jungen Frauen beim Streetball.

Heute werden viele der Absprachen zu Spielen oder Turnieren über soziale Netzwerke im Internet getroffen. Die Möglichkeit, Ergebnisse, Porträts von Teams oder Spielern und damit die eigene Leistung auch ohne eigene Internetseite aktuell im Internet zu veröffent-lichen, könnte sich positiv auf die Streetballszene auswirken. Streetball schließt seit seiner Entstehung in den USA für viele Freizeitsportler auch immer ein Bedürfnis nach Selbst-darstellung und Anerkennung durch Gleichgesinnte ein. Vereinssportler nutzen Streetball als Freizeitvariante vor allem in den wettkampffreien Sommermonaten und sehen es aber auch als Herausforderung, sich mit den „echten" Streetballspielern zu messen.

Das selbst regulierende Wesen, das Streetball auf der einen Seite auszeichnet, wird auf der anderen Seite aber auch kritisch diskutiert. Zwar zwingt das selbst vereinbarte Re-gelwerk die Spieler zur Konfliktbewältigung auf dem Feld, es kann aber auch (körperli-che) Auseinandersetzungen auslösen und führt dazu, dass weniger durchsetzungskräftige Spieler benachteiligt werden. Ebenso werden die teilweise überharte Spielweise und das

Foto: © picture alliance

Nichtbeachten der technischen Spielregeln bemängelt. Darüber hinaus kritisieren manche Autoren, dass das Spiel durch die Bedeutung der Selbstdarstellung seinen Charakter als Mannschaftssport verliere und Teams nur eine Ansammlung von Einzelspielern seien.

Dennoch besitzen Streetball und spezielle Sonderformen, wie Midnight-Basketball, gerade durch die Selbstregulierung und individuelle Gestaltung des Spiels ein hohes Partizipations- und Integrationspotenzial. Ob in der Gewalt- und Suchtprävention, in der Jugendsozialarbeit oder bei Resozialisierungsmaßnahmen im Jugendstrafvollzug, Streetball war und ist ein jugendnahes Medium, um mit entsprechender pädagogischer Begleitung informell Werte zu vermitteln oder Vertrauen, Selbstwertgefühl und Zugang bei und zu Jugendlichen aufzubauen.

Streetball-Spielregeln

Grundsätzlich gelten beim Streetball die Basketballregeln in abgewandelter Form. Je nach Absprache der Teams ist das Spiel „auf der Straße" üblicherweise körperbetonter. Jedoch wird auf eine enge Auslegung der technischen Regeln bisweilen verzichtet, um besonders im freien Spiel außerhalb von Turnieren Tricks und Showelemente zuzulassen (Freestyle). Einige Grundregeln finden sich aber in nahezu allen Streetball-Regelwerken wieder. Dazu gehören: der ungestörte Start mit Ballbesitz hinter der Distanzlinie oder außerhalb einer Zone nach einem Korberfolg des Gegners; das Freigeben des Balls (Checken) nach Korberfolg, Foul oder einer Regelübertretung; vor einem Korbwurf muss mindestens ein weiterer Spieler des angreifenden Teams den Ball berühren; gezählt wird ein Punkt pro Korberfolg und zwei Punkte für einen Distanzwurf, wenn eine Distanzlinie vorhanden ist. Fouls werden im freien Spiel meist nur mit Ballbesitz bestraft.

Ob der gefoulte oder foulende Spieler das begangene Foul ansagt oder anzeigt, wird jeweils zwischen den Teams vereinbart. Typischerweise zeigt jedoch die angreifende Mannschaft das Foul an *(offence calls)*. Gespielt wird über eine bestimmte Zeit oder bis zum Erreichen einer bestimmten Punktzahl.

Bei offiziellen Turnieren und Meisterschaften ist mit den Court-Monitoren eine einfache Kontrollinstanz gegeben, sodass es ab einer gewissen Anzahl von Teamfouls meist Freiwürfe oder einen Punkt bei weiteren Fouls gibt. Die Court-Monitore fungieren nicht als Schiedsrichter, sondern protokollieren lediglich das Spielergebnis. Sie treffen nur im Streitfall eine Entscheidung, um Auseinandersetzungen zu unterbinden.

Spiel 3 X 3 olympisch!

FIBA 3X3 ist eine organisierte Form des Streetbasketballs, die von der FIBA bereits 2007 entwickelt wurde. Es wird auch hier 3 gegen 3 auf einen Korb gespielt. Den ersten internationalen Auftritt gab es bei den Asian Youth Games 2009. Seit 2010 bemüht sich die FIBA intensiver darum, das Spiel 3 gegen 3 als zusätzliche Wettkampfform zu stärken und es langfristig auf einem professionellen Leistungssportniveau als weitere Basketballdisziplin zu etablieren. Am 9. Juni 2017 fiel dann die Entscheidung des Internationalen Olympischen Commitees (IOC), dass das Spiel 3X3 als weitere Disziplin des Basketballs in das Programm der Olympischen Spiele aufgenommen wird.

Ein erster Schritt auf dem Weg zu dieser Entscheidung waren die Olympischen Jugendspiele in Singapur im Sommer 2010, bei denen erstmals ein großes Turnier nach dem Regelwerk FIBA 3X3 im Spiel 3-3 ausgetragen wurde. Das Turnier hat international große Aufmerksamkeit erregt und die Diskussion innerhalb der Nationalverbände angestoßen. Der ursprüngliche Regelentwurf sah das Spiel 3-3 eher als Variante des organisierten Spiels 5-5. So wurden die Spiele von zwei Schiedsrichtern und drei Kampfrichtern geleitet und die Teams von Trainern betreut. Im Prinzip wurde nach offiziellen Basketballregeln mit Freiwürfen und Korbwertungen von einem bis drei Punkten gespielt, aber es stand nur eine verkürzte Angriffszeit von 10 statt 24 s zur Verfügung. In einer ersten Reflexion dieser neuen Wettspielform wurde das Regelwerk als organisatorisch zu umfangreich und komplex und insbesondere für den Freizeitsportbereich als ungeeignet bewertet. Ein wesentliches Ziel der FIBA, der Nationalverbände und der Veranstalter von 3 gegen 3-Events war es, für unterschiedliche Spielniveaus einheitliche Regeln zu verfassen, die letztendlich 2012[94] herausgegeben werden konnten. Es wird auf einem regulären Basketballhalbfeld gespielt und es gelten grundsätzlich die offiziellen Regeln der FIBA. Auffälligster Unterschied zu den offiziellen 5-5-Regeln ist die auf 12 s verkürzte Angriffszeit. Tab. 11.1 fasst die wichtigsten Regeln des FIBA 3X3 zusammen.

---

94   Übergangsweise wurde ein dreistufiges Regelwerk mit unterschiedlichen Bestimmungen für Turnierregeln, Basisregeln und vereinfachten Regeln erprobt.

Tab. 11.1: 3x3-Regeln der FIBA (FIBA, 2019).

Spielfeld	Breite: 15 m, Länge: 11 m
Ball	Größe 6 für alle Kategorien
Anzahl der Spieler/Team	3 Feldspieler plus 1 Auswechselspieler
Spielzeit	1 x 10 Minuten
Verlängerung bei Unentschieden	Das Team, das zuerst zwei Punkte erzielt, gewinnt das Spiel.
Vorzeitiges Spielende	21 Punkte nur während der reguläre Spielzeit
Erster Ballbesitz	wird durch Münzwurf bestimmt
Angriffszeit (shot-clock)	12 s, Angriffszeit startet, sobald das Offensiv-Team in Ballbesitz ist
Punktesystem	innerhalb der Distanzlinie 1 Punkt, außerhalb 2 Punkte
Ballbesitz nach Korberfolg	Ballbesitz für das Team, das nicht gepunktet hat, Ball wird durch einen Spieler hinter die Distanzlinie gepasst oder gedribbelt.
nach Ballverlust oder defensivem Rebound	Der Ball muss durch Pass oder Dribbling hinter die Distanzlinie bewegt werden.
Ballbesitz nach totem Ball	Das Spiel wird mit einer Ballübergabe von einem Verteidiger an einen Angreifer hinter der Distanzlinie frontal vor dem Korb fortgesetzt.
Sprungballsituation	Die verteidigende Mannschaft erhält den Ballbesitz.
Limit für Teamfouls	sechs
Strafe für Teamfouls 7, 8 und 9	2 Freiwürfe
Strafe für Teamfoul 10 und weitere	2 Freiwürfe und Ballbesitz
Strafe für unsportliches Foul	2 Freiwürfe, das Foul zählt als zwei Teamfouls
Foul in einer Wurfaktion	1 Freiwurf bei Wurfversuch innerhalb der Distanzlinie 2 Freiwürfe bei Wurfversuch außerhalb der Distanzlinie
Spielerwechsel	möglich bei jedem „toten" Ball durch Körperberührung mit dem einwechselnden Spieler hinter der Spielfeldendlinie gegenüber dem Korb
Schiedsrichter	einer oder zwei
Kampfrichter	bis zu zwei
Schiedsgericht	zwei (Zeitnehmer/Anschreiber)
Auszeiten	eine 30-s-Auszeit; bei Turnieren ggf. 2 TV-Auszeiten à 30 s

11.4 Mixed-Basketball

Mixed-Basketball ist im Erwachsenenbereich als Spiel 5-5 eine reine Freizeitspielform, die beinahe ausschließlich außerhalb des regulären Spielbetriebs stattfindet. Im Gegensatz zum Streetball gibt es im Jugendbereich eher wenige Anhänger des Mixed-Basketballs, sodass es kaum Jugendkategorien oder eigene Jugendturniere in dieser Spielform gibt. Die Teilnehmer gehören eher der Altersgruppe 20-45 Jahre an. In der Mixed-Kategorie beim Streetball sind meist nur Mannschaften über 18 Jahre zu finden oder ggf. zugelassen, allerdings sind bei der Deutschen Meisterschaft im Streetball Mixed-Teams ab 16 Jahren im Wettbewerb aufgenommen.

Turniere und Veranstaltungen im Mixed-Basketball zeichnen sich durch angepasste Regelwerke und das meist dazugehörige gesellige Rahmenprogramm aus. Die Teilnehmer von Mixed-Basketball-Turnieren sind meist Vereinssportler, die diese Turniere als Ausgleich nutzen oder als Gelegenheit, einmal mit anderen Sportlern gemeinsam zu spielen bzw. ehemalige Mitspieler zu treffen oder es sind Freizeitsportler, die sonst nicht oder kaum Basketball spielen. Die Mannschaften der Vereinssportler setzen sich oft aus den Damen- und Herrenmannschaften eines Vereins oder einer Stadt zusammen. Bei den Freizeitsportlern bilden die Studenten sicherlich das größte Teilnehmerfeld, nicht zuletzt da viele Mixed-Turniere im Hochschulumfeld stattfinden.

Die Mitte der 1990er Jahre aufkommende und sich sehr stark verbreitende Form des Mixed-Basketballs findet z. T. innerhalb der Vereine statt (bspw. vereinsinternes Weihnachtsturnier) oder es werden Traditionsturniere mit festen Mannschaften ohne offizielle Ausschreibung organisiert. In einigen Fällen wird nicht nur Mixed, sondern auch generationsübergreifend gespielt.

Bei allen Turnieren steht der soziale und gesellschaftliche Aspekt des gemeinsamen Sporttreibens, des Wiedersehens und des Feierns nach dem Spiel im Mittelpunkt. Mit wenigen Ausnahmen steht der sportliche Erfolg der Mannschaften meist hintenan. Diese gemeinsame Motivation wirkt sich auch auf das Regelwerk und das Spiel aus.

Je nach dem Niveau des Teilnehmerfeldes wird das Regelwerk und teilweise auch die Zählweise stark vereinfacht und sehr spielorientiert interpretiert. Alle Regelwerke für Mixed-Basketball haben als Vorgabe, dass immer mindestens eine Spielerin auf dem Spielfeld sein muss. Zeit-, Schritt- und Rückfeldregeln werden sehr locker gehandhabt, bei vielen Turnieren wird zudem auf Freiwürfe verzichtet, um mehr effektive Spielzeit bei durchlaufender Zeitmessung zu haben. Fouls werden nach verschiedenen Grundsätzen (Teamfouls oder Vorfeld) mit einem Punkt und Ballbesitz geahndet. In den meisten Regelwerken ist es Männern untersagt, Wurfversuche von Frauen durch Springen zu blocken. Zusätzlich gibt es in einigen Regelwerken für die von Frauen erzielten Körbe mehr Punkte, um sie stärker ins Spiel einzubinden. Zum Ablauf eines Mixed-Turniers gehört auch, dass alle spielfreien Mannschaften Aufgaben als Schieds- und Kampfrichter übernehmen. Unabhängig vom eingesetzten Regelwerk zeichnen sich Mixed-Turniere durch ein hohes Maß von Fair Play und ein sportliches Miteinander auch auf dem Spielfeld aus.

11.5 Beach-Basketball

Beach-Basketball hat sich bereits in den 1980er Jahren in den USA und Brasilien in zwei verschiedenen Spielformen entwickelt. Während in den USA ähnlich dem Streetball 3-3 auf nur einen Korb gespielt wurde (Körbe ohne Bretter ähnlich dem niederländischen Korfball), wurde in Brasilien 4-4 auf zwei Körbe in einem Abstand von 20 m gespielt. Im Fall der USA wurde die Spielform als Ergänzung konzipiert, in Brasilien wurde sie aus der Not der mangelnden Trainingsmöglichkeiten heraus geboren (Grande & Rosenstein, 2005). Heute gibt es weltweit verschiedene Formen des Spiels am Strand, wobei teilweise sogar die Wasserlinie in das Spielfeld einbezogen wird.

In Deutschland und Europa setzte die Entwicklung des Beach-Basketballs 1993 ein. Im Sommer 1993 wurde Beach-Basketball als Demonstrationswettbewerb beim Surf-Worldcup auf Sylt vorgestellt. Im Folgejahr veranstaltete der DBB erstmalig eine Turnierserie an den deutschen Küsten. In den Folgejahren etablierten sich die Badeorte Cuxhaven, Eckernförde und Fehmarn als feste Standorte der DBB-Beach-Basketball-

Tour. Immer wieder kommen neue Standorte an den Küsten (z. B. Warnemünde) oder an Binnengewässern (z. B. Müggelsee bei Berlin) hinzu. Seit 2004 richtet der DBB die Deutsche Meisterschaft aus, für die anfangs eine Qualifikation erforderlich war. Inzwischen gibt es pro Saison ein großes DBB-Beach-Basketball-Turnier, bei dem neben der offenen Deutschen Meisterschaft auch immer ein Fun-Turnier stattfindet. Es gibt aber auch weitere Turniere, die teilweise regelmäßig von Vereinen gemeinsam mit Sponsoren, Kommunen oder anderen Organisationen ausgetragen werden.

Die Motivation und Teilnehmerstruktur der Beach-Basketballer ist der des Mixed-Basketballs sehr ähnlich. Die Mixed-Kategorie ist daher meistens auch die am stärksten besetzte Spielklasse bei den Beach-Basketball-Turnieren. Mit wenigen Ausnahmen (z. B. Norddeutsche Jugendmeisterschaft Eckernförde) werden nur die drei Kategorien Damen, Herren und Mixed angeboten. Beach-Basketball ist eine Fun-Sportart, sodass der gemeinsame Sport, das Wiedersehen mit alten Bekannten und neuen Gleichgesinnten, die Turnierparty, das gemeinsame Campen und das Stranderlebnis für die Teilnehmer schon als Kurzurlaub gelten. So ist auch zunehmend zu beobachten, dass Familien mit ihren Kindern zu den Turnieren anreisen und teilweise sogar gemeinsam mit zwei Generationen an Turnieren teilnehmen.

Beim Regelwerk der europäischen Variante wird 3-3 auf zwei Körbe gespielt, die 12 m auseinanderstehen. Die Schrittregeln gelten, sodass sich das Spiel auf Passen, Laufen und Werfen reduziert, was im Sand sehr anstrengend ist, aber Freizeitsportlern die Teilnahme an dieser Spielform des Basketballs erleichtert. Es werden meist kurze Spiele bestritten (Deutsche Meisterschaft 2 x 5 min). Die Fouls werden von den Spielern selbst angesagt, spielfreie Mannschaften stellen lediglich einen Court-Monitor, der das Ergebnis notiert. Es gibt üblicherweise keinen Ausball und der Ballbesitz bei einem frei im Sand liegenden Ball gehört dem Spieler, der den Ball zuerst berührt, die Ballaufnahme und ggf. das Aufstehen müssen zugelassen werden. Die Mannschaften erhalten zu Spielbeginn und zur zweiten Halbzeit abwechselnd den Ballbesitz. Alle Körbe zählen einen Punkt, bei einem Unentschieden entscheiden Freiwürfe.

11.6   Senioren-Basketball

Auf zunehmendes Interesse stoßen breitensportliche Aktivitäten, die außerhalb des offiziellen Wettspielbetriebs organisiert werden. Neben Stadt-, Schul- und Sommerligen, die meist über informelle Kreise kurzfristig oder saisonbedingt Spielangebote organisieren, haben sich vor allem vielfältige Spiel- und Turnierformen im Seniorenbereich entwickelt, die hier etwas genauer vorgestellt werden sollen. Zu den Senioren zählen männliche und weibliche Spieler, die über das 45. Lebensjahr hinaus Basketball spielen wollen. Immer mehr ältere Spieler verspüren den Wunsch, ihrer Sportart Basketball treu zu bleiben, auch wenn sie nicht mehr zum aktiven Kader einer Wettkampfmannschaft ihres Vereins zählen. Sie finden sich regelmäßig, meist 1 x pro Woche in Freizeit- und/ oder Seniorenteams zusammen. Der Erhalt der körperlichen Fitness und die Gesundheitsförderung werden von den Teilnehmern als bedeutsame Motive genannt, aber auch der Spaß und die Geselligkeit dürfen nicht zu kurz kommen. Hin und wieder wird daher der Basketball gegen einen Fußball eingetauscht. Darauf sollte sich ein Trainer im Breitensport einstellen. Die meisten Freizeitmannschaften wollen nicht mehr am aufwendigen Punktspielbetrieb an den Wochenenden teilnehmen, aber wer glaubt, dass es ganz ohne Leistungsvergleich geht, der irrt. Vielerorts werden Freizeitligen nur für Seniorenmannschaften organisiert, regionale Sponsoren richten Cupturniere aus oder Vereine laden zu traditionellen Freundschaftsturnieren ein. Die Sportvereine und Abteilungen sind gut beraten, diesen Trend zu unterstützen, denn so können Spieler auch nach Beendigung ihrer leistungssportlichen Karriere dem Verein als (zahlendes) Mitglied erhalten bleiben.

Der DBB unterstützt seine Oldies seit 1983 und organisiert jährlich die Bundesbestenspiele für Damen in den Altersklassen Ü-45 und Ü-50 und für Herren in den Wettbewerben Ü-45, Ü-50, Ü-55, Ü-60 und Ü-65. Die Mixed-Oldies treffen sich ebenfalls alljährlich zu einem Bundesturnier. Die Vertreter bzw. gewählten Sprecher aller Altersklassen treffen sich 1 x pro Spielzeit mit den Koordinatoren und den zuständigen Vertretern des DBB in der Bundesgeschäftsstelle in Hagen, um sich über die aktuellen Entwicklungen des „Sports der Älteren" im Basketball auszutauschen und die Spielregeln und Teilnahmebedingungen für den nächsten Wettbewerb festzulegen. Ebenfalls zu den Oldies zählt der Bereich der internationalen Wettkämpfe. Regelmäßig nehmen deutsche Delegationen an Welt- und Europameisterschaften des internationalen Maxi-Basketball Verbandes (FIMBA) teil und haben bereits beachtliche Erfolge erzielt.

11.7   Rollstuhl-Basketball

(von Andreas Joneck)

Rollstuhlbasketball ist *the most spectacular game on wheels*, die spektakulärste Sportart auf Rädern. Eine Sportart, die längst das Image einer medizinischen Rehabilitationsmaßnahme abgelegt hat und in Deutschland bis zu 4.000 Zuschauer in moderne Spielstätten lockt. Rollstuhl-Basketball ist dabei erfrischend anders: Er ist schnell, akrobatisch, leidenschaftlich, auch ein wenig exotisch, aber vor allem integrativ wie keine zweite Mannschaftssportart auf der Welt. Grundlegend auf dem Regelwerk des „Fußgänger"-Basketballspiels (FIBA) basierend, wie die herkömmliche Version der Sportart von den „Rollis" umgangssprachlich bezeichnet wird, haben Körbe, Spielfeld und Spielzeit im Rollstuhl-Basketball exakt die gleichen Dimensionen, das heißt, der Korb hängt ohne Rücksicht auf die niedrigere Sitzposition des Sportlers in 3,05 m Höhe und gespielt wird ebenso in vier Vierteln zu je 10 Spielminuten. International wird nach den Regeln der IWBF (International Wheelchair Basketball Federation) gespielt.

Rollstuhl-Basketball ist eine der populärsten und weitverbreitetsten Sportarten im paralympischen Sport. Im Selbstverständnis der Athleten handelt es sich beim Rollstuhl-Basketball jedoch nicht um die behindertengerechte Variante des herkömmlichen Basketballspiels, sondern um eine eigenständige Sportart, die sich unabhängig entwickelt hat und eigene taktische und trainingsrelevante Eigenheiten aufweist. Auf nationaler Ebene besteht zwischen dem Deutschen Rollstuhl-Sportverband (DRS; die Homepage ist aufrufbar unter http://www.drs-rollstuhlbasketball.de) und dem DBB, wie auf internationaler Bühne zwischen FIBA und IWBF, eine bis zur Basis reichende, enge und freundschaftlich-kooperative Zusammenarbeit.

Geschichte

Die ersten Rollstuhlsportler waren amerikanische und britische Kriegsverletzte des Zweiten Weltkriegs, denen innerhalb ihrer medizinischen Rehabilitation Sport als therapeutische Maßnahme verordnet wurde. Das war damals eine wirklich neue, fast revolutionäre Behandlungsmethode vor allem für Rückenmarkverletzte. Der Ausgangspunkt für die Entstehung des Rollstuhl-Basketballs (RBB) in den USA waren die sogenannten Veteran Administration Hospitals (VAH). Die dorthin verlegten jungen Soldaten mit einer Querschnittschädigung suchten einen Mannschaftssport, der ihnen zugleich Spaß als auch das Gefühl vermittelte, noch leistungsfähig zu sein. Bereits 1946 fanden die ersten Rollstuhl-Basketballspiele in VAH statt. Im April 1949 gründete sich die *National Wheelchair Basketball Association* (NWBA). Die NWBA beschloss damals, jährlich ein Turnier auszutragen und gleichzeitig wurde der bedeutende Entschluss gefasst, dass nur die behinderten Sportler wichtige Entscheidungen für die weitere Entwicklung ihrer Sportart treffen können. Die Einführung des funktionellen Klassifizierungssystems 1984 ermöglicht auch anderweitig Behinderten (Amputierten etc.), Rollstuhl-Basketball zu spielen und hob die einseitige Fixierung auf die Querschnittsgelähmten im Basketballbereich endgültig auf. Anhand der Einschätzung des Behindertengrades werden die Spieler mithilfe eines Punktesystems von 1,0 (schwerste körperliche Einschränkungen) bis 4,5 Punkte (leicht körperliche Einschränkungen) eingruppiert. Mit der neuen Klassifizierung vergrößerte sich auch die Zahl der Teams im Rollstuhl-Basketball enorm. Im Jahr 1994 gründete sich die *International Wheelchair Basketball Federation* (IWBF), die seitdem die Interessen der Rollstuhl-Basketballspieler weltweit vertritt. An deren Grundkonzeption orientiert sich auch der Fachbereich Rollstuhl-Basketball des Deutschen Rollstuhl-Sportverbandes, in dem die „Rollies" heute organisiert sind. Ihr Spielbetrieb gliedert sich in die 1. und 2. Bundesliga, vier Regionalligen, vier Oberligen und in regionale Landes- und Bezirksligen. Die Besten werden in die Nationalmannschaften der Männer, Frauen und Jugendlichen berufen. Daneben gibt es noch einige Freizeitteams.

Die kleinen Unterschiede im Regelwerk

Im Rollstuhl-Basketball spielen Männer und Frauen, Behinderte und Nichtbehinderte zusammen. Für Chancengleichheit und Gerechtigkeit sorgt ein ausgetüfteltes Klassifizierungssystem der Spieler. Der Schrittfehler existiert im Rollstuhl-Basketball ebenfalls, denn nach zwei Schüben an den großen Rädern muss ein Spieler den Ball dribbeln. Ein Doppeldribbling gibt es jedoch nicht: Der Ball kann gehalten oder auf dem Schoß abgelegt werden, das Dribbling darf beliebig oft zum Anschieben unterbrochen werden.

Nicht jeder Rollstuhlkontakt ist gleichzeitig ein Foul, auch wenn es manchmal heftig kracht. Im Prinzip gelten die Foulregeln wie im Fußgänger-Basketball, jedoch den Besonderheiten des Rollstuhl-Basketballs angepasst. Hauptgrund hierfür ist die Tatsache, dass das Sportgerät Rollstuhl letztendlich wesentlich mehr Raum auf dem Spielfeld einnimmt als ein laufender Basketballspieler und auch nicht auf den Punkt zum Stehen gebracht werden kann.

Klassifizierung

Der enorm integrative Faktor liegt in der funktionellen Klassifizierung begründet, die ermöglicht, dass Sportler mit den unterschiedlichsten Einschränkungen in ihrer Mobilität bis hin zu komplett Nichtbehinderten zusammen ihren Leistungssport betreiben können. Auf Vereinsebene ist es in der Mehrzahl der einzelnen Bundesländern sogar üblich, dass, entgegen der Ebene der Nationalmannschaften, Frauen auch in Männerteams aktiv sind, da es generell zu wenige Sportlerinnen für ein eigenes Ligasystem gibt. Die funktionelle Klassifizierung bewertet dabei, über welche basketballrelevanten Muskelfunktionen ein Spieler verfügen kann. Die Skala reicht in 0,5-Punkte-Schritten von 1,0 (beispielsweise für hohe Querschnittslähmungen) bis zu 4,5 Punkten für Nicht- oder Minimalbehinderte. Die Summe der Klassifizierungspunkte der fünf Spieler auf dem Feld darf 14,0 Punkte im Bereich der Nationalmannschaften und 14,5 Punkte bei Wettbewerben der Klubteams nicht überschreiten. Ist dabei eine Spielerin unter den fünf Aktiven auf dem Spielfeld, erhöht sich diese Gesamt-Klassifizierungspunktzahl um den Wert 1,5.

Das Sportgerät

Der verwendete Sportrollstuhl ist ein Sportgerät, das speziell auf die Körpermaße und Bedürfnisse des jeweiligen Sportlers angefertigt ist und daher hohe Anschaffungskosten erfordert. Der Rahmen ist fest verschweißt und damit äußerst belastbar. Die Räder besitzen einen Achssturz von bis zu 21°, was den Rollstuhl besonders wendig macht und eine hohe Fahrstabilität erzeugt. Die Sitzposition wird abhängig von der Behinderung und Spielposition gewählt, sie ist jedoch nach oben hin limitiert. Die Räder dürfen maximal 28 Zoll Durchmesser aufweisen und jeder Rollstuhl muss mit einem Rammbügel ausgerüstet sein, der nicht mehr als 11 cm über dem Boden liegen darf.

12 Spezielle Themen

12.1 Talentfindung und -förderung

Die Zukunft der Sportverbände liegt in unseren Kindern und Jugendlichen, die je nach konkreter Perspektive aktuelle Erfolge fortschreiben oder fehlende Erfolge realisieren sollen. Öffentliche wie private Gelder werden in Deutschland vorrangig in international erfolgreiche Disziplinen investiert, sodass eine langfristige Etablierung auf höchstem Leistungsniveau für die Spitzenverbände von elementarer Bedeutung ist. Dabei ist das internationale Leistungsniveau heute in allen Sportarten derart hoch, dass der Nachwuchs ein langjähriges und gezieltes Training absolvieren muss, um einmal in die Top-Leistungsbereiche vorstoßen zu können (s. Kap. 8.1.1). Das Kernproblem für alle am Nachwuchssport Beteiligten besteht darin, dass nur wenige Kinder überhaupt die Anlagen und Dispositionen mitbringen, die eine perspektivische Realisierung höchster sportlicher Leistungen erlauben: die besonderen „Talente". Ausnahmeathleten wie Linda Fröhlich und Dirk Nowitzki rechtzeitig zu entdecken und gezielt zu fördern, ist die besondere Herausforderung des leistungsorientierten Nachwuchsbasketballs. Daher sieht der DBB in der Förderung des Nachwuchses eine ganz besondere Aufgabe. Deutlich mehr als 50 % aller aktiven Korbjäger sind jünger als 18 Jahre.

Was ist ein Talent? Nach heutigem Kenntnisstand ist für die Identifizierung eines Talents nicht die aktuelle spezifische Wettkampfleistung ausschlaggebend, sondern vorrangig eine möglichst sichere Abschätzung seines noch nicht realisierten Entwicklungspotenzials (Emrich et al., 2005; Hohmann, 2002; Korff, 2009). Hohmann (2009, S. 11) bezeichnet als sportliches Talent demzufolge „. . . eine Person . . . , die . . . überdurchschnittlich sportlich leistungsfähig ist und bei der man unter Berücksichtigung personinterner (endogener) Leistungsdispositionen und verfügbarer kontextueller (exogener) Förderbedingungen . . . begründbar annimmt . . . , dass sie in einem nachfolgenden Entwicklungsabschnitt sportliche Spitzenleistungen erreichen kann." Damit müssen beim Prozess der Talentfindung und -förderung auch die spezifischen Bedingungen berücksichtigt werden, unter denen potenzielle Talente Leistungen erbringen oder unter denen sie sich entwickeln. Der Talentbegriff enthält also statische und dynamische Aspekte (Abb. 12.1), woraus sich die in der Praxis mitunter erheblichen Schwierigkeiten prognostisch nachhaltiger Talentfindungs- und -fördermaßnahmen erklären. Viele Experten messen demzufolge auch der Talentförderung den weitaus größeren Stellenwert bei der Konzeption geeigneter Maßnahmen zu, da sich Talente in der Regel nur im Rahmen konkreter Fördermaßnahmen erkennen lassen (Entwicklungsaspekt; Joch, 1994). „Talentsichtung, -förderung und -training gehören zusammen und bilden eine Einheit" (Blümel et al., 2007, S. 16).

	eng	weit
statisch	Personen mit auf einen bestimmten Entwicklungsabschnitt bezogenen, überdurchschnittlichen Leistungsresultaten.	Personen mit • körperlichen, motorischen und psychischen Dispositionen, die bei günstigen Umweltbedingungen spätere Höchstleistungen gestatten. • der Bereitschaft, solche Leistungen auch zu vollbringen. • den für Höchstleistungen notwendigen sozialen und materiellen Umweltbedingungen.
dynamisch	Personen mit auf den Entwicklungsverlauf bezogenen, überdurchschnittlichen Leistungszuwachsraten.	Personen mit entwicklungsfähigen Leistungsresultaten aufgrund eines pädagogisch begleiteten und trainingsgesteuerten Veränderungsprozesses in Richtung späterer hoher Leistungen.

Abb. 12.1: Aspekte eines umfassenden Talentbegriffs

12.1.1 Allgemeine Prinzipien der Talentförderung

Der DBB beschreibt in seinen letzten Rahmentrainingskonzeptionen (Blümel et al., 2007 und 2016) die inhaltlichen Prinzipien der Talentförderung, denen alle an der Talententwicklung beteiligten Trainer und Betreuer verpflichtet sind:

- Die Talentförderung basiert auf den Prinzipien und Gesetzmäßigkeiten der Entwicklung junger Menschen. Aufgrund körperlicher Reifungsprozesse ist kein linearer Verlauf der Leistungsentwicklung zu erwarten.
- Ein frühzeitiger Trainingsbeginn muss mit einer allgemein-vielseitigen Grundausbildung einhergehen. Frühe Spezialisierung wird abgelehnt. Die Anreicherung sportmotorischer Leistungsvoraussetzungen geht vor schnellen Erfolgen (Enrichment, Abb. 12.2).
- Spezielles (basketballgerichtetes) und allgemeines (motorisch-vielseitiges) Training bilden eine Einheit, die auch in den späteren Trainingsetappen nicht aufgelöst wird.
- Training und Wettkampf bilden eine unauflösliche Einheit.
- Die Zusammenarbeit zwischen Vereinen und Schulen ist sinnvoll und wünschenswert. Der Ausbau von Sportinternaten und sportbetonten Schulen wird zur Verzahnung von Ausbildung und Leistungssport angestrebt.
- Eine pädagogische Begleitung der Leistungssportkarriere ist unumgänglich.
- Trainer müssen die ganzheitliche Persönlichkeitsentwicklung ihrer Spieler im Blick haben.

- Individuelle Stärken der Spieler sollen gefördert und unterschiedliche Spielertypen entwickelt werden.
- Spieler sollen frühzeitig lernen, Verantwortung zu übernehmen.

Darüber hinaus ist es für talentierte Nachwuchsspieler von elementarer Bedeutung, dass die schulische und berufliche Karriere nicht unter dem leistungssportlichen Engagement leidet. Sowohl DBB als auch die Landesverbände betonen in ihren Ausbildungsrichtlinien, dass die schulischen und beruflichen Ziele oberste Priorität genießen. So werden beispielsweise Kaderspieler, die erhebliche Mängel in ihren schulischen Leistungen zeigen, zeitweise aus den durchgeführten Fördermaßnahmen herausgenommen, um eine befriedigende Lösung der schulischen Probleme zu erreichen.

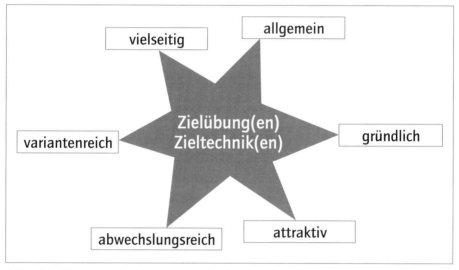

Abb. 12.2: Schema von Enrichment-Strategien (mod. nach Joch & Ückert, 1999, S. 294)

12.1.2 Rahmenbedingungen des Nachwuchsleistungssports

Talentfördermaßnahmen vollziehen sich innerhalb eines langfristigen Trainingsaufbaus als Abfolge unterschiedlicher Trainingsetappen mit jeweils vorrangigen Zielstellungen der perspektivischen Leistungsentwicklung bis hin zur sportlichen Höchstleistung im Erwachsenenalter: allgemeine Grundausbildung, Grundlagentraining, Aufbautraining, Anschlusstraining, Hochleistungstraining (s. Kap. 8.1.1). Der Deutsche Olympische Sport Bund (DOSB) schafft die entsprechenden Rahmenbedingungen auf sportpolitischer Ebene und entwickelt Konzepte, die die internationale Konkurrenzfähigkeit des deutschen Sports langfristig sichern bzw. herstellen sollen: nationales Spitzensportkonzept, Nachwuchsleistungssportkonzepte und spezifische, auf die Olympiazyklen abgestimmte Förderkonzepte. Eine zentrale Rolle der Nachwuchsförderung wird dabei

Kooperationsprogrammen zwischen Schulen und Sportvereinen sowie den Verbundsystemen mit Leistungsstützpunkten zugeschrieben. In Deutschland sind viele unterschiedliche Partner an der Talentförderung- und -entwicklung beteiligt: neben den Vereinen und Schulen noch Verbände, Spitzenverbände, Hochschulen, Deutsche Sporthilfe, Olympiastützpunkte, private und öffentliche Ausbildungsträger etc.. Die Vielfalt der Verantwortungs- und Finanzträger wird von etlichen Experten kritisch betrachtet und ist vielerorts ein Grund für Strukturen, die eine systematische Talentförderung eher behindern als befördern. Die gezielte Bündelung der durchaus vorhandenen Anstrengungen ist in vielen Bereichen des deutschen Sports die wichtigste Herausforderung für die Zukunft.

12.1.3 Nachwuchsleistungssport im Deutschen Basketball Bund

Der DBB entwickelt aus den sportpolitischen Vorgaben seine langfristigen, zeitlich an die vierjährigen Olympiazyklen gekoppelten Strukturpläne. Diese formulieren die zu erreichenden Ziele und geben den inhaltlichen, organisatorischen und strukturellen Rahmen für sämtliche operative Maßnahmen bis hin zu den Kaderzusammenstellungen vor.

Das Kadersystem des DBB und seiner Landesverbände stellt die Grundlage für die Auswahl talentierter Nachwuchsbasketballspieler für gezielte Fördermaßnahmen dar, es soll eine systematische Förderung und Selektion der Talente bis hin zu den zukünftigen Nationalspielern sicherstellen. In der Endphase des Grundlagentrainings, das sich an die allgemeine sportliche Grundausbildung anschließt, finden die ersten U11-Sichtungsmaßnahmen für Landesverbandskader statt. Landesverbände und DBB sichten und fördern anschließend in einem mehrstufigen, für Spät- und Quereinstiege offenen Prozess bis zu den A-Nationalmannschaften (siehe Ausführungen weiter unten und Abb. 12.3).

Eine wichtige strukturelle Grundlage der Landes- und Bundesfördermaßnahmen wird durch das Stützpunktsystem geschaffen. In Talent-, Regional- und Landesstützpunkten bieten hauptamtliche Landes- und Verbandstrainer vereinsübergreifende Trainingsmaßnahmen an. Die Bundesstützpunkte sind Standorte eines (ebenfalls ganzjährigen und vereinsübergreifenden) Trainings für DBB-Kaderathleten nach den Richtlinien der Rahmentrainingspläne. An kooperierenden Olympiastützpunkten finden schließlich zentrale Kaderlehrgänge wie auch individuelles Training und andere Betreuungsmaßnahmen (Trainingsoptimierung, Gesundheit, Laufbahnberatung) für Kaderathleten statt (OSP Rhein-Neckar in Heidelberg, OSP Rhein-Ruhr in Essen für Athletinnen).

Altersklasse	Maßnahmen	Wettkämpfe	Auswahl	Kaderstruktur Förderstufen	Partner
A-Nat. A2-Nat.- Herren U20 w	U20 Nominierungslehrgang	Spezielle Wettkämpfe national/international	Auswahl für die Bundeskader	Olympiakader, Perspektivkader Hochleistungstraining	Olympiastützpunkte Bundesleistungszentren/ - stützpunkte Bundesfachverbände Landesfachverbände Sportvereine, Schulen (flankierende Hilfen)
U20 m U18	U20 Nominierungslehrgang	Spezielle Wettkämpfe national/international NBBL (U19) WNBL (U17)	Auswahl für die Bundeskader Auswahl für die Landes- und Bundeskader	Nachwuchskader 1 Leistungstraining	
U16 m/w	Deutsch-Französischer Jugendaustausch, Leistungscamps	Spezielle Wettkämpfe national/international WNBL (U18) JBBL	Auswahl für die Landes- und Bundeskader	Nachwuchskader 2 Anschlusstraining	
U15 m/w	Bundesjugendlager Regionalcamp	Spezielle Wettkämpfe national/international	Auswahl für die Landeskader	D-Kader Aufbautraining	Landesleistungszentren/ - stützpunkte Landesfachverbände Sportvereine, Schulen (flankierende Hilfen)
U14 m/w U13 m/w	Bundesjugendlager Leistungscamp Perspektiven für Talente	Überregional	Auswahl für die Landeskader	Kreis-/Bezirkskader Grundlagentraining Phase II	
U12 m/w		Regional/Lokal Vielseitige Wettkämpfe	Auswahl für den Kreis-/ Bezirkskader	Talentfördergruppen Grundlagentraining Phase I	Landesfachverbände Sportvereine, Schulen
U10 m/w		Regional/Lokal Vielseitige Wettkämpfe	Talentauswahl	Talentsichtungsgruppen Grundausbildung	

Abb. 12.3: Das Kadersystem im Deutschen Basketball Bund (DBB, 2017, S. 5)

Sichtungsmaßnahmen der Landesverbände

Für jeden Jahrgang gibt es in den Landesverbänden Auswahlmannschaften. Die Sichtung und Förderung auf Landesverbandsebene (hier am Bsp. WBV) erfolgt für Jungen über drei Jahre (U11/12-U14) und für Mädchen über vier Jahre (U11/12-U15).
Die Sichtungsphase U11/U12 findet, nach Meldung durch die Vereine in den Regionalstützpunkten im Jahr vor den Regionalstützpunktturnieren statt. In der anschließenden ersten Lehrgangsphase (Jungen ein Jahr, Mädchen zwei Jahre) finden für die beim Regionalstützpunktturnier gesichteten Talente monatlich eintägige zentrale Lehrgangsmaßnahmen statt. Im letzten Jahr (zweite Lehrgangsphase) vor dem Bundesjugendlager (U14m, U15w) kommen Wochenendlehrgänge und Teilnahmen an Landesverbandsturnieren hinzu. Abschluss der LV-Kaderkarriere ist die erste nationale Sichtung auf DBB-Ebene (U14/15-Bundesjugendlager), dort werden die DBB-Kader gesichteten Spieler weiterhin jedoch mindestens ein Jahr in Stützpunkttrainingseinheiten der Landesverbände betreut. Absolute Toptalente werden in Abstimmung mit den Bundestrainern dann in die TOP TEAMs NRW mit weiteren individuellen Fördermaßnahmen übernommen.

Um bei den Sichtungen und Auswahlentscheidungen möglichst viele Spieler mit Perspektive zu erfassen, nutzen die Landesverbände eine Vielzahl verschiedener Ansätze, u. a.:

* Schulung und Vorauswahl im Rahmen von Talentförderprojekten unterhalb der D-Kaderebene,
* gezielte Einladung von Spielern zu Sichtungsmaßnahmen nach Absprache mit Vereinstrainern,

- Durchführung offener Sichtungen, bei denen sich beliebige Nachwuchsspieler erstmalig den Landestrainern präsentieren können,
- Beobachtung von Wettkämpfen der regionalen Leistungsligen durch die Landestrainer,
- Durchführung von Nachsichtungen für Spätentwickler und Quereinsteiger.

Sichtungsmaßnahmen des DBB

Die Talentförderung des DBB richtet sich nach dem internationalen Wettkampfkalender mit den Europameisterschaften der U16, U18 und U20 sowie den Weltmeisterschaften der U17 und U19. Diese Turniere bzw. deren Qualifikationsrunden stellen die Zielmaßnahmen der Kadermannschaften vom D-/C- bis zum B-Kader dar (siehe Abb. 12.4). Das Talentsichtungs- und -fördersystem ist in den nachfolgend beschriebenen Stufen offen für Spielerinnen und Spieler, die noch nicht den jeweils etablierten Kadern angehören (Quereinsteiger).

Im Rahmen des durch die ING-DiBa geförderten Projekts „Talente mit Perspektive" verschaffen sich die Bundestrainerinnen und -trainer bereits bei den unter 13- (Jungen) und 14-jährigen (Mädchen) Talenten einen ersten Überblick über den Nachwuchs der Landesverbände.

Während des Bundesjugendlagers des männlichen Nachwuchses werden 48 Spieler für die U14-Nationalmannschaft gesichtet und im Folgejahr in Leistungs- und Regionalcamps gefördert. Zwölf Spieler davon bilden schließlich das U15-Natonalteam, das u. a. wam North Sea Development Basketball Cup teilnimmt. Die nächste Sichtungsstufe ist die U16-Nominierung, an der die sechs besten DBB-Talente sowie von Landes- und Bundestrainern ausgewählte Spieler sämtlicher Landesverbände eingeladen werden. Letztendlich bilden 24 dieser Spieler den D/C-Kader für die U16-Europameisterschaft.

Im weiblichen Bereich wird ein Jahr später für den DBB gesichtet. Schon vor dem Bundesjugendlager erhalten insgesamt 30 Spielerinnen eine Einladung zum ersten Leistungscamp, in dem die zwölf besten Spielerinnen für die U15-Nationalmannschaft, die wie das Jungenteam am North Sea Development Basketball Cup teilnimmt, ausgewählt werden. Im anschließenden Bundesjugendlager bekommen wie bei der U16-Nominierung der Jungen die sechs besten Spielerinnen mit ausgewählten Landesverbandsspielerinnen die Chance, für den 24er D/C-Kader mit der Perspektive U16-EM ausgewählt zu werden.

Im Dezember vor der U18-Europameisterschaft werden insgesamt 48 Spieler und 36 Spielerinnen zu einem Nominierungslehrgang eingeladen und jeweils 22 von ihnen für die C-Kader selektiert. Neben den Europameisterschaften ist für den männlichen Nachwuchs das alle zwei Jahre stattfindende Albert-Schweitzer-Turnier als inoffizielle U18-Weltmeisterschaft die herausragende Zielmaßnahme.

Maßnahme/Kontrollwettkampf	Monat	2016	2017	2018	2019	2020
Weiblich:						
Talente mit Perspektive U14	01 - 04	02	03	04	05	06
Landesverband Try Outs U15 (Nord/Süd)	02 - 03	01	02	03	04	05
1. Leistungscamp U15 (Regionalcamp)	1 HJ	01	02	03	04	05
North Sea Development Cup U15	08	01	02	03	04	05
Bundesjugendlager U15	10	01	02	03	04	05
2. Leistungscamp U15 (U16-Nominierung)	12	01	02	03	04	05
Männlich:						
Talente mit Perspektive U13	01 - 04	03	04	05	06	07
Bundesjugendlager U14	10	02	03	04	05	06
Leistungscamp U14	12	02	03	04	05	06
Regionalcamp U15	1 HJ	01	02	03	04	05
North Sea Development Cup U15	08	01	02	03	04	05
U16-Nominierung	12	01	02	03	04	05
Deutsch-Französischer Jugendaustausch U16	06	00	01	02	03	04
U18-Nominierung	12	99/00	00/01	01/02	02/03	03/04
Albert Schweitzer Turnier U18	04	98/99		00/01		02/03
EM U16	08	00	01	02	03	04
EM U18	07/08	98/99	99/00	00/01	01/02	02/03
EM U20	07	97/98	98/99	99/00	00/01	01/02
WM U17	06/07	99/00		01/02		03/04
WM U19	06/07		98/99		00/01	

Abb. 12.4: DBB-Sichtungskonzept und internationale Zielmaßnahmen (DBB, 2017, S. 11)

Weitere Sichtungen durch die Bundestrainerinnen und -trainer finden laufend im Rahmen der Spiele der Nachwuchsbundesligen (U16-JBBL, U19-NBBL; U17-WNBL) statt. Spielrinnen und Spieler mit Nationalmannschaftsperspektive sollen zudem früh Einsatzzeiten in den Seniorenligen (BBL, ProA und ProB; DBBL) bekommen.

Die Zuordnung der jugendlichen Jahrgänge zu den internationalen Zielwettkämpfen und DBB-Sichtungen sowie deren zeitlicher Rhythmus sind Abb. 12.4 zu entnehmen. Wie auch im Rahmen der Landesverbandssichtungen beobachten die Bundestrainer die Nachwuchswettkämpfe (insbesondere die Jugend- und Nachwuchsbundesligen) und stehen in enger Verbindung mit Verbands- und Vereinstrainern, um neben den zentralen Sichtungsmaßnahmen weitere potenzielle Talente im Blickpunkt zu haben.

Der Umfang der zentralen Lehrgangsmaßnahmen für DBB-Kaderspieler beträgt etwa 40-70 Tage mit nach Alter ansteigender Tendenz. Zusätzlich werden dezentrale Trainingseinheiten in Abstimmung mit den zuständigen Heimtrainern vereinbart.

12.2 Leistungssportkonzeption des DBB

„Basketball ist nicht nur ein Spiel, sondern auch eine Lebenseinstellung" (Blümel et al., 2007, S. 48). In den Leitideen des Nachwuchsbereichs des DBB ist mit dieser Aussage festgehalten, welche individuellen und sozialen Fähigkeiten von förderungswürdigen Talenten verlangt werden: Wille zum Erfolg, Durchsetzungsvermögen und Beharrlichkeit zur Realisierung persönlicher Ziele, Übernahme von Verantwortung für die eigene Person und für die Mannschaft, Einordnung in mannschaftliche Strukturen und Unterordnung unter mannschaftliche Ziele. Oberste Priorität besitzt die Mannschaft, Basketball ist ein Teamsport.

Dabei soll jedoch auch die individuelle Persönlichkeitsentwicklung gefordert und gefördert werden: „Individuelle Stärken zu fördern und unterschiedliche Spielertypen zu entwickeln, ist eine der Leitlinien der langfristigen Spielerausbildung. Wir brauchen mehr Spielerpersönlichkeiten, die in entscheidenden Phasen des Spiels in der Lage sind, Verantwortung zu übernehmen und ihre Mannschaft zum Erfolg zu führen" (Blümel et al., 2016, S. 3).

12.2.1 Spielkonzeptionen des DBB

Die Spielkonzeptionen der Nationalmannschaften des DBB bilden eine einheitliche Grundlage für alle Nachwuchsnationalmannschaften. Der Schwerpunkt der taktischen Ausrichtung liegt auf der Erarbeitung gemeinsamer Prinzipien (s. u.), die für jedes Team nach Stärken, Schwächen und Anforderungen erweitert und präzisiert werden. Bis zur A-Nationalmannschaft werden die Strukturen immer komplexer, wobei jeder involvierte Trainer die Möglichkeit hat, die Ausbildungsinhalte den konkreten Notwendigkeiten anzupassen. Somit sind die jeweils zuständigen Bundestrainer für die spezifischen Teamkonzeptionen verantwortlich. Die Spielkonzeptionen liegen beim DBB vor und werden von Zeit zu Zeit auszugsweise zu Lehr- und Ausbildungszwecken im *DBB-Journal* veröffentlicht.

Die Spielkonzeptionen basieren auf grundsätzlichen Verhaltensweisen in Angriff und Verteidigung, ohne die internationale Einsätze heute nicht mehr denkbar sind. An die weiblichen und männlichen Nachwuchsspieler werden folgende Anforderungen gestellt (Blümel et al., 2007):

* individuelles und mannschaftliches Angriffsverhalten, basierend auf den Prinzipien des „Read and react" (Lesen und Lösen: Spieler sollen ihre individuellen Fähigkeiten im Rahmen flexibler Grundstrukturen einbringen),
* Penetration, Wurf und Pass als individuelle Angriffsmittel,
* Schnellangriff mit maximalem Sprint über die Außenspuren,

- 1-1-Verteidigung bei Penetration des Gegenspielers,
- Schließen der Freiwurflinie und Abdrängen des Dribblers nach außen.

Damit verbunden wird die Forderung, trotz zunehmender Positionsspezialisierung bis hin zum Erwachsenenalter mehrere Spielerpositionen ausfüllen zu können. Im Nachwuchsbereich ist die perspektivische Entwicklung vorrangig, nicht die aktuell bestmögliche Leistung auf einer festen Position. Die Vielseitigkeit der Ausbildung steht im Fokus und trägt der internationalen Tendenz Rechnung, dass immer mehr Spieler auch auf absolutem Topniveau in der Lage sind, im Laufe eines Spiels mehrere Positionen erfolgreich zu spielen.

Selbstverständlich entwickeln Spieler im Laufe ihrer Ausbildung individuelle Stärken, die sie für eine der Positionen vom Aufbau- bis zum Centerspieler besonders befähigen. Vielseitige Ausbildung für ein breites Positionsspektrum bedeutet hier nicht, dass diese Stärken nicht auch besonders gefördert werden sollen. Die positionsspezifischen Anforderungsprofile der Rahmentrainingskonzeption geben hier eine Orientierung über die international geforderten konstitutionellen, konditionellen, psychischen und technisch-taktischen Leistungsanforderungen (s. Kap. 2.2.3).

12.3 Aus- und Fortbildung im DBB[95]

Der DBB bietet über seine Tochtergesellschaft „Bundesakademie des DBB GmbH" (s. Kap. 10.1) Aus- und Fortbildungsveranstaltungen für die beiden Zielgruppen Trainer und Schiedsrichter an.

12.3.1 Grundlagen der Aus- und Fortbildung für Trainer

Tab. 12.1: Übersicht DBB-Trainerausbildung

Trainer-lizenz	Theorie	Praxis Methodik	Hospita-tion	Wahl-pflicht	Stunden	Lernerfolgs-kontrollen
A	35	25	15	15	90	LP/TH/HA
B	30	30	15	15	90	LP/TH
C	30	60	*	*	90	LP/TH/Demo
Basis	15	15			30	TH
Stunden	110	130	30	30	300	

* Über die Erfordernis von Hospitationen und Wahlpflichtveranstaltungen entscheiden die Landes-verbände; LP = Lehrprobe/TH = Theorieprüfung/HA = Hausarbeit/Demo = Demonstrationsprüfung

---

95 Die folgenden Ausführungen geben zentrale Inhalte der Richtlinien für die Aus- und Fortbildung im DBB wieder (Bauer & Bösing, 2018).

In den „Richtlinien für die Aus- und Fortbildung von Trainerinnen und Trainern im Deutschen Basketball Bund" sind die zeitlichen und inhaltlichen Mindestanforderungen festgelegt, die im Rahmen der Aus- und Fortbildungsveranstaltungen der Landesverbände bzw. des DBB zu erfüllen sind. Die Grundlage für diese Richtlinien bilden die Rahmenrichtlinien des Deutschen Olympischen Sportbundes (DOSB) und die Satzung und Ordnungen des Deutschen Basketball Bundes (DBB). Träger der Ausbildung zum Trainer C sind die Landesverbände des DBB, die ihre Ausbildungsordnungen im Rahmen der Konferenz der Landeslehrwarte abstimmen und mit dem DBB koordinieren. Träger der Ausbildung zum Trainer A und Trainer B ist der DBB. Die sportpolitische Verantwortung liegt bei dem für Bildung zuständigen Vizepräsidenten des DBB.

Zulassungsvoraussetzung für die Ausbildung zum „Diplom-Trainer des DOSB" an der Trainerakademie Köln des DOSB ist die Trainerlizenz A des DBB, ergänzt durch eine Empfehlung des DBB. Das Studium kann entweder als 1,5-jähriges Vollzeitstudium absolviert werden (Diplom-Trainer-Studium ein Jahr) oder als berufsbegleitendes Studium über drei Jahre (DTS zwei Jahre).

Die Ausbildung zum Trainer C (Leistungssport bzw. Breitensport) erfolgt in den Landesverbänden entweder im Rahmen mehrtägiger Kurse oder im Modulsystem. Den Basislehrgang bzw. das entsprechende Basismodul schließen die Teilnehmer mit einer Prüfung ab, über deren Erfolg vom zuständigen Landesverband in der Regel eine Bescheinigung ausgestellt wird. Der Erwerb einer Lizenz setzt das Bestehen aller jeweils erforderlichen Prüfungsteile voraus.

Die Trainerlizenzen A und B werden derzeit nur in der Ausbildungsrichtung „Leistungssport" angeboten.

Eine Übersicht über Inhaltsbereiche, Lernerfolgskontrolle und Stundenaufwand im Rahmen der Ausbildung liefert Tab. 12.1.

12.3.2 Aufbau der Theorieausbildung

Im Rahmen der Theorieausbildung werden, verteilt auf die Lizenzstufen, in den verschiedenen Themenfeldern die nachfolgenden Themenbereiche bearbeitet:

- **Trainings- und Bewegungslehre:** Allgemeine Einführung, biologische Grundlagen des Trainings, Planung des Trainingsprozesses, Training der konditionellen Fähigkeiten wie Kraft, Ausdauer, Schnelligkeit und Beweglichkeit, Training der Koordination, Technik und Taktik sowie Leistungssteuerung, und -diagnostik.
- **Sportbiologie und Sportmedizin:** Anatomisch-physiologische Grundlagen, Unfallvermeidung, Sportverletzungen und Erste Hilfe, Physiotherapie, Prophylaxe und Rehabilitation.
- **Sportpsychologie:** Grundsätze des Coachings, Mannschaftsführung, Trainerpersönlichkeit, Kommunikationsgrundlagen, Eindrucksteuerung und psychologische Trainingsformen.
- **Methodik, Pädagogik, Didaktik:** Pädagogische Grundsätze des Lernens und Lehrens, Trainingsplanung, methodische Grundsätze des Trainings und Prinzipien der Spielschulung.

- **Sportorganisation:** Struktur des Sports in Deutschland (DOSB, DBB, LV), Rechtsfragen, organisatorische und wirtschaftliche Aspekte, Regelkunde, Leistungssport- und Talentsichtungskonzeption des DBB, Medienarbeit/Interviewtechnik, aktuelle Themen des Sports, z. B. Bekämpfung des Dopings und Gewaltprävention.

12.3.3 Aufbau der Praxisausbildung

Im Rahmen der praktischen Ausbildung werden, verteilt auf die Lizenzstufen in den verschiedenen Themenfeldern, die nachfolgenden Themenbereiche bearbeitet:

- **Individualtechnik und -taktik:** Beinarbeit in der Verteidigung, Verteidigen von Standardsituationen einschließlich des Rebounds, positionsspezifische Verteidigung, Ballhandling, Dribbling, Stoppen, Pivotieren, Passen, Fangen, Fintieren, Korbwurftechniken, positionsspezifische Technik und Taktik, Beinarbeit und Befreiungsbewegungen im Angriff.
- **Gruppentaktik:** Blockbekämpfung, Helfen und Doppeln, Transitionverteidigung, Two-man-game, direktes und indirektes Blocken, 2-2- und 3-3-Optionen sowie Transition.
- **Mannschaftstaktik:** Prinzipien der Mann-Mann-Verteidigung, der Ball-Raum-Verteidigung und der Pressverteidigung, spezielle Verteidigungssituationen, Verteidigungskonzeptionen und deren Variation, Prinzipien des Angriffs gegen Mann-Mann-Verteidigung, gegen Ball-Raum- und gegen Pressverteidigung, Angriffskonzeptionen und deren Variationen, Aufwärmen, Aktivierung, Cool down, Laufschule und Körperstabilisierung, Konditions- und Koordinationsschulung.

12.3.4 Ziele der Ausbildung

Der DBB und seine Landesverbände stehen zu den gesellschafts- und sportpolitischen Grundpositionen des DOSB und zum Leitbild des deutschen Sports. Hierzu gehört u. a. das Bemühen um die Chancengleichheit von Frauen und Männern im Sport und das Respektieren unterschiedlicher Merkmale sporttreibender Menschen.

Der DBB verfolgt das Ziel einer umfassenden Bildung auf der Grundlage eines humanistischen Menschenbildes. In der Folge steht nicht nur der Erwerb von Fertigkeiten, Kenntnissen und Kompetenzen im Zentrum, sondern auch die Entwicklung individueller Einstellungen und Wertmaßstäbe.

Mit dem Leitziel, dass die Teilnehmer Handlungskompetenz erwerben, wird im Rahmen der Qualifizierungsmaßnahmen auf folgende Kompetenzbereiche besonderer Wert gelegt:

- personale und kommunikative Kompetenz (Sozialkompetenz),
- Fachkompetenz,
- Methoden- und Vermittlungskompetenz.

Die Bereitschaft, sich ständig weiterzubilden und weiterzuentwickeln, ist eine unverzichtbare Voraussetzung für Trainer aller Lizenzstufen.

12.3.5 Lernerfolgskontrolle/Befähigungsnachweis

Die jeweilige Trainerlizenz wird erst nach erfolgreicher Teilnahme an allen Teilen der für die jeweilige Lizenzstufe erforderlichen Lernerfolgskontrollen erteilt. Sie beziehen sich auf die Inhalte der Ausbildung der jeweiligen Lizenzstufe und finden punktuell, im Rahmen des Unterrichts oder prozessbegleitend statt. Die Teilnehmer erhalten zu Beginn der Ausbildung eine Übersicht zu den Inhalten der Ausbildung, der Form der Lernerfolgskontrolle sowie über die Beurteilungskriterien und Kriterien für das Bestehen.

Mit der Lernerfolgskontrolle werden mehrere Ziele verfolgt. Sie bildet einen Nachweis für das Erreichen der Lernziele, stellt für die Teilnehmer eine Form des Feedbacks dar, indem Wissens- bzw. Könnenslücken aufgezeigt werden und sie gibt auch den Ausbildern eine Rückmeldung über den Erfolg ihrer Arbeit.

12.3.6 Sonderregelungen

Bewerbern für eine DBB-Trainerlizenz, die bereits eine ausländische Trainerlizenz besitzen oder Spitzenspieler waren, können auf Antrag vom Vorsitzenden der Lehr- und Trainerkommission Sonderregelungen beim Lizenzerwerb eingeräumt werden. Der Bewerber muss den Nachweis erbringen, dass er bereits vergleichbare Qualifikationen erworben hat.

Anträge auf Sonderregelungen zum Erwerb der Trainerlizenz C sind an den zuständigen Landesverband zu richten, Anträge zu den Lizenzstufen A und B an die Geschäftsstelle des DBB.

12.3.7 Fortbildung

Die Inhaber einer Trainerlizenz des DBB sind verpflichtet, sich regelmäßig fortzubilden. Träger der Fortbildungsmaßnahmen für die Lizenzstufen A und B ist der DBB, für die Lizenzstufe C die Landesverbände. Mit den Fortbildungsveranstaltungen wird versucht, die Kenntnisse, Fertigkeiten und Fähigkeiten der Lizenzinhaber zu vertiefen und zu aktualisieren. Sie sollen über praktische und theoretische Entwicklungen des Basketballspiels wie des Sports allgemein informiert werden.

Mit dem Besuch einer Fortbildungsveranstaltung im Umfang von mindestens 15 Lerneinheiten kann die C-Lizenz um vier Jahre, die B-Lizenz um drei Jahre und die A-Lizenz um zwei Jahre verlängert werden.

Der DBB bietet in jedem Jahr mindestens vier Fortbildungsveranstaltungen an, meist kombiniert mit interessanten Turnieren oder Spielen und in Kooperation mit Partnern wie der FIBA oder dem vdbt.

12.3.8 Qualitätssicherung

Zur Sicherung der Qualität der Aus- wie auch der Fortbildung werden sowohl vonseiten des DBB als auch der LV regelmäßig Maßnahmen des Qualitätsmanagements durchgeführt. Hierzu gehören die standardisierte Evaluierung durch die Teilnehmer, die Fremd- und Selbstevaluierung aller Aus- und Fortbildungsprozesse, interne und externe Supervision, interne und externe Fortbildungen für die Referenten sowie kontinuierliche Personalentwicklung im Bildungsbereich.

12.3.9 Didaktisch-methodische Grundsätze zur Gestaltung der Qualifizierungsmaßnahmen

Die Auswahl der Themen und Vermittlungsmethoden orientiert sich an den Interessen, Bedürfnissen, Kenntnissen, Kompetenzen und Erfahrungen der Teilnehmenden. Ziele, Inhalte und Arbeitsweisen/Methoden der Ausbildung sind für die Teilnehmenden grundsätzlich transparent. Eine inhaltliche Schwerpunktsetzung erfolgt in Abstimmung mit ihnen innerhalb der konzeptionellen Rahmenbedingungen der jeweiligen Qualifizierungsmaßnahme. Die Vermittlung der Inhalte erfolgt ganzheitlich.

Eine an den Teilnehmenden orientierte Bildungsarbeit schließt den bewussten Umgang mit der Vielfalt und Verschiedenheit von Menschen, z. B. in Bezug auf Geschlecht, Nationalität, ethnische Zugehörigkeit, religiöse Überzeugung, Behinderung, sexuelle Orientierung etc., mit ein.

Bei der Behandlung der verschiedenen Themen wird versucht, einerseits die Lebens- und Bewegungswelt der zu betreuenden Zielgruppe und andererseits die speziellen Rahmenbedingungen für die Arbeit im jeweiligen Verein zu berücksichtigen.

Im Rahmen der Ausbildung werden regelmäßig Situationen geschaffen, in denen die Teilnehmenden möglichst viel selbst gestalten und ausprobieren können. Auf der Grundlage gezielter Reflexion wird ihnen die Möglichkeit vermittelt, individuelle Erfahrungen zur Qualitätssteigerung ihrer eigenen Tätigkeit beizutragen.

Die Aus- und Fortbildung wird von einem Lehrteam geleitet, das sich durch Kooperation und hohes Engagement auszeichnet. Es begleitet die Teilnehmenden in ihrem Lernprozess, berät und betreut die Planung und Durchführung der Unterrichtsversuche und Lernerfolgskontrollen.

13 Basketball-Regeln

Spielregeln bestimmen den Handlungsrahmen eines Spiels, in dem die unmittelbar Beteiligten agieren dürfen: Spieler, Auswechselspieler, Trainer und Assistent, Betreuer. Schiedsrichter überwachen die Einhaltung der Regeln bzw. entscheiden darüber, in welchem Maße ggf. unterschiedliche Regelauslegungen toleriert oder sanktioniert werden. In diesem Sinne wird das taktische Handeln der Spielparteien durch die Regeln und die „Hüter" der Regeln unmittelbar beeinflusst. „Taktik ist immer auch die Kunst der Regelauslegung, letztlich zugunsten des eigenen Spielerfolgs" (Hagedorn et al., 1996, S. 450). Zu guter Letzt: kein offizielles Basketballspiel ohne Administration. Das Kampfgericht (Anschreiber und Assistent, Zeitnehmer, 24-s-Zeitnehmer) und ggf. der Kommissar stellen im Basketball das Ergebnis fest und unterstützen die Schiedsrichter bei ihren Aufgaben.

Die Basketball-Regeln sind einzigartig und machen den besonderen Charakter des Spiels aus (s. Kap. 2.2). Wir unterscheiden zwischen konstituierenden und regulierenden Regeln. Konstitutivregeln definieren die Rahmenbedingungen des Spiels, die Handlungsmöglichkeiten der Spieler und die Wertung. Regulativregeln bestimmen, welche Spielerhandlungen erlaubt oder verboten sind und wie Regelverstöße geahndet werden.

Im Verlauf der Basketballgeschichte wurden die Spielregeln immer wieder verändert, ohne jedoch die ursprüngliche Spielidee oder die Grundintentionen der Regeln zu verletzen. Im Gegenteil: Regelanpassungen folgen der athletischen und technisch-taktischen Weiterentwicklung der Spieler genauso wie dem technologischen Fortschritt. Andererseits dienen sie aber auch dazu, das Basketballspiel im medialen Konkurrenzkampf der Sportarten attraktiv zu halten. Die letzten einschneidenden Regeländerungen erfolgten 1984 mit der Einführung der Drei-Punkte-Linie, 2000 mit der Begrenzung der Angriffszeit auf 24 s und mit Beginn der Spielsaison 2010/11 mit der Veränderung der offiziellen Spielfeldmarkierungen (Drei-Punkte-Linie, Zone, No-Charge-Halbkreis; siehe Abb. 13.1). Die jeweils aktuellen Regeln werden auf der Homepage der FIBA zum Download zur Verfügung gestellt: www.fiba.basketball/basketball-rules.

Das Spiel (Regel I)

Basketball wird 5-5 auf zwei Körbe gespielt. Ziel ist, den Ball in den gegnerischen Korb zu werfen bzw. erfolgreiche Würfe des Gegners zu verhindern. Kampfgericht und Schiedsrichter begleiten und überwachen das Spiel.

Spielfeld und Ausrüstung (Regel II)

Das Spielfeld misst 28 x 15 m und wird von 5 cm breiten Linien begrenzt, die nicht zum

Spielfeld gehören. Auf dem Feld sind die Drei-Punkte-Linie, die 3-s-Zone und weitere funktionelle Markierungen aufgebracht (Abb. 13.1). Die Drei-Punkte-Linie gehört nicht zum Drei-Punkte-Bereich. Des Weiteren sind die Anordnung von Mannschaftsbankbereichen und Anschreibertisch geregelt.

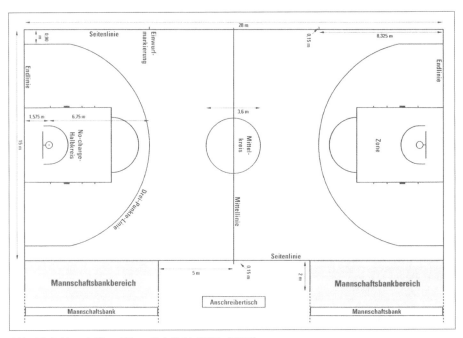

Abb. 13.1: Vorschriftsmäßiges Spielfeld (FIBA, 2017)

Zur vorschriftsmäßigen Ausrüstung gehören: zwei Korbanlagen, mindestens zwei Bälle, Spieluhr, 24-/14-s-Anlage, Auszeiten-Stoppuhr, zwei unterschiedliche akustische Signale, Anschreibebogen, Foulanzeiger, Einwurfanzeiger. Die Körbe hängen 3,05 m über dem Spielfeld, die Unterkanten der Spielbretter sind 2,90 m vom Boden entfernt. Bälle der Größe 7 (Herren) haben einen Umfang von 749-780 mm und wiegen 567-650 g. Damenbälle (Größe 6) messen 724-737 mm im Umfang und sind 510-567 g schwer.

Mannschaften (Regel III)

Zur Mannschaft gehören maximal 12 einsatzberechtigte Spieler, Trainer und ggf. Trainerassistent und höchstens fünf Begleiter mit speziellen Aufgaben (Manager, Arzt, Physiotherapeut etc.). Fünf Spieler befinden sich während der Spielzeit auf dem Feld und können bei Spielunterbrechungen ausgewechselt werden. Die Spielkleidung besteht aus Trikots und Shorts in übereinstimmend dominierender Farbe, wobei die Trikots mit gut sichtbaren Zahlen nummeriert sein müssen. Im laufenden Spiel sind

Spieler mit blutenden Wunden sofort auszuwechseln. Der Mannschaftskapitän ersetzt Trainer und Assistenztrainer, wenn diese ihre Aufgaben nicht mehr wahrnehmen können. Der Trainer einer Mannschaft ist dafür verantwortlich, dass Spieler und Assistent auf dem Anschreibebogen eingetragen werden. Er darf während des laufenden Spiels mit seinen Spielern auf dem Feld reden und sich innerhalb der Coaching-Zone bewegen. Alle anderen Mitglieder der Mannschaftsbank müssen auf der Bank sitzen.

Spielvorschriften (Regel IV)

Die Spielzeit beträgt 4 x 10 min gestoppte Zeit. Die Zeit beginnt zu laufen, wenn zum Spielbeginn der Ball beim Sprungball getippt wird. Jeder Pfiff des Schiedsrichters sorgt für eine Spielunterbrechung und stoppt die Spieluhr. In den letzten 2 min des Spiels (und jeder Verlängerung) wird die Uhr auch bei einem erfolgreichen Korbwurf angehalten. Sie wird wieder in Gang gesetzt, sobald ein Spieler im Feld den Ball nach einem Einwurf bzw. beim Rebound nach einem erfolglosen Freiwurf berührt. Jede Spielperiode endet nach Ablauf der Spielzeit mit Ertönen der Spieluhr. Ein vor dem Signal geworfener Ball zählt, wenn er in den Korb geht. Da es im Unterschied zum Fußball, Hockey und Handball kein Unentschieden gibt, wird das Spiel bei Gleichstand mit einer fünfminütigen Verlängerung[96] fortgesetzt. Die Halbzeitpause beträgt 15 min, die Viertelpausen dauern 2 min.

Ein Sprungball wird nur zur Spieleröffnung durchgeführt. Bei allen folgenden Sprungballsituationen (z. B. Halteball) werfen die Mannschaften den Ball abwechselnd ein („Wechselnder Ballbesitz", Art. 12.4 und 12.5). Der Ball wird ausschließlich mit den Händen gespielt, er darf nicht mit der Faust geschlagen oder absichtlich mit Beinen oder Füßen gespielt werden. Trifft der Ball in den Korb, zählt dies entweder einen (Freiwurf), zwei oder bei Würfen von jenseits der Drei-Punkte-Linie drei Punkte. Nach jeder Spielunterbrechung wird das Spiel mit einem Einwurf in der Nähe des Orts des Regelverstoßes fortgesetzt. Beim Einwurf muss der Spieler hinter der Spielfeldbegrenzungslinie stehen und den Ball innerhalb von 5 s passen.

Jedem Team stehen in der ersten Halbzeit zwei, in der zweiten Halbzeit drei (davon höchstens zwei in den letzten beiden Spielminuten) Auszeiten und in jeder Verlängerung eine Auszeit von 1 min Dauer zu. Auszeiten müssen beim Kampfgericht beantragt werden und werden bei der nächstmöglichen Spielunterbrechung oder erfolgreichem Korbwurf für das gegnerische Team gewährt.

Falls eine Mannschaft nicht spätestens 15 min nach der angesetzten Spielzeit mit mindestens fünf spielbereiten Spielern antritt oder im Laufe eines Spiels weniger als zwei Spieler auf dem Feld verbleiben, verliert sie das Spiel.

---

96   Es werden so viele Verlängerungen à 5 min gespielt, bis ein Sieger feststeht.

Regelübertretungen (Regel V)

Regelübertretungen werden grundsätzlich mit Einwurf für die gegnerische Mannschaft bestraft: Spieler und/oder Ball im Aus[97], Doppeldribbling, Schrittfehler, 3-, 5-, 8- und 24-s- bzw. 14-s-Übertretungen[98], Rückspiel. Beim Goaltending (Spielen des Balls im Abwärtsflug über Ringniveau) und Stören des Balls (Berühren der Korbanlage, während der Ball auf dem Korbring liegt oder rollt sowie Berühren des Balls, indem man von unten durch den Ring greift) durch Angreifer können keine Punkte erzielt werden. Verstößt ein Verteidiger gegen diese Regel, werden Punkte für den Angriff vergeben, als ob der Ball in den Korb gegangen wäre.

Abb. 13.2: Zylinderprinzip (FIBA, 2017, S. 33)

Fouls (Regel VI)

Fouls sind Regelverletzungen durch vermeidbaren Kontakt mit einem Gegenspieler und/oder unsportliches Verhalten. Fouls sind immer persönliche Fouls und werden auf dem Anschreibebogen vermerkt. Fouls sind: illegales Sperren („bewegter Block"), Rempeln (Charging), Blockieren, Halten und Stoßen. Fouls werden mit Ballbesitzwechsel oder, wenn das Foul in einer Korbwurfaktion geschieht, Freiwürfen für den gefoulten Spieler bestraft. Dabei können zwischen einem (sogenannter „Bonus"-Freiwurf, wenn der Ball trotz Foul in den Korb fällt) und drei Freiwürfen (abhängig von der Position des Werfers innerhalb oder außerhalb der Drei-Punkte-Linie) verhängt werden.

Zur Beurteilung von Kontaktsituationen, die im Basketball meist nicht zu vermeiden sind, gilt das *Zylinder-* und *Vertikalprinzip*. Jeder Spieler ist in einem durch seine legale Körperhaltung definierten zylindrischen Raum (Abb. 13.2) geschützt und hat das Recht, seine Position jederzeit auf dem Spielfeld einzunehmen, sofern diese noch nicht

---

97 Sobald ein Spieler die Spielfeldbegrenzungslinie berührt, ist er im Aus. Hat er gleichzeitig Ballkontakt, ist dies eine Regelübertretung.

98 Maximal 3 s darf sich ein Angreifer in der gegnerische Zone unter dem Korb aufhalten. Nach 5 s muss ein ballhaltender, eng verteidigter Spieler den Ball passen oder werfen. Nach 8 s muss die angreifende Mannschaft den Ball in ihr Vorfeld (Angriffshälfte) gespielt haben. Innerhalb von 24 bzw. 14 s muss eine Mannschaft auf den gegnerischen Korb werfen.

von einem Gegenspieler besetzt ist. Dieses Prinzip umfasst auch den Raum unter einem Spieler. Er darf beim Sprung ungehindert an der Absprungstelle landen. Verlässt er jedoch im Sprung seinen Zylinder, ist er im Falle eines Kontakts mit dem Gegner dafür verantwortlich. Diese Regelungen gelten für Angreifer und Verteidiger gleichermaßen, sodass es auch zu sogenannten *Doppelfouls* kommen kann. Als legale Verteidigungsposition gilt insbesondere, wenn ein Verteidiger frontal zu seinem Angreifer positioniert ist – unabhängig davon, ob er steht oder sich dabei bewegt.

Versucht ein Verteidiger gar nicht erst, den Ball zu spielen, wird ein unsportliches Foul verhängt. Dies wird mit zwei Freiwürfen und zusätzlichem Ballbesitz für den Angreifer bestraft. Beim zweiten unsportlichen Foul wird ein Spieler disqualifiziert. Bei besonders schwerem unsportlichen Verhalten kann auch direkt ein disqualifizierendes Foul verhängt werden. Bei einer Disqualifikation muss der betreffende Spieler oder Trainer den inneren Hallenbereich verlassen.

Neben persönlichen Fouls gibt es technische Fouls, wenn vorsätzlich oder wiederholt gegen die Grundsätze der Zusammenarbeit oder Inhalt und Absicht der Regeln (FIBA, 2017) verstoßen wird: Respektlosigkeiten gegenüber Schiedsrichtern, Kampfgericht und Gegnern, Beleidigungen, Aufhetzen der Zuschauer etc.. Technische Fouls haben im Normalfall einen Freiwurf für den Gegner zur Konsequenz. Sollte jedoch ein technisches Foul gegen einen Trainer aufgrund einer Disqualifikation einer Person des Mannschaftsbankbereichs[99] verhängt werden, so werden als Bestrafung zwei Freiwürfe mit anschließendem Einwurf für den Gegner ausgesprochen.

Allgemeine Vorschriften (Regel VII)

Nach seinem insgesamt fünften (persönlichen und technischen) Foul wird ein Spieler vom Spiel ausgeschlossen, darf aber durch einen Auswechselspieler ersetzt werden. Sämtliche Fouls werden zusätzlich als sogenannte *Mannschaftsfouls* auf dem Anschreibebogen vermerkt. In jedem Spielviertel werden nach dem vierten Mannschaftsfoul weitere Spielerfouls mit zwei Freiwürfen bestraft, unabhängig davon, ob sich der gefoulte Spieler in einer Wurfaktion befunden hat oder nicht.

Freiwürfe werden bei persönlichen Fouls immer durch den gefoulten Spieler ausgeführt. Ist ihm dies aus Verletzungsgründen nicht möglich, führt sein Einwechselspieler die Freiwürfe aus. Bei technischen Fouls wird der Freiwerfer beliebig durch den Trainer bestimmt. Freiwürfe werden innerhalb von 5 s nach Ballübergabe durch den Schiedsrichter von einer Position hinter der Freiwurflinie und innerhalb des Halbkreises ausgeführt (Abb. 13.3).

---

99 Das Regelwerk unterscheidet zudem zwischen technischen Fouls gegen den Trainer und weitere Personen der Mannschaftsbank. Ein Trainer wird auch bei insgesamt drei Fouls „gegen die Bank" disqualifiziert, unabhängig davon, ob er selbst eines dieser Fouls begangen hat.

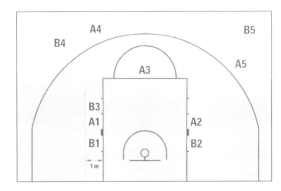

Abb. 13.3: Positionen der Spieler während der Freiwürfe (FIBA, 2017, S. 46)

Nach dem letzten Freiwurf wird das Spiel bei Erfolg durch Einwurf hinter der Grundlinie oder bei Misserfolg durch Rebound fortgesetzt. Die Spieluhr wird dabei in Gang gesetzt, sobald der erste Spieler auf dem Feld den Ball berührt. Die Besetzung der Reboundpositionen beim Freiwurf erfolgt so, dass von beiden Mannschaften jeweils drei Spieler unmittelbar an der Zone positioniert sind: Der Freiwerfer plus zwei weitere Angreifer und drei Verteidiger. Die anderen Spieler befinden sich oberhalb der verlängerten Freiwurflinie und jenseits der Drei-Punkte-Linie (Abb. 13.3). Sie dürfen wie der Freiwerfer beim letzten Freiwurf erst nachsetzen, wenn der Ball den Ring berührt hat. Die Spieler am seitlichen Zonenrand dürfen dagegen die Zone betreten, sobald der Ball die Hände des Freiwerfers verlassen hat.

Schiedsrichter, Kampfgericht und Kommissar (Regel VIII)

Die Regelung und Überwachung des Spiels obliegen den Schiedsrichtern, dem Kampfgericht und (nur in den Bundesligen) dem Kommissar. Bei internationalen Wettkämpfen und national in der BBL und ProA werden die Spiele von drei Schiedsrichtern geleitet, unterhalb der ProA von zweien. Bei der Zwei-Schiedsrichter-Technik wird zwischen vorderem und folgendem Schiedsrichter unterschieden. Je nach Spielsituation müssen dabei unterschiedliche Positionen auf dem Feld besetzt und genau definierte Beobachtungsschwerpunkte wahrgenommen werden. Wechseln Ballposition oder Ballbesitz oder wird das Spiel unterbrochen, wechseln auch die Zuständigkeiten der Schiedsrichter. Einer der Schiedsrichter fungiert als „erster Schiedsrichter" und hat damit bei Unstimmigkeiten das abschließende Entscheidungsrecht. Kein Schiedsrichter darf jedoch die Entscheidung eines Kollegen aufheben.

Die Schiedsrichter sind für die Einhaltung der Spielvorschriften verantwortlich und pfeifen bei Regelübertretungen. Ein Pfiff stoppt die laufende Spieluhr. Nach erfolgreichen Korbwürfen darf kein Pfiff erfolgen. Die Schiedsrichter verständigen sich mit den offiziellen Handzeichen mit dem Kampfgericht. Bei der Beurteilung von Kontakten zwischen den Spielern müssen die Grundsätze des Fairplays und des „Vorteil/Nachteil"-Prinzips beachtet werden. Der Spielfluss soll dabei nicht unnötig unterbrochen werden, sodass zufällige Kontakte, die dem verursachenden Spieler keinen Vorteil bringen und dessen Gegner nicht in dessen Handlungsfreiheit einschränken, nicht geahndet werden sollen.

Von den Schiedsrichtern wird darüber hinaus verlangt, bei ihren Entscheidungen „gesunden Menschenverstand" walten zu lassen, dabei die jeweiligen Einstellungen und Fähigkeiten der Beteiligten zu berücksichtigen und ein „Gefühl" für das Gleichgewicht zwischen Spielkontrolle und Spielfluss zu entwickeln. Ein hoher Anspruch in einer (oft) undankbaren Rolle . . .

Das Kampfgericht besteht aus dem Anschreiber, seinem Assistenten, dem Zeitnehmer und dem 24-/14-s-Zeitnehmer. Der Anschreiber ist für das Eintragen der Spieler und Trainer, des laufenden Spielergebnisses, der Fouls und der Auszeiten auf dem Spielberichtsbogen verantwortlich und bedient den Einwurfanzeiger. Er muss zudem die jeweilige Zahl der Spielerfouls anzeigen und im Falle des vierten Fouls innerhalb einer Spielperiode den entsprechenden Anzeiger aufstellen. Sein Assistent bedient die Anzeigetafel und unterstützt ihn bei seinen Aufgaben. Der Zeitnehmer bedient die Spieluhr, misst die Länge der Auszeiten und Pausen und lässt mit Ablauf der Spielzeit ein lautes Signal ertönen. Er hält die Spieluhr an, sobald ein Schiedsrichter bei laufender Uhr pfeift, ein Korb gegen ein Team fällt, das eine Auszeit beantragt hat, ein Korb innerhalb der letzten 2 min des Spiels und einer Verlängerung erzielt wird und wenn das 24-/14-s-Signal bei Ballkontrolle einer Mannschaft ertönt[100]. Die Uhr muss in Gang gesetzt werden, wenn der Ball beim Eröffnungssprungball getippt wird, nach einem Einwurf durch einen Spieler auf dem Feld berührt wird oder ein erfolgloser letzter Freiwurf gereboundet wird. Der 24-/14-s-Zeitnehmer misst die Angriffszeit einer Mannschaft, die mit Erlangen der Ballkontrolle beginnt. Bei Ausbällen und Sprungballsituationen mit Einwurf für die Mannschaft in Ballkontrolle wird die 24-/14-s-Uhr angehalten und beim anschließenden Einwurf wieder in Gang gesetzt. Bei allen anderen Regelverstößen (z. B. Spielen des Balls mit dem Fuß) und Fouls gilt: Sofern zum Zeitpunkt der Spielunterbrechung noch 14 oder mehr Sekunden auf der 24-/14-s-Anlage angezeigt werden, verbleibt die angezeigte Restzeit der 24-s-Periode. Sofern zum Zeitpunkt der Spielunterbrechung noch 13 oder weniger Sekunden auf der 24-/14-s-Anlage angezeigt werden, wird die Anlage auf 14 s zurückgestellt. Wechselt die Ballkontrolle im laufenden Spiel, muss die Uhr sofort auf 24 s gestellt werden. Wechselt die Ballkontrolle durch einen Einwurf, z. B. nach Schrittfehler, so wird die Angriffszeit bei einem Einwurf im Rückfeld auf 24 s, bei einem Einwurf im Vorfeld auf 14 s gestellt.

---

100 Ballkontrolle besteht nicht, wenn der Ball geworfen wurde und sich im Moment des 24-/14-s-Signals in der Luft befindet. Die Spieluhr läuft weiter und ein so erzielter Korb zählt. Im Fall eines Rebounds wird mit neuen 14 s weitergespielt.

Anhang

1   Glossar

Airball	Ein Wurf, der ohne Ring- oder Brettberührung den Korb verfehlt
Alley-hoop	Anspiel über Korbniveau, das mit einem Dunking oder Tip-in abgeschlossen wird
Assist	Pass, der zum direkten Korberfolg führt
Automatics	Regeln, wie in immer wiederkehrenden Situationen reagiert werden soll
Back-screen	Block im Rücken des Verteidigers
Backdoor (cut)	Schneiden des angreifenden Spielers im Rücken des Verteidigers, um dort angespielt zu werden
Ballhandling	Geschicklichkeit im Umgang mit dem Ball
Ballside	Seite, auf der sich der Ball befindet (auch Strongside)
Ball-line-defense	Verteidigungsposition des zweiten Helfers bei Penetration an der (Open-stance)-Baseline: Rücken zum Korb auf der Ball-Korb-Linie mit Blickkontakt zum eigenen Gegenspieler
Ball-your-man-Konzept	Verteidigungsposition zwischen dem Angreifer und dem Ball (Closed-stance)
Baseballpass	Einhändiger Pass, Handballpass
Baseline	Grundlinie (Korbauslinie)
BEEF	Akronym, welches oft zur Beschreibung des Wurfes genutzt wird (Balance, Eyes, Elbow, Follow Through)
Behind-the-back	Wechsel der Dribbelhand hinter dem Rücken
Blocked-shot	Geblockter Wurf
Bonus	Zusätzlicher Freiwurf nach Foul bei erfolgreichem Korbwurf
Bounce-pass	Bodenpass
Box-and-one	Verteidigung, bei der vier Spieler eine 2-2-BRV spielen und ein Spieler MMV
Box-out	Ausblocken eines Gegenspielers beim Rebound
Bump/Hit	Durch Körperkontakt die Laufrichtung des Angreifers verändern (Cutverteidigung)
Buzzer-beater	Korberfolg mit der Schlusssirene

Center	Meist der größte Spieler des Teams, der im Angriff häufig mit dem Rücken zum Korb spielt
Charging	Annehmen eines Offensivfouls
Closed-stance	Verteidigungsposition mit dem Rücken zum Ball
Close-out	Verteidigertechnik, um das Eindringen des Angreifers in die Zone zu verhindern
Coach	Taktischer Betreuer einer Mannschaft beim Spiel
Coast-to-coast	Alleingang eines Spielers über das gesamte Spielfeld mit Korbversuch
Cool down	Abwärmen
Cover-down	Verteidigungstechnik eines Außenspielers, um den Verteidiger des angreifenden Centers zu unterstützen, sobald dieser den Ball hat
Create	Kreieren, schöpfen
Criss-cross	Achterlauf
Crossover	Handwechsel vor dem Körper
Crossoverdribbling	Kreuzschrittdurchbruch
Cross-screen	Gegenblock parallel zur Grundlinie , i.d.R. innerhalb des 3-s-Raumes
Crunch-time	Entscheidende Phase am Ende eines Spiels
Curl	Enge Kurve um einen gestellten Block laufen
Cut	Schneidebewegung eines Angreifers in deckungsschwache Räume der Verteidigung
Cut-and-fill	Schneidebewegung und anschließendes Auffüllen der dadurch freigewordenen Position
Defense	Verteidigung
Defensive-slide	Seitgleitschritte des Verteidigers
Deflecting-hand	Die Hand, die sich im Passstrahl befindet
Delay	Verzögerung
Deny	Anspiel verhindern, Anspielweg schließen
Diamond-and-one	Gemischte Verteidigung, bei der ein Spieler Mann-Mann und die anderen in einer 1-2-1-BRV verteidigen
Dive-cut	Harte Schneidebewegung zum Korb nach einem Anbieten zum Ball, nachdem man aus einem gestellten Block kommt
Double-figures	Zweistellige Ergebnisse eines Spielers in den Statistiken
Double-team	Zwei Verteidiger bedrängen den ballführenden Angreifer

Double-screen	Nebeneinander gesetzter Mehrfachblock
Down-screen	Vertikaler Gegenblock, i.d.R. in Richtung Baseline
Drag-screen	Direkter Block eines Trailers (Pick-and-roll) während des Ballvortrages bei einem Fast break
Drill	Übungsformen mit vorgegebenem Ablauf, meist sehr belastend, zur Festigung einer Fertigkeit oder Fähigkeit
Dunking	Stopfen des Balls in den Korb
Early-offense	Übergangsphase vom Schnell- zum Positionsangriff
Elevator-screen	Indirekter (Mehrfach-)Block von zwei Spielern, die eine Lücke schließen, nachdem ein schneidender Spieler zwischen den beiden Blockstellern durchgelaufen ist
Face-to-face	Verteidigung mit frontaler Stellung vor dem Nichtballbesitzer
Facing	Blick zum Korb mit Ausrichtung der Schulterachse zum Korb nach Ballannahme
Fadeaway-jump-shot	Sprungwurf, bei dem der Werfer im Sprung nach hinten vom Gegenspieler wegspringt
Fake	Täuschung
Fake-screen	Angetäuschter Block / Blockfinte
Fake-switch	Angetäuschtes Übernehmen
Fast-break	Schnellangriff
Fill	Positionen auffüllen
Fill-zone-spots	Besetzen der relevanten Zonenbereiche/Nahtstellen
Flare	Anbieten weg vom Verteidiger und Korb
Flare-cut	Schneiden und Anbieten weg vom Korb und Verteidiger
Flare-screen	Blockwinkel; Rücken des Blockstellers zeigt zur Spielfeldecke oder Seitenauslinie
Flat-defense	Verteidigungsvariante bei einem High Pick-and-roll, bei der der Verteidiger des Blockstellers etwa bis auf Höhe der Freiwurflinie absinkt
Floor-balance	Raumaufteilung
Forward	Flügelspieler (Power Forward/Small Forward)
Fronting	Überspielen des Angreifers
Front-cut	Schneidebewegung vor dem Verteidiger
Front-pivot	Vorwärtssternschritt
Full-court-press	Ganzfeldpressverteidigung
Give-and-go	Doppelpass, passen und schneiden

Goaltending	Spielen des Balls in der abfallenden Phase über Ringniveau
Guard	Aufbauspieler (Point Guard/Shooting Guard)
Hand-off	Enge Ballübergabe, kann sowohl aus dem Stand als auch dem Dribbling erfolgen
Hedge-and-back	Kurzes Heraustreten und Zurückkommen des Verteidigers des blockstellenden Angreifers
Help	Helfen
Help-and-recover	Kurzes Helfen des Verteidigers des Blockstellers beim ballführenden Spieler, bis dessen Verteidiger ihn wieder übernehmen kann
Help-and-rotate	Helfen und rotieren
Help-side	Spielfeldseite ohne Ball (auch Weak-side)
Help-the-helper	Dem helfendem Verteidiger helfen (zweite Hilfe)
High-low-game	Zusammenspiel zwischen High-post und Low-post
High-post	Position des Centers auf der Höhe der Freiwurflinie
High-sweep	Wechsel des Balls von einer Körperseite zur anderen durch energisches Schwingen des Balls über Kopfhöhe
Hook-shot	Hakenwurf
Intentional Foul	Unsportliches Foul
Ice defense	Verteidigungsvariante bei einem Side Pick-and-roll, bei der der Verteidiger des Blockstellers tief absinkt und der Verteidiger des Ballführers umspringt, die Mitte schließt und die Seite öffnet
Horns	Offensivsystem mit zwei Spielern oberhalb der Freiwurflinie an der Drei-Punkte-Linie
Jab-step	Kurze, schnelle Fußfinte, um den Verteidiger aus dem Gleichgewicht zu bringen
Jam-and-under	Blockverteidigungsvariante
Jam-the-rebounder	Unterdrucksetzen des Defensivrebounders zur Outlet-Verzögerung
Jump-shot	Sprungwurf
Jump-stop	Sprungstopp
Jump-with-the-pass	Mit einem Pass die Verteidigungsposition so verändern, dass der Passgeber nicht vor dem Verteidiger zum Korb schneiden kann
Jump-penetration	Penetration mit einem Sprung in die Landung vor dem Wurf

Lay-up	Korbleger
Loser ball	Spielvariante beim Spiel auf einen Korb bei der der Ballbesitz nach Korberfolg stets wechselt
Low-post	Tiefe Position des Innenspielers am Rande des 3-s-Raums
Low-sweep	Wechsel des Balls von einer Körperseite zur anderen durch energisches Schwingen des Balls unter Kniehöhe
Make it, take it	Wer einen Korb erzielt, behält den Ball
Man-to-man	Mann-Mann-Verteidigung (MMV)
Match-up-Phase	Zuordnung von Verteidigern und Angreifern
Match-up-zone	Ball-Raum-Verteidigung mit Elementen der Mann-Mann-Verteidigung
Mismatch	Vor- oder nachteilhafte Zuordnung von Verteidigern und Angreifern (groß gegen klein/klein gegen groß)
Motion	Bewegung
Moving-screen	Block in Bewegung
Off-balance	Aus dem Gleichgewicht
Offense	Angriff
Outlet-pass	Erster schneller, kurzer Pass nach Defensivrebound oder Korberfolg, um einen Fastbreak einzuleiten
Overload	Überlagerung der Angreifer auf eine Seite
Over-the-back	Von hinten über einen Spieler greifen
Overtime	Verlängerung
Over-the-top	Über den Block gehen
Passing-game	Angriffsmuster, bei dem sich nach jedem Pass mindestens drei Angreifer bewegen
Penetrate-and-create	Dribbling in den 3-Sekunden-Raum und Kreieren einer vorteilhaften Spielsituation
Penetrate-and-dish	Kurzer Bodenpass nach einem Dribbling zum Korb
Penetrate-and-kick	Den Ball nach einem Dribbling zum Korb nach außen passen
Pick-and-pop	Nach einem Block zum Anbieten nach außen abrollen
Pick-and-roll	Blockstellen und zum Korb abrollen
Pick-the-picker	Dem zuvor blockstellenden Angreifer ebenfalls einen Block stellen (auch screen-the-screener)
Pinch post	Pass auf den weak-side-elbow
Pistol position	Peripheres Sehen des Balles und des Gegenspielers (help side position)

Pivot-Techniken	Centerbewegungen im Low-Post
Point Guard	Aufbauspieler, Spiellenker
Post	Centerspieler
Posting-up	Anbieten des Angreifers mit dem Rücken zum Korb auf der Ball-Korb-Linie
Power Forward	Variabler Centerspieler, der nicht nur mit dem Rücken zum Korb agiert
Powermove	Kräftige Bewegung mit beidbeinigem Absprung beim Wurf in Richtung Korb
Press-break	Angriffstaktik gegen Pressverteidigung
Primary-break	Erste Phase/Welle eines Schnellangriffs mit dem Ziel, in Überzahlsituationen (z. B. 2-1, 3-1, 3-2 etc.) zum Korberfolg zu kommen
Pump-fake	Pumpende Wurffinte
Pushing	Regelgerechtes Stoßen des Gegners
Push-steps	Kleine, flache Verteidigungsschritte
Quivern	Schnelles Trippeln auf den Fußballen
Read-and-react-offense	Eine Motion-offense, bei der die Angreifer aufgrund des Verteidigerverhaltens ihre Entscheidungen treffen
Rebound	Den vom Brett oder Korb abprallenden Ball sichern
Rejection	Geblockter Wurf
Re-screen	Erneutes Blockstellen nach zuvor erfolgtem Block
Reverse-dribble	Dribbelwende (auch Rolling)
Reverse-pivot	Rückwärtssternschritt
Rookie	Neuling
Rim Runner	Spieler, der beim Fast-break über die Korb-Korb-Linie in den gegnerischen 3-Sekunden-Raum läuft und sich dort mittig aufpostet
Run-and-gun	Spielphilosophie, bei der die erste Wurfmöglichkeit genutzt wird
Run-and-jump	Form der Ganzfeldverteidigung mit Doppeln und Rotieren
Sag	Absinken der Verteidigung in den 3-Sekunden-Raum
Safety	Für die Fast-Break-Absicherung zuständiger Spieler
Score	Spielstand
Scoring	Punkte erzielen
Scouting	Spielbeobachtung

Screen	Wurfschirm, Doppelblock durch zwei Spieler
Screen-the-screener	(siehe Pick-the-picker)
Secondary-break	Zweite Phase/Welle bei Fast-breaks
Set-play	Organisierter Positionsangriff
Shell-drill	Übungsform im 4-4 auf einen Korb
Shooting Guard	Außenspieler, Schütze
Shot clock	24-Sekunden-Uhr
Shooting Pocket	Wurftasche, Position der Hände, in die der Ball gepasst werden soll
Skip-pass	Pass von einer Angriffsseite auf die andere
Slash Technik	Befreiungsbewegung von Innenspielern (mit dem Arm den Verteidigerarm herunter- oder hochdrücken)
Slip	Antäuschen eines direkten Blockes und schnelles Abrollen zum Korb
Slot-spot	Position in der Verlängerung der seitlichen Begrenzung des 3-s-Raumes außerhalb der 3-Punkte-Linie
Small Forward	Kleiner Flügelspieler
Spacing	Raumaufteilung der Angreifer (auch Spread-the-Court)
SPD-Position	Dreifachbedrohung: Grundposition aus der geworfen (Shoot), gepasst (Pass) oder gedribbelt (Dribble) werden kann
Spin move	Schnelle Drehung um die eigene Körperachse während der Angriffsbewegung
Split	Durchbruch des Dribblers beim Pick-and-roll zwischen Blocksteller und seinem Verteidiger
Spot	Die Stelle auf dem Spielfeld, von der aus ein Spieler besonders gut agiert
Stack-offense	Angriffsaufstellung, bei der z. B. zwei Spieler dicht nebeneinanderstehen
Staggered-screen	Zeitlich und räumlich nacheinander versetzte Mehrfachblöcke
Steal	Ballgewinn
Strong-side	Ballseite
Stutter-steps	Schneller Fußwechsel des Dribblers, um den Gegner zu verwirren

Swing	Schneller Wechsel des Balls von einer Angriffsseite auf die andere mittels kurzer, schneller Pässe
Switch	Wechseln des Gegenspielers
Talk your jobs	Ansagen der Verteidigungsaufgaben
Timing	Effektive Koordination von Zeit und Raum bei einer Bewegung
Time-out	Auszeit
Touching	Kontrollieren des Gegners durch orientierendes, leichtes Berühren
Trailer	Spieler, der beim Fast-break der ersten Angriffswelle folgt
Transition	Übergang von Angriff in Verteidigung und umgekehrt
Trap	Falle
Travelling	Schrittfehler
Triangle-and-two	Gemischte Verteidigung mit drei Ball-Raum-Verteidigern und zwei Mann-Mann-Verteidigern
Tripple threat	siehe SPD-Position
Turn-around-jump-shot	Sprungwurf mit einer Drehung um die Körperlängsachse
Turnover	Ballverlust
Two-man-game	Zusammenspiel zwischen Flügel und Center auf einer Seite
V-cut	Befreiungsbewegung in Form eines Vs, zunächst in Richtung Korb, um anschließend den Ball auf dem Flügel zu erhalten
Warm(ing)-up	Aufwärmen
Weak-side	Ballferne Seite (auch Help-side)

2 Literaturverzeichnis

Adolph, H., Hönl, M. & Wolf, T. (2008). *Integrative Sportspielvermittlung.* Kassel: Universität Kassel.

Ainsworth BE. (2008, 2. Mai) *The compendium of physical activities tracking guide.* Prevention Research Center. Zugriff am 09.September 2008 unter http://prevention.sph.sc.edu/tools/docs/documents_compendium.pdf

ALBA BERLIN Basketballteam GmbH (2018, 01. Februar). Spielplan 2017/2018. Zugriff am 07. August 2018 unter http://www.albaberlin.de/index.php?id = 1226.

Alfermann, D. & Stoll, O. (2010). *Sportpsychologie. Ein Lehrbuch in 12 Lektionen* (3. Aufl.). Aachen: Meyer & Meyer.

Atkinson, J. W. (1974). The mainsprings of achievement-oriented activity. In J. W. Atkinson & J. O. Raynor (Eds.), *Personality, motivation, and achievement* (pp. 11-39). Washington-London: Hemisphere.

Barth, B. (1999). Strategie und Taktik im Wettkampf. In G. Thieß & P. Tschiene (Hrsg.), *Handbuch zur Wettkampflehre* (S. 361-375). Aachen: Meyer & Meyer.

Barth, B. & Bauer, C. (2010). *Modernes Nachwuchstraining Basketball.* Aachen: Meyer & Meyer.

Bauer, C. & Bösing, L. (2018). *Richtlinien für die Aus- und Fortbildung von Trainerinnen und Trainern* im Deutschen Basketball Bund.* Zugriff am 31. März 2019 unter http://www.bak-basketball.de/images/DBB_Rahmenrichtlinien_15-Auflage_2018.pdf

Bauermann, D. (2016). *Basketballtraining.* Aachen: Meyer & Meyer.

Bauersfeld, M. & Voss, W. (1992). *Neue Wege im Schnelligkeitstraining.* Münster: Philippka.

Baumann, S. (2006). *Psychologie im Sport.* Aachen: Meyer & Meyer.

Baumann, S. (2007). *Mannschaftspsychologie.* Aachen: Meyer & Meyer.

BBL GmbH (2011, 09. August). *Dates & Results: Scoutings.* Zugriff am 9. August 2011 unter http://www.beko-bbl.de/dates-und-results/stats/teams/scoutings.html

BBL GmbH (2018, 16. Juni). Spielberichte 2017-18, Nachbericht 2018-06-16-fcb-ber. Zugriff am 07. August 2018 unter https://www.easycredit-bbl.de/de/n/spielberichte/2017-18/nachbericht/2018-06-16-fcb-ber.

Ben Abdelkrim, N., Castagna, C,, El Fazaa, S., Tabka, Z. & El Ati, J. (2009). Blood metabolites during basketball competitions. *Journal of Strength and Conditioning Research, 23* (3), 765-773.

Ben Abdelkrim, N., El Fazaa, S. & El Ati, J. (2006). Time-motion analysis and physiological data of elite under-19 Basketball players during competition. *British Journal of Sports Medicine online (30 Nov 2006)*. Zugriff am 8. Mai 2008 unter http://www.bjsm.bjm.com

Bernstein, N. (1967). *The co-ordination and regulation of movements*. Oxford: Pergamon Press.

Bisselik, B. (1995). *Aspekte zum Techniktraining*. Manuskript zur DBB-B-Trainer-Ausbildung (unveröff.).

Blümel, K. (2007). *DBB-Spielkonzeption* (Unveröffentlichtes Manuskript).

Blümel, K. (2008). *DBB-Spielkonzeption – männlich*. Manuskript.

Blümel, K., Braun, R., Brill, D. & Kasch, M. (2007). Rahmenkonzeption für Kinder und Jugendliche im Leistungssport. *Basketball,* Bd. 9, Wiebelsheim: Limpert.

Blümel, K., Ibrahimagic, A., Menz, F. & Stein, H. (2016, 01. Januar). *Leitfaden und Rahmentrainingsplanung für das Training mit Kindern und Jugendlichen*. Zugriff am 07.August 2018 unter https://www.basketball-bund.de/wp-content/uploads/1.10-Leitfaden-fue-das-Training-mit-Kindern-und-Jugendlichen-neu.pdf.

Boeckh-Behrens, W.-U. & Buskies, W. (2001). *Fitness-Krafttraining*. Reinbek: Rowohlt.

Bös, K., Tietz, A. & Dick, C. (1987). *Heidelberger Basketball Test HBT*. Frankfurt: Deutscher Sportbund.

Bösing, L. (1981). Basketball. In O. Grupe (Hrsg.), *Sport – Theorie in der gymnasialen Oberstufe. Band 2, Sportartspezifische Beiträge/Teil II: Spiele* (S. 14-21). Schorndorf: Hofmann-Verlag.

Bracht, H.-G. (1996). Angriff gegen Preß-Verteidigung. In G. Hagedorn, D. Niedlich & G. J. Schmidt (Hrsg.), *Das Basketball Handbuch* (S. 281-287). Reinbek: Rowohlt.

Brand, H., Heuberger, M., Petersen, K.-D., Lemmel, U., Kurrat, H., Pfänder, J., Sichelschmidt, P., Schubert, R. Langhoff, K. Späte, D., Platen, P., Oltmanns, K. & Wienecke, E. (2009). *Rahmentrainingskonzeption des Deutschen Handballbundes für die Ausbildung und Förderung von Nachwuchsspielern*. Münster: Philippka-Sportverlag.

Braun, R., Goriss, A. & König, S. (2004). *Doppelstunde Basketball. Unterrichtseinheiten und Stundenbeispiele für Schule und Verein*. Schorndorf: Hofmann-Verlag.

Brown, L. E., Ferrigno, V. A. & Santana, J. C. (2000). *Training for speed, agility and quickness*. Champaign, Ill.: Human Kinetics.

Brown, L. E. & & Ferrigno, V. A. (2015). *Training for Speed, Agility and Quickness*. 3rd Edition. Champaign, IL: Human Kinetics.

Bubeck, D. (2003). DVS Seminar 2003 – Workshop: Einsatz von Videosystemen zur Bewegungsanalyse und Techniktraining. In G. Schoder (Red.), *Skilauf und Snowboard in Lehre und Forschung* (S. 59-71). Hamburg: Czwalina.

Buchheit, M. (2010). The 30-15 intermittent fitness test – 10-year review. *Myorobie Journal* (1), 1-9.

Bunker, D., & Thorpe, R. (1982). A model for the teaching of games in the secondary school. *Bulletin of Physical Education, 10*, 9-16.

Carron, A. V., Hausenblas, H. A. & Eys, M. A. (2005). *Group dynamics in sport.* Morgantown: Fitness Information Technology.

Clauss, S. & Röder, B. (1996). Sonderformen des Angriffs. In G. Hagedorn, D. Niedlich & G. J. Schmidt (Hrsg.), *Das Basketball Handbuch* (S. 300-305). Reinbek: Rowohlt.

Cook, G., Burton, L., Kiesel, K., Rose, G. & M. F. Bryant. (2010). *Movement: Functional Movement Systems. Screening - Assessment - Corrective Strategies.* Aptos: On Target Publications.

Cormery, B., Marcil, M. & Bouvard, M. (2008). Rule change incidence on physiological characteristics of elite basketball players: A 10-year-period investigation. *British Journal of Sports Medicine, 42*, 25-30. Zugriff am 25. Januar 2008 unter http://www.bjsm.bjm.com

Csikszentmihalyi, M. (2010). *Flow: Das Geheimnis des Glücks* (15. Aufl.). Stuttgart: Klett-Cotta.

Deutscher Basketball Bund e.V. (Hrsg.). (2008). *Offizielle Basketball-Regeln. Für Männer und Frauen.* Karlsruhe: Badenia.

Deutscher Basketball Bund e.V. (2009). *Spielfeld 2010 Details.* Zugriff am 1. September 2009 unter http://www.basketball-bund.de/basketball-bund/de/schiedsrichter/ag_regeln/19167.html

Deutscher Basketball Bund e.V. (Hrsg.). (2017). *Leistungssportstruktur und Fördermaßnahmen für DBB-Kaderathletinnen und -athleten* (3. Auflage). Hagen.

Deutscher Sportbund (Hrsg.). (2006). *Nachwuchsleistungssport-Konzept 2012. Leitlinien zur Weiterentwicklung des Nachwuchsleistungssports.* Frankfurt: Deutscher Sportbund.

Deutscher Olympischer Sportbund (Hrsg.). (2012). *DOSB I Satzung.* Zugriff am 27. Mai 2012 unter http://www.dosb.de/de/medien/dosb-textsammlung/

Deutscher Olympischer Sportbund (Hrsg.). (2014). *Nachwuchsleistungssportkonzept 2020.* Zugriff am 08. August 2018 unter https://cdn.dosb.de/DOSB_Broschuere_NWS_Konzept_web_1_.pdf.

Deutsche Sportjugend e.V. (Hrsg.). (2004). *Sport ohne Doping – Argumente und Entscheidungshilfen.* Frankfurt.

Díaz-Castro, F., Astudillo, S., Calleja-González, J., Zbinden-Foncea, H., Ramirez-Campillo, R. & Castro-Sepúlveda, M. (2017). Change in marker of hydration correspond to decrement in lower body power following basketball match. Ski sports, https://doi.org/10.1016/j.scispo.2017.10.007.

Dietrich, K. (1975). *Fußball spielgemäß lernen – spielgemäß üben*. Schorndorf: Hofmann-Verlag.

Dietrich, K., Dürrwächter, G. & Schaller, H.-J. (1976). *Die großen Spiele*. Wuppertal: Hans Putty Verlag.

Digel, H. (1996). Schulsport – wie ihn Schüler sehen. Eine Studie zum Schulsport in Südhessen. *Sportunterricht, 45* (8), 324-229.

Dorsch, M., Jost, J., Clauss, S., Friedmann, B. & Weiß, M. (1995). Stoffwechselbeanspruchung im Basketballspiel und Training. *Deutsche Zeitschrift für Sportmedizin, 46* (11/12), 618-623.

Duda, J. L. & Nicholls, J. G. (1992). Dimensions of achievement motivation in schoolwork and sport. *Journal of Educational Psychology, 89*, 290-299.

Eberspächer, H. (2007). *Mentales Training. Ein Handbuch für Trainer und Sportler*. München: Copress Verlag.

Emrich, E., Güllich, A. & Pitsch, W. (2005). Zur Evaluation des Systems der Nachwuchsförderung im deutschen Leistungssport. In E. Emrich, A. Güllich & M.-P. Büch (Hrsg.), *Beiträge zum Nachwuchsleistungssport* (S. 75-138). Schorndorf: Hofmann-Verlag.

Faigle, C. (2000). *Athletiktraining Basketball*. Reinbek: Rowohlt.

Federation Internationale de Basketball (2018). *Official Basketball Rules 2018*. Zugriff am 08.10.2018 unter http://www.fiba.basketball/documents/official-basketball-rules.pdf

Fédération Internationale de Basketball (2010). *Official Basketball Rules 2010. Referees' Manual. Two-Person Officiating*. Zugriff am 2. September 2010 unter http://www.fiba.com/pages/eng/fc/FIBA/ruleRegu/p/openNodeIDs/915/selNodeID/915/baskOffiRule.html

Fédération Internationale de Basketball (2012). *3 x 3 Rules of the Game*. Zugriff am 27. Mai 2012 unter http://fiba.com/downloads/v3_abouFiba/3x3/FIBA-3x3-Rules-of-the-Game.pdf

Ferrauti, A. & Remmert, H. (2003). The effects of creatine supplementation: A review with special regards to ballgames. *European Journal of Sport Science, 3* (3), 26 p.

FIBA (2017). *Offizielle Basketball-Regeln 2017*. Oldenburg: cewe-print.de.

Flück, M. & Hoppeler, H. (2003). Molecular basis of skeletal muscle plasticity – from gene to form and function. *Reviews of Physiology, Biochemistry and Pharmacology, 146* (1), 159-216.

Foran, B. (Ed.). (1994). *Condition the NBA way*. New York: Cadell & Davies.

Freiwald, J. (2000). Dehnen im Sport und in der Therapie *Die Säule (4)*, 28-33.

Freiwald, J. (2006). *Stretching für alle Sportarten*. Reinbek: Rowohlt.

Freiwald, J. (2009). *Optimales Dehnen. Sport - Prävention - Rehabilitation* (2. Aufl.). Balingen: Spitta

Friedrich, W. (2008). *Optimale Sporternährung.* Balingen: Spitta-Verlag.

Froese, J. (2003). *Medizinische Rückenfitness.* Köln: Deutscher Trainer-Verlag.

Gabler, H. (2002). *Motive im Sport.* Schorndorf: Hofmann-Verlag.

Gabler, H., Nitsch, J. R. & Singer, R. (2004). *Einführung in die Sportpsychologie. Grundthemen* (Sport und Sportunterricht, Band 2), 4. Auflage. Schorndorf: Hofmann-Verlag.

Gärtner, K. & Zapf, V. (1998). *Konditionstraining. Am Beispiel Basketball.* Sankt Augustin: Academia.

Gamble, P. (2010). *Strength and conditioning for team sports.* Oxon: Routledge.

Getrost, V. & Wichmann, K. (1996). Überzahl-Spielreihe. In G. Hagedorn, D. Niedlich & G. J. Schmidt (Hrsg.), *Das Basketball Handbuch* (S. 314-317). Reinbek: Rowohlt.

Glasauer, G. J. & Nieber, L. (1999). Koordinationstraining im Basketball. *Leistungssport, 29* (6), 42-45.

Glasauer, G. J. & Nieber, L. (2000). Theoretische Grundlagen für ein systematisches Koordinationstraining im Basketball. *Leistungssport, 30* (5), 28-37.

Grande, J. U. & Rosenstein, M. (2005). B*eachsport – Sand + Fun + Action.* Berlin: Weinmann-Verlag.

Griffin, L. L., Oslin, J. L., & Mitchell, S. A. (1997). *Teaching sports concepts and skills: A tactical games approach.* Champaign, IL: Human Kinetics.

Gudjons, H. (2008). *Pädagogisches Grundwissen. Überblick – Kompendium – Studienbuch.* Bad Heilbrunn: Klinkhardt.

Güllich, A. & Schmidtbleicher, D. (2000). Methodik des Krafttrainings – Struktur der Kraftfähigkeiten und ihrer Trainingsmethoden. In Siewers, M. (Hrsg.), *Muskelkrafttraining. Ausgewählte Themen* (S. 17-71). Kiel: Christian-Albrechts-Universität.

Hagedorn, G. (1996 a). Spielregeln und Taktik. In G. Hagedorn, D. Niedlich & G. J. Schmidt (Hrsg.), *Das Basketball Handbuch* (S. 450-454). Reinbek: Rowohlt.

Hagedorn, G. (Red.). (1996 b). Lernen im Sportspiel. In G. Hagedorn, D. Niedlich & G. J. Schmidt (Hrsg.), *Das Basketball Handbuch* (S. 306-343). Reinbek: Rowohlt.

Hagedorn, G., Niedlich, D. & Schmidt, G. J. (1996). *Das Basketball Handbuch*. Reinbek: Rowohlt.

Hagedorn, G., Weiß, M., Clauss, S. & Bisselik, B. (1996). Anforderungsprofil des Basketballspiels. In G. Hagedorn, D. Niedlich & G. J. Schmidt (Hrsg.), *Das Basketball Handbuch* (S. 36-46). Reinbek: Rowohlt.

Hahn, E. (1996). *Psychologisches Training im Wettkampfsport.* Schorndorf: Hofmann-Verlag.

Haller, M. (2005). *Konditionell akzentuiertes Koordinations- und Techniktraining im Jugendleistungsbasketball.* Unveröffentlichte Diplomarbeit. Bochum: Ruhr-Universität.

Hansen, G. (2003). *Qualitative Spielbeobachtung.* Köln: Sport & Buch Strauß.

Hanin, Y. & Syrjä, P. (1995). Performance affect in junior ice hockey players: an application oft he individual zones of optimal functioning model. *The Sport Psychologist*, 9, 169-187.

Heck, H. (1990). *Energiestoffwechsel und medizinische Leistungsdiagnostik.* Schorndorf: Hofmann-Verlag.

Heckhausen, H. & Weiner, B. (1974). The emergence of a cognitive psychology of motivation. In B. Weiner (Ed.), *Achievement motivation and attribution theory* (pp. 49-66). Morristown, NJ: General Learning Press.

Hesselink, J. (2011). *Die Geschichte des Basketballs.* Zugriff am 9. September 2011 unter http://www.westfalia-kinderhaus.de/downloads/geschichtedesbasket balls.pdf

Hohmann, A. (2002). Zum Stand der sportwissenschaftlichen Talentforschung. In A. Hohmann, D. Wick & K. Carl (Hrsg.), *Talent im Sport* (S. 7-30). Schorndorf: Hofmann-Verlag.

Hohmann, A. (2009). *Entwicklung sportlicher Talente an sportbetonten Schulen.* Petersberg: Michael Imhof Verlag.

Hohmann, A., Lames, M. & Letzelter, M. (2007). *Einführung in die Trainingswissenschaft.* Wiebelsheim: Limpert.

Holst, T., Langenkamp, H. & Remmert, H. (2009). *International retrospective survey research about the careers of national and international basketball players* (Research Bulletin). Bochum: Ruhr-Universität Bochum.

Hübner, H. & Pfitzner, M. (2001a). *Schulsportunfälle in Nordrhein-Westfalen – Die wichtigsten Ergebnisse zum Unfallgeschehen des Schuljahres 1998/99.* Prävention in NRW Bd. 2. Münster, Düsseldorf.

Hübner, H. & Pfitzner, M. (2001b). *Das schulsportliche Unfallgeschehen in Nordrhein-Westfalen im Schuljahr 1998/99.* Schriften zur Körperkultur Bd. 32. Münster.

Hůlka, K., Cuberek, R. & Bělka, J. (2013). Heart Rate and Time-motion Analyses in Top Junior Players during Basketball Matches. *Acta Univ. Palacki. Olomuc., Gymn.* 43 (3), 27-35.

Hurrelmann, K. (2006). *Lebenssituation und Wertorientierungen der jungen Generation. Ergebnisse der 15. Shell-Jugendstudie.* Zugriff am 27. Mai 2012 unter http://www.uni-bielefeld.de/gesundhw/ag4/downloads/shell15.pdf

Husmann, A. (2001). *Basketball – attraktiv und sicher vermitteln* (Erprobungsfassung) (hektogr. Manuskript, 49 S.). Münster.

Joch, W. (1994). *Das sportliche Talent.* Aachen: Meyer & Meyer.

Joch, W. & Ückert, S. (1999). *Grundlagen des Trainierens.* Münster: Lit.

Jost, J., Friedmann, B., Dorsch, M., Jalak, R. & Weiß, M. (1996). Sportmedizinische Leistungsdiagnostik und Trainingssteuerung im Basketball. *Deutsche Zeitschrift für Sportmedizin, 47* (1), 3-16.

Kendall, F. P., McCreary, E. K. & Provance, P. G. (2001). *Muskeln. Funktionen und Tests* (4. Auflage). München, Jena: Urban & Fischer.

Klee, A. (2003). *Methoden und Wirkungen des Dehnungstrainings.* Schorndorf: Hofmann-Verlag.

Klee, A. & Wiemann, K. (2005). *Beweglichkeit/Dehnfähigkeit.* Schorndorf: Hofmann-Verlag.

König, K. (1999). *Das Hessische Modell „Talentsuche – Talentförderung" (Konzeption – Realisation – Evaluation).* Kassel: Universitätsbibliothek.

König, S. & Zentgraf, K. (Hrsg.). (1999). Handball als Schulsport. *Sportunterricht 48* (7), 269-279.

Kösel, E. (2002). *Die Modellierung von Lernwelten.* Bahlingen: SD-Verlag für subjektive Didaktik.

Konzag, I. & Konzag, G. (1991). *Basketball spielend trainieren.* Berlin: Sportverlag GmbH.

Korff, M. (2009). *Talententwicklung im Basketball.* Hamburg: Dr. Kovac.

Kröger, C. & Roth, K. (1999). *Ballschule. Ein ABC für Spielanfänger.* Schorndorf: Hofmann-Verlag.

Krombholz, A., Kimmeskamp, K. & Wesner, C. (2017). Videoeinsatz beim Techniktraining im Natursport. In ASH (Hrsg.), Skilauf und Snowboard in Lehre und Forschung. *Schriftenreihe der ASH*, Band 24 (S. 37-57) Hamburg: Feldhaus/Edition Czwalina.

Krüger, A. & Niedlich, D. (1985). *100 Ballspiel-Fertigkeitstests.* Schorndorf: Hofmann-Verlag.

Kuhn, W. & Hagedorn, G. (1996). Bedeutung der Informationsverarbeitung für das Spielhandeln. In G. Hagedorn, D. Niedlich & G. J. Schmidt (Hrsg.), *Das Basketball Handbuch* (S. 104-111). Reinbek: Rowohlt.

Kunath, P. & Schellenberger, H. (1991). *Tätigkeitsorientierte Sportpsychologie.* Frankfurt/M.: Verlag Harri Deutsch.

Laios, A. & Ioannis, A. (2001). Developing Basketball Skills of Young Student-Players by Running a Special „Decathlon" Competition Test. *International Journal of Physical Education 38* (2), S. 85-88.

Lames, M. (1994). *Systematische Spielbeobachtung.* Münster: Philippka.

Lau, A., Stoll, O. & Wahnelt, S. (2002). *Mentales Training im Basketball – Ein Handbuch für Spieler und Trainer.* Butzbach: Afra.

Lindner, M. (2017). Athletikkonzeption des Deutschen Basketball Bundes. Hagen.

Loibl, J. (1996). Bewegung, Wahrnehmung und Handlung im Sportspiel. In G. Hagedorn, D. Niedlich & G. J. Schmidt (Hrsg.), *Das Basketball Handbuch* (S. 112-116). Reinbek: Rowohlt.

Lühnenschloß, D., Dierks, B. & Thomas, M. (2005). *Schnelligkeit.* Schorndorf: Hofmann-Verlag.

Malina, R. M., Bouchard, C. & Bar-Or, O. (2004). *Growth, maturation, and physical activity.* Champaign, IL: Human Kinetics.

Martin, D., Carl, K. & Lehnertz, K. (1993). *Handbuch Trainingslehre.* Schorndorf: Hofmann.

Martin, D., Nicolaus, J., Ostrowski, C. & Rost, K. (1999). *Handbuch Kinder- und Jugendtraining.* Schorndorf: Hofmann-Verlag.

Matthew, D. & Delextrat, A. (2009). Heart rate, blood lactate concentration, and time-motion analysis of female basketball players during competition. *Journal of Sports Sciences, 27* (8), 813-821.

McArdle, W. D., Katch, F. I. & Katch, V. L. (1996). *Exercise physiology. Energy, nutrition and human performance.* Baltimore: Williams & Wilkins.

McInnes, S. E., Carlson, J. S., Jones, C. J. & McKenna, M. J. (1995). The physiological load imposed on basketball players during competition. *Journal of Sports Sciences, 13,* 387-397.

Memmert, D. (2002). Sportspielübergreifender Einsatz von taktischen Basiskompetenzen. In A. Hohmann, D. Wick & K. Carl (Hrsg.). *Talent im Sport* (S. 228-232). Schorndorf: Hofmann-Verlag.

Menz, F. (2010): *Konzeptionelle Spielvorgaben DBB.* (Unveröffentlichtes Manuskript).

Menz, F., Faigle, C. & Noack, A. (2008). *Athletiktraining. U16, U18 bis A-Kader, Tests und Trainingsprogramm* (DVD). Hagen: Deutscher Basketball Bund.

Metcalfe, S., Naughton, G. & Carlson, J. (1999). Physiological responses during competition play of elite WNBL basketballers. *5th IOC World Congress on Sport Sciences* (abstract). Zugriff am 3. Februar 2002 unter http://www.ausport. gov.au/fulltext/1999/iocwc/abs183a.htm

Mikes, J. (1987). *Basketball fundamentals.* Champaign, Illinois: Leisure Press.

Moeller, H. & Niess, A. (1997). Getränke im Sport. *Deutsche Zeitschrift für Sportmedizin, 48 (9),* 360-365.

Montgomery, P. G., Pyne, D. B. & Minahan, C. L. (2010). The physical and physiological demands of basketball training and competition. *International Journal of Sports Physiology and Performance, 5,* 75-86.

Naismith, J. (1941). *Basketball – its origin and development.* Associated Press, New York.

Neumaier, A. (1999). *Koordinatives Anforderungsprofil und Koordinationstraining.* Köln: Sport & Buch Strauß.

Neumaier, A. (2003). *Koordinatives Anforderungsprofil und Koordinationstraining. Grundlagen – Analyse – Methodik* (3. Aufl.). Köln: Sport & Buch Strauß.

Neumann, H. (1990). *Basketballtraining. Taktik – Technik – Kondition.* Aachen: Meyer & Meyer.

Neumann, G. & Mellinghoff, R. (2001). *FundaMental Training im Basketball.* München: Sequenz Medien Produktion.

Newell, P. & Nater, S. (2008). *Playing big.* Champaign, IL: Human Kinetics.

Newell, P. & Newell, T. (1995). *Basketball post play.* Lincolnwood, IL: Contemporary Books.

Nicklaus, H. (1991). *Minis lernen spielend Basketball.* Bochum: Eigenverlag.

Nieber, L. (2000). Koordinationstraining im Basketball – ebenso wichtig wie das Konditionstraining? In W. Schmidt & A. Knollenberg (Hrsg.), *Sport-Spiel-Forschung: Gestern. Heute. Morgen.* (S. 297-302). Hamburg: Feldhaus.

Nieber, L. & Glasauer, G. (2000). Zur Methodik eines theoriegeleiteten Koordinationstrainings im Basketball. *Leistungssport, 30* (6), 39-48.

Nieber, L. & Heiduk, R. (2016). Athletiktraining im Leistungssport. Trainingswissenschaftlicher Terminus oder Phrase? *Leistungssport* (46), 2, 4-8.

Niedlich, D. (1985). Taktiktraining. In G. Hagedorn, D. Niedlich & G. J. Schmidt (Hrsg.), *Basketball-Handbuch. Theorie – Methoden – Praxis* (S. 380-388). Reinbek: Rowohlt.

Niedlich, D. (1995). *Streetballtraining.* Aachen: Meyer & Meyer.

Nitsch, J. R. (2004). Die handlungstheoretische Perspektive: ein Rahmenkonzept für die sportpsychologische Forschung und Intervention. *Zeitschrift für Sportpsychologie, 11* (1), 10-23.

Olivier, N., Marschall, F. & Büsch, D. (2008). *Grundlagen der Trainingswissenschaft und -lehre.* Schorndorf: Hofmann-Verlag.

Orthopädisches Sportzentrum Münsingen (2011). *Sportverletzungen.* Zugriff am 15. Mai 2011 unter http://www.sportortho.ch

Papadopoulos, P., Schmidt, G. J., Tzanetis, A. & Baum, K. (2006). Die Laufdistanz von Basketballspielern im Hauptbeanspruchungs-Intervall von 16 Sekunden effektiver Spielzeit. In K. Weber, D. Augustin, P. Maier & K. Roth (Hrsg.), *Wissenschaftlicher Transfer für die Praxis der Sportspiele* (S. 297-299). Köln: Sportverlag Strauß.

Raab, M. (2001). *SMART. Techniken des Taktiktrainings. Taktiken des Techniktrainings.* Köln: Sport und Buch Strauß.

Radlinger, L., Bachmann, W., Homburg, J., Leuenberger, U. & Thaddey, G. (1998). *Rehabilitatives Krafttraining.* Stuttgart, New York: Thieme.

Refoyo, I., Vaquera Jiménez, A. & Calleja Gonzáles, J. (2008). Heart rate response to game-play in professional basketball players during preseason. *13th Annual ECSS-Congress, Estoril 2008* (poster). Zugriff am 28. August 2008 unter http://www.ecss-congress.eu/index.php?option=com_wrapper&Itemid=84

Remmert, H. (2002). *Spielbeobachtung im Basketball.* Hamburg: Czwalina.

Remmert, H. (2006). *Basketball lernen, spielen und trainieren.* Schorndorf: Hofmann-Verlag.

Remmert, H. (2007). Basketball spielerisch: von der Idee zum Spiel. *Lehrhilfen für den sportunterricht 56* (9), 1-9.

Remmert, H. (2007). Beweglichkeitstraining im Basketball – mehr als nur Dehnen? *SportPraxis 48* (3), 4-7.

Remmert, H., Schneider, T. & Stadtmann, T. (2006). *Manual zur Konditionstestbatterie. Handout zum BISp-Forschungsprojekt „Wissenschaftliche Optimierung trainingspraktischer Leistungssteuerung und konzeptioneller Vorgaben im Nachwuchsleistungssport des Deutschen Basketball Bundes* (Nr. 080703/06-09).

Remmert, H. & Chau, A.-T. (2018). *Players' decisions within ball screens in elite German men's basketball: Observation of offensive-defensive interactions using a process-oriented state-event model.* Submitted for Publication.

Rodríguez-Alonso, M., Fernández-García, B., Pérez-Landaluce, J. & Terrados, N. (2003). Blood lactate and heart rate during national and international women's basketball. *Journal of Sports Medicine and Physical Fitness, 43* (4), 432-436.

Rostock, J. & Zimmermann, K. (1997). Koordinationstraining zwischen Generalität und Spezifität. *Leistungssport, 27* (4), 28-30.

Roth, K. (1989). *Taktik im Sportspiel.* Schorndorf: Hofmann-Verlag.

Roth, K., Kröger, Ch. & Memmert, D. (2002). *Ballschule Rückschlagspiele.* Schorndorf: Hofmann-Verlag.

Sallet, P., Perrier, D., Ferret, J. M., Vitellei, V. & Baverel, G. (2005). Physiological differences in professional basketball players as a function of playing position and level of play. *Journal of Sports Medicine and Physical Fitness, 45* (3), 291-294.

Schauer, E. (1999). Lernziel „Lockerheit" im Basketballtraining. *Leistungssport, 29* (3), 24-28.

Schauer, E. (2002). *Wurftrainer Basketball.* Reinbek: Rowohlt.

Schauer, E. (2006). *Die Technikschule.* Norderstedt: Books on Demand.

Schek, A. (2008). Die Ernährung des Sportlers. Empfehlungen für die leistungsorientierte Trainingspraxis. E*rnährungs Umschau, 55* (6), 362-370.

Schliermann, R. & Hülß, H. (2008). *Mentales Training im Fußball.* Hamburg: Czwalina Verlag.

Schmidt, G.J. (1996). Erfolgskontrollen in Training und Wettkampf. In G. Hagedorn, D. Niedlich & G. J. Schmidt (Hrsg.), *Das Basketball Handbuch* (S. 411-423). Reinbek: Rowohlt.

Schmidt, G. J. & von Benckendorf, J. (2003). Zur Lauf- und Sprungbelastung im Basketball. *Leistungssport, 33* (1), 41-48.

Schmidt, G. J. & Braun, C. (2004). Entwicklung der Angriffs- und Verteidigungstaktik im europäischen Spitzenbasketball. *Leistungssport, 34* (2), 30-35.

Schmidt, G. J., & Clauss (1996). Spiel 2-2. In G. Hagedorn, D. Niedlich & G. J. Schmidt (Hrsg.), *Das Basketball Handbuch* (S. 202-206). Reinbek: Rowohlt.

Schmidt, G. J., & Clauss (1996). Schnellangriff und Early Offense. In G. Hagedorn, D. Niedlich & G. J. Schmidt (Hrsg.), *Das Basketball Handbuch* (S. 246-256). Reinbek: Rowohlt.

Schnabel, G. & Thieß, G. (Hrsg.). (1993). *Lexikon Sportwissenschaft. Band 2*. Berlin: Sportverlag.

Schnabel, G., Harre, D. & Borde, A. (Hrsg.). (1994). *Trainingswissenschaft. Leistung – Training – Wettkampf*. Berlin: Sportverlag.

Schnittker, R., Baumeister, J., Paier, D., Wilhelm, P. & Weiß, M. (2009). Leistungsvoraussetzungen und Anforderungsprofil im deutschen Profibasketball. *Deutsche Zeitschrift für Sportmedizin* 60 (7-8), S. 189.

Schöllhorn, W. (2003). *Eine Sprint- und Laufschule für alle Sportarten*. Aachen: Meyer & Meyer.

Schröder, J. & Bauer, C. (2001). *Basketball trainieren und spielen*. 2. Aufl. Reinbek: Rowohlt.

Schultz, J. H. (1983). *Übungsheft für das autogene Training*. Stuttgart: Thieme.

Schulz von Thun, F. (2010). *Miteinander reden – Störungen und Klärungen*. Reinbek: Rowohlt-Taschebuch-Verlag.

Seiler, R. (1992). Performance enhancement. A psychological approach. *Sport Science Review, 1*, 29-45.

Seiler, S. & Tønnessen, E. (2009). Intervals, thresholds, and long slow distance: the role of intensity and duration in endurance training. *Sportscience, 13*, 32-53.

Shrier, I. (2004). Does stretching improve performance? *Clin J Sport Med 14* (5), 267-273.

Smith, R. E. & Smoll, F. L. (1996). The coach as focus of research and intervention in youth sport. In F. L. Smoll & R. E. Smith (Eds.), *Children and youth in sport. A biopsychosocial perspective* (pp. 125-141). Madison Dubuque, IA: Brown & Benchmark.

Späte, D. & Wilke, G. (1989). *Antizipatives Abwehrspiel*. Münster: Philippka.

Steinacker J. M., Wang, L., Lormes, W., Reißnecker, S. & Liu, Y. (2002). Strukturanpassungen des Skelettmuskels auf Training. *Deutsche Zeitschrift für Sportmedizin, 53* (12), 354-360.

Steinhöfer, D. (1976). *Basketball in der Schule. Spielend geübt – übend gespielt*. Berlin, Frankfurt a. M.: Bartels & Wernitz.

Steinhöfer, D. (1983). *Zur Leistungserfassung im Basketball*. Ahrensburg: Czwalina.

Steinhöfer, D. (1996). Tests im Basketball. In G. Hagedorn, D. Niedlich & G. J. Schmidt (Hrsg.), *Das Basketball Handbuch* (S. 406-411). Reinbek: Rowohlt.

Steinhöfer, D. (2003). *Grundlagen des Athletiktrainings*. Münster: Philippka.

Steinhöfer, D. (2008). *Athletiktraining im Sportspiel*. Münster: Philippka-Sportverlag.

Steinhöfer, D. & Langenkamp, H. (2000). Basketball-Vermittlung in der Sportlehrer(innen)-Ausbildung. In H.-F. Voigt & G. Jendrusch (Hrsg.), *Sportlehrerausbildung wofür?* (S. 83-110). Hamburg: Feldhaus.

Steinhöfer, D. & Remmert, H. (2004). *Basketball in der Schule. Spielerisch und spielgemäß vermitteln*. Münster: Philippka-Sportverlag.

Steinhöfer, D. & Remmert, H. (2011). *Basketball in der Schule. Spielerisch und spielgemäß vermitteln*. Münster: Philippka-Sportverlag.

Stöber, K., Glettner, R. & Lau, A. (1995). Zum Wesen, zur Funktion und zur Vermittlung der Taktik im Sportspiel. In T. Austermühle & G. Konzag (Hrsg.), *Sportwissenschaftliche Reflexionen zwischen Vergangenheit und Zukunft* (S.175-182). Hamburg: Czwalina-Verlag.

Stojanović, E., Stojiljković, N., Scanlan, A. T., Dalbo, V. J., Berkelmans, D. M. & Milanović, Z. (2018). The Activity Demands and Physiological Responses Encountered During Basketball Match-Play: A Systematic Review. *Sports Med.* 48 (1), 111-135.

Stoll, O., Pfeffer, I. & Alfermann, D. (2010). *Lehrbuch Sportpsychologie.* Bern: Huber.

Stone, M. H., Collins, D., Plisk, S., Haff, G. & Stone, M. E. (2000). Training principles: Evaluation of models and methods of resistance training. *Strength & Conditioning Journal, 22* (3), 65-76.

Sutton-Smith, B. (1978). *Dialektik des Spiels. Eine Theorie des Spiels, der Spiele und des Sports.* Schorndorf: Hofmann-Verlag.

Taylor, J. (2004). A tactical metabolic training model for collegiate basketball. *Strength & Conditioning Journal, 26* (5), 22-29.

The National Coaching Foundation (2008). *Multistage fitness test. A progressive shuttle-run test for the prediction of maximum oxygen uptake.* Coachwise Business Solutions, Leeds, UK.

Thienes, G. (1998). *Motorische Schnelligkeit bei zyklischen Bewegungsabläufen.* Münster: LIT-Verlag.

Tidow, G. & Wiemann, K. (1994). Zur Optimierung des Sprintlaufs – leistungsdiagnostische Aspekte und trainingspraktische Folgerungen. *Leistungssport, 24* (6), 11-16.

Uhrmeister, J. & Remmert, H. (2017). *Treffer und nochmals Treffer! Schülergerechte (Leistungs-)Tests im Basketball. RAAbits Sport (Ergänzungslieferung Teil III A 06)*, 1-22.v

Ulbricht, A., Wiewelhove, T., Fernandez-Fernandez, J., Born, P. & Ferrauti, A. (2012). High-Intensity Ausdauertraining. *Tennissport* 23 (2), 18-25.

Wahl, P., Hägele, M., Zinner, C., Bloch, W. & Mester, J. (2010). High Intensity Training (HIT) für die Verbesserung der Ausdauerleistungsfähigkeit im Leistungssport. *Schweizerische Zeitschrift für Sportmedizin und Sporttraumatologie, 58* (4), 125-133.

Weinberg, R. & Gould, D. (2007). *Foundations of sport & exercise psychology.* Champaign, ILL: Human Kinetics.

Weineck, J. (2000). *Optimales Training* (11. Auflage). Balingen: Spitta.

Weineck, J. & Haas, H. (1999). *Optimales Basketballtraining.* Balingen: Spitta.

Westphal, G., Gasse, M. & Richtering, G. (1987): *Entscheiden und Handeln im Sportspiel.* Münster: Philippka.

Wiemann, K. (1993). Stretching – Grundlagen, Möglichkeiten, Grenzen. *sportunterricht, 42* (3), 91-106.

Wiemann, K. (2000). Effekte des Dehnens und die Behandlung muskulärer Dysbalancen. In M. Siewers (Hrsg.), *Muskelkrafttraining. Band 1.* (S. 95-119). Kiel: Christian-Albrechts-Universität.

Wiemann, K. & Klee, A. (2000). Die Bedeutung von Dehnen und Stretching in der Aufwärmphase vor Höchstleistungen. *Leistungssport 30* (4), 5-9.

Wiemeyer, J. (2003). Dehnen und Leistung – primär psychophysiologische Entspannungseffekte? *Deutsche Zeitschrift für Sportmedizin 54* (10), 288-294.

Wissel, H. (2004). *Steps to success.* Champaign, IL: Human Kinetics.

Wydra, G., Glück, S. & Roemer, K. (2000). Entwicklung, Evaluation und erste experimentelle Erprobung eines Dehnungsmessschlittens. In J. Wiemeyer (Hrsg.), *Forschungsmethodologische Aspekte von Bewegung, Motorik und Training im Sport* (S. 255-259). Hamburg: Czwalina.

Yerkes, R. M. & Dodson, J. D. (1908). The relation of strength of stimulus to rapidity of habit-formation. *Journal of Comparative Neurology and Psychology, 18,* 459-482.

Zatsiorsky, V. M. & Kraemer, W. J. (2008). *Krafttraining. Praxis und Wissenschaft.* Aachen: Meyer & Meyer.

Zimmermann, M., Remmert, H. & Ferrauti, A. (2006). Energetische Beanspruchung im Basketball in Wettkampf und Training. In K. Weber, D. Augustin, P. Maier & K. Roth (Hrsg.), *Wissenschaftlicher Transfer für die Praxis der Sportspiele* (S. 292-296). Köln: Sportverlag Strauß.

Zintl, F. & Eisenhut, A. (2004). *Ausdauertraining. Grundlagen – Methoden – Programme.* München: BLV.

3 Abbildungsverzeichnis

4 Tabellenverzeichnis

5   Bildnachweis

Coverentwurf:	Anja Elsen
Coverbild:	picture alliance
Grafiken Innenteil:	Johannes Mörbe, Bearbeitung: Satzstudio Hilger
Fotos Innenteil:	Ruhr-Universität Bochum, Medien Support Sport, Kilian Kimmeskamp

Neue Fotos 3. überarbeitete Auflage:
S. 32, 122, 142, 144, 159 Abb. 6.1, 160 Abb. 6.2, 180, 330, 333, 360: DBB/camera4;
114: DBB/Susanne Hübner;
S. 165 Abb. 6.6, 176, 196, 302: DBB;
S. 366: DBB/Daniel Roeschies;
S. 379: DBB/sem²; S. 398: Claus Bergmann

picture alliance:
S.14, 110, 156, 339, 340, 365, 375, 384

Lektorat:	Dr. Irmgard Jaeger
Satz:	Bruno Hilger, www.satzstudio-hilger.de
Layout & Bearbeitung 3. überarbeitete Neuauflage:	Anja Elsen

6 Autorenverzeichnis

Autoren/Herausgeber

Christian Bauer ist Gymnasiallehrer und Universitätsdozent (LMU München). Als Sportlehrer und DBB-A-Trainer war er Trainer von Leistungsmannschaften im Jugend- und Erwachsenenbereich. Er ist Mitglied der Lehr- und Trainerkommission des DBB, deren Vorsitzender er von 1991-2000 war, sowie als Ressortleiter Trainer des Bayerischen Basketball Verbandes Vorsitzender der Trainerkommission und Mitglied des Präsidiums des BBV.

Lothar Bösing ist Professor und Direktor am Staatlichen Seminar Tübingen, war Lehrer, Universitätsdozent und sammelte Erfahrungen als Basketballtrainer mit Jugend-, Damen- und Herrenmannschaften auf allen Leistungsebenen. Als Vizepräsident im Deutschen Basketball Bund und als Vorsitzender der Lehr- und Trainerkommission ist er für die Aus- und Fortbildung im DBB zuständig.

Andreas Lau ist wissenschaftlicher Mitarbeiter im Arbeitsbereich Sportpsychologie und Sportsoziologie der Martin-Luther-Universität Halle-Wittenberg. Als B-Trainer des DBB ist er Lehrwart des Basketball-Verbandes Sachsen-Anhalt.

Hubert Remmert ist Dozent für Basketball, Handball und Trainingswissenschaft an der Fakultät für Sportwissenschaft der Ruhr-Universität Bochum. Als DBB-A-Trainer ist er in den Lehr- und Trainerkommissionen des DBB und des Westdeutschen Basketball Verbandes tätig.

Co-Autoren

Tim Brentjes (Kap. 11) war etliche Jahre als Projektmanager für die BWA tätig und ist aktuell Referent für Jugend- und Schulsport beim DBB.

Michael Bühren (Kap. 8.3) hat über viele Jahre Mannschaften bis zur Pro B betreut, ist selbstständiger IT-Experte und bringt mittlerweile seine Kompetenzen als Mitglied des Prüfer- und Ausbilderteams des DBB in die B- und A-Trainerausbildung ein.

Wolfgang Friedrich (Kap. 9.2) ist Studienleiter des Württembergischen Landessportbundes (WLSB) an der Landessportschule Albstadt und Experte für Ernährungsfragen in der Reha-Welt des VfB Stuttgart.

Matthias Haller (Kap. 7.1) ist Diplom-Sportlehrer und besitzt langjährige Erfahrung in der Betreuung von Jugendleistungs- und Seniorenmannschaften bis Bundesliganiveau. Als B-Trainer des DBB ist er in der Trainerausbildung des Hessischen Basketball Verbandes tätig.

Andreas Joneck (Kap. 11.7) ist Journalist und Mitglied des Presseteams des Nationalen Paralympischen Komitees bei den Spielen in Athen (2004), Peking (2008) und London (2012). Seit 1999 ist er Geschäftsführer beim inzwischen erfolgreichsten Rollstuhl-Basketballteam Europas, dem RSV Lahn-Dill.

Armin Sperber ist IT-Projektmanager und Gymnasiallehrer und war viele Jahre Ressortleiter Trainer und Ressortleiter Jugend des Bayerischen Basketball Verbandes. Als DBB-A-Trainer besitzt er langjährige Erfahrung in der Betreuung zahlreicher Spitzenmannschaften, insbesondere im weiblichen Nachwuchsbereich. 2018 gewann er mit mit seinem Team die Deutsche Meisterschaft der WNBL.

7   Fakten zum Spiel

- Die **effektive Spielzeit** von 4 x 10 min streckt sich durch vielfältige Unterbrechungen und Pausen auf eine Gesamtspielzeit von etwa 80-90 min.

- 89 % aller **Angriffe** werden innerhalb der ersten 20 s abgeschlossen. Die Erfolgsquote liegt bei 48-50 %. Späte Abschlüsse zwischen der 21. und 24. Sekunde sind nur zu 32 % erfolgreich.

- Spieler legen im Durchschnitt 4.600-5.400 m **Wegstrecke** zurück.

- 24 % der **Gesamtlaufstrecke** werden im Gehen und langsamen Laufen zurückgelegt, 62 % im mittelintensiven Laufen und 14 % im Sprint.

- **Ballgebundene Spielaktionen** verteilen sich auf durchschnittlich 32 Dribblings, 80 Pässe, 120 Ballannahmen und 15 Würfe pro Spiel und Spieler.

- Eine Mannschaft führt durchschnittlich 94,3 **Angriffe** pro Spiel durch.

- Über 80 % aller Angriffe sind als **Positionsangriff** organisiert, 16 % als Schnellangriff.

- Letztere sind mit **Trefferquoten** bis zu 72 % erheblich erfolgreicher als die Positionsangriffe (unter 50 %).

- Aufbauspieler **dribbeln** am häufigsten, Center am wenigsten.

DAS NOWITZKI-PHÄNOMEN

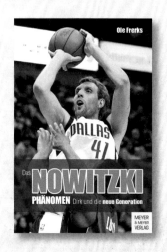

312 Seiten

13,6 x 20,5 cm, Paperback,
8 Fotos, sw

ISBN 978-3-8403-7644-3
€ [D] 17,00 / [A] 17,50

Ole Frerks

DAS NOWITZKI-PHÄNOMEN

Über 20 Jahre prägte und prägt niemand den deutschen Basketball so stark wie Dirk Nowitzki. Der Würzburger ist ein Pionier des Sports und gleichzeitig einer der besten NBA-Spieler aller Zeiten. Das Nowitzki-Phänomen erzählt seine unglaubliche Karriere nach und ordnet sie ein. Nowitzkis Erbe wird jedoch auch nach seinem Karriereende weiterleben – aktuell spielen mehr Deutsche in der NBA als jemals zuvor. Wer sind Dennis Schröder, Daniel Theis und Co. und auf welchen Wegen kamen sie in die Liga? Mit exklusiven Einsichten einiger Experten und Spieler werden auch ihre Geschichten erzählt. Zudem wird ein Blick auf die neueste Generation geworfen, die schon jetzt in den Startlöchern steht. Dieses Buch richtet sich an alle NBA-Fans und Interessierte am deutschen Basketball – das Nowitzki-Phänomen bietet einen neuen, aktuellen Blick auf Nowitzki und die Entwicklung(en), die er zum Teil losgetreten hat.

Alle Bücher auch als E-Book erhältlich!